SUSAN PETERSON
Die roten Blüten der Sehnsucht

Buch

Südaustralien, 1850. Sieben Jahre sind seit der Entführung der deutschen Missionarstochter Dorothea Schumann und dem Drama um den Tod ihres ersten Mannes vergangen. Eine lange Zeit, in der Dorothea und ihr geliebter Ian eine Familie gegründet und sich in Eden House, der Heimat ihres Herzens, ein gemeinsames Leben aufgebaut haben. Bis ihre Zukunftsplanung eine unvorhergesehene Wendung nimmt: Denn eines Tages trifft ein Anwalt auf Eden House ein und mit ihm Percy und Catriona, die Ian zu ihrem Cousin erklären. Ist Ian tatsächlich der verschollene Sohn eines englischen Grafen? Als der Anwalt abreist, bleiben Percy und Catriona, um ihre unbekannten Verwandten näher kennenzulernen … Doch mit der Ankunft der beiden Engländer scheinen dunkle Wolken über dem Glück von Eden House aufzuziehen, denn plötzlich häufen sich unerklärliche Ereignisse. Als in einer schicksalhaften Nacht die Farm bis auf ihre Grundmauern niederbrennt und Dorothea und Ian nur knapp dem Flammenmeer entkommen, stehen sie vor dem Nichts. Schweren Herzens entschließen sie sich, zurück nach England zu reisen, um Abstand zu den dramatischen Geschehnissen zu gewinnen. Werden sie jemals wieder in ihr geliebtes Australien zurückkehren?

Autorin

Susan Peterson wurde 1955 in Erlangen geboren und lebt in Süddeutschland. Ihre Recherchen über die Kolonisierung Südaustraliens und die dortigen Aborigines inspirierten die Ethnologin zu der Geschichte der Missionarstochter Dorothea und des geheimnisumwitterten Ian, sodass sie beschloss, das Schicksal der beiden in Romanform festzuhalten.

Von Susan Peterson bei Blanvalet lieferbar:

Wenn der Eukalyptus blüht (37688)

Susan Peterson

Die roten Blüten
der Sehnsucht

Australien-Saga

blanvalet

Verlagsgruppe Random House FSC-DEU-0100
Das FSC®-zertifizierte Papier *Holmen Book Cream*
für dieses Buch liefert Holmen Paper, Hallstavik, Schweden.

1. Auflage
Originalausgabe August 2012 bei Blanvalet, einem Unternehmen der
Verlagsgruppe Random House GmbH, München.
Copyright © by Blanvalet Verlag,
in der Verlagsgruppe Random House GmbH, München
Dieses Werk wurde vermittelt durch die Literarische Agentur Thomas Schlück
GmbH, 30827 Garbsen.
Umschlaggestaltung: bürosüd°, München, unter Verwendung
eines Motivs von Andreas Gessl
Redaktion: text in form, Gerhard Seidl
DF · Herstellung: sam
Satz: Buch-Werkstatt GmbH, Bad Aibling
Druck und Einband: GGP Media GmbH, Pößneck
Printed in Germany
ISBN: 978-3-442-37905-7

www.blanvalet.de

Prolog

»Noch einen!« Wet Ned wischte sich mit dem Handrücken über die Lippen und schob das schmierige Glas über den Tresen.

»Hast du nicht schon genug?« Der Wirt sah missmutig auf seinen einzigen Gast.

»Noch einen. – Oder soll ich nachhelfen?«

Wet Ned war für seine schnellen Fäuste berüchtigt, und was ging es ihn schließlich an, wenn er nachher am Straßenrand umkippte? Der Wirt zuckte die Achseln und füllte neues Ale nach, wobei er darauf achtete, es stark schäumen zu lassen. Man musste den Gästen ja nicht mehr als nötig einschenken. »Was sitzt du eigentlich hier herum, wo alle Männer doch nach dem Kleinen suchen?«

»Hab was Besseres zu tun«, gab Wet Ned kurz angebunden zurück.

»Ach nein? Was denn?«

»Ich warte hier auf einen Geschäftspartner«, knurrte der schäbig gekleidete Mann. »Warum so neugierig? Kann recht ungesund sein.«

»Ich wollte nur freundlich sein«, gab der Wirt beleidigt zurück und verschwand in der Küche, wo er seinen Ärger hörbar am Küchenmädchen ausließ.

Wet Ned rülpste, verzog das Gesicht, als ihm die Rüben von vorhin aufstießen, und wechselte zu einem Tisch am Fenster. Von dort starrte er angestrengt durch die halb blinden Fensterscheiben in die Nacht hinaus. Wo blieb der Mann?

Er nahm einen großen Schluck von dem säuerlichen Ale. Eigentlich sollte er besser nicht so viel trinken. Sein Auftraggeber würde jede Schwäche seinerseits auszunutzen wissen. Andererseits musste er sich ja irgendwie beruhigen, oder? Ihm war äußerst unbehaglich zumute, wenn er an das bevorstehende Gespräch dachte. Nicht, dass er Gewissensbisse gehabt hätte zu lügen. Nein, es war eher die Befürchtung, dass seine Lüge durchschaut werden könnte. Und das – daran zweifelte er keinen Augenblick – würde für ihn ausgesprochen unangenehme Konsequenzen haben.

Drei Wochen war es her, dass er auf dem nächtlichen Heimweg plötzlich angesprochen worden war. Im ersten Moment hatte er zuschlagen wollen. Niemand wusste besser als er, wie vorsichtig man in diesen Zeiten sein musste. Schließlich war es seine ureigene Masche, angesäuselte Kneipengänger auszunehmen. Aber sein Gegner hatte ihm blitzschnell eine blitzende Klinge unters Kinn gehalten. Da hatte er nur gefragt, was er für den Herrn tun könne. Ein vornehmer Herr war er auf jeden Fall. Der Wollumhang mochte zerschlissen sein, aber darunter blitzten schneeweiße Manschetten, und die Stiefel glänzten im Mondlicht, wie es nur von einem Spezialisten polierte Schuhe tun.

»Ich brauche einen Gauner und Halsabschneider«, hatte der Herr gesagt.

»Besser hätten Euer Gnaden es nich' treffen können«, hatte Wet Ned ihm versichert und vorsichtig die Degenspitze zur Seite gedrückt. Feinen Herren rutschte sie gerne aus, und nach einem toten Straßenräuber würde kein Hahn krähen. »Womit kann ich Euer Gnaden dienen?«

»Du sollst mir ein Balg vom Hals schaffen. Ist das ein Problem für dich?«

Ned hatte keinen Moment gezögert. Zwar hatte er bisher deutlich weniger Leute ermordet, als er sich rühmte. Um genau zu sein: noch niemanden. Aber es konnte ja nicht so schwer sein. »Die Mutter auch?«, bot er an. »Es würde Sie nicht mal das Doppelte kosten.«

»Nein.« Der Herr hatte den Kopf geschüttelt. »Das würde zu viel Aufsehen erregen.«

Jetzt war es Ned doch etwas unbehaglich zumute geworden. »Was ist es für ein Kind?«, hatte er nachgefragt. War er ursprünglich davon ausgegangen, dass er das unerwünschte Ergebnis einer nicht standesgemäßen Liaison beseitigen sollte, so schien es doch nicht so einfach zu werden wie erhofft.

»Der kleine Embersleigh«, hatte der Herr unumwunden gesagt.

Ned war zusammengezuckt. Der Sohn des Earl of Embersleigh!

»Ähm …« Das war schon eine ganz andere Geschichte.

Der Herr hatte offenbar gespürt, dass Ned kurz davorstand, sich in die Büsche zu schlagen.

»Du hast zwei Möglichkeiten, Bursche«, hatte er mit einer sehr leisen, aber umso unheimlicheren Stimme gesagt. »Entweder du haust ab, dann werde ich dem Friedensrichter klarmachen, dass es höchste Zeit ist, dich endlich wegen Straßenräuberei zu hängen. Einen Beweis dafür wird er finden. Und du brauchst nicht zu denken, dass man dir auch nur ein Wort glauben wird von dieser Unterredung. Oder du tust, was ich von dir verlange. Dann bekommst du von mir einen Beutel Sovereigns und kannst aus der Gegend verschwinden. Ein neues Leben anfangen. Na, wie klingt das?«

»Gut, Euer Gnaden«, hatte Ned geächzt. Er dachte an Molly, die bald niederkommen würde. Hatte es überhaupt eine andere Möglichkeit gegeben, als zuzustimmen?

Und es war wirklich nicht schwer gewesen: Der Fensterflügel war nur zugezogen gewesen wie versprochen. Auf dem Fensterbrett hatte die Flasche Chloroform bereitgestanden. Sogar ein

Lappen hatte daneben gelegen. Ned hatte das unangenehme Gefühl, beobachtet zu werden, abgeschüttelt und getan, was ihm aufgetragen worden war. Der Junge hatte friedlich geschlafen. Als er ihm den nassen Lappen aufs Gesicht gedrückt hatte, war er fast augenblicklich still gewesen.

Schon hatte Ned ein Bein über das Fenstersims geschwungen, als doch tatsächlich dieses blöde Kindermädchen erschienen war. Halb im Schlaf, mit der Kerze in der Hand, hatte sie zuerst gar nicht richtig realisiert, was vor sich ging. Zeit genug, um das leichte Bündel abzulegen und noch einmal den Chloroformlappen einzusetzen. Die Kleine hatte allerdings mehr Widerstand geleistet als erwartet. Bei seinem Versuch, ihr den Lappen vor das Gesicht zu halten, hatte sie so um sich geschlagen, dass die Flasche mit dem Chloroform sich über sie ergoss.

Es war verflucht anstrengend gewesen, die Last der beiden Körper, so leicht sie ihm auch zu Anfang erschienen waren, bis zu der Jagdhüterhütte zu schleppen. So anstrengend, dass er beschlossen hatte, erst einmal eine Stärkung verdient zu haben, ehe er sein Werk zu Ende brachte. Auf ein oder zwei Stunden kam es ja wohl nicht an. Das Würmchen hatte sich so zerbrechlich angefühlt – und dass er jetzt auch die Kleine umbringen musste, war nicht ausgemacht gewesen. Sie war ja auch noch fast ein Kind.

Es waren dann drei Stunden im Hinterzimmer des Pubs geworden, wo der Wirt ausschenkte, wenn eigentlich Sperrstunde war. Als er die aufgebrochene Tür gesehen hatte, war sein erstes Gefühl Erleichterung gewesen. Erleichterung, dass er doch nicht zum Mörder von zwei Kindern werden musste.

Dann jedoch war ihm der Herr in den Sinn gekommen. Er würde kein Verständnis haben, wenn er ihm gestand, dass sie entwischt wären. Er wollte nicht hängen! Molly brauchte ihn. Molly und das Kind, das sie bald zur Welt bringen würde.

Also hatte er sich an die Verfolgung gemacht. Es war nicht

schwer gewesen, denn der Kleine hatte laut geweint. Am Flussufer hatte er sie gestellt. Was er nicht erwartet hatte, war der Mut des Kindermädchens. Sobald sie ihn gesehen hatte, war sie in den Fluss gestapft und hatte versucht, das andere Ufer zu erreichen.

Wet Ned hieß nicht umsonst so. Alle wussten von seiner Scheu vor Wasser. Dennoch hatte er versucht, hinter den beiden herzuwaten. Die Angst vor seinem Auftraggeber war größer gewesen als die Angst vor dem Fluss. Auf einem schlüpfrigen Stein war die Kleine ausgeglitten und in den reißenden Teil des Avon gefallen. Während sie ihren Schützling fest umklammerte, waren die beiden den Fluss hinuntergetrieben. Die Köpfe tanzten dabei wie Borkenschiffchen auf und ab. An der unteren Stromschnelle hatte Ned sie aus den Augen verloren. Aber das war nicht weiter schlimm. Die Strudel dort waren schon versierteren Schwimmern zum Verhängnis geworden.

Was für ein Glück! Mit äußerster Vorsicht war er wieder ans Ufer geklettert und hatte sich noch ein letztes Mal umgedreht. Nichts. Die beiden Köpfe waren nicht mehr zu sehen. Manchmal dauerte es Tage, bis die Strudel die kaum noch kenntlichen Körper freigaben.

Trotz der nassen Stiefel war er bester Stimmung. Er hatte sich nicht die Hände schmutzig machen müssen, und dennoch konnte er dem Herrn heute Abend berichten, dass er den Auftrag erfolgreich ausgeführt hatte.

Und so saß er nun in der düsteren Kaschemme und wartete darauf, dass sich am vereinbarten Treffpunkt bei der Selbstmörder-Eiche die vermummte Gestalt zeigte.

Fast hätte er ihn übersehen. Er verschmolz beinahe mit den Schatten der tief hängenden Äste. Wet Ned stürzte den Rest Ale hinunter und ging ungewohnt unsicher auf seinen Auftraggeber zu.

»Ich bin sehr zufrieden mit dir«, raunte der Herr. »Alle glauben an einen Unfall. Keine Spur von Blut, obwohl sie sogar die

Jagdhunde eingesetzt haben. Die konnten die Spur aber nur bis zum Fluss verfolgen. Hast du sie erwürgt und die Leichen in den Fluss geworfen?«

Ned nickte. Er traute seiner Stimme nicht ganz. Dieser Herr könnte vielleicht hören, wenn er log.

»Wie du siehst, halte ich mein Versprechen.« Der Herr zog einen prall gefüllten Beutel unter dem Umhang hervor und warf ihn ohne Vorwarnung Wet Ned zu. Der fing ihn auf. »An deiner Stelle würde ich zusehen, aus der Gegend zu verschwinden«, flüsterte der Mann mit heiserer Stimme. »Haben wir uns verstanden?«

Wet Ned nickte erneut. Im nächsten Moment war der Herr verschwunden. Ned hütete sich allerdings, ihm nachzusehen. Ein kalter Schauer überlief ihn. So ähnlich musste man sich fühlen, wenn man dem leibhaftigen Teufel begegnete, dachte er und presste den kalten, harten Beutel Münzen an sich, als könne er ihn beschützen.

August 1849

In die feuchtkalte Brise, die vom Murray River herüberzog, mischte sich kaum wahrnehmbar der Duft der ersten Akazienblüten. Dorothea liebte die *wattles,* wie die Engländer sie nannten, wegen ihrer fröhlichen gelben Kugelblüten und wegen des parfümähnlichen Geruchs, den sie freigebig verströmten. Sie drehte den Kopf ein wenig, damit sie den zarten Hauch besser schnuppern konnte, und schloss die Augen. Der Duft der Akazien war das Zeichen dafür, dass die ungemütliche Regenzeit sich ihrem Ende näherte. Bald schon würden die Wiesenflächen auf der anderen Seite des Flusses von Unmengen der *Pink Fairies* überzogen sein, kleinen Wiesenorchideen, die von fern an die heimischen Leberblümchen erinnerten.

»Ma'am?« Trixie, das Hausmädchen, ächzte ein wenig, während sie den kleinen Charles von der rechten Hüfte auf die linke setzte. Eigentlich war Dorotheas und Ians Jüngster inzwischen zu alt, um noch ständig getragen zu werden, aber Trixie war mit ihm geradezu lächerlich ängstlich. »Soll ich Charles dann schon mal fürs Bett fertig machen? Ich glaube, er ist ziemlich müde.«

Dorothea warf einen Blick in das pausbäckige Gesicht ihres Sohnes, der gerade wie zum Beweis herzhaft gähnte und sich mit den zu Fäusten geballten Händchen die Augen rieb. Natürlich hatte Trixie recht. Sie war ein ausgezeichnetes Kindermädchen. »Ich hoffe nur, dass John sich mit seiner Werbung Zeit lässt«, hatte Dorothea erst neulich in der Vertraulichkeit des gemeinsamen Schlafzimmers gemurmelt, während sie der Stimme der jungen Frau lauschte, die Charles und seine dreijährige Schwester Mary in den Schlaf sang. »Was sollten wir nur ohne sie machen?«

»Ein neues Kindermädchen suchen.« Ihr Mann Ian war nicht im Mindesten beeindruckt gewesen. »So selbstsüchtig kenne ich dich gar nicht, Darling. Wenn jemand es verdient hat, eine eigene Familie zu gründen, dann sind es diese beiden.«

Dorothea hatte ihm recht geben müssen. Nach der schweren Geburt von Robert vor acht Jahren hatte das Hausmädchen die Sorge um das körperliche Wohl des Säuglings übernommen. Dorothea war damals nur langsam wieder zu Kräften gekommen, und so war es bei dieser Aufteilung geblieben. Auch nach den Geburten der folgenden Kinder.

Sie lächelte dem Mädchen zu. »Ja, tu das, Trixie. Und für Mary wird es auch Zeit. Wo ist sie denn? Ach, sag nichts, ich weiß schon.« Die beiden Frauen tauschten einen Blick stillen Einverständnisses. »Ich bringe sie gleich nach oben«, sagte Dorothea.

Tatsächlich hockte die Kleine still und artig unter dem Schreibtisch im Kontor, eifrig damit beschäftigt, ein Blatt teuren Büttenpapiers mit wilden Krakeleien zu bedecken.

»Ian, doch nicht das gute Briefpapier!«, entfuhr es Dorothea halb amüsiert, halb ärgerlich.

»Sie wollte aber unbedingt das dicke«, erwiderte er, lächelte und hob den Kopf von dem Brief, den er gerade gelesen hatte, um sich von ihr küssen zu lassen. »Und da es ein Geschenk für dich werden soll, wollte ich nicht geizig sein.«

»Du hättest es ihr auch sonst gegeben, wenn sie es verlangt hätte«, murmelte Dorothea und küsste ihn liebevoll auf die raue Wange. »Gibt es irgendetwas, was du ihr abschlagen würdest?«

»Nein, nichts«, sagte er ehrlich und strich der Kleinen, die sich an sein Knie schmiegte, über die schimmernden dunklen Locken. »Nun, Engelchen, willst du Mama nicht dein Geschenk geben?«

»Es ist noch nicht fertig.« Mary zog einen Flunsch und versteckte das Blatt hinter ihrem Rücken.

»In Ordnung, dann malst du es morgen fertig. Aber jetzt wartet Trixie oben. Komm.« Dorothea streckte auffordernd die Arme aus. Mary machte keine Anstalten, sich von Ians Knie zu lösen. »Nicht du. Daddy soll mich tragen«, beharrte sie.

Dorothea runzelte die Stirn und öffnete schon den Mund, um ihre eigensinnige Tochter zurechtzuweisen, als Ian dem Tadel zuvorkam, indem er aufsprang und die Kleine auf seine Schultern hob. »Dann wollen wir Trixie nicht länger warten lassen. Nicht, dass sie mit uns schimpft. Festhalten!« Und in einer Art Galopp hüpfte er mit ihr davon.

Dabei hatte der Luftzug den Brief zu Boden geweht. Dorothea hob ihn auf und wollte ihn gerade auf die Schreibunterlage zurücklegen, als ihr mitten aus dem Text die Worte »Earl of Embersleigh« ins Auge stachen. Der Name war ihr vollkommen fremd. Sie kannte alle Geschäftspartner ihres Mannes, doch sie konnte sich nicht erinnern, jemals von einem Earl of Embersleigh gehört zu haben. Der Absender war eine Anwaltskanzlei in Bristol …

Von der Veranda ertönte das durchdringende Scheppern der Dinnerglocke. Dorothea legte das Schriftstück auf seinen Platz zurück und wandte sich zum Gehen. Sie würde Ian später danach fragen.

Im Flur traf sie auf die Köchin, die gerade geschickt mit dem Ellenbogen die Tür zum Esszimmer öffnete, um die Suppenterrine hineinzutragen. »Master Ian hat mich eben fast umgerannt«, murrte sie. »Wie kann ein erwachsener Mann sich nur derart kindisch benehmen? So wie er die Kleine verwöhnt, wird sie ihm später ganz sicher auf der Nase herumtanzen.« Schwungvoll stellte Mrs. Perkins die Terrine ab. Um ein Haar wäre der duftende Inhalt übergeschwappt. »Das Lamm-Stew steht rechts auf der Anrichte, der Brotpudding links. Brauchen Sie sonst noch etwas, Ma'am?«

»Nein danke«, sagte Dorothea. Seit Trixie die Aufgaben eines Kindermädchens übernommen hatte, bediente die Familie sich selbst. Und außer Lady Chatwick, die jede unnötige Bewegung nach Möglichkeit mied, waren sie ganz zufrieden mit diesem Arrangement.

Der Tisch war für fünf Personen gedeckt. Heather, Dorotheas Stieftochter aus ihrer ersten Ehe, war mit ihren fünfzehn Jahren alt genug, um mit den Erwachsenen zu essen, und Robert hatte sich dieses Privileg vor einigen Wochen ertrotzt. Als Siebenjähriger gehörte er eigentlich noch ins Kinderzimmer, dort jedoch hatte er sich so unleidlich aufgeführt, dass Trixie seine Forderung unterstützt hatte. »Wissen Sie, Ma'am, er hat so eine Art, die Kleinen zu piesacken, dass es mir wirklich lieber wäre.« Nach einem Blick in Dorotheas Gesicht hatte sie rasch hinzugefügt: »Er meint es sicher nicht böse, aber der Kleine weint inzwischen schon, wenn er ihn nur sieht. Kein Wunder: Die Fratzen, die er zieht, um ihn zu erschrecken, machen sogar mir Angst.«

Schon als Säugling war Robert schwierig gewesen. Er weinte viel, schlief wenig und neigte zu Koliken. Er hatte so gar nichts von Roberts fröhlichem Naturell und auch sonst erinnerte er sie in nichts an seinen Vater. Konnte es möglich sein, dass die schlimmen Ereignisse vor seiner Geburt seinen Charakter beeinflusst hatten?

Eine rundliche Gestalt in einer Art Zelt aus schwarzem Taft, die behäbig ins Zimmer watschelte, lenkte sie von ihren trüben Überlegungen ab. »War das nicht die Dinnerglocke? – Hm, das duftet wieder köstlich. Ich war schon halb verhungert.«

Dorothea murmelte eine höfliche Erwiderung und half der alten Dame, ihren Stuhl zurechtzurücken. Von ihrem Platz gegenüber dem Hausherrn am anderen Tischende beobachtete sie unter gesenkten Lidern, wie Lady Arabella ärgerlich ihre fingerlosen Spitzenhandschuhe zurechtzupfte.

»Diese Dinger machen mich noch wahnsinnig«, murrte sie. »Sie nehmen einem jedes Gefühl.« Die knotig verdickten Gelenke deuteten auf eine andere Ursache für ihre steifen Finger, aber Dorothea versagte sich den Hinweis auf den ärztlichen Rat, Lady Chatwick solle doch etwas mehr Zurückhaltung bei fetten Fleischspeisen und ihrem geliebten Portwein üben. »Die Podagra liebt Alkohol und gutes Essen«, hatte Dr. Woodforde gewarnt. »Ich auch!«, hatte die alte Dame trocken bemerkt und dem würdigen Mann erklärt, sie erwarte von ihm »Pillen und Pülverchen«, keine guten Ratschläge. »Ich bin alt genug, um zu wissen, was gut für mich ist. Ich denke gar nicht daran, den Rest meines Lebens dünnen Tee zu schlabbern und trockenen Toast zu kauen«, war ihr Kommentar nach dieser ärztlichen Visite gewesen.

Der stürmische Eintritt einer Gestalt in Reithosen und nachlässig geflochtenen Zöpfen ließ beide Frauen unisono ausrufen: »Heather, wie siehst du denn wieder aus!«

»Wieso, ich habe mir doch Gesicht und Hände gewaschen«, gab das Mädchen betont unschuldig zurück.

»Und die Hosen?«

»Ach, sei nicht so verknöchert, Dorothy. Wir sind doch unter uns. Ich trage sie sowieso ständig. Was macht es schon aus, wenn ich sie auch zum Essen anbehalte? Es ist so lästig, sich immer umzuziehen.«

»Du wirst es trotzdem tun. Was in den Ställen zur Not angehen mag, ist noch lange keine angemessene Bekleidung bei Tisch.« Ians Stimme klang ausgesprochen verärgert, während er sie aus zusammengekniffenen Augen von Kopf bis Fuß musterte. »Darf ich fragen, was du dir dabei denkst, in diesem Aufzug zum Dinner zu erscheinen?«

15

»Du tust ja so, als wäre ich im Nachthemd hier aufgekreuzt.«
Heather warf den Kopf zurück wie ein widerspenstiges Fohlen.
»Bitte, Ian, nur heute. Mir tut alles weh, und ich habe nicht die
geringste Lust auf Unterröcke.«

»Wenn das so ist, hättest du dein Training eben früher beenden
müssen.« Auf Ians Stirn erschien eine steile Falte, für Eingeweihte
ein untrügliches Zeichen dafür, dass er wirklich ungehalten war.
»Es ist keineswegs eine neue Sitte, sich zum Dinner umzuziehen.
Wenn ich mich recht erinnere, hat es bereits dein Vater so gehalten. Wenn es dir nicht passt, kannst du in der Küche essen.« Er
hielt in stummer Aufforderung die Tür auf.

»Schon gut.« Während sie etwas Unverständliches vor sich hin-
murmelte, rannte Heather an ihm vorbei und die Treppe hinauf.

Inzwischen hatte sich Robert auf seinen Platz geschlichen. Dorothea hoffte, dass Ian weiter oben am Tisch nicht auffallen würde, dass von der schmächtigen Gestalt des Jungen ein irritierend
muffiger Geruch ausging. Hatte er wieder eine tote Eidechse in
der Hosentasche? Robert war fasziniert, ja geradezu besessen von
toten Tieren. Er sammelte sie wie andere Kinder bunte Kiesel
oder Vogelfedern. Seit Trixie auf der Suche nach der Quelle des
Gestanks auf die Kommodenschublade voller halb mumifizierter
Kadaver gestoßen war und einen hysterischen Anfall erlitten hatte, war dem Jungen strikt verboten worden, seiner morbiden Neigung weiter nachzugehen. Dorothea war sich jedoch sicher, dass
er sich nicht daran hielt. Robert hatte so eine Art, durch sie hin-
durchzusehen, wenn sie mit ihm schimpfte, als wäre sie gar nicht
vorhanden. »Ja, Mama«, hatte er nur gesagt, sobald sie ratlos innegehalten hatte. »Darf ich jetzt gehen?«

Sie hatte ihm nachgesehen und sich wie schon so oft gewünscht,
mit Ian darüber sprechen zu können. Aber sobald sie es versuchte,
zog ihr Mann sich hinter eine unsichtbare Wand zurück.

»Gibst du schon mal die Suppe aus, Liebes?« Lady Chatwick sog genüsslich den Duft ein, der von der goldbraunen Brühe aufstieg. »Wie war es in Strathalbyn, Ian? Hast du alles zu deiner Zufriedenheit regeln können?«

»Ich habe einen guten Preis ausgehandelt«, gab Ian kurz zurück und schüttelte nach einem kurzen Blick auf Robert unwillig den Kopf. »Robert, wenn du unbedingt mit den Erwachsenen essen willst, dann sitz gefälligst gerade und schlürf deine Suppe nicht wie ein Bauer!«

Der Junge warf ihm unter gesenkten Lidern einen Blick voll Abscheu zu, sagte aber nichts, sondern richtete sich auf und pustete so energisch auf den Löffel in seiner Rechten, dass die Suppe in alle Richtungen spritzte. Auf dem blütenweißen Tischtuch waren die dunklen, bräunlichen Flecken gut zu sehen.

»Gibt es irgendwelche Neuigkeiten?«, erkundigte Dorothea sich rasch. »Was machen die Moorhouses? Geht es ihnen gut?«

»Ich denke schon. Wenn man von dieser Sache mit den vergifteten Schwarzen bei Kingston absieht. Moorhouse soll sich ziemlich darüber aufgeregt haben.«

»Erzähle!« Lady Chatwicks Augen strahlten bei der Aussicht auf eine aufregende Geschichte. »Heather, mein Liebes, sei so nett und bring mir eine Portion von Mrs. Perkins' vorzüglichem Stew. Und dann, Ian, wirst du uns alles, und ich meine damit wirklich alles, erzählen!«

»Ich weiß nicht. Es ist nicht gerade das, was Damen zu Ohren kommen sollte …« Ian wirkte unangenehm berührt. »Nicht das Richtige. Überhaupt nicht.«

»Unsinn«, beschied Dorothea ihn und sammelte die Suppenteller ein, um sie auf der Anrichte abzustellen. Ihr Mann hatte manchmal überraschend altmodische Ansichten, was Schicklichkeit anbelangte. »Du kannst uns so eine Geschichte doch nicht einfach vorenthalten. Na los, lass dir nicht alles aus der Nase ziehen!«

»Wenn es euer ausdrücklicher Wunsch ist.« Ian seufzte und goss

17

sich ein zweites Glas Wein ein. »Aber in Strathalbyn wussten sie auch nur das, was sie von Tolmers Leuten aufgeschnappt hatten«, begann er immer noch zögernd. »Vor ein paar Wochen waren Moorhouse Gerüchte zu Ohren gekommen, im Süden hätte ein Schafzüchter einen ganzen dort ansässigen Stamm ausgerottet. Also ist er mit einem Dolmetscher, Inspector Tolmer und zwei berittenen Polizisten zur Avenue Range Station geritten. Der Squatter leugnete überhaupt nicht, die Leichen gesammelt und vergraben zu haben, behauptete allerdings, sie wären bereits tot gewesen, als er sie fand.«

»Hatte er eine Erklärung dafür, wieso sie alle auf einmal gestorben waren?«, unterbrach ihn Lady Chatwick, die als erfahrene Leserin von Detektivgeschichten sofort den kritischen Punkt erfasst hatte.

»Sein Aufseher meinte, sie hätten wohl verdorbenes Fleisch gegessen. Er hätte einige Schafskadaver im Lager gesehen, die dort schon seit geraumer Zeit gelegen haben müssen.«

»Nicht schlecht. Ich vermute, damit hat er seinen Kopf aus der Schlinge gezogen?«

»Nicht ganz.« Ian lächelte schief. »Sie haben die Überreste von über zwanzig Leuten – auch Kindern – freigelegt. Moorhouse wäre nicht Moorhouse, wenn er das auf sich beruhen gelassen hätte.«

»Was hat er gemacht?«

»Er hat die Gegend durchkämmen lassen, und sie haben tatsächlich ein paar Eingeborene gefunden, die noch am Leben waren. Allerdings sind sie, bis auf einen, in den nächsten Tagen gestorben. Und der war zu schwach, um mit nach Adelaide zu kommen. Alle hatten von einem süßlich schmeckenden, weißen Mehl gegessen, das sie auf der Station geschenkt bekommen hatten.«

»Gift! Wie hinterhältig!«, platzte Dorothea heraus. »Es ist nicht zu fassen! Ist er wenigstens sofort verhaftet worden?«

»Erst einmal ist er zur Untersuchung der Umstände in Adelaide. Ob Richter Cooper Anklage erhebt, ist noch völlig offen.« Ians Gesichtsausdruck verfinsterte sich. »Es ist allgemein bekannt, dass Richter Cooper gegen Eingeborene als Zeugen große Vorbehalte hegt. Sie können ja nicht auf die Bibel schwören. In seinen Augen entspricht ihr Zeugnis damit nicht den Grundsätzen des englischen Rechts.«

»Ja, will man ihn einfach damit durchkommen lassen?« Dorothea sah ihn ungläubig an. »Er ermordet einen Haufen unschuldiger Menschen und spaziert aus dem Gericht als Ehrenmann?«

»Was sollen sie denn tun?« Ian hob die Schultern, eine fatalistische Geste. »Der Mann behauptet steif und fest, er hätte es ihnen nicht geschenkt, sie hätten ihm das Mehl gestohlen. Sein Aufseher schwört Stein und Bein, dass er es in einem fest verschlossenen Kasten aufbewahrt hat, der aufgebrochen wurde. Es ist allgemein üblich, vergiftete Köder gegen Dingos und anderes Raubzeug auszulegen. Wie willst du ihm beweisen, dass er sie absichtlich vergiftet hat?«

»Er wird genauso damit davonkommen wie dieser Kerl, der die Eingeborenenfrau erschossen hat, weil er angeblich von ihr angegriffen worden ist«, prophezeite Lady Chatwick düster. »Dabei wusste doch jeder, worum es ging.« Sie warf einen vielsagenden Blick in Richtung der beiden Kinder, um anzudeuten, dass sie in ihrer Gegenwart nicht alles aussprechen konnte. Dorothea erinnerte sich gut an den Fall. Er hatte ziemliches Aufsehen erregt, weil die Familie der Frau die Bestrafung des Mörders gefordert hatte, und tatsächlich wäre fast Anklage erhoben worden. In letzter Minute hatte der Schafhirte sich der Gerichtsverhandlung durch Flucht entzogen. Angeblich nach Amerika.

»Der Wirt vom Crown & Anchor meinte auch, dass die Aussichten auf eine Verhandlung schlecht stünden«, stimmte Ian Lady Chatwick zu. »Obwohl über diesen Aufseher einige hässliche Sachen kursieren. Er soll in South Wales schon öfter im Verdacht gestanden haben, Eingeborene zu vergiften. Man konnte ihm nie etwas nachweisen, aber es war schon auffällig, dass immer solche Gruppen betroffen waren, die dieselben Wasserlöcher wie seine Tiere benutzten.«

»Was ist ein Wasserloch?«, meldete sich Robert überraschend zu Wort. Alle sahen ihn verdutzt an, denn normalerweise saß er stumm dabei und ließ nicht erkennen, ob er am Gang des Tischgesprächs irgendein Interesse hatte.

»So etwas wie ein kleiner Teich. Woanders gibt es keinen solchen Fluss wie hier«, erklärte Ian. »Dort ist Wasser sehr kostbar, deswegen gibt es oft Streit darum.«

»Dann muss man sich dort nicht ständig waschen?«

Ian lachte. »Nein, Robert. Doch glaube mir, wenn du dort wärst, würdest du dich sehr gerne waschen!«

Obwohl er nicht gerade überzeugt aussah, wagte der Junge nicht zu widersprechen. »Aber John macht das nicht?«, vergewisserte er sich nur noch, sichtlich besorgt.

»Was denn?«

»King George und seine Leute vergiften. Sie benutzen doch auch dasselbe Wasser wie wir.«

»Natürlich nicht!« Ian war sichtlich schockiert über diese Frage. »Wie kommst du nur darauf, Robert?«

»Er gibt Parnko Mehl«, war die schlichte Antwort.

»Das ist ganz etwas anderes. Parnko bekommt das Mehl als Teil seines Lohns«, sagte Dorothea rasch. »Mit Geld kann er ja nichts anfangen.« Parnko, ein junger Aborigine aus dem Stamm von King George, des örtlichen Aborigine-Häuptlings, hatte als Halbwüchsiger alle männlichen Verwandten verloren und war damit den Launen und Schikanen der übrigen Männer ausgesetzt gewesen. Eines Tages war er an der Hintertür aufgetaucht, womit er Mrs. Perkins zu Tode erschreckt hatte, und hatte zu verstehen gegeben, dass er Arbeit und Unterkunft suchte. Er kam wie gerufen, denn der bisherige Stalljunge hatte sich, wie so viele andere, gerade auf den Weg zu den neu entdeckten Goldfeldern im Süden gemacht. Parnko bekam also dessen nunmehr leer stehende Kammer zugewiesen und erwies sich als äußerst anstellig. Nach einigen Wochen war John voll des Lobes über sein Geschick mit den Pferden. Parnko lernte überhaupt rasch. Auch seine Englischkenntnisse verbesserten sich rapide. Bald schon war er imstande, seine Wünsche und Vorstellungen explizit zu äußern. Und die entsprachen nicht unbedingt dem Erwarteten. Parnko hatte sich als Lohn europäische Kleidung sowie Mehl, Zucker und Tabak ausbedungen.

»Ich vermute, er erkauft sich damit Gefälligkeiten von den jungen *lubras*«, hatte Ian mehr amüsiert als abgestoßen zu Dorothea gesagt. »Nun ja, solange er seine Arbeit ordentlich macht, werde ich ihm nicht dreinreden.«

Ians Moralvorstellungen entsprachen nicht immer denen, die Dorothea von ihren Eltern vermittelt worden waren.

Die restliche Mahlzeit verlief ohne Zwischenfälle. Dorothea hatte den seltsamen Brief schon völlig vergessen. Sie saß in ihrem gemeinsamen Schlafzimmer gerade vor dem Spiegel und bürstete ihre Haare aus, als Ian hinter sie trat und ihr die Bürste abnahm. »Lass mich das machen«, murmelte er zärtlich und hatte diesen gewissen Ausdruck in den Augen, der eine aufregende Nacht versprach. Nur zu gern gab sie daher seiner Bitte nach, legte den Kopf leicht in den Nacken und beobachtete unter halb gesenkten Lidern, wie ihr Mann sich mit Hingabe ans Werk machte.

»Du hättest eine gute Kammerzofe abgegeben«, neckte sie ihn. »Vielleicht sollte ich dich demnächst bitten, mir beim Aufstecken zu helfen, wenn Trixie keine Zeit hat.«

»Ich mag es lieber offen – so wie jetzt«, sagte er. Und mit anzüglichem Grinsen fügte er hinzu: »Ich fürchte, mein Geschmack in Damenmode ist generell nicht ganz up to date. Du würdest bezaubernd aussehen in einem Opossumfellumhang, nur mit einer Schnur um die Taille.«

»Also wirklich, Ian!« Ihr Mann hatte es wieder einmal geschafft, sie zu schockieren. »Du findest diese stinkenden Fellmäntel attraktiv? Schon der ranzige Geruch treibt einen in die Flucht.«

»Es war doch nur Spaß, Darling«, gab er amüsiert zurück, beugte sich vor und küsste sie auf die Stelle zwischen Hals und Schulter, an der sie besonders empfindlich auf solche Liebkosungen reagierte. Auch jetzt erschauerte sie prompt. Ian kannte viele solcher Raffinessen, und er wandte sie mit einem geradezu unheimlichen Gespür an. Immer schien er zu wissen, ob sie sich gerade ein zärtliches und liebevolles oder leidenschaftliches, fast grobes Liebesspiel wünschte.

»Obwohl – die Vorstellung, dass du nur mit einem Pelz bekleidet wärst …« Er sprach nicht weiter, sondern begann stattdessen, Dorotheas Nachthemd aufzuknüpfen.

Nur zu gerne überließ sie sich seinen erfahrenen Händen, die es ohne jede Hast über ihre Schultern schoben. Seine Lippen schienen heiß auf ihrer kühlen Haut und wärmten sie nicht nur äußerlich. Ihr Herzschlag beschleunigte sich; ihr ganzer Körper schien vor Erwartung zu prickeln. Als Ians warme, schwielige Hände sich wie Schalen um ihre Brüste legten und begannen, sie vorsichtig zu kneten, entfuhr ihr ein leises Keuchen.

»Mach die Augen auf«, befahl er mit einer fremden, heiseren Stimme. »Schau uns an. Was siehst du?«

Zögernd gehorchte sie. Das Bild, das sich unmittelbar vor ihr im Spiegel abzeichnete, war sowohl obszön als auch erregend. Auf jeden Fall schamlos. Ians dunkle Hände auf ihrer weißen Haut. Ihre geröteten Wangen. Ihre feuchten Lippen.

»Ian …« Sie senkte den Blick, weil das Schauspiel sie mehr erregte, als es sich für eine anständige Frau gehörte.

»Du bist wunderschön, weißt du das?« Seine Stimme klang

dunkel, leicht verwaschen. Unvermittelt zog er sie hoch und trug sie zum Bett. »Ich liebe dich«, konnte sie gerade noch flüstern, ehe er sie so leidenschaftlich küsste, dass nichts mehr außer Ian, seinem Körper, seinen Lippen, seinem Duft von Bedeutung war. Erst als der Sturm sich wieder gelegt hatte und sie erschöpft und befriedigt aneinandergeschmiegt unter der Decke lagen, kam ihr der geheimnisvolle Brief wieder in den Sinn.

»Lord Embersleigh – wer ist das eigentlich?«, fragte sie unvermittelt.

»Hm? Wer?«, gab ihr Mann träge zurück.

»Dieser Lord, der dir einen Brief geschrieben hat – oder hat schreiben lassen. Was hast du mit einem Lord in England zu schaffen? Du ziehst es doch eigentlich vor, deine Geschäftspartner persönlich zu kennen.«

»Ach so, das. Wenn du ihn gelesen hast, weißt du ja, worum es geht.«

»Ich habe ihn nicht gelesen.« Entrüstet richtete sie sich auf einen Ellenbogen auf und sah ihm direkt ins Gesicht. »Er fiel zu Boden, als du mit Mary davongestürmt bist, und ich habe ihn aufgehoben und zurückgelegt. Mehr nicht.«

»Schon gut.« Ian zog sie an sich. »Es ist eine äußerst seltsame Angelegenheit. Dieser Lord Embersleigh bildet sich ein, ich könnte sein Sohn sein, der vor vielen Jahren verschwunden ist. Man hielt ihn für ertrunken – und höchstwahrscheinlich ist er das auch –, aber manche Leute klammern sich eben an jeden Strohhalm, weil sie die Wahrheit nicht ertragen können.«

»Wie kommt er ausgerechnet auf dich?« Dorothea kuschelte sich enger an seine Seite, um möglichst viel von seiner Körperwärme zu profitieren.

»Er hat Nachforschungen anstellen lassen.« Ian schüttelte mitfühlend den Kopf. »Der arme Mann muss wirklich ziemlich verzweifelt gewesen sein. Sein Anwalt wollte von mir wissen, ob ich mich erinnern kann, mit welcher Zigeunersippe ich durchs Land gezogen bin und ob sie jemals Andeutungen über meine Herkunft gemacht hätten.«

»Du bist tatsächlich bei Zigeunern aufgewachsen?« Dorothea war entschlossen, die Gelegenheit zu nutzen. Normalerweise sprach Ian nie über seine Kindheit. Nachfragen war er so geschickt ausgewichen, dass ihr erst allmählich klar geworden war, dass er nicht darüber sprechen wollte. Wenn man bedachte, dass er mit einer Gruppe Londoner Straßenkinder nach Australien gekommen war und dass er erst von ihr Lesen und Schreiben gelernt hatte, war sein früheres Leben vermutlich nicht gerade eines, an das man sich gerne erinnerte. Sie hatte das respektiert, was nicht hieß, dass sie es aufgegeben hätte, ihm seine Vergangenheit eines Tages doch noch zu entlocken. Und jetzt schien dieser Moment in greifbare Nähe gerückt.

»Wie bist du zu ihnen gekommen? Wo hast du vorher gelebt?«

»Ich weiß es nicht.« Ian klang nachdenklich. »Niemand konnte mir darüber etwas sagen. Als ich alt genug war, um zu bemerken, dass die anderen mich nicht als ihresgleichen betrachteten, erzählte der Chief mir, wie ich zu der Sippe gekommen war: Er hatte mich neben einer toten Frau mitten im Wald gefunden. Halb verhungert und fast verrückt vor Angst. Ich tat ihm leid, und so nahm er mich mit und zog mich mit seinen Kindern zusammen auf.« In Ians lakonischer Erzählweise klang es eher unspektakulär.

»Warum hat er nicht die Polizei benachrichtigt? Vielleicht gab es ja Verwandte, die dich aufgenommen hätten.«

»Die Polizei?« Er lachte rau. »Ein Zigeuner meidet die Polizei wie der Teufel das Weihwasser. Zudem war er natürlich beim Wildern gewesen. Weißt du, was die Gutsherren mit Wilderern machen? Wenn es Leute sind, nach denen keiner fragt, lassen sie sie einfach von den Hunden zerreißen wie einen Fuchs.«

Dorothea war entsetzt. »Das ist doch Mord!«

»Ohne Kläger kein Richter«, sagte Ian gelassen. »Und niemand würde es wagen, den Gutsbesitzer zu beschuldigen. Oft genug sind sie ja gleichzeitig auch Friedensrichter.«

Dorothea brauchte eine Weile, um das zu verdauen. »Wie bist du denn dann nach London gekommen?«, fragte sie schließlich. Sie erinnerte sich noch genau an die Gruppe im Gefolge des englischen Geistlichen, die vor ihnen eingeschifft worden war. Es waren einwandfrei keine Zigeuner darunter gewesen.

»Als ich älter wurde, gab es zunehmend Ärger mit den anderen Jungen. Der Chief schickte mich weg, und ich ging nach London.«

»Einfach so?«

»Einfach so.« Ian gähnte herzhaft und streckte sich. »Er gab mir das Messer und sagte, ich müsse jetzt allein zurechtkommen.«

»Was hast du da gemacht, so ganz allein? Wovon hast du gelebt?«

»Anfangs habe ich es mit meinen Messerkunststücken probiert. Mit Botengängen und als Stalljunge. Dann versuchte ich mich als Taschendieb.« Er stockte, bis er mit spürbarer Überwindung fortfuhr: »Nicht sehr erfolgreich. Dabei geriet ich an den Reverend, der mir nur die Wahl ließ zwischen den Constablern und seiner Besserungsanstalt. Den Rest kennst du.«

Dorothea war überzeugt, dass er ihr einige der hässlicheren Details vorenthalten hatte, aber sie drang nicht weiter in ihn. Dass er ihr überhaupt so viel erzählt hatte, war erstaunlich genug. Der Brief des Lords musste einiges in seinem Inneren aufgewühlt haben. Sie umschlang ihn fester. Sein Weg vom Findelkind zum Viehhändler zeugte von bewundernswerter Willenskraft und Zielstrebigkeit. »Was wirst du Lord Embersleigh antworten?«

»Die Wahrheit. Der Mann tut mir leid, aber wenn sein Sohn tatsächlich noch leben sollte – ich bin es jedenfalls nicht. Dem

Chief wäre es auf jeden Fall aufgefallen, wenn ich feine Kleidung getragen hätte.«

»Stand in dem Brief eigentlich etwas über die Umstände, unter denen das Kind verschwand?«, fragte Dorothea nachdenklich.

Ian wandte den Kopf und sah ihr ins Gesicht: »Nein. So etwas würde man einem Wildfremden auch nicht berichten. Du nimmst doch nicht im Ernst an, dass an der Räuberpistole etwas dran ist?«

»Nein, nein, es hat mich nur ganz allgemein interessiert«, sagte sie rasch. In ihrem Kopf wirbelten die Gedanken durcheinander. Was wäre, wenn nun doch …?

»Vergiss es!« Seine Stimme klang gepresst. »Der Chief fand uns, weil meine Mutter dermaßen nach irgendeinem billigen Fusel stank, dass er dem Geruch folgte.«

Es war ihm anzuhören, dass er diese Information nur äußerst widerwillig preisgab. War das der Schlüssel zu seinem oft übermäßigen, ja geradezu pedantischen Beharren auf Umgangsformen? In einer plötzlichen Aufwallung von Zärtlichkeit strich Dorothea ihm sanft die dunklen Haare aus der Stirn. »Ich liebe dich, Ian«, versicherte sie ihm. »Ich liebe dich, egal, wer deine Eltern waren oder wo du aufgewachsen bist. Der Mensch, der du jetzt bist, ist mein Mann, Ian Rathbone.« Sie zog die Stirn kraus. »Woher hast du diesen Namen eigentlich?« Ihr war eingefallen, dass ein Kleinkind sicher nicht wusste, wie es mit Familiennamen hieß.

»So hat mich der Chief genannt.« Ian grinste, ein übermütiges Grinsen voller Zuneigung. »Er meinte, ein Zigeunername wäre für mich nicht passend. Also hat er mir den ersten Namen gegeben, den er gehört hat, nachdem er mich aufgesammelt hat. Angeblich hat eine Wirtsfrau ihren Mann Ian Rathbone wüst beschimpft. Der Chief pflegte zu sagen, dass ich aufpassen sollte, dass mir nicht das gleiche Schicksal drohte.« Er zog Dorothea eng an sich und drückte ihr einen Kuss auf die Schläfe. »Aber jetzt sollten wir schlafen. Morgen muss ich früh raus. John sagte etwas von Problemen am nördlichen Gatter.«

Wie schaffte Ian es nur, nach einer so aufwühlenden Unterhaltung nahezu übergangslos in tiefen Schlaf zu sinken? Dorothea lag neben ihm, lauschte seinen regelmäßigen Atemzügen und ging die Geschichte in Gedanken noch einmal durch. Ian mochte überzeugt davon sein, dass er nichts mit dem verschwundenen Grafensohn gemein hatte. Sie hingegen hatte das Gefühl, dass etwas mehr hinter dieser ganzen Geschichte steckte. Eine vage Beunruhigung, die sie nicht konkret hätte begründen können. Aber vermutlich ging da nur wieder ihre Fantasie mit ihr durch. Sie hätte diesen letzten Roman nicht lesen sollen, den Lady Arabella ihr so glühend empfohlen hatte, dass sie es einfach nicht übers Herz gebracht hatte, abzulehnen. Darin wimmelte es dermaßen von Entführungen und Verwechslungen, dass man völlig den Überblick über die Personen verlor. Ian hatte sicher recht: Bei dieser Suche nach dem verschollenen Kind handelte es sich um nichts als den letzten, verzweifelten Versuch eines alten Mannes, dem Schicksal eine andere Wendung abzutrotzen.

Der Morgen verhieß einen strahlenden Frühlingstag. Dorothea öffnete die Fensterflügel weit und blickte auf die liebliche Landschaft, die sich bis zur Horizontlinie hin erstreckte. Um diese Jahreszeit führte der Murray River so viel Wasser, dass sie es bis hier oben an ihr Schlafzimmerfenster brodeln und brausen hörte. In den Sommermonaten verlangsamte sich sein Lauf, bis er im Herbst so träge dahinfloss, dass man die weite Wasserfläche für einen See halten konnte. Ian hatte ihr erzählt, dass er nur von Wellington bis etwa fünfzig Meilen flussaufwärts so breit war. Am Oberlauf bei Moorundie musste er sich durch steile Felsklippen zwängen, und noch weiter nördlich konnte man ihn problemlos mit den Viehherden durchqueren.

In den braunen, undurchsichtigen Fluten war das Speerfischen, eine Lieblingsbeschäftigung der männlichen Aborigines von sechs bis sechzig Jahren, nicht möglich. Sie behalfen sich mit Reusen und Netzen. In ihnen fingen sich erstaunlich viele *Murray-cods,* eine Art Barsch. Der Hauptteil des winterlichen Speiseplans bestand allerdings aus den Rhizomen des Schilfrohrs und den unterirdischen Wurzelknollen der *murnong,* einer Pflanze, deren Blüte an Löwenzahn erinnerte. Die Frauen gruben die Knollen mit ihren Grabstöcken, den *katta,* aus dem feuchten Boden und kochten sie in Erdöfen. Ähnlich verfuhren sie mit den Rhizomen des Schilfrohrs. Diese wurden von den äußeren, harten Scheiden befreit und die weichen Teile einfach zu einem Knoten zusammengebunden. Wenn man sie dann später auskaute, schmeckte es ähnlich wie Kartoffeln. Die Bewohner von Eden House waren vorigen Frühling einmal allesamt zu einem *palti* in King Georges Lager eingeladen gewesen und entsprechend bewirtet worden.

Der Anlass des Festes war der übliche Frauentausch mit einem Stamm vom oberen Murray River gewesen. Wilde Gesellen mit Tierzähnen und Känguruknochen in den Nasenscheidewänden, von Kopf bis Fuß bemalt, hatten furchterregende Tänze aufgeführt. Besonders einer von ihnen hatte sich durch besondere Kühnheit hervorgetan. Als er plötzlich auf Heather zugestürmt war und mit seiner Speerspitze ihre Röcke angehoben hatte, hätte Ian ihn um ein Haar niedergeschlagen, was angesichts der bis an die Zähne bewaffneten Schwarzen äußerst unklug gewesen wäre. King George war glücklicherweise sofort eingeschritten, hatte den Mann zurechtgewiesen und erklärt, dieser hätte sich nur vergewissern wollen, ob die weißen Frauen tatsächlich richtige Beine unter ihren Röcken hätten.

Mit leisem Schaudern erinnerte Dorothea sich an das ungewöhnliche Festmahl, bei dem sie die Ehrengäste gewesen waren. In Erinnerung an die fetten weißen Maden, die Jane als besondere

Delikatesse angesehen hatte, hatte sie Ian leise gefragt, woraus die einzelnen, recht appetitlich duftenden Gerichte bestanden. »Glaub mir, es ist besser, du weißt es nicht«, hatte er geantwortet. Daraufhin hatte sie sich bemüht, nicht genauer anzusehen, was ihr in einem kunstvoll geflochtenen Körbchen gereicht wurde. Sie wünschte nur, Robert hätte ihr nicht mit den Worten: »Schau, Mama, die schmecken wirklich lecker. Probier einmal!« eine Bogong-Made unter die Nase gehalten. Das hatte ihre Beherrschung dann doch auf eine harte Probe gestellt. Ian war es gewesen, der ihr aus der Klemme geholfen hatte. »Ich glaube, deine Mutter zieht Krebse vor«, hatte er beiläufig gesagt, ihr den anstößigen Leckerbissen abgenommen und heldenhaft hinuntergeschluckt. »Willst du ihr nicht ein paar von der Feuerstelle dort drüben holen?«

Es würde noch ein paar Monate dauern, bis sich die Wassermassen vom Oberlauf des Murray River, die über ein fein verzweigtes Netz aus Sielen und Bächen bis weit in die Ebenen auf beiden Uferseiten vorgedrungen waren, allmählich wieder im Flussbett sammeln würden. Die dadurch mit ausreichend Feuchtigkeit versorgten Wiesen und Weiden brachten vorzügliches Gras hervor. Im Frühjahr allerdings waren sie so dicht mit violetten, blauen und rosafarbenen Blütenteppichen überzogen, dass selbst Mrs. Perkins etwas von »zauberhaftem Anblick« murmelte. Leider hielt dieser Zauber nicht allzu lange an. Das wüchsige Grasland, weniger schön, dafür nützlich, diente dann den unzähligen Schafen der neu zugezogenen Viehbarone am Ostufer als Weidegrund.

Natürlich führte das zu häufigen Auseinandersetzungen mit den Aborigines, die nicht einsahen, dass sie das Land, das sie doch als das ihre betrachteten, nicht mehr nach ihren Gewohnheiten nutzen können sollten. Einige Meilen flussabwärts gab es immer wieder Konflikte, weil die Viehhirten die Reusen und Netze des dort lebenden Stammes zerstörten. Zum Teil aus Übermut, zum Teil, um ihren Schafen den Zugang zu den Tränken zu erleichtern.

»Wie kann man nur so dumm sein, sie völlig unnötig gegen sich aufzubringen!«, hatte Ian sich schon öfter ereifert. »Kein Wunder, dass sie sich feindselig verhalten, wenn man ihnen so kommt. Ich habe Morphett schon öfter geraten, ein Übereinkommen mit ihnen zu suchen, und er ist eigentlich ein ganz vernünftiger Bursche. Er würde es tun. Aber diese Kerle, die er anstellt, machen sich ja einen Spaß daraus, die Schwarzen zu provozieren. Das wird noch übel enden«, schloss er dann meist düster. »Nur gut, dass wir hier ein gutes Verhältnis zu ihnen haben. Man schläft doch viel ruhiger.«

Ihr erster Mann, Robert Masters, hatte die Sitte eingeführt, King George und seine Leute mit Schafen zu entschädigen. Ian hatte das fortgeführt. Es funktionierte gut. Zumindest im Einflussbereich des alten Häuptlings hatten sie kaum Verluste an Tieren zu beklagen.

Eine gebeugte Gestalt, die sich schwer auf einen Speer stützte, während sie sich dem Haus näherte, zog ihre Aufmerksamkeit auf sich. King George war alt geworden. Sehr alt. Weiß war seine üppige Haarpracht gewesen, seit sie ihn kannte. Aber der sehnige, kräftige Körper und das immer noch prächtige Gebiss, dessen weiße Zähne immer aufblitzten, wenn er lachte – und er lachte oft –, hatten ihn jünger wirken lassen. Der letzte Winter jedoch hatte ihm schwer zu schaffen gemacht. Eine üble Erkältung hatte sich zu einer Lungenentzündung entwickelt, von der er sich immer noch nicht erholt hatte.

»Ich fürchte, wir müssen uns darauf einstellen, dass wir es bald mit Worammo zu tun haben werden. Schade um den alten Knaben. Er ist ein feiner Kerl – was man von seinem Nachfolger nicht sagen kann.« Unwillkürlich kam Dorothea diese Bemerkung Ians in den Sinn, während sie beobachtete, wie der alte Aborigine sich mühsam auf das Haus zubewegte. Nur sein Stolz und sein Speer aus Akazienholz hielten ihn aufrecht. Sie beeilte sich, in ihr bestes Tageskleid zu schlüpfen. Ihre Mutter hatte es erst vor wenigen Wochen fertiggestellt: schlicht, aber elegant, aus fein gestreifter indischer Dupionseide und so geschickt geschnitten, dass Dorothea es ohne Hilfe an- und ausziehen konnte. Es wurde nicht im Rücken mit den üblichen Häkchen geschlossen, sondern der überlappende V-Ausschnitt konnte bequem seitlich mit einem größeren Haken fixiert werden. Ein ausladender Kragen aus Brüsseler Spitze sorgte für die Schicklichkeit und verhüllte das zwangsläufig tiefe Dekolleté.

Als sie die Treppe herunterlief, wurde King George gerade herzlich von Heather begrüßt, die es offenbar vorgezogen hatte, ihr Frühstück mit nach draußen auf die Terrasse zu nehmen. Dorothea schloss daraus, dass sie sich wieder einmal mit Robert in die Haare geraten war, und bemühte sich, ihren Unwillen zu unterdrücken. Mussten die beiden sich ständig aufführen wie Hund und Katz?

»George! Ich freue mich, dich zu sehen«, rief sie und streckte dem alten Mann die Rechte entgegen. »Was führt dich zu uns? Kann ich dir ein anständiges Frühstück anbieten?«

»Sehr gerne«, erwiderte er und ergriff ihre Hand, um sie kräftig zu schütteln. Er liebte es, seine Weltläufigkeit zur Schau zu stellen, indem er mit Inbrunst europäische Sitten zelebrierte. »Wenn es Mrs. Perkins recht ist?« Er verdrehte die Augen in Richtung Küche. Für ihn kam die Köchin in der Hierarchie auf Eden House unmittelbar hinter Ian und weit vor Dorothea. War sie doch die unangefochtene Herrin über die in der Speisekammer gut verschlossenen Köstlichkeiten!

»Manchmal habe ich mich schon gefragt, ob in seinen Augen Mrs. Perkins die Hauptfrau ist und wir bloß die Nebenfrauen«, hatte Dorothea einmal ironisch bemerkt. »Ich glaube, sie ist die einzige Frau auf der Welt, vor der er Respekt hat!«

»Nun, Liebes, das darf dich nicht verwundern«, hatte Lady Ara-

31

bella völlig ernsthaft erwidert. »Du musst dir nur vergegenwärtigen, dass in seinen Augen Mrs. Perkins so etwas wie eine Zauberin ist. Niemand von uns wagt, ihr zu widersprechen. Nicht einmal Ian!« Sie zwinkerte belustigt. »Hingegen sieht er in dir wohl so etwas wie eine Lieblingsfrau und in mir ein nutzloses altes Weib, das sie schon längst im *mallee* ausgesetzt hätten.«

Diese Vermutung war sicher nicht ganz aus der Luft gegriffen, dachte Dorothea amüsiert, während sie King George in die Küche führte.

»Na, wen haben wir denn da?« Mrs. Perkins musterte den Häuptling wohlwollend, wenn auch ohne jeglichen Respekt. »Lange nicht gesehen. Lust auf Rührei und Schinken, George?«

»O ja!« Er strahlte über das ganze Gesicht, während er seinen Opossumfellmantel achtlos zu Boden rutschen ließ. Darunter kamen zerschlissene, dreckstarrende Breeches zum Vorschein und ein ehemals weißes Hemd in ähnlich trauriger Verfassung. »An meinen Küchentisch setzen sich keine nackten Männer!«, hatte Mrs. Perkins ganz am Anfang ihrer Bekanntschaft klargestellt. Der Häuptling hatte in der Erwartung, dass diese unverschämte Frau augenblicklich von ihrem Besitzer gezüchtigt werden würde, Robert Masters angesehen. Doch der hatte nur den Kopf eingezogen und gemurmelt: »Natürlich. – Komm, George, ich gebe dir etwas zum Anziehen.« Seit diesem Erlebnis, das sein Weltbild schwer erschüttert hatte, war King George der Köchin immer nur mit höchstem Respekt entgegengetreten. Ein Verhalten, das sich für ihn auszahlte.

Geschäftig machte Mrs. Perkins sich daran, ein halbes Dutzend Eier in die gusseiserne Pfanne zu schlagen und großzügige Scheiben von dem Schinken abzuschneiden, der gestern erst geliefert worden war. King George saß zufrieden auf der Holzbank, den Rücken an die Wand dahinter gelehnt, und wartete geduldig auf sein Essen. Er machte nicht den Eindruck eines Menschen, der etwas Bestimmtes vorhat. Andererseits überquerte man zu dieser Jahreszeit den gefährlich angeschwollenen Fluss nicht ohne Not. Überhaupt: Was wollte er eigentlich? Es war eine ungewöhnliche Visite, denn das Schaf und die übrigen Vorräte hatten in den letzten Monaten immer der finstere Worammo und ein paar kräftige Begleiter abgeholt. Aus Erfahrung wusste sie, dass Nachfragen keinen Sinn hatte. King George würde erst reden, wenn er so weit war.

»Einen Becher Tee?« Dorothea wartete seine Antwort nicht ab, sondern goss einen der dunkelblau glasierten Teebecher dreiviertel voll und schob ihn ihm samt der Schale mit den Zuckerbrocken über den Tisch. Der alte Aborigine liebte seinen Tee süß. Sehr süß. Auch jetzt warf er so viele Brocken in die braune Flüssigkeit, bis der Becher randvoll war, und begann genüsslich die heiße Flüssigkeit zu schlürfen.

Während Dorothea ungeduldig darauf wartete, dass er endlich mit dem Anlass seines Besuchs herausrücken würde, fiel ihr Blick auf einen bekannten Leinensack auf dem Fensterbrett: Heathers Proviantbeutel. Seine gewölbte Form verriet, dass er bereits reichlich gefüllt war. »Was hat Heather denn vor? Die Männer sind doch schon längst losgeritten.« Wann immer sich die Gelegenheit bot, schloss Heather sich Ian und John an. Je weiter der Ritt, desto besser. Dorothea wäre es lieber gewesen, ihre Stieftochter hätte Gefallen an weiblicheren Beschäftigungen gefunden. Junge Damen, die dem Schulzimmer entwachsen waren, verbrachten üblicherweise ihre Tage mit Stick- oder Näharbeiten. Malten vielleicht mit Wasserfarben oder malträtierten ein Pianoforte. Es war den besonderen Umständen auf Eden House zuzuschreiben, dass Heathers Freiheit kaum beschnitten wurde. Gelegentlich plagte Dorothea das schlechte Gewissen, und sie nahm einen sporadischen Anlauf, ihre Stieftochter zu einem damenhafteren Verhalten zu ermahnen. Es endete immer damit, dass Heather Besserung gelobte, sobald das Fohlen auf der Welt wäre, der neue Wallach zugeritten oder sonst etwas, das einem sofortigen Wechsel zu Unterröcken im Wege stand.

Die Köchin zuckte nur stumm mit den Schultern, während sie geschäftig in der Pfanne mit den Eiern rührte. Es hatte keinen Sinn, in sie zu dringen. Sie würde nichts verraten. Für sie war Heather immer noch das arme, mutterlose Kind, dem sie keinen Wunsch abschlagen konnte.

King George hatte den Becher geleert und klopfte leicht damit auf die Tischplatte, um kundzutun, dass er einen zweiten wünschte. Dorothea schenkte ihm nach und wartete mit schlecht verhüllter Ungeduld, bis er seine Riesenportion Eier und Schinken in sich hineingeschaufelt hatte. Mrs. Perkins schien sich mit ihm verschworen zu haben. Kaum hatte er den ersten Gang beendet, tischte sie ihm noch ein großes Stück Hammelpastete sowie einen Teller Mandelmakronen auf. Alles verschwand bis auf den letzten Krümel hinter King Georges weißen Zähnen. Offenbar war sein Appetit wiederhergestellt. Schließlich rülpste er laut und lehnte sich zufrieden zurück.

»Wenn der Mond das nächste Mal voll ist, werden wir ein *palti* abhalten«, verkündete er übergangslos. »Meine Zeit ist gekommen, zurück zu den Ahnen zu gehen. Ich habe alle meine Verwandten gebeten, ein letztes Mal mit mir zu tanzen. Und ich möchte auch euch dazu einladen.«

»Aber du bist doch wieder gesund?«

Mit einer Handbewegung wischte er Dorotheas Einwand beiseite. »Das hat nichts zu sagen. Ich habe geträumt, dass meine Ahnen sich schon auf meine Ankunft vorbereiten. Ich werde sie nicht mehr lange warten lassen.«

Ihr fehlten die Worte. Sie wusste, dass die Eingeborenen Träume enorm wichtig nahmen. Aber dass King George nur wegen eines Traums den eigenen Tod als gegeben hinnahm, war einfach zu befremdlich.

»Geschieht immer das, was ihr träumt?« Robert stand in der offenen Küchentür und betrachtete den alten Aborigine interessiert. In seinem Alter unterschied man noch nicht zwischen Realität und Fantasie. »Ich habe neulich geträumt, ich könnte fliegen wie ein Adler und würde über den Fluss fliegen. Aber dann bin ich aufgewacht und lag in meinem Bett. Wie immer.« Er klang enttäuscht.

»So einfach ist es nicht mit den Träumen«, sagte King George und musterte seinerseits den Jungen nachdenklich. »Wenn du von einem Adler geträumt hast, kann es alles Mögliche bedeuten. Erzähl es mir genau.«

Konzentriert lauschte er, während Robert seinen Traum rekapitulierte. Es wimmelte darin von abenteuerlichen Erlebnissen mit allen möglichen Tieren, die er als Adler erlebt haben wollte. Der Junge verfügte über mehr Fantasie, als gut für ihn war, befand Dorothea im Stillen. Mrs. Perkins' leicht verkniffenem Gesichtsausdruck nach zu urteilen, dachte sie das Gleiche. Schließlich verstummte Robert und sah gespannt in das runzlige Gesicht.

»Das ist ein sehr interessanter Traum.« King George kratzte sich ungeniert in den Tiefen des schlohweißen Kraushaars, zog eine Laus hervor und steckte sie sich, ohne auf die entsetzten Blicke der Übrigen zu achten, in den Mund. »Wenn du ein Ngarrindjeri wärst, würde ich sagen, du bist vom Adler auserwählt und du wirst ein großer Mann werden. Bei euch Engländern bin ich mir nicht ganz sicher.« Er grinste und versetzte Robert einen leichten Nasenstüber. »Auf jeden Fall war es ein guter Traum.«

Er ging gleich darauf, nachdem Dorothea ihm versichert hatte, dass sie selbstverständlich gerne alle zu dem großen *palti* kämen, und nicht vergaß, ihm eine Extraportion Tabak zuzustecken.

Noch ehe Dorothea Ian über den sonderbaren *palti* informieren konnte, passierte etwas, das Lady Chatwick später nur euphemistisch als »jenen Vorfall« bezeichnete: Die alte Dame stattete gerade dem Kinderzimmer einen ihrer sporadischen Nachmittagsbesuche ab, um sich davon zu überzeugen, dass es den Kleinen an nichts fehlte. Trixie schätzte diese Visitationen, die sie als Einmischung in ihr ureigenstes Revier betrachtete, ganz und gar nicht, und so war auch Dorothea beim ersten lauten Wortwechsel herbeigeeilt, um das Schlimmste zu verhüten. Das hätte gerade noch gefehlt, dass Trixie aus Ärger über Lady Arabellas unangebrachte Ermahnungen kündigte!

»Es ist allgemein bekannt und wissenschaftlich bewiesen, dass Wolle direkt auf der Haut getragen werden soll«, dozierte die alte Dame und nickte dabei zur Bestätigung so heftig, dass die schwarzen Satinbänder ihrer Haube nur so flogen. »Du tätest gut daran, Mary und Charles die Merinoleibchen anzuziehen, die ich extra für sie bestellt habe.«

»Sie mögen die kratzigen Dinger aber nicht leiden«, gab Trixie genauso entschieden zurück, die zu Fäusten geballten Hände in die Hüften gestemmt. »Und Ma'am hat gesagt, ich soll sie nicht dazu zwingen. Sie heulen dann ja nur ständig.«

»Man darf Kindern nicht immer in allem nachgeben. Das ist nicht gut für den Charakter.«

»Aber der Charakter muss ja nicht gerade mit Wollleibchen ge-stärkt werden«, warf Dorothea ein, die noch etwas atemlos von ihrem Spurt aus der Wäschekammer war. »Ich trage auch lieber die mit Daunen gefütterten Unterröcke als die mit Rosshaar.«

Lady Arabella schien von diesem Argument nicht ganz über-zeugt. Kein Wunder, lehnte sie es doch, seit Dorothea sie kannte, entschieden ab, sich der augenblicklichen Mode zu unterwerfen. Lady Arabella Chatwick trug ausschließlich Kleider mit hoher Taille, wie sie Anfang des Jahrhunderts üblich gewesen waren. Ob aus nostalgischen Gefühlen oder weil ihr enge Mieder und mindestens acht Unterröcke einfach zu unbequem waren, blieb ihr Geheimnis. Jedenfalls sah man die würdige Dame nie anders gekleidet als in einem der sackartigen Gewänder aus den unendli-chen Tiefen ihres Kleiderschranks. Gegen die Kälte hüllte sie sich in zahllose Schals und Überwürfe, sodass man manchmal das Ge-fühl hatte, einem Kleiderständer zu begegnen.

Alle Versuche Dorotheas oder ihrer Mutter, einer inzwischen in Adelaide äußerst angesehenen Schneiderin, die eigensinnige alte Dame zu einem modischeren Äußeren zu bewegen, waren regel-mäßig gescheitert.

Der Disput zum Thema Wollleibchen fand ein jähes Ende, als anschwellendes Stimmengewirr durch das geöffnete Fenster drang. Es hörte sich äußerst ungewöhnlich an: lautes Grölen aus Männerkehlen, wie es gewöhnlich der reichliche Genuss von Ale und Branntwein nach sich zog. Nur gab es in der Umgebung von Eden House weder Pub noch Schankstube. Insofern erschien allen drei Frauen die Geräuschkulisse ziemlich befremdlich.

Trixie fing sich als Erste und trat zum Fenster, um nach draußen zu sehen. »Es scheint Miss Heather zu sein. Und ein ganzer Haufen Mannsbilder ist auch dabei.« Trixie machte keine Anstalten, ihren Beobachtungsposten zu verlassen, sondern beschattete ihre Augen mit der Hand und starrte angestrengt in Richtung des Aufruhrs.

Dorothea und Lady Chatwick teilten sich also das zweite Fenster. Es war tatsächlich Heather! Umringt von mindestens zwanzig Reitern, die teilweise deutlich angeheitert zu sein schienen. Mit einem unpassenden Anflug von Genugtuung konstatierte Dorothea, dass dieses Schauspiel sogar Lady Chatwick die Sprache verschlug.

»Heb mich hoch, Mama. Ich will auch gucken«, rief Mary und zerrte an Dorotheas Überschürze. Prompt begann daraufhin Charles zu weinen, und bis er beruhigt war, hatten die Besucher bereits das Haus erreicht, und man hörte sie die Stufen zur Veranda hinaufpoltern.

»Dorothy, Dorothy!« Heather klang so aufgeregt und glücklich, dass Dorotheas vage Besorgnis, ihre Stieftochter sei vielleicht in eine Auseinandersetzung zwischen Siedlern und Eingeborenen geraten, sofort verflog. Die Eskorte war offensichtlich nicht zu ihrem Schutz mitgeritten.

»Dorothy, ich habe gewonnen!« Heather flog ihr geradezu entgegen und fiel ihr um den Hals. Vor Freude stammelte sie so, dass sie kaum einen Satz ordentlich zu Ende führen konnte. Aber schließlich brachte sie es doch fertig, die Sache zu erklären: Sie hatte heimlich an einem Rennen in Macclesfield teilgenommen und gewonnen.

»Bitte sagt, dass ich es falsch verstanden habe.« Lady Chatwick stöhnte und fächelte sich verzweifelt mit dem ersten erreichbaren Gegenstand Luft zu. Sinnigerweise war es eine Fliegenklatsche. »Heather, bist du von allen guten Geistern verlassen? Dein Ruf! Welcher anständige junge Mann soll denn jetzt noch um dich anhalten?«

»Pah, das ist mir doch egal«, gab das Mädchen schnippisch zurück. »Wer so spießig ist, dass er sich an so etwas stört, den will ich sowieso nicht. Die Herren haben mir jedenfalls alle von Herzen gratuliert und mich zu meinen Reitkünsten beglückwünscht.«

»Herren?« Lady Chatwick verzog das Gesicht, als hätte sie auf eine Zitrone gebissen. »Täusch dich nicht, Kind, jeder Herr, der diese Bezeichnung verdient, hätte alles versucht, dich von einer solchen billigen Zurschaustellung abzuhalten.«

»Wenn man dich hört, Tantchen, könnte man meinen, ich hätte in einem Bordell getanzt.«

»Heather!« Dorothea verspürte den plötzlichen Drang, ihrer Stieftochter eine Ohrfeige zu versetzen. »Was unterstehst du dich, in diesem Ton mit deiner Großtante zu sprechen!« Sie fühlte, wie die Wut, die Heather mit beunruhigender Leichtigkeit in ihr auslösen konnte, sie überflutete, und riss sich zusammen. Jetzt war nicht der richtige Zeitpunkt, die Beherrschung zu verlieren. Auf ihrer Veranda saßen nahezu zwanzig wildfremde Männer und wollten bewirtet werden. Das ungeschriebene Gesetz südaustralischer Gastfreundschaft verlangte, die so unerwarteten wie unerwünschten Besucher herzlich willkommen zu heißen und ihnen Essen, Trinken und einen Schlafplatz anzubieten. »Du bleibst gefälligst hier oben«, fuhr sie Heather gereizt an. »Ich werde dich entschuldigen.« Hastig band sie sich die Schürze ab und warf einen Blick in den goldgerahmten Spiegel im Flur, um zu überprüfen, ob ihre Haube richtig saß, ehe sie zur Begrüßung der ungebetenen Gäste auf die Terrasse eilte.

Mrs. Perkins hatte in treffender Einschätzung der Situation bereits die letzten Vorräte Ale serviert, und die Stimmung war ausgesprochen gelöst.

»Einen schönen guten Abend, Mrs. Rathbone!« Einer der jungen Männer zog seinen Hut, und die anderen taten es ihm nach. »Entschuldigen Sie, dass wir so einfach bei Ihnen reinplatzen, Ma'am, aber wir wollten die Kleine nicht unbegleitet heimreiten lassen. – Nich', dass sie sich bei ihrem halsbrecherischen Stil noch den Hals bricht«, fügte er hinzu und erntete damit grölendes Gelächter. Der Sprecher warf seinen Kumpanen einen strafenden Blick zu; und tatsächlich verstummten sie peinlich berührt. »Die Kerle sind den Umgang mit Ladys nich' gewöhnt«, entschuldigte er sie halblaut. »Nehmen Sie's ihnen nich' krumm. Aber das Mädel kann echt reiten wie der Teufel.« Er schürzte anerkennend die Lippen zum Pfiff, erinnerte sich in letzter Sekunde aber daran, wie unfein das wäre, und begnügte sich damit, heftig die Luft auszustoßen.

Recht schnell stellte sich heraus, dass es nicht nur die Fürsorge für Heathers Wohlergehen gewesen war, welche die Gruppe hergeführt hatte. Angelegentlich erkundigten sie sich nach der besten Stelle, um den Fluss zu überqueren. »Wollen dem Stamm dort drüben einen kleinen Besuch abstatten«, erklärte der Wortführer. »Die Schwarzen bei uns lassen einen ja nicht mehr in ihre Nähe. Unfreundliche Kerle! Keinen Sinn für friedliche Nachbarschaft.«

Dorothea bedauerte zutiefst, dass Ian nicht da war. Es war völlig klar, dass die jungen Männer es auf die Frauen von King Georges Stamm abgesehen hatten. In ihren Satteltaschen führten sie vermutlich Tabak und Schnaps bei sich – die übliche Währung, für welche die Aborigine-Männer ihre Frauen nur zu gerne an weiße Männer verkauften. Jeder wusste es, denn Protector Moorhouse hatte es oft genug in schockierend offenen Worten angeprangert. Leider hatte das nur dazu geführt, dass sich die Prostitution in weiter entfernte Gebiete verlagerte. Wie hier zu ihnen an den Murray River.

Selbst in der Station Moorundie, ein ganzes Stück flussaufwärts, wo Edward Eyre mit festen Rationen zu jedem Vollmond die dortigen Eingeborenen von Überfällen auf Viehtrecks abzuhalten hoffte, hatte diese Unsitte inzwischen Einzug gehalten. Die zahlreichen »Gentlemen«, die sich zur Erholung aus der Stadt entfernt hatten, bevölkerten die Umgebung der Station nicht nur wegen der pittoresken Landschaft und der guten Fischgründe.

»Wie kann man sich nur so widerlich benehmen?«, hatte sie einmal ihrer Empörung Luft gemacht. »Was sind das nur für Männer?«

»Ganz normale«, hatte ihr Mann achselzuckend erwidert. »Es gibt auch mitten in London Gegenden, in denen die Frauen nicht besser behandelt werden, glaub mir!«

Das hatte sie natürlich nicht getan, und er hatte ihr Dinge erzählt, die sie sprachlos vor Entsetzen gemacht hatten. Vor allem, weil sie ahnte, dass er einiges unerwähnt gelassen hatte, was noch schlimmer war als alles, was sie sich vorstellen konnte.

»Ich fürchte, Sie werden Ihren Besuch verschieben müssen«, sagte sie mit falschem Bedauern. »Bei dem derzeitigen Wasserstand ist es zu gefährlich. Selbst geübte Schwimmer wie die Eingeborenen bleiben jetzt lieber an Land. Die Strömung ist so reißend, dass man nicht gegen sie ankommt.«

Die Enttäuschung in den Gesichtern war offensichtlich, und Dorothea hätte sich sicher darüber amüsiert, wenn sie das Unternehmen nicht dermaßen angewidert hätte. So jedoch unternahm sie keinen Versuch, die Gäste zum Bleiben zu ermuntern, als diese sich verabschiedeten.

»Ich hätte sie im Fluss ersaufen lassen sollen«, sagte sie später immer noch aufgebracht zu Lady Chatwick. »Das wäre ihnen nur recht geschehen!«

»Versündige dich nicht, Liebes.« Lady Arabella lächelte sie verständnisvoll an. »Auch wenn es dich noch so abstößt, ist es doch unter Männern absolut üblich, sich diese – hm, wie soll ich es sagen – Zerstreuung bei einheimischen Frauen zu holen. Das ist in den anderen Kolonien nicht anders. Selbst vornehme Herren halten sich einheimische Konkubinen. Ich kannte einen, der hat sie sogar mit nach England genommen. Das arme Mädchen ist dort dann recht bald gestorben. Ach ja ...« Lady Chatwick fixierte den Kerzenleuchter, während sie sich in ihren Erinnerungen verlor.

Dorothea hielt es sehr wohl für einen Unterschied, ob jemand eine Einheimische als Geliebte aushielt oder ob er ihren Ehemann dafür bezahlte, sie nach Belieben benutzen zu dürfen, als sei sie ein Gegenstand. Aber sie schwieg, weil sie aus Erfahrung wusste, dass Lady Arabella bei aller Gutmütigkeit doch sehr ausgeprägte Ansichten über die Privilegien der englischen Rasse hatte.

Ian wiederum wollte nicht einsehen, was so viel schlimmer daran war, als vom eigenen Mann misshandelt zu werden. »Die armen Frauen tun mir ja auch leid, Darling, aber so brutal wie ihre eigenen Männer würde kein Mann, den ich kenne, mit ihnen umgehen. Sie sind Übleres gewöhnt als eine rasche Nummer hinter dem Busch.«

Irgendwann würde sie zumindest versuchen, den bedauernswerten Aborigine-Frauen zu helfen, nahm Dorothea sich vor. Vielleicht wieder eine Artikelreihe im *Register*? Allerdings bezweifelte sie, wie halb Adelaide, dass Chefredakteur Stevenson sich noch sehr lange behaupten konnte. Seine hartnäckigen Enthüllungen von Unzulänglichkeiten und Fehlern der Verwaltung hatten ihm natürlich auch die Feindschaft des gegenwärtigen Gouverneurs, Sir Henry Young, eingebracht. Im letzten Brief von Mutter Schumann hatte gestanden, dass allgemein Wetten abgeschlossen wurden, dass der *Register* den Jahreswechsel nicht überstehen würde.

Jetzt allerdings hatte sie genug eigene Sorgen: Heathers Abenteuer war natürlich nicht unbeachtet geblieben. Dorothea war froh, dass sie so abgeschieden lebten, dass ihnen die teils bewundernden, teils bösartigen Kommentare nicht zu Ohren kamen. Glücklicherweise schienen die meisten es dank Mary Moorhouses Fürsprache als Kinderstreich anzusehen. Ein Ehedrama verdrängte den Vorfall schnell aus dem Fokus der öffentlichen Aufmerksamkeit.

Auf Eden House allerdings kam Heather nicht so leicht davon. Sobald Ian von dem Wettrennen und – noch schlimmer – Heathers spektakulärem Sieg unterrichtet worden war, hatte er zunächst so lange geschwiegen, dass Dorothea sich schon leicht beunruhigt fragte, ob er überhaupt zugehört hatte. Oder fand er die ganze Sache etwa auch eher lustig?

Für diese Aussprache hatten sie Heather mit ins Kontor genommen. Dorothea saß im Besucherstuhl, und Heather stand mit hinter dem Rücken gefalteten Händen kerzengerade vor Ians Schreibtisch. Der verächtliche Zug um die zusammengepressten Lippen und ihr vorsichtshalber gesenkter Blick zeigten deutlich ihre Einstellung diesem familiären Strafgericht gegenüber.

»Als ich deinem sterbenden Vater versprach, mich um dich zu kümmern und dafür zu sorgen, dass es dir an nichts fehlte, warst du ein kleines, verängstigtes Mädchen. Was haben wir falsch gemacht, dass aus diesem Kind ein Wildfang geworden ist, der jeden Anstand und die guten Sitten mit Füßen tritt?«, fragte er schließlich so leise, dass Dorothea sich anstrengen musste, um ihn zu verstehen. Heather blickte betroffen auf. Damit hatte sie nicht gerechnet. Auch Dorothea nicht. Ian überraschte sie doch immer wieder.

»Ich habe mir nichts Böses dabei gedacht«, flüsterte Heather schließlich kleinlaut. »John meinte, mit dem neuen Sattel könnte ich jedes Rennen in Südaustralien gewinnen, und ich wollte einfach ausprobieren, ob ich es wirklich schaffe.«

»Schiebe bitte nicht John die Schuld für etwas zu, das ganz allein deine Entscheidung war.« Ians Stimme hatte einen harten, metallischen Unterton. »Das ist mehr als billig.«

»Ich will ihm nicht die Schuld in die Schuhe schieben, ich versuche nur zu erklären, wie es dazu kam«, verteidigte das Mädchen sich. »Ich habe niemandem etwas davon gesagt, was ich vorhatte. Nicht einmal Mrs. Perkins!«

»Und was meinst du, was geschehen wäre, wenn du deinen Plan mit ihr oder Lady Chatwick oder Dorothy besprochen hättest?«, fragte Ian so beiläufig, als besprächen sie hier ein Picknick.

Heather errötete bis an den Haaransatz und senkte den Kopf. »Sie hätten es mir ja doch nur verboten.«

»Und das hat dir nicht zu denken gegeben? – Ich hätte dich nicht für solch einen Hohlkopf gehalten.« Die Verachtung in Ians Stimme war unüberhörbar.

»Es tut mir leid.« Heather wischte sich unauffällig über die Augen. Sie hasste es, beim Weinen ertappt zu werden. »Ich werde so etwas Dummes bestimmt nicht wieder machen.«

»Das hoffen wir. Du kannst gehen.«

Das ließ Heather sich nicht zweimal sagen. Im Nu war sie verschwunden, und Dorothea sah ihren Mann halb bewundernd, halb verwirrt an. »Ich hatte erwartet, du würdest ihr eine saftige Standpauke halten. Wieso hast du das nicht getan?«

»Weil es nichts gebracht hätte.«

»Wie meinst du das?«

»Vorwürfe wären zu Heather nicht mehr durchgedrungen«, erklärte Ian. »Und jede Bestrafung hätte sie nur in ihrer Verstocktheit bestärkt. Ich musste etwas anderes versuchen. Also habe ich den Wall, den sie in sich aufgebaut hatte, mit einem Überraschungsangriff durchbrochen.« Er grinste. »Aber eine tolle Leistung war es schon: John hat mir erzählt, sie hat dreizehn Männer ausgestochen.« Sein Grinsen wurde breiter. »Ich hätte zu gerne Morphetts Gesicht gesehen, als er bemerkte, dass eine Frau gewonnen hat! Er hatte nämlich ein Fass Rum als Siegerpreis gestiftet.«

Dorothea kämpfte kurz dagegen an, schaffte es aber nicht, das aufsteigende Gelächter zu unterdrücken. »Wirklich?« Schließlich prustete sie los und lachte. »Ich vermute, die Unterlegenen haben sich später damit getröstet.«

Die nächsten Tage schlich Heather in gedrückter Stimmung durchs Haus. Allzu lange hielt die Reue jedoch nicht an. Kurz vor King Georges großem *palti* hatte sie schon wieder so weit zu ihrer alten Form zurückgefunden, dass die Lautstärke, in der sie sich mit Robert zankte, von der Veranda bis in die Küche reichte.

»Ich weiß nicht, wie ich es anstellen soll, aus ihr eine Lady zu machen.« Dorothea seufzte und sah von dem Menüplan für die nächste Woche auf, den Mrs. Perkins gerade mit ihr besprach. »Keine Sorge. Das wird schon werden, Ma'am«, gab die Köchin, sichtlich unbeeindruckt von der lautstarken Auseinandersetzung, zurück. »Das Mädel hat einen prima Kern.«

Am Tag des *palti* schien die Sonne von einem strahlend blauen Himmel auf eine Landschaft, die nach Lady Chatwicks Ansicht einem Maler als Vorbild für eine Darstellung des Gelobten Landes hätte dienen können. Der Murray River führte immer noch reichlich Wasser, aber die Strömung war nicht mehr so stark wie noch wenige Wochen zuvor, als es ein äußerst gefährliches Unterfangen gewesen war, den Fluss zu überqueren.

Mrs. Perkins hatte sich in ihr bestes Kleid aus schwarzem Kretonne gezwängt, und selbst Lady Chatwick hatte der Wichtigkeit des Anlasses gemäß ihre Haube mit einem Bund schwarzer Straußenfedern aufgeputzt. Die Kanus, mit denen sie abgeholt wurden, glitten unter den geschickten Ruderschlägen der Männer wie von unsichtbaren Fäden gezogen über die Wasserfläche. Die Eingeborenen kannten jede Stromschnelle, jede Eigenheit dieses Flussabschnitts und brachten sie haargenau an die Stelle des gegenüberliegenden Ufers, an dem King George sie bereits erwartete.

Für dieses *palti,* das sein letztes werden sollte, hatte der Alte sich geschmückt wie zu einer Hochzeit: Aus dem weißen Kraushaar ragten Emufedern und ein seltsames Gebinde aus Knochen und Zähnen. Seinen Opossumfellmantel trug er mit einer Grandezza, die eines Krönungsmantels würdig gewesen wäre. In der Rechten hielt er eine Art Speer oder Zeremonienstab, von dessen Spitze kunstvoll gebundene Büschel aus bunten Vogelfedern baumelten.

»Willkommen, willkommen, meine englischen Freunde«, sagte

er, sobald sie alle aus den Kanus an Land geklettert waren. Hinter ihm drängten sich neugierig die Männer des verwandten Stammes aus dem Norden, und Dorothea war froh, dass Ian sich nicht hatte erweichen lassen und darauf bestanden hatte, Heather und Trixie samt der Kleinen in Johns Obhut zurückzulassen. Die Fremden waren bis auf ihre Bemalung nackt, wie Gott sie erschaffen hatte. Nein, schlimmer als nackt, denn sie hatten auf höchst anstößige Weise ihre Geschlechtsteile mit farbigen Schnüren umwickelt, sodass sie zwar notdürftig verhüllt waren, der Blick jedoch unwillkürlich von dem auffälligen Zierrat angezogen wurde.

»Schamlose Bande!«, murmelte Mrs. Perkins. Ihre anfängliche Empörung über solche Sitten war im Lauf der Jahre einer eher milden Missbilligung gewichen. Konnte man diesen Wilden einen Vorwurf daraus machen, dass sie nicht das Glück gehabt hatten, in eine Zivilisation wie die englische hineingeboren worden zu sein? Das Einzige, das sie ihnen nicht nachsah, war die Widerborstigkeit, mit der sie sich der Übernahme dieser Zivilisation widersetzten.

»Ja, aber interessant«, bemerkte Lady Chatwick und musterte die prächtig gebauten Gestalten wohlwollend. »Ich habe mich manchmal schon gefragt, ob wir in Europa in früheren Zeiten auch so herumgelaufen sind. Vielleicht waren wir ja auch einmal so primitiv wie sie und haben …«

»Schon gut«, unterbrach Ian ihre kulturhistorischen Reflexionen. »Seht ihr nicht, dass sie es kaum noch abwarten können?«

Tatsächlich drängelten die weiter hinten Stehenden so, dass die in den vorderen Reihen alle Kraft aufwenden mussten, um nicht vom Platz geschoben zu werden. Es war bekannt, dass die Geschenke, die der Engländer mitbrachte, stets reichlich und von guter Qualität waren. Man konnte sein Mehl gefahrlos essen, das Fleisch war nicht alt und der Tabak frisch. Nur Schnaps gab es nie. Aber den konnte man sich problemlos woanders beschaffen.

Ian stellte sich in Positur, um King George feierlich eine kleine, säuberlich gehobelte Holzkiste als Gastgeschenk zu überreichen. »Das soll dir nützlich sein und dein Leben erleichtern«, sagte er. »In England sind sie sehr beliebt.«

Mit der unverhohlenen Freude eines Kindes öffnete der Alte die Schachtel und sah verwirrt auf den Inhalt. Es war ein sehr hübsches Klappmesser aus Sheffield-Stahl, mitsamt einem Wetzstein und einem Futteral, um es am Gürtel zu befestigen. »Was ist das? Ein Zauberstab?«

Als Ian ihm die Funktion demonstrierte, war er so hingerissen von dem Gerät, dass er es immer wieder aufklappte und zuklappte, aufklappte und zuklappte. Bis schließlich die anderen Männer unverhohlen forderten, es auch betrachten und ausprobieren zu dürfen.

»Wenn ihnen etwas Spaß macht, kosten sie es auch wirklich gründlich aus«, bemerkte Mrs. Perkins trocken und sah sich um. »Es ist ziemlich heiß hier in der Sonne. Ich würde mich gerne irgendwo in den Schatten setzen.« Sie winkte dem Stallburschen Parnko zu, den sie auch als Dolmetscher mitgenommen hatten. Der Stallbursche hatte gemeinsam mit einigen anderen Halbwüchsigen die Mehlsäcke, Tabakkisten und die beiden Schafe ausgeladen und wirkte etwas ratlos, wie er da neben den Kanus stand und anscheinend nicht so recht wusste, wohin er sich wenden sollte. Niemand aus der Gruppe der Aborigines sprach ihn an oder ermutigte ihn in irgendeiner Weise, sich ihnen anzuschließen. »Komm her, Parnko. Kannst du ihnen sagen, dass wir uns in den Schatten setzen möchten?«

Nun sah sich auch Parnko um. Dann ging er auf eine ältere Frau zu und sprach auf sie ein, wobei er eifrig gestikulierte. Die Bequemlichkeit der weißen Frauen war eine schwierige Frage im Protokoll der Traditionen. Niemand fühlte sich dafür zuständig. Die Männer nicht, weil es Frauen waren. Und die Frauen nicht, weil es ja Fremde waren und der Umgang mit Fremden Männersache war. So direkt damit konfrontiert, zeigte die Alte sich allerdings der Sache vollkommen gewachsen: Sie bellte einige Befehle, und eine Handvoll jüngerer Frauen stob davon, um gleich darauf mit Unmengen geflochtener Sitzkissen wiederzukehren, die sie im Schatten eines Windschirms ablegten und den drei Damen bedeuteten, dort Platz zu nehmen.

Dorothea war heilfroh, dass sie in Anbetracht der Temperaturen auf den Großteil ihrer Unterröcke verzichtet hatte. Das geblümte Kleid aus indischem Musselin erreichte so zwar nicht die modische Rockweite, aber das machte nichts. Hier war niemand in der Nähe, der auch nur die geringste Ahnung von Modefragen gehabt hätte. Während Lady Chatwick und Mrs. Perkins sich erleichtert auf ihren improvisierten Sesseln niederließen, nutzte Dorothea die günstige Gelegenheit und schlenderte auf der Suche nach interessanten Beobachtungen zwischen den Windschirmen und Feuerstellen umher. Einige der Frauen lächelten ihr scheu zu, andere, vor allem ältere, schienen weniger freundlich gestimmt. Sie hatte sich gerade über eine Feuerstelle gebeugt, um genauer zu sehen, wie die Blätter zusammengefügt waren, in denen etwas äußerst Wohlriechendes gedämpft wurde, als sie aus dem Augenwinkel eine Bewegung wahrnahm. Rasch drehte sie sich um und sah in das Gesicht eines Mädchens von vielleicht sechs oder sieben Jahren. Obwohl ihre Haut von der Sonne fast genauso dunkel gebrannt war, unterschieden sich ihre Gesichtszüge doch deutlich von denen der Eingeborenen. Die zarte Nase, der fein geschnittene Mund, das hellbraune, glatte Haar. Bisher hatte sie noch keine Mischlingskinder zu Gesicht bekommen. Dies musste eines sein.

»Hallo …«, sagte Dorothea leise und lächelte sie an. »Kannst du mich verstehen?«

Die Kleine erwiderte das Lächeln und machte gerade Anstalten, näher zu kommen, als sie scharf zurückgepfiffen wurde. Augenblicklich drehte sie sich um und rannte so schnell sie ihre Füße trugen davon. Im Nu war sie zwischen den Windschirmen und Trockengestellen für die Fische und Tierhäute verschwunden.

Seltsam, dass King George dieses Kind nie erwähnt hatte. Sie hätte erwartet, dass der alte Häuptling nur zu gerne Kapital aus einem solchen Stammesmitglied geschlagen hätte. Eine weißhaarige Frau mit einem dermaßen verrunzelten Gesicht, dass es fast wie eine groteske Maske wirkte, stand plötzlich neben ihr, ergriff ihre Hand und zog sie energisch mit sich Richtung Festplatz.

»Halt, warte noch.« Dorothea wies in die Richtung, in die das Kind verschwunden war, und deutete dessen ungefähre Größe an. »*Piccaninnie?* Name?«, radebrechte sie in den wenigen Worten auf Ngarrindjeri, die sie kannte.

Die Frau schüttelte den Kopf und verstärkte ihre Bemühungen, Dorothea wegzuziehen.

Sie gab nach. Es hatte keinen Zweck. Hier würde sie keine Antwort erhalten.

Am Festplatz hatten die Männer bereits für den ersten Tanz Aufstellung genommen. Die Gäste aus dem Norden und die Männer von King George standen sich jeweils in einer Reihe gegenüber und schwenkten mit Emufedern geschmückte Akazienäste. Dazu hatten sie einen monotonen Singsang angestimmt, der Lady Chatwick zu der Bemerkung verleitete: »Wenn sie noch lange so weitermachen, werde ich gleich einnicken!«

Die Frauen und Kinder drängten sich an den Rändern. Dorothea verrenkte sich den Hals, aber sie konnte das seltsame, kleine Mädchen nirgends in der Menge entdecken.

»Was ist los?«, flüsterte Ian. »Du wirkst, als ob du nach einem Bekannten Ausschau halten würdest. Warum benimmst du dich so eigenartig?«

»Ich habe vorhin ein Mädchen gesehen, das sicher ein Mischlingskind war. Aber jetzt ist es verschwunden, und ich kann es nirgends sehen.«

»Sie lassen Mischlinge nicht am Leben«, sagte Ian so sachlich, als spräche er über Tierzucht. »Du musst dich also getäuscht haben.« Er ließ seinen Blick eher gleichgültig über die Menge schweifen. »Vielleicht sah es einfach nur heller aus, weil es gerade krank gewesen ist oder aus sonst einem Grund.«

Damit schien für ihn alles gesagt. Dorothea erwiderte nichts, denn ganz hinten bei den Netzen mit den getrockneten Fischseiten hatte sie die alte, runzlige Frau entdeckt. Sie redete aufgeregt auf eine andere ein. Hier und da sah sie dabei in Dorotheas Richtung, war aber zu weit entfernt, als dass man ihren Gesichtsausdruck hätte erkennen können.

Plötzlich brachen die beiden Reihen der Tänzer in lautes Geschrei aus und begannen, ihre geschmückten Äste auf den Boden zu schlagen. Dabei bewegten sie sich aufeinander zu und wichen, knapp bevor sie sich berührten, wieder zurück. Das wiederholte sich ein paar Mal, bis auf einen Schlag eine geradezu unheimliche Ruhe einkehrte. Niemand sprach, alles schien auf etwas zu warten. Nur worauf?

Parnko, der dicht neben ihnen hockte, sagte leise: »Sie haben den Platz gereinigt, und jetzt wird King George seine Ahnen anrufen, damit sie ihm auf seinem Weg in die Geisterwelt beistehen.«

Fast hätte Dorothea den Alten nicht erkannt: Schmale Streifen in Weiß und Rot zogen sich in einem bänderartigen Flechtmuster über seinen gesamten Körper. Seinen Mantel hatte er abgelegt und war, bis auf einen schmalen Grasschurz, nackt. Ihr stockte der Atem, als er ihnen sein Gesicht zuwandte. Für einen schrecklichen Augenblick glaubte sie, der Skelettmann wäre zurückgekehrt! Auch King George hatte seine Augenhöhlen und seinen Mund schwarz ummalt. In Kombination mit dem hellen Ocker, der sein übriges Gesicht bedeckte, erinnerte es frappierend an einen Totenschädel.

»Es ist nur der alte King George«, sagte Ian und fasste beruhigend nach ihrer schweißnassen Hand.

Dankbar umklammerte sie seine Rechte. Die Erinnerungen, die sie überflutet hatten, waren zu scheußlich, um sie einfach beiseitezuschieben. Während ein halbwüchsiger Junge mit einem Armvoll Holz kam und es geschickt zu einer Art Pyramide aufschichtete, kämpfte Dorothea mit den Dämonen der Vergangenheit. Auf einen Schlag waren alle schrecklichen Bilder wieder da: der Skelettmann, wie er sie in jener Nacht in so panische Angst versetzt hatte, dass sie in den Busch geflohen war und dabei ihr Kind verloren hatte; seine Fratze, die sich über sie gebeugt hatte, als er sie entführt hatte, und sein hassverzerrtes Gesicht, als er Robert ermordet hatte. Robert, ihren ersten Mann. Trotz der Hitze fröstelte sie und begann unkontrolliert zu zittern.

»Was ist los mit Ihnen, Ma'am? Werden Sie krank?« Mrs. Perkins musterte sie besorgt. »Heute Morgen ging es Ihnen doch noch ganz gut.«

Dorothea biss sich auf die Unterlippe, bis sie Blut schmeckte. Der Schmerz brachte sie wieder so weit zu sich, dass sie die Köchin, wenn auch verzerrt, anlächeln und sagen konnte: »Es war nur eine kleine Anwandlung von – ich weiß auch nicht, wovon. Schade, dass wir jetzt nicht auf Lady Chatwicks Portweinvorrat zurückgreifen können. Das würde sicher helfen.«

»Portwein habe ich nicht dabei. Tut es auch Brandy?« Ohne das Opernglas, durch das sie aufmerksam die Reihen der gut gebauten Jäger musterte, zu senken, griff Lady Chatwick in eine versteckte Tasche und zog einen silbernen Flakon heraus.

Dankbar nahm Dorothea einen kräftigen Schluck. Brennend lief er ihre Kehle hinunter. Es half tatsächlich. Sie nahm noch einen Schluck und noch einen. Bis der Behälter leer war. Die Bilder in ihrem Kopf wurden schwächer, verblassten. Der hastig getrunkene Alkohol versetzte sie in einen leicht betäubten Zustand, in dem selbst solche Erinnerungen zu ertragen waren. Es war der harmlose King George, nicht der Skelettmann. Es gab keinen Grund, sich vor ihm zu fürchten. Wie albern von ihr! Und eigentlich sah er doch ganz putzig aus mit diesem Staubwedel auf dem Kopf. Wenn er in diesem Aufzug auf Eden House aufkreuzte, könnte man ihn vielleicht anstellen, um Staub zu wischen? Es müsste lustig aussehen, wenn er sich mit diesem Flederwisch über die Vertikos beugte. Sie kicherte leise.

Ian und Mrs. Perkins wechselten einen Blick.

»Ich fürchte, das war etwas zu viel des Guten«, bemerkte die Köchin halblaut. »Aber was soll's? Ein kleiner Schwips hat noch niemandem geschadet. – Schauen Sie: Es geht los.«

King George hatte mithilfe zweier Feuerstöckchen den Holzstapel in Brand gesetzt. Aus einem Lederbeutel zog er mit den Fingerspitzen geheimnisvolle Ingredienzen und schleuderte sie in die Flammen. Es zischte gefährlich, dann färbten die Flammen sich grünlich, loderten hell auf.

»Was ist das für ein Trick? Es ist doch einer?«, flüsterte Lady Chatwick etwas erschreckt.

»Ich verstehe nichts von Chemie, aber ich möchte wetten, der alte Knabe hat irgendetwas Salziges verbrannt«, sagte Mrs. Perkins mit glänzenden Augen. »Das ist ja hier eine richtige Vorstellung wie im Varieté!«

King George fuhr fort, Pulver und Kügelchen ins Feuer zu streuen, bis dichte Rauchschwaden ihn umhüllten. Einen Teil davon wehte die Flussbrise in ihre Richtung. Der stechende, süßliche Geruch brannte in den Lungen und ließ sie unwillkürlich husten. Lady Chatwick und Mrs. Perkins begannen, hektisch mit ihren Taschentüchern zu wedeln.

»Was ist das für ein schreckliches Zeug?«, fragte Lady Chatwick.

»Es ist ein Zauberkraut, das die Verbindung zu den Ahngeistern herstellt«, erläuterte Parnko ehrfurchtsvoll. »Es wird nicht oft benutzt, weil es zu mächtig ist. Manchmal kommen diejenigen, die es gebrauchen, nicht mehr zurück.«

»Du meinst, sie sterben?« Erschreckt sahen sie den Jungen an. Der nickte nur.

King George schien im Moment zumindest allerdings nicht in Gefahr. Mit erstaunlich klangvoller Stimme begann er, all seine Ahnen aufzuzählen und anzurufen. Parnko übersetzte es ihnen bereitwillig.

»Es hört sich ein bisschen alttestamentarisch an.« Lady Chatwick seufzte ungeduldig. »Geht es noch lange?«

»Bis er ein Zeichen bekommt«, antwortete Parnko, ohne den Blick vom alten Häuptling zu nehmen, der dort ganz allein auf dem Platz stand und seine fremdartige Litanei deklamierte.

»Was für ein Zeichen denn?«

Parnko antwortete nicht, sondern hob nur in der unnachahmlichen Art der Aborigines die Schultern, um anzudeuten, dass er keine Ahnung hätte.

Lady Chatwicks Geduld wurde auf eine harte Probe gestellt, und auch Dorothea hätte einiges dafür gegeben, sich endlich in ihr kühles Schlafzimmer zurückziehen zu können. Ihr war schwindlig und heiß, und sie merkte, dass sie Kopfschmerzen bekam. Es war erstaunlich, wie lange der alte Mann durchhielt. Unermüdlich umkreiste er mit seinen sonderbaren Tanzschritten das rauchende Feuer, und wenn er auch inzwischen leiser sang, so war er immer noch gut hörbar.

Es sprach für den Respekt der anderen Aborigines, dass keiner von ihnen seinen Platz verließ.

Plötzlich und ohne jede Vorwarnung brach King George zusammen. Er krümmte sich, als litte er unerträgliche Schmerzen, und brabbelte wirres Zeug.

»Jetzt! Sie sprechen zu ihm!« Parnko wirkte wie elektrisiert.

»Was sagen sie denn?«, erkundigte Lady Chatwick sich interessiert.

Parnko schüttelte den Kopf. »Ich verstehe die Sprache der Ahnengeister nicht. Nur *bourkas* können mit ihnen Kontakt aufnehmen.«

»*Bourkas*? Was sind das für Leute? Zauberer?«

»Nicht unbedingt. Es ist der höchste Rang unter den Männern. Erst wenn Haare und Bart grau werden, ist ein Mann ein *bourka*. Dann müssen ihm alle anderen Respekt erweisen.«

»Na, so was.« Mrs. Perkins staunte. »Gibt's das bei den Frauen auch?« Sie wies auf ein paar ältere Frauen mit schneeweißem, kurz geschorenem Haar.

Parnko schien peinlich berührt. Schließlich raffte er sich doch zu einer Antwort auf. »Frauen sind wie Hunde«, versuchte er, etwas zu erklären, worüber er offensichtlich noch nie nachgedacht hatte. »Sie sind alle gleich.«

»Hm«, machte Mrs. Perkins nur. Ihrem Tonfall war jedoch deutlich anzuhören, wie wenig sie von dieser Ansicht hielt. Jetzt war allerdings nicht der geeignete Zeitpunkt, dieses Thema weiterzuverfolgen. Vier weißhaarige Männer hatten sich neben King Georges immer noch wild zuckenden Körper gehockt und wedelten ihm mit Büscheln aus duftenden Eukalyptusblättern Luft zu. Schließlich hob einer von ihnen behutsam den Kopf des alten Häuptlings an und hielt ihm vorsichtig eine große Muschelschale mit Wasser an die Lippen.

Der größte Teil lief ihm über das Kinn und tropfte zu Boden. Trotzdem gelang es ihnen, ihm genügend einzuflößen, um seine Lebensgeister zurückzurufen. Langsam, sehr langsam öffnete King George die Augen. Er schien seine Umgebung nicht wahrzunehmen. Sein entrückter Blick war auf etwas gerichtet, das nur er sehen konnte. Ein Gesichtsausdruck war unter der Bemalung

nicht zu erkennen, aber Dorothea schien es fast, als strahle er inneren Frieden aus – falls man bei einem Aborigine davon ausgehen konnte, dass er fähig war, so etwas zu empfinden. Reverend
Howard von der Trinity Church in Adelaide hatte sich darüber
mit Protector Moorhouse ein viel beachtetes Streitgespräch in der
Literarischen Gesellschaft geliefert. Der Reverend vertrat die Ansicht, innerer Frieden sei nur in Gott und im christlichen Glauben
zu finden. Der Protector hatte ihm entschieden widersprochen.
Seinen eigenen Beobachtungen und diversen Berichten über sogenannte heilige Männer in Indien zufolge war ein solcher Zustand auch von Heiden zu erreichen.

Wie auch immer, King George wankte schließlich, gestützt auf
die zwei kräftigeren Helfer, aus dem Kreis und wurde zu seiner
Hütte geführt, wo seine drei Frauen bereits darauf warteten, ihn
in Empfang zu nehmen.

»Ich denke, wir sollten auch aufbrechen«, sagte Ian und musterte unter gesenkten Lidern die Reihe der fremden Krieger. »Ich
möchte kein Risiko eingehen.«

Zusammen mit Parnko gingen Ian und Dorothea zu King Georges Hütte, um sich förmlich zu verabschieden. Der alte Mann lag
zusammengerollt unter einer Opossumfelldecke und schien zu
schlafen. Die älteste Frau saß neben ihm und hielt mit einem
Blattwedel die Fliegen von seinem Gesicht fern. Die beiden anderen hockten in respektvollem Abstand, während sie damit beschäftigt waren, eines der feinmaschigen Netze aus Rindenfasern
zu knüpfen, mit denen die Bogong-Motten gefangen wurden –
eine Delikatesse, die Dorothea immer noch den Magen umdrehte.

King George lag so reglos wie ein Leichnam. Dorothea erschrak
zutiefst. Er war doch nicht schon …? Nein, natürlich nicht. Sonst
würden die Frauen nicht so ungerührt an dem Netz knüpfen.
Beim Tod eines Jägers wurde von seinen Frauen erwartet, dass sie
ihre Trauer laut und anhaltend herausschrien. Und nicht nur das!

Ihr lief es kalt den Rücken herunter, als sie sich erinnerte, was Protector Moorhouse erzählt hatte: Mit scharfen Steinen oder Muscheln ritzten sie sich die Haut an Oberschenkeln und Brüsten, sodass sie bald blutüberströmt waren. Ihre Haare wurden mit heißer Asche bis zu den Wurzeln abgesengt und darüber dann aus einem feinen Netz und feuchtem Ton eine »Trauerkappe« geformt, die sie zu tragen hatten, bis sie von selbst abfiel.

Die jüngste, ein ausgesprochen hübsches Mädchen von vielleicht Anfang zwanzig, hob verstohlen den Kopf und warf ihr einen verschwörerischen Blick zu. Es war ein Blick, der Dorothea verblüffte, ehe ihr klar wurde: Er galt nicht ihr. Er galt Parnko. Der junge Aborigine stand dicht hinter ihr und schien die junge Frau gut zu kennen, denn eine verräterische Röte stahl sich in ihre Wangen. Höchstwahrscheinlich waren die beiden ein heimliches Liebespaar. Da die Eingeborenen den Zeugungsakt an sich für unwichtig hielten, weil nach ihren Vorstellungen die Kinderseelen sich selbsttätig die Frau aussuchten, die sie als Mutter wünschten, galten Begriffe wie eheliche Treue bei ihnen nichts. Dennoch wurde es nicht gerne gesehen, wenn unverheiratete Männer den Frauen der älteren Jäger nachstellten. Parnko, ohne den Schutz einer Familie, musste da besonders vorsichtig sein. Dorothea hoffte, dass King Georges Todesahnung sich noch nicht allzu bald erfüllen würde. Worammo, sein Neffe und Nachfolger, würde ein solches Verhältnis nicht stillschweigend dulden. So, wie sie ihn einschätzte, müsste die junge Frau damit rechnen, gnadenlos verprügelt zu werden, und Parnko, einen Speer in den Rücken zu bekommen.

»Frag sie, wie es ihm geht«, bat Ian den Jungen leise. »Soll ich einen Arzt kommen lassen?«

»Wozu?« King George hielt die Augen immer noch geschlossen, schien aber wieder bei klarem Bewusstsein. »Ich werde bald mit meinen Ahnen vereint sein. Darauf freue ich mich. Ich bin lange genug über diese Erde gestreift. Ich bin müde. Schrecklich müde.« Seine Stimme verlor sich in unverständlichem Gemurmel.

»Na gut. Aber sag ihr, sie soll mich rufen, sobald es ihm schlechter geht. Vielleicht ist er dann eher bereit, sich helfen zu lassen.«

Ian wandte sich schon zum Gehen, als Dorothea noch etwas einfiel. »Ich habe vorhin im Lager ein hellhäutiges Kind gesehen. Zu wem gehört es?«

Die Reaktion auf die von Parnko übersetzte Frage war eines dieser typischen Achselzucken, das alles gesagt hätte – wenn da nicht zugleich etwas im Blick der alten Frau gewesen wäre, das Dorothea irritierte. War es Angst? Wovor?

Trotz ihrer Kopfschmerzen und ihres leicht benebelten Zustands war Dorotheas Neugierde geweckt. »Ich habe es ganz genau gesehen. Ich irre mich nicht«, beharrte sie. »Es hatte eine auffallend helle Haut. Vielleicht sechs, sieben Jahre alt.« Das Alter der Kinder war schwer zu schätzen, bis sie die ersten Anzeichen der Pubertät aufwiesen. Mit der ersten Regel wurden die Mädchen verheiratet, auch wenn es meist noch ein paar Jahre dauerte, ehe sie schwanger wurden. Dorothea vermutete, dass das Kind ein Mädchen gewesen war. Die zarten Gesichtszüge sprachen eher für das weibliche Geschlecht. »Ein Mädchen.«

»So jemanden gibt es hier nicht!« Dorothea musste Parnkos Übersetzung nicht abwarten. Der Sinn der von einem geradezu feindselig abweisenden Blick begleiteten Worte war nicht misszuverstehen.

»Komm.« Ian griff nach ihrem Arm und zog sie mit sich. »Jetzt ist absolut nicht der passende Zeitpunkt für deine ethnografischen Studien. Wir sollten besser auf der anderen Seite des Flusses sein, ehe die fremden Jäger noch auf dumme Gedanken kommen. Ohne Gewehr wären wir ihnen schutzlos ausgeliefert.«

Ians Besorgnis schien übertrieben angesichts der Männer, die wie Kinder um Lady Chatwick und Mrs. Perkins herumtanzten und sich einen Spaß daraus machten, an den Säumen ihrer Unterröcke zu zupfen. Die erboste Reaktion der beiden Damen animierte sie zu wahren Heiterkeitsausbrüchen. Die gelöste Stimmung hielt glücklicherweise an. Umringt von dem johlenden Haufen bestiegen sie die Kanus. Etwa auf der Flussmitte drehte Dorothea sich noch einmal um, und da war sie: Sie stand inmitten der anderen Kinder und wirkte dennoch irgendwie verloren. Dorothea hob die Hand, um ihr zuzuwinken, und als wüsste das Kind, dass es gemeint war, lächelte es verlegen, winkte jedoch nicht zurück.

»Schau, Ian, da ist das Kind, das ich gemeint habe«, rief sie ihrem Mann zu. »Dort, genau in der Mitte der Kindergruppe, die unter dem Eukalyptus steht.«

Doch Ian war so vollkommen in das Gespräch mit seinem Ruderer vertieft, dass er nicht reagierte. Leicht verärgert drehte sie sich wieder um, aber sosehr sie auch die Augen zusammenkniff: Sie konnte die Kleine nicht mehr entdecken.

Das Kind ging Dorothea nicht mehr aus dem Kopf.

Ian reagierte eher gleichgültig, als sie die Sprache darauf brachte. »Na und? Dann lebt dort eben ein Bastard von einem der Hirten. Wird auch langsam Zeit, dass Moorhouse mit seinem Kampf gegen diese barbarische Sitte des Kindermords Erfolg hat.« Ihren Einwand, King Georges Frau hätte sich auffallend seltsam benommen, sobald die Sprache auf dies Kind kam, wischte er lachend beiseite. »Du siehst Gespenster, Darling! Sie war sicher nur besorgt um ihren Mann und wollte, dass wir endlich gehen.«

Auch Lady Chatwick zeigte deutliche Skepsis, als die Sprache darauf kam. »Bist du sicher, dass du dir das Ganze nicht eingebildet hast? Wenn ich mich recht erinnere, hast du meinen ganzen Brandy-Vorrat verbraucht. Da sieht man schon einmal Dinge, die es gar nicht gibt.«

Dorothea errötete, halb aus Ärger über die Unterstellung, sie wäre so betrunken gewesen, dass sie Halluzinationen gehabt hatte, halb aus Beschämung, dass sie tatsächlich mehr Alkohol zu sich genommen hatte, als es für eine Lady schicklich war. »Ich habe das Kind schon vorher gesehen. Als ich mich im Lager umsah. Ich wollte mit ihm reden, aber eine alte Frau hat es weggerufen.«

Lady Chatwicks Brauen hoben sich zu vollkommenen Bögen. »Tatsächlich, Liebes? Nun, vielleicht wollte sie einfach nicht, dass du mit ihm sprichst. Nicht alle Eingeborenen sind uns freundlich gesonnen. Was ist daran seltsam?«

Dorothea seufzte frustriert auf. Die Aura des Besonderen, die das Kind umgeben hatte, war kaum jemandem zu erklären, der es nicht gesehen hatte. »Es war irgendwie anders. So, als ob sie verhindern wollte, dass jemand von uns das Kind zu Gesicht bekommt.«

»Liebes, das ergibt doch nicht den geringsten Sinn«, wandte Lady Arabella ein. »Wieso sollte sie das tun?«

»Das werde ich schon noch herausbekommen!« Dorothea sah die ältere Frau entschlossen an. »Auch wenn es sonst niemanden hier zu interessieren scheint.«

Lady Chatwick antwortete nicht. Dorothea fiel auf, dass sie in Gedanken ganz woanders zu sein schien. Sie starrte blicklos auf den Teppich vor ihren Füßen. Ihre normalerweise rosigen Wangen waren aschfahl. »Sollte er etwa …?«, flüsterte sie tonlos. »Bei Männern weiß man doch nie. Hmm. – Möglich wäre es.« Sie hob den Kopf und fixierte Dorothea scharf. »Wie alt, sagtest du, schätzt du sie?«

Dorothea starrte sie fassungslos an. Sie brauchte eine Weile, bis sie ihre Sprache wiedergefunden hatte. »Du willst damit doch nicht andeuten, dass Robert …?«, krächzte sie schließlich verstört.

»Oh, ich dachte nicht an Robert«, murmelte Lady Arabella geistesabwesend.

Dorothea schnappte nach Luft und griff sich an die Kehle, die sich plötzlich schrecklich eng anfühlte. Das vertraute Zimmer schien hin und her zu schwanken. Sie hörte nichts mehr, ein schwarzer Schleier legte sich vor ihr Gesicht – und Dorothea fiel zum ersten Mal in ihrem Leben in Ohnmacht.

Als sie wieder zu sich kam, lag sie auf der Chaiselongue ausgestreckt, und eine immer noch sehr blasse Lady Chatwick schwenkte ein abscheulich stinkendes Riechfläschchen vor ihrem Gesicht hin und her.

»O Gott, was habe ich nur angerichtet! Verzeih, Liebes, wie gedankenlos von mir!«, rief sie reumütig, sobald Dorothea die Augen aufschlug. »Eine grässliche Angewohnheit von mir, laut zu denken.« Dorothea musste niesen. Eilig stöpselte Lady Chatwick ihr antiquarisches Riechfläschchen wieder zu und tätschelte ihr unbeholfen die Wange. »Natürlich ist es absoluter Unsinn, was ich gedacht habe. Ian würde nie …« Zur Bekräftigung schüttelte sie so heftig den Kopf, dass ihr fast die Spitzenhaube vom Kopf geflogen wäre. »Ganz sicher nicht!«

Wirklich? Bildete sie es sich nur ein, oder klang es eine Spur zu emphatisch? Fast, als müsse sie sich selbst ebenfalls davon überzeugen, dass es undenkbar wäre. Aber war es das?

Ian war ein ausgesprochen leidenschaftlicher Liebhaber. Nach der schrecklichen Geburt, bei der ihr erstes gemeinsames Kind gestorben war, hatte sie ihn monatelang abgewiesen. Selbst als Dr. Woodforde sie für körperlich wiederhergestellt erklärt hatte, waren seine Berührungen ihr unerträglich gewesen. Vergraben in ihrem eigenen Kummer hatte sie keinen Gedanken daran verschwendet, ob ihm die erzwungene Enthaltsamkeit schwerfiel.

Hatte er sexuelle Erleichterung auf der anderen Flussseite gesucht und gefunden?

Er war viel unterwegs gewesen damals …

Hinter vorgehaltener Hand hatte sie oft genug die Klagen der

Damen aus Adelaide gehört, dass *lubras,* wie man die eingeborenen Frauen nannte, offenbar auf englische Männer einen unwiderstehlichen Reiz ausübten. War auch Ian ihm erlegen?

»Bitte, nimm dir mein dummes Geschwätz nicht so zu Herzen«, bat Lady Arabella zutiefst zerknirscht. »Du glaubst doch nicht im Ernst, dass Ian zu so etwas imstande wäre?«

Dorothea achtete nicht auf sie. Ihre Gedanken kreisten allein um die Frage: War es möglich? »Ja, natürlich ist es möglich«, ertönte eine hinterhältige Stimme in ihrem Kopf. »Wenn er sagte, er ritte zur Ostweide, hast du je daran gezweifelt? Und wenn Ian über Nacht weggeblieben war – hast du je auch nur im Traum daran gedacht, dass er sie in den Armen einer anderen Frau verbracht haben könnte? O ja, er hatte jede Gelegenheit!«

War er deswegen immer so erschöpft gewesen, wenn er von seinen langen Ausflügen nach Eden House heimkam? Wenn sie jetzt darüber nachdachte, war er auch immer verdächtig gut gelaunt gewesen.

»Wenn ich sie nur genauer hätte anschauen können!« Dorothea versuchte, sich die Züge des Kindes ins Gedächtnis zu rufen. Eine direkte Ähnlichkeit mit Ian war ihr nicht aufgefallen, aber das hatte nichts zu bedeuten. Ein Kind, noch dazu ein Mädchen, sah dem Vater oftmals nicht im Geringsten ähnlich. »Sollte er wirklich der Vater dieses Kindes sein, dann …« Dorotheas Hände ballten sich zu Fäusten, und ihre Augen blitzten. »Ich würde es ihm nicht raten!« Heiße Wut durchströmte sie, ließ sie vibrieren vor Eifersucht und Empörung und Schmerz darüber, dass Ian jene wunderbaren, verzauberten Momente, die nur ihnen beiden gehörten, mit einer anderen Frau geteilt haben sollte.

»Liebes, es ist nichts als eine wilde Theorie«, sagte Lady Chatwick mit bemüht fester Stimme. »Ich denke – nein, ich bin mir sicher –, dass dein Mann dich viel zu sehr liebt, um eine andere Frau auch nur anzuschauen. Und dann auch noch eine Schwarze!«

Lady Arabella rümpfte die Nase. »Ian besitzt für einen Mann ein erstaunliches Maß an Geschmack und Feingefühl.«

Dorothea hätte ihr sagen können, dass diese Einschätzung auch auf die meisten der Männer zutraf, deren Frauen sich über die *lubras* erregten. Stattdessen nickte sie nur und flüchtete nach einer eiligen Entschuldigung aus dem Zimmer.

Weder sie noch Lady Chatwick kamen je auf das Gespräch zurück. Dorothea versuchte, ihr wachsendes Unbehagen Ian gegenüber zu ignorieren. Doch es war wie verhext: hartnäckigem Unkraut gleich ließen sich die Bilder in ihrem Kopf nicht ausrotten, in denen sie Ian eine exotische Schönheit mit feuchten, dunklen Augen und samtiger Haut liebkosen sah. Kaum hatte sie sie verdrängt, tauchten sie aus heiterem Himmel wieder auf. So schrecklich real, als wäre sie dabei gewesen.

Hatte er ihr die gleichen Koseworte ins Ohr geflüstert wie ihr? Wie sie wohl aussah? Einige der jüngeren *lubras* waren ausgesprochen attraktiv. Mit ihren dunklen Augen, der samtigen Haut und dem glänzenden, schwarzen Haar hätten sie – anständig gekleidet – jedem Mann den Kopf verdrehen können. Die von den Matronen in Adelaide bemängelte fehlende Schamhaftigkeit war in den Augen der Männerwelt keineswegs ein Nachteil.

Mehrmals war sie kurz davor, Ian direkt zu fragen. Stets scheiterte dieser Vorsatz jedoch an irgendetwas. An einem Tag schien Ian zu sehr mit der Frage beschäftigt, welchen Preis er wohl für den Braunen erzielen würde. Ein andermal galt seine ausschließliche Sorge den steigenden Lohnkosten der Hirten. Seit immer mehr junge Männer ihr Glück auf den Goldfeldern im Osten suchten, wurden Arbeitskräfte knapp. Jedenfalls schien es nie der richtige Zeitpunkt zu sein. Was hätte es auch für einen Sinn? Natürlich würde er leugnen, ein Kind mit einer Ngarrindjeri zu haben.

»Mama, wusstest du, dass ich weder Enten noch Kängurus essen dürfte, wenn ich ein Ngarrindjeri-Junge wäre?« Robert war noch in einem Alter, in dem man sich keine Gedanken darüber machte, warum seine Mutter Löcher in die Luft starrte, anstatt die Zahlenkolonnen in dem Haushaltsbuch zu kontrollieren, auf dem Mrs. Perkins aus alter Gewohnheit bestand. Dorothea hatte ihr schon oft vorgeschlagen, darauf zu verzichten. Sie empfand es als lästige Pflicht. Für Mrs. Perkins jedoch verkörperte es einen Grundpfeiler anständiger Haushaltsführung. »Kommt nicht infrage, Ma'am«, pflegte sie bei solchen Gelegenheiten empört abzulehnen. »Es geht ja nicht nur darum, dass ich damit nachweise, gut zu wirtschaften. Man kann auch sehen, welche Dinge im Lauf der Zeit teurer geworden sind oder was man letztes Jahr um diese Zeit gebraucht hat.«

»Nein, das wusste ich nicht«, sagte sie jetzt, dankbar für die Ablenkung, und schob das ungeliebte Journal beiseite. »Was für ein Glück für dich, dass du Engländer bist – wo du gebratene Ente doch so liebst!«

»Ja, das meinte Parnko auch. Und Reiher, Opossums, weibliche Wassermolche, Schildkröten sowie einige Vögel und Fische dürfte ich auch nicht essen«, zählte er so stolz auf, als wäre das Verbot eine Art Privileg.

»Tatsächlich? – Was für eine seltsame Zusammenstellung. Warum gerade diese Tiere?«

»Das habe ich ihn auch gefragt. Er sagte, die Ahnengeister hätten es so bestimmt.« Robert sah sie fragend an. »Mama, wieso haben wir keine Ahnengeister?«

Dorothea suchte nach einer passenden Antwort. »Wir haben die Bibel, in der steht, wie wir leben sollen, Robbie«, sagte sie schließlich. »Wir brauchen keine Ahnengeister.«

»Ich hätte aber gerne welche!« Robert zog eine Grimasse der Enttäuschung. »Es muss lustig sein, wenn sie einem sagen, was man tun soll.«

Dorothea dachte an die Initiationsriten, die Protector Moorhouse dezent mit »schmerzhaft und unanständig« umschrieben hatte. Ian, der einmal Zeuge bei einer solchen Zeremonie gewesen war, hatte sie ihr unverblümt geschildert. Die Vorgänge bei diesem *wharepin* gipfelten darin, dass den Novizen die Schambehaarung bis auf das letzte Haar ausgerissen wurde. Keinesfalls etwas, das für Kinderohren geeignet war!

»Ich glaube nicht, dass es immer lustig ist«, sagte sie daher nur. »Stell dir nur vor, in der Regenzeit kein festes Dach über dem Kopf zu haben! Da würden die Ngarrindjeri sicher gerne mit dir tauschen.« Dorothea betrachtete ihren Sohn nachdenklich. »Sprichst du mit Parnko oft über seinen Stamm?«

Der Junge nickte, sah sich um, als fürchte er, belauscht zu werden, und hielt seinen Mund dann dicht an Dorotheas Ohr. »Parnko hat manchmal Heimweh«, flüsterte er geheimnisvoll. »Dann fliegt er im Traum über das Camp seiner Leute und kann alles sehen und hören, was dort vor sich geht. Aber das dürfen die Männer nicht wissen! Sonst funktioniert der Zauber nicht mehr!« Vermutlich war es eher seine Verbindung zu der jüngsten Frau King Georges, die ihm solche Informationen zukommen ließ. Angesichts des schlechten Gesundheitszustands des alten Häuptlings war es sicher nicht falsch, sich auf dem Laufenden zu halten. Dorothea kam eine Idee. Vielleicht konnte sie den jungen Aborigine beauftragen, etwas über dieses mysteriöse Kind in Erfahrung zu bringen.

Sie passte ihn ab, als er seinen Sack Mehl in der Küche abholte. »Gehst du jetzt über den Fluss?«, fragte sie so beiläufig wie möglich. »Kannst du mir einen Gefallen tun?«

Parnko errötete wie ein ertappter Schuljunge. »Natürlich, Ma'am. Wenn es mir möglich ist.«

»Erinnerst du dich daran, dass ich nach einem hellhäutigen Kind fragte? Ich möchte, dass du dich umhörst, woher es kommt und zu wem es gehört.« Dorothea bemühte sich um einen gleichmütigen Gesichtsausdruck. »Eigentlich ist es nicht wichtig, aber ich habe von ihm geträumt.« So wichtig, wie die Ngarrindjeri Träume nahmen, müsste das als Begründung für ihr Interesse ausreichen. Tatsächlich versprach Parnko, sein Bestes zu tun.

»Es gibt kein Mitglied des Stammes mit heller Haut«, berichtete er ihr am Abend. »Es muss eines der Kinder von den Narwijerook gewesen sein.«

Das wäre eine plausible Erklärung gewesen, wenn er nicht so heftig mit den Füßen gescharrt und beharrlich ihrem Blick ausgewichen wäre. Dorothea war überzeugt, dass er log. Sie würde einen anderen Weg finden müssen.

3

Der Sommer des Jahres 1849/50 versprach so trocken zu werden wie sein Vorgänger. Dank der Bewässerungskanäle, die Robert Masters angelegt hatte, litten die Weiden rund um Eden House weniger unter Wassermangel. Aber die weiter entfernt liegenden nahmen schon bald die Farbe trockener Blätter an. »Wenn es so weitergeht, werden wir bald wie die Einheimischen Wasserlöcher graben müssen«, schrieb Mutter Schumann in einem ihrer monatlichen Briefe, in denen sie auch von den Geschwistern zu berichten pflegte. Karl und Koar studierten in London. Ihr Bruder an der Kunstakademie, und Koar war dank der vehementen Fürsprache Dr. Woodfordes sowie seiner guten Verbindungen zu den maßgeblichen Stellen tatsächlich an der medizinischen Fakultät angenommen worden. Sogar ein Stipendium hatte er erhalten. Zusammen mit dem, was Karl als Illustrator nebenbei verdiente, schienen sie damit gut in der fremden Großstadt zurechtzukommen.

August hatte es in den Osten verschlagen. Kaum waren die ersten aufsehenerregenden Berichte über Goldfunde nach Adelaide gedrungen, hatte ihn nichts mehr gehalten. Nachrichten von ihm waren spärlich und selten ausführlich. Meist gipfelten sie in der Ankündigung, bald – sehr bald – mit einem großen Fund zu rechnen.

Über Weihnachten kamen also nur Mutter Schumann und Lischen zu Besuch nach Eden House. Ihre jüngere Schwester war mit neunzehn Jahren inzwischen im heiratsfähigen Alter. Ein hübsches, etwas dralles Mädchen, das auf Ians Bemerkung: »Stehen die Verehrer nicht inzwischen Schlange in der Angas Street, Lizzy?« übermütig zurückgab: »Sie stehen sogar bis zur West Terrace, Schwager!«

»Und keiner, der endgültig Gnade vor deinen Augen findet?«, neckte Ian sie. »Komm, gib es zu: Du genießt es, die armen Kerle zappeln zu lassen.«

»Warum auch nicht?« Lischen grinste undamenhaft. »So viel Konfekt und kostspielige Buketts bekommen Ehefrauen nicht. Stimmt's, Doro? – Heather, Robbie, ich freue mich riesig, euch zu sehen!« Sie stürzte auf Heather zu und umarmte sie stürmisch. »Was macht deine Pferdezucht? – Na, Robbie, und du? Hast du wieder fleißig tote Eidechsen gesammelt?« Seinen schuldbewussten Blick in Richtung seiner Mutter interpretierte sie richtig und lachte nur. »Lass dich nicht beirren, Robbie! Vielleicht wirst du auch einmal so ein berühmter Naturforscher wie Herr von Humboldt. Dann bekommst du sogar Vitrinen für deine toten Tiere und speist mit dem Kaiser!«

»Oder in London bei Queen Victoria«, warf Heather etwas spitz ein. »Robert ist schließlich Engländer. Was soll er da in Berlin?«

»Oder in London«, sagte Lischen, nicht im Mindesten aus der Ruhe gebracht. »Was gibt es zum Dinner?«

Weihnachten war für Dorothea immer noch eine schwierige Zeit. Auch wenn inzwischen acht Jahre vergangen waren, wurden die Entführung und das anschließende Drama um diese Jahreszeit bei ihr stets wieder präsent. Sie vermied Ausritte, und ihr Schlaf wurde so leicht, dass jedes nächtliche Vogelkrächzen sie aufschrecken ließ. Normalerweise begrüßte sie daher die Ablenkung, die der Besuch ihrer Familie in den Alltag auf Eden House brachte. Diesmal jedoch brachte er ihr nicht die erhoffte Erleichterung. Im Gegenteil – Lischens ansteckende Fröhlichkeit ging ihr dermaßen auf die Nerven, dass sie sich sehr zusammennehmen musste, ihre Schwester nicht anzufahren.

Als die kleine Mary beim Nachmittagstee aus Unachtsamkeit den mit Veilchen bemalten Porzellanbecher, das Weihnachtsgeschenk ihrer Großmutter, umstieß und die Schokolade, die Mrs. Perkins extra für sie gekocht hatte, sich über das Tischtuch und Dorotheas neues Festtagskleid ergoss, war es um den letzten Rest ihrer Beherrschung geschehen. »Kannst du nicht aufpassen?«, fauchte sie, ohne sich um die erschrockenen Gesichter der anderen zu kümmern. »Wie kann man nur so ungeschickt sein! Wenn du zu blöde bist, Schokolade zu trinken, bekommst du eben wieder Wasser.« Sie packte das verschreckte Kind an der Hand und zerrte es hinter sich her zum Kinderzimmer, wo Trixie gerade damit beschäftigt war, Charles zu wickeln. Erstaunt drehte sie sich zur Tür, als eine aufs Äußerste erboste Dorothea mit einer laut heulenden Mary im Schlepptau hineinstürmte.

»Sie hat ihre Schokolade verschüttet«, erklärte Dorothea kurz angebunden. »Zur Strafe gibt es kein Abendessen, und sie geht sofort zu Bett. – Ich hoffe nur, ich bekomme die Flecken je wieder heraus!« Immer noch wütend musterte sie die hässliche Moorlandschaft auf dem zarten Schilfgrün ihres Taftrocks.

»Wenn Sie es mir gleich geben, kann ich versuchen, sie mit Mrs. Perkins' Spezialseife herauszuwaschen«, bot Trixie an. »Sie schwört, dass sie damit noch alles sauber bekommen hat.« Mary war zum Kindermädchen gelaufen und stand eng an Trixie geschmiegt, ihr Gesicht in den Röcken der jungen Frau vergraben, als wolle sie sich verstecken. Unauffällig strich Trixie ihr über den Hinterkopf.

Dorotheas Zorn verrauchte so rasch, wie er aufgeflammt war. Statt seiner machte sich ein Gefühl der Beschämung in ihr breit.

Was war nur los mit ihr? »Mary, ich …« Aber kaum hatte sie einen Schritt in Richtung der beiden gemacht, als die Kleine aufwimmerte und sich noch tiefer in Trixies Röcke drückte.

»Lassen Sie's gut sein, Ma'am«, sagte das Kindermädchen leise. »Mary ist ein gutes Mädchen. Es tut ihr sicher furchtbar leid, was sie angerichtet hat. Ich komme dann gleich nach und helfe Ihnen beim Umziehen.«

Dorothea nickte und ging über den Flur hinüber in ihr Zimmer. Vor dem Kleiderschrank glitt ihr Blick unschlüssig über die Garderoben. Die meisten von ihnen waren Kreationen ihrer Mutter, mit der Besonderheit, dass ihre Häkchen und anderweitigen Verschlüsse so angebracht waren, dass sie sie zur Not auch ohne Hilfe an- und ausziehen konnte. Allerdings war es zumindest abends selten nötig, da Ian nur zu gerne bereit war, als Kammerzofe zu fungieren. In letzter Zeit hatte sie allerdings meist schon im Bett gelegen und sich schlafend gestellt, wenn er auf Zehenspitzen ins Zimmer schlich. Früher hatte er sie dann manchmal mit verführerischen Küssen geweckt. Früher – das schien so ewig lange her zu sein; dabei war es doch erst ein paar Wochen her, dass sich dieser verfluchte Verdacht in ihren Kopf gestohlen und dort festgesetzt hatte. Gedankenverloren starrte sie auf die Kleidungsstücke.

Trixie klopfte kurz an die Tür und öffnete sie nahezu gleichzeitig. Hastig griff Dorothea nach einem seegrünen Kleid aus Baumwollmusselin. Es war nicht gerade *Dernier Cri,* aber es war bequem und leicht. »Ich werde den Rest des Tages dieses hier tragen«, sagte sie so bedeutsam, als hätte sie die ganze Zeit über die richtige Wahl nachgedacht.

Mit äußerster Vorsicht zogen die beiden Frauen das Kleid über Dorotheas Kopf, um zu verhindern, dass die feuchten Kakaoflecken auch noch andere Bereiche in Mitleidenschaft zogen. Die zwei obersten Unterröcke musste sie ebenfalls wechseln. »Danke, jetzt komme ich alleine zurecht.«

Dorothea trödelte beim Umziehen, so gut es ging, aber dann ließ es sich nicht mehr hinausschieben: Sie musste hinuntergehen und sich den vorwurfsvollen Blicken stellen, die sie sicher erwarteten. Zu ihrer immensen Erleichterung saß nur noch ihre Mutter im Salon.

»Lischen und Heather kümmern sich um das Tischtuch«, sagte sie ruhig. »Und Lady Chatwick erinnerte sich, dass sie noch einen Brief zu schreiben hatte. Wir können uns also in aller Ruhe unterhalten, mein Kind. Komm, setz dich.« Auffordernd klopfte sie neben sich auf den freien Platz des Sofas.

Das klang nach einem unangenehmen Gespräch! Es war lange her, dass ihre Mutter sie so ernst angeschaut hatte. Dorothea gehorchte, vermied es jedoch, ihrer Mutter ins Gesicht zu sehen. Es war lächerlich. Absolut lächerlich. Aber sie fühlte sich so schuldbewusst wie früher, wenn sie etwas Dummes angestellt hatte und ihre Mutter ihr ins Gewissen redete.

»Es tut mir leid, Mama.« Dorothea nahm sich ein Herz und sah auf. »Ich wollte Mary nicht so anfahren. Es ist mir irgendwie herausgerutscht.«

Mutter Schumann machte eine wegwerfende Handbewegung: »Wenn es nicht häufiger geschieht, wird Mariechen es bald vergessen haben. Nein, was mir Sorgen macht, bist du. Du warst als Kind immer etwas unbeherrscht, aber ich hatte den Eindruck, dass sich das in den letzten Jahren gegeben hätte. Seit deiner Eheschließung mit Ian wirktest du sehr viel ausgeglichener. Bis auf die Zeit nach …« Sie brach ab und warf ihrer Tochter einen scharfen Blick zu. »Hat es etwas mit deinem Mann zu tun? Bist du deshalb so unleidlich?«

»Mama, jetzt übertreibst du aber!«, widersprach Dorothea ihr vehement, konnte jedoch nicht verhindern, dass ihr eine verräterische Röte in die Wangen stieg. »Erstens hat Ian überhaupt nichts damit zu tun und zweitens – bin ich wirklich unleidlich?«

»Das bist du«, stellte ihre Mutter ungerührt fest. »Bitte, halte mich nicht für senil, mein Kind. Übrigens gilt das gleichfalls für Lady Chatwick. Ich hatte gestern einen netten Plausch mit ihr, und auch sie ist äußerst besorgt über deinen nervlichen Zustand. Sie macht sich schwere Vorwürfe«, fügte Mutter Schumann mit deutlicher Kritik in der Stimme hinzu, »ihre leichtfertigen Äußerungen nicht für sich behalten zu haben. Und da gebe ich ihr recht!«

»Früher oder später wäre ich auf den gleichen Gedanken gekommen«, nahm Dorothea die alte Dame in Schutz. »Oder was würdest du vermuten, wenn die Eingeborenen ein Mischlingskind vor dir zu verstecken versuchen?« Inzwischen zweifelte sie kaum noch daran, dass es sich genau so zugetragen hatte. Auch wenn Parnko immer noch keine Spur entdeckt hatte – oder nicht hatte entdecken wollen – und sie sogar selber ein paar Mal unter dem Vorwand, die Frauen für einen ethnografischen Artikel befragen zu wollen, im Lager gewesen war und kein hellhäutiges Kind zu Gesicht bekommen hatte, war sie von seiner Existenz felsenfest überzeugt.

»Nun, es gäbe da noch einige andere Erklärungen, falls du sie auch nur in Erwägung ziehen würdest. Wieso bist du so sicher, dass es Ians Kind ist? Sieht es ihm ähnlich?«

»Ich habe es nur ganz kurz von Nahem gesehen«, musste Dorothea zugeben. »Und dabei ist mir keine Ähnlichkeit aufgefallen. Aber als sie dann versucht haben, es vor mir zu verstecken, kam mir das komisch vor, und ich habe mich gefragt, wieso ...«

»Hast du Ian danach gefragt? Wie hat er reagiert?«

»Gleich am nächsten Tag habe ich ihm davon erzählt. Er meinte, eigentlich ließen sie Mischlingskinder nicht am Leben, aber vielleicht hätten die Mahnungen des Protectors endlich gefruchtet.«

»Das klingt doch plausibel. Es wird von einem dieser nichts-

71

nutzigen Kerle sein, die sich so gerne an den einheimischen Frauen vergreifen.« Mutter Schumanns Stimme troff vor Verachtung.

»Und warum halten sie es vor uns versteckt?« Letztendlich war es dieser Umstand, der Dorotheas Misstrauen erst geweckt hatte.

»Vielleicht geht es gar nicht darum, es vor euch zu verstecken? Die Regierung hat doch vor einiger Zeit einen Erlass veröffentlicht, wonach Kinder aus gemischten Verbindungen weder zur Mutter noch zum Vater gehören, sondern Mündel des Staates Südaustralien sind. Janes Kinder sind deswegen auch nach Poonindie gebracht worden.«

Beide Frauen senkten betrübt den Kopf. Ihre frühere Haustochter und Dorotheas Freundin hatte das Leben der Weißen nicht lange ertragen. Zwei Kindern hatte sie das Leben geschenkt. Bei der Geburt des dritten war sie, geschwächt durch die ungewohnte Kost und die harte Feldarbeit, gestorben. Die Hauptsorge des Witwers war gewesen, ob das Land, das ja Jane als Eigentum zugeteilt worden war, auf ihn übertragen werden konnte. Um die Kinder hatte Tim Burton sich nicht gekümmert. Er war vollkommen beschäftigt gewesen, seinen Kummer und seine Sorgen im Alkohol zu ertränken. Mitleidige Nachbarn hatten sich der verstörten Waisen angenommen, bis Protector Moorhouse sie persönlich zu der Missionsstation Poonindie bei Port Lincoln brachte.

Mutter Schumann und Dorothea hatten beide darum gebeten, Janes Kinder in Pflege nehmen zu dürfen, aber der Gouverneur war hart geblieben. »Es ist besser, sie sind weit weg von ihren Stammesangehörigen«, hatte er ihnen erklärt. »Selbst Mr. Moorhouse ist der Ansicht, dass der Einfluss der Eingeborenen auf die Kinder absolut nicht hilfreich ist. Wir bringen ihnen mühsam Lesen, Schreiben und Rechnen bei, lehren sie den richtigen Glauben, und wenn ihre Familien sie dann abholen, legen sie mit der Kleidung auch alle anderen Aspekte der Zivilisation ab. Um sie zu zivilisierten Menschen zu erziehen, muss man sie jetzt in eine

Umgebung bringen, in der alle diese eher schädlichen Einflüsse von ihnen ferngehalten werden können.«

Wenn Dorothea an Jane dachte, sah sie immer die strahlende Jane in ihrem himmelblauen Hochzeitskleid vor sich, wie sie stolz am Arm von Tim Burton aus der Kirche trat, um die Glückwünsche entgegenzunehmen. Danach hatten sie sich nicht mehr gesehen. Janes Land lag weit im Norden. Hier und da hatten Durchreisende Nachrichten von ihr gebracht, und auch Protector Moorhouse hatte es sich nicht nehmen lassen, sie zumindest einmal im Jahr zu besuchen. Schon aus seinen Erzählungen war hervorgegangen, dass das harte Farmleben der jungen Aborigine schwer zu schaffen machte. Trotzdem hatte keiner damit gerechnet, dass sie so schnell aus dem Leben gerissen würde.

»Du könntest recht haben, Mama«, sagte Dorothea leise. »Trotzdem hätte ich zu gerne Gewissheit.«

»Manchmal ist das nicht möglich. Damit solltest du dich abfinden. Selbst wenn dein Ian einmal Trost in den Armen einer Schwarzen gesucht und gefunden hat – mach die Sache nicht schlimmer, als sie ist. Er scheint nicht das geringste Interesse an diesem Kind oder seiner Mutter zu haben. Also ist die Affäre, wenn es denn je eine gegeben hat, längst vorbei. Selbst die besten Männer können straucheln. Das liegt in ihrer Natur.«

»Hat Papa auch …?«

Mutter Schumann lächelte leicht. »Dein lieber Vater war in seinen jungen Jahren einem Flirt durchaus nicht abgeneigt. Aber er hat seinen Glauben viel zu ernst genommen, um das Ehegelöbnis zu brechen. Da bin ich ganz sicher.«

Ian war nicht so fromm. Ihn würde kein Glaube, welcher Art auch immer, von etwas abhalten, das er wollte. Seine religiöse Erziehung hatte sich auf den Aufenthalt in der Besserungsanstalt beschränkt. Wenn sie in Adelaide die Trinity Church besuchten, geriet er bei der Liturgie regelmäßig ins Stocken.

»Du hast gut reden, Mama«, seufzte Dorothea. »Es lässt mir einfach keine Ruhe. Immer wieder frage ich mich, ob ich damals vielleicht nur blind und taub gewesen bin. Ian war so oft draußen im Busch. Allein?«

»Wenn du einen Rat von mir annehmen willst, dann lass die Dinge auf sich beruhen. Was geschehen ist, ist geschehen. An der Vergangenheit ist nichts mehr zu ändern. Es wäre dumm, sich die Gegenwart und Zukunft von einem alten Fehltritt vergiften zu lassen. – Vor allem, wenn es noch nicht einmal bewiesen ist. Hat Ian dir irgendeinen Anlass für diesen unsäglichen Verdacht gegeben?«

Dorothea musste zugeben, dass dem nicht so war. »Ich hatte vor, ihn direkt zu fragen. Aber dann verließ mich immer im letzten Moment der Mut.«

»Das kannst du dir sparen«, sagte Mutter Schumann nüchtern. »Wenn es stimmt, wird er entweder leugnen oder gestehen. Beides wird euer Verhältnis trüben. Wenn es nicht stimmt, würde allein der Verdacht ihn fürchterlich kränken. Auch das dürfte nicht gerade ein gutes Ergebnis nach sich ziehen.«

»Ich soll also einfach so tun, als hätte ich dieses Kind nie gesehen?«

»Das wäre das Klügste.«

Im Stillen fragte Dorothea sich, woher ihre Mutter solche Dinge wusste. Offensichtlich vertrauten ihre Kundinnen ihr so einiges an. Gewisse Spötter vertraten ja die Ansicht, dass, wenn Modistinnen und Barbiere als Spione des Geheimdienstes Ihrer Majestät tätig wären, dieser bedeutend effektiver agieren würde.

»Und gib dir ein wenig Mühe, nicht so unbeherrscht zu sein.« Ihre Mutter lächelte versonnen. »Als Kind warst du ein richtiger Wildfang. Mary erinnert mich sehr an dich. Weißt du, dass du in ihrem Alter immer darauf bestanden hast, aus Erwachsenentassen zu trinken? Dabei ist dir auch so manches Missgeschick passiert.«

Der leicht versteckte Tadel tat seine Wirkung. Dorothea gab sich redlich Mühe, nicht weiter über das Kind nachzudenken. Erleichtert wurde es ihr durch die ständige Ablenkung. Die Tage verflogen mit Cricket, Angeln am Murray River und Picknickausflügen zu den luftigen Hängen des Mount Lofty. Viel zu rasch sagte Mutter Schumann: »So leid mir das tut, aber ich fürchte, wir müssen zurück in die Stadt. Auf uns warten noch jede Menge Aufträge, die bis Ende Februar fertig sein sollen.«

Nach der Abreise der beiden versank der gesamte Haushalt in einer gewissen, den äußeren Umständen geschuldeten Trägheit. Der Januar des Jahres 1850 war der trockenste und heißeste, an den man sich erinnern konnte. Auf den Weiden vergilbte das Gras am Halm und wurde zu Heu. Nur an den Kanälen säumten grüne Büschel die brackigen Wasserläufe wie deplatzierte Pelzkragen. Jede Nacht überzogen Buschfeuer den Horizont mit einer unheimlichen Röte. Selbst der Murray River führte so wenig Wasser wie noch nie. Verendete Fische aus den überhitzten Seitenarmen des Flusses trieben mit den silbrig weißen Bäuchen nach oben in Massen den Fluss herunter und bescherten den Aborigines mühelose, reiche Fänge. Sie sammelten sie in Netzen, die sie quer durch das Wasser spannten. Offensichtlich empfanden sie keinen Widerwillen gegenüber Tierkadavern, die bereits in Verwesung übergegangen waren.

Die Verluste unter den Lämmern begannen allmählich besorgniserregende Ausmaße anzunehmen. »Wenn es so weitergeht, können wir die Lämmer von dieser Saison abschreiben«, stellte Ian mit düsterer Miene fest, als er mit rötlichem Staub überkrustet von seinem wöchentlichen Kontrollritt zu den äußeren Weiden zurückkam. »Die Mutterschafe haben einfach nicht genug Milch. Wir können froh sein, wenn wir die ausgewachsenen Tiere durchbringen.«

Dabei hatten die Anrainer des Murray River noch Glück, denn der Fluss versiegte im Gegensatz zum River Torrens bei Adelaide nie. Dort hatte der Gouverneur bereits das Wasser rationieren müssen. In Fässern wurde das kostbare Nass von weit her angekarrt. Wer ein Fuhrwerk besaß, nutzte die günstige Gelegenheit, sich dadurch ein saftiges Zubrot zu verdienen, denn die Preise stiegen und stiegen.

»Wenn es nur endlich einmal regnen würde!« Mrs. Perkins seufzte und wischte sich mit dem Unterarm über das gerötete Gesicht. Eine Geste der Nachlässigkeit, die sie sich früher nie erlaubt hätte. Ihr hatte die sommerliche Hitze immer schon zu schaffen gemacht. In letzter Zeit schien sie jedoch noch stärker darunter zu leiden. Auch wenn sie sich mit keiner Silbe beklagte, war es ihr anzumerken, dass ihr jede körperliche Anstrengung größte Mühe bereitete. Auch jetzt trug sie das Tablett mit dem Teegeschirr, als sei es aus Blei und nicht aus hauchdünnem, chinesischem Porzellan.

»Die gute Perkins ist auch nicht mehr die Jüngste«, bemerkte Lady Chatwick halblaut und sah ihr nach, wie sie mit schweren Schritten im Haus verschwand. »Wir sollten sehen, eine Hilfe für sie einzustellen.«

»Ian hat dem Vermittler in Adelaide schon vor Wochen den Auftrag gegeben, sich nach einem geeigneten Küchenmädchen umzusehen«, sagte Dorothea und fächelte sich träge Luft zu. »Aber es sind einfach keine passenden zu finden. Die guten sind fest in Stellung und denken nicht daran, in die Wildnis zu ziehen. Und die, die dazu bereit wären, taugen nichts.«

»Könnte Heather ihr nicht ein wenig zur Hand gehen?«

»Heather?« Jetzt war es an Dorothea zu seufzen. »Das Mädchen ist mit Pferdemäulern sorgsamer als mit unserem guten Wedgwood-Geschirr. Mrs. Perkins würde innerhalb einer Woche mit Krämpfen im Bett liegen.«

»Hm«, machte Lady Chatwick, nahm sich dann ein Herz und sprach aus, was ihr anscheinend schon lange auf dem Herzen lag: »Meine Liebe, ich möchte auf keinen Fall impertinent erscheinen, aber so geht das mit dem Mädchen einfach nicht weiter. Bitte, sieh es nicht als Vorwurf. Ich weiß ja, dass du dir alle Mühe mit ihr gegeben hast. Allein dir ist es zu verdanken, dass sie zumindest über eine rudimentäre Bildung verfügt – aber reicht das aus?« Auch wenn sie es nicht explizit aussprach, so schwang doch unterschwellig mit: »Um einen Mann zu finden.«

Im Stillen musste Dorothea ihr recht geben. Heathers Eigenwilligkeit und ihr burschikoses Auftreten waren nicht dazu angetan, junge Herren von Stand zu bezaubern.

»Was sollen wir tun? Sie einsperren?«, gab Dorothea leicht gereizt zurück. Neidisch folgte ihr Blick Parnko und Robert, die gerade mit nassen Haaren und vergnügten Mienen von einem erfrischenden Bad im Fluss zurückkehrten. Auch Ian ging, sooft es sich einrichten ließ, zum Schwimmen. Er hatte sogar angeboten, es ihr beizubringen. Dorothea konnte sich jedoch nicht dazu durchringen, in das von unzähligen Fischen bevölkerte Wasser zu steigen. Abgesehen davon scheute sie davor zurück, dass die Eingeborenen es als willkommenes Schauspiel betrachten könnten.

»Um Himmels willen, nein! Ich dachte an ein Institut für junge Damen«, sagte Lady Chatwick fast entsetzt. »Zufällig habe ich gerade den Brief einer guten, alten Freundin aus Sydney erhalten, in dem sie schrieb, dass es dort jetzt ein solches gebe und es einen ganz ausgezeichneten Ruf genieße. Die Absolventinnen sollen auf dem Heiratsmarkt überaus begehrt sein.«

»Ich werde Heather nicht in die Verbannung schicken, nur weil sie kein Zierpüppchen ist«, wehrte Dorothea vehement ab. »Heather und Sticktücher?« Die Vorstellung war so absurd, dass sie lachen musste. »Wenn sie älter und ruhiger geworden ist, wird sie selber einsehen, dass sie sich ändern muss.«

»Wird sie das?« Lady Chatwick hob zutiefst skeptisch die Augenbrauen. »Ich befürchte eher, je länger man sie in diesem Stil weitermachen lässt, desto beharrlicher wird sie daran festhalten. Es ist allerhöchste Zeit, ihr zu zeigen, dass es im Leben auch noch andere Dinge gibt als Pferde.«

Etwas Ähnliches hatte auch ihre Mutter gesagt und angeboten, Heather für eine Weile mit zu sich in die Stadt zu nehmen. Da Dorothea aber nur zu gut wusste, dass weder sie noch Lischen freie Zeit aufbringen konnten und Heather sich vermutlich zu Tode langweilen würde, hatte sie dankend abgelehnt. Ja, leider genügte ihre Stieftochter ganz und gar nicht den Maßstäben, die an eine junge Dame aus gutem Hause angelegt wurden. Gab sie sich einer Illusion hin, wenn sie darauf hoffte, dass Heather, sobald sie im richtigen Alter war, schon noch Geschmack an schönen Kleidern und Komplimenten entwickeln würde? »Heather wäre todunglücklich in einem solchen Institut«, wandte sie ein. »Wir sollten noch etwas abwarten.«

»Leider nützt es nach meiner Erfahrung wenig, unangenehme Entscheidungen vor sich herzuschieben«, sagte Lady Chatwick ungewöhnlich entschieden. »Die Zeit drängt. Je länger wir ihr ihren Willen lassen, desto schwerer wird es für sie, sich zu ändern. Gibt es nicht ein deutsches Sprichwort: ›Was Hänschen nicht lernt, lernt Hans nimmermehr‹?«

Dorothea musste lachen, weil der englische Akzent das Deutsch dermaßen komisch klingen ließ. »Ich werde mit Ian darüber reden«, versprach sie. »Nimmt diese Dame denn überhaupt noch Schülerinnen auf?«

Lady Chatwick senkte den Blick auf ihre knotigen Finger. »Ich fürchte, ich war da ein wenig voreilig«, gestand sie leicht beschämt. »In meinem letzten Brief hatte ich meiner Freundin das Problem mit Heather geschildert und sie um Rat gefragt. Sie hat sich erkundigt, und jetzt schrieb sie, dass gerade einige Plätze frei geworden wären. Sicherheitshalber hat sie einen reservieren lassen. Dies Institut ist natürlich nicht ganz billig …« Sie nestelte an ihrem Beutel und zog ein zerknittertes Blatt Papier hervor. »Hier, das sind die Statuten und die zu erwartenden Unkosten.«

Dorothea musste mehrmals hinsehen, als sie die Zahlen las. Schließlich keuchte sie auf und sagte: »Das ist ja mehr, als das Jahresgehalt meines Vaters betrug.«

Lady Chatwick zeigte sich nicht übermäßig beeindruckt. »Wirklich? – Nun, dafür, dass dort die besten Lehrer unterrichten, die in Sydney zu finden sind, der Koch ein Franzose ist und die Leiterin Beziehungen bis in höchste Regierungskreise hat, finde ich es absolut angemessen. Ihr solltet nicht zu lange mit eurer Entscheidung warten. Es gibt reichlich Anwärterinnen auf die Plätze dort.«

Auch Ian reagierte nach der ersten Überraschung ausgesprochen positiv auf den Vorschlag. »In letzter Zeit habe ich mich immer öfter gefragt, was wohl Robert dazu sagen würde, dass wir Heather so verwildern lassen«, sagte er. »Sie fühlt sich im Stall ja wohler als im Salon! Ich denke nicht, dass es ihm gefallen hätte.«

Das gab den Ausschlag. Heather riss entsetzt die Augen auf, als sie nach dem Dinner mit diesen Plänen für ihre Zukunft konfrontiert wurde. »Ist es, weil ich dieses blöde Rennen gewonnen habe? Ich verspreche, so etwas nie, nie wieder zu tun.« Totenblass flog ihr gehetzter Blick von einem zum anderen. »Ihr könnt mich doch nicht einfach wegschicken. Ich bin doch hier zu Hause!«

»Das wirst du auch in Zukunft sein«, sagte Dorothea begütigend. »Heather, wir haben nur dein Bestes im Sinn, wenn wir dich auf dieses Institut schicken. Du wirst dort Freundinnen in deinem Alter finden und jede Menge Spaß haben.«

»Ich will keine dummen Gänse als Freundinnen. Und welchen Spaß soll ich dort schon haben? Sie werden den lieben, langen Tag nur über Kleider und Hüte schwatzen.«

Heather ließ sich nicht überzeugen, sosehr Lady Chatwick

und Dorothea sich auch bemühten. Schließlich schob Ian seinen Stuhl zurück, erhob sich und sagte: »Es reicht. Deine kindischen Widerworte werden nichts an unserer Entscheidung ändern. Eine weitere Diskussion können wir uns also ersparen. Deine Passage ist gebucht, die Zusage bereits unterwegs. Nächste Woche fährst du.«

Es wurde eine für alle anstrengende Woche: Das Mädchen schwankte ständig zwischen stillem Schmollen und lautem Lamentieren. Da es sich strikt weigerte, an Auswahl und Verpacken ihrer Kleidung auch nur den geringsten Anteil zu nehmen, übernahm Dorothea diese Aufgabe. Allzu viele Kleider und Unterröcke waren es nicht, die in der Reisetruhe landeten. Heather würde in Sydney nicht darum herumkommen, sich weitere Garderobe anzuschaffen. Das dürfte kein Problem für sie werden, denn Ian hatte veranlasst, dass ihr in der dortigen Filiale der Bank of South Australia monatlich ein großzügig bemessenes Nadelgeld ausgezahlt würde. Auch eine größere Summe für Schneiderrechnungen und Ähnliches stand ihr dort zur Verfügung. Robert hatte seine Stieftochter gut versorgt zurückgelassen. Wenn sie einmal heiratete, würde ihre Mitgift beträchtlich sein.

Es erwies sich als Glücksfall, dass eine gute Bekannte von Mary Moorhouse ebenfalls nach Sydney reiste. Diese Dame versprach, sich während der Fahrt um das Mädchen zu kümmern und auch dafür Sorge zu tragen, dass sie gut im Institut für junge Damen eintraf.

Zwischen Erleichterung und Bedenken, ob sie nicht doch vielleicht zu hart mit Heather umgesprungen waren, hin- und hergerissen, sah Dorothea dem Schiff nach, das sich schwerfällig wie eine alte Matrone immer weiter entfernte, bis die Mangroven es schließlich ihren Blicken entzogen.

»Sie wird sich schon noch damit abfinden«, meinte Ian und legte einen Arm um Dorotheas Schultern. »Ich bin sicher, es ist das

Richtige für sie. Auch wenn sie jetzt Gift und Galle spuckt – später wird sie uns dankbar sein.«

»Ich hoffe es.« Energisch schob Dorothea die trüben Gedanken beiseite. Wann war sie eigentlich das letzte Mal mit Ian allein gewesen? Ganz allein! Spitzbübisch sah sie zu ihm auf. »Weißt du, worauf ich jetzt Lust hätte?«

Ian erwiderte überrascht ihren Blick. »Nein, worauf denn?«

»Dass du mich in dieses wunderbare Kaffeehaus ausführst, in dem wir deinen Geburtstag gefeiert haben. Weißt du noch?«

»Und ob! Lizzy hat sich so vollgestopft, dass ihr nachher schlecht war.« Ian verzog amüsiert die Mundwinkel, ehe er, wieder ernst, hinzufügte: »Ich erinnere mich sehr gut daran. Ich habe die ganze Zeit gegen den Wunsch ankämpfen müssen, dich an mich zu reißen und zu küssen. Es war die Hölle!«

»Wenn du diesmal den Wunsch verspürst, darfst du ihm nachgeben«, sagte Dorothea leichthin und spürte, wie ihr bei dieser Vorstellung ausgesprochen warm wurde. »Auch auf die Gefahr hin, dass sich eine der Klatschbasen an ihrem Tee verschluckt.«

»Und morgen steht es dann im *Register!*« Ihr Mann schüttelte sich. »Nein danke. Ich denke, ich werde auf dein Angebot lieber später zurückkommen.« Er warf ihr einen lasziven Seitenblick zu und flüsterte: »Ich habe da so einige Ideen, was ich gerne täte.«

Übermütig wie ein Schulmädchen ließ sie sich von ihm in die Droschke helfen, die sie und andere Passagiere vom Hafen zurück in die Stadt brachte. Auf Ians Frage, ob er sie an dem Kaffeehaus absetzen könne, nickte der Kutscher nur mürrisch und hielt die Hand auf, um anzudeuten, dass dieser Extraservice auch seinen Preis hätte. Während der Fahrt durch die Parklands unterhielt sie einer der anderen Passagiere mit einer begeisterten Lobeshymne auf die neue Knabenschule, das St. Peters College. »Ein wunderbarer Bau! Man meint, sich in Oxford zu befinden, so erhebend ist die Architektur. Äußerst gelungen. – Kein Wunder, es soll den guten Allen ja auch ein Vermögen gekostet haben. Und die Schulgebühren jetzt sind natürlich entsprechend. Kein Wunder.«

Ein bärtiger Mann erkundigte sich interessiert nach deren Höhe, um dann bedauernd den Kopf zu schütteln. »Dafür könnte ich ja eine kleine Farm kaufen! Das können sich nur Gentlemen leisten!«

»Der Unterricht soll aber sehr gut sein«, verteidigte der begeisterte Passagier das College. »Die Jungen lernen Latein, Griechisch, Französisch, Geografie, englische Geschichte, Grammatik und Rechtschreibung, Geometrie und Arithmetik. Und ich habe gehört, in den nächsten Jahren wollen sie sogar die oberen Klassen aufteilen in einen klassischen Zweig und einen moderneren, wo den Kaufmannssöhnen Buchführung und so etwas beigebracht wird. Mr. Flaxman hat alle seine drei Jungs dort und berichtet nur das Beste.«

»Ab welchem Alter nehmen sie Schüler auf?«, mischte Ian sich in die Unterhaltung. Er wirkte angespannt, nahezu elektrisiert. Dorothea, die der Unterhaltung nur mit halbem Ohr gefolgt war, weil sie sich in Tagträumen gerade lustvoll ausmalte, was Ian heute Abend wohl im Sinn haben mochte, horchte auf. Sie war immer davon ausgegangen, dass sie für Robert einen Hauslehrer einstellen würden, der den Unterricht übernehmen würde, sobald sie an ihre Grenzen stieß. Die waren allerdings bald erreicht. Ihre eigenen Rechenkünste erstreckten sich auf die Grundrechenarten und rudimentäre Zinsrechnung. Von Geometrie oder gar Arithmetik hatte sie nicht die geringsten Kenntnisse. Ebenso wenig von Fremdsprachen oder gar englischer Geschichte. Sie hatte sich schon gefragt, wie sie einen guten Hauslehrer finden sollten, wenn weder sie noch Ian seine Eignung beurteilen konnten. Eine solche Schule wäre die Lösung dieses Problems! Und zudem wäre Robbie mit anderen Jungen seines Alters zusammen, was ihm sicher guttäte. Widerstrebend löste sie sich aus ihren Fantasien und kehrte in die stickige Gegenwart der Droschke zurück.

»Ab acht Jahren«, sagte der Mann, der sich so für das neue College ins Zeug legte, dass Dorothea sich fragte, ob er ehrlich begeistert war oder dafür bezahlt wurde, neue Schüler anzuwerben. »Sie kriegen auch extra noch einen neuen Lehrer für die Kleinen, die noch nicht so weit sind, dass sie mit den Größeren mithalten können. Schauen Sie sich's doch mal an«, sagte er an Ian gerichtet, in dem er denjenigen mit dem größten Interesse zu erkennen glaubte. »Wenn ich Kinder hätte, würde ich sie auf jeden Fall dorthin schicken.«

»Wer sich's leisten kann«, brummte der bärtige Mann missmutig. »So bleiben die feinen Herrschaften jedenfalls hübsch unter sich.«

»Was hältst du davon?«, fragte Dorothea nachdenklich, nachdem sie in einer der begehrten Nischen am Rand Platz genommen hatten. Ungeduldig wartete sie, bis Ian den Tee und zwei Stück Aprikosen-Baiser-Torte bestellt hatte.

»Wovon?«

»Nun, von dieser Knabenschule natürlich!«, gab sie eine Spur ärgerlich zurück. »Weich mir nicht aus! Ich sehe dir immer an, was dir durch den Kopf geht!«

»Wirklich?« Ian lächelte anzüglich und sah ihr tief in die Augen. »Und was denke ich gerade?«

Das war so offensichtlich, dass Dorothea glühend heiß wurde und sie nur noch atemlos flüstern konnte: »Ian! Nicht hier. Denk an die Leute!«

»Keine Angst, ich weiß mich zu beherrschen. Darin hatte ich ja reichlich Übung.« Er lehnte sich lässig zurück und nickte dankend, als das Serviermädchen das Tablett mit dem Tee abstellte.

Erst als sie außer Hörweite war, hatte Dorothea sich wieder

83

so weit gefasst, dass sie auf das Thema zurückkam. »Glaub bloß nicht, dass ich nicht merke, wie du mich abzulenken versuchst!«, warnte sie ihn und stieß die Kuchengabel energisch in das Tortenstück auf dem Teller vor sich. »Du denkst sicher, ich wäre dagegen, dass Robbie auf diese Schule geht. Aber ich fände es eine ausgezeichnete Lösung.«

»Tatsächlich?« Ian wirkte merkwürdig erleichtert. »Das freut mich, denn ich habe in den letzten Jahren immer wieder gesehen, wie wichtig diese Art Schule genommen wird. Wer nicht auf einem College war, ist ein Mensch zweiter Klasse. In England muss es noch schlimmer sein als hier in Australien. Und ich bin sicher, dass sein Vater ihn auf jeden Fall dorthin geschickt hätte.«

»Können wir uns das denn leisten?« Dorothea erinnerte sich an die astronomischen Summen, die der Mann in der Droschke ihnen genannt hatte, und an die Empörung des Bärtigen.

»Wir können«, erwiderte Ian lapidar. »Aber selbst wenn wir deswegen sparen müssten: Wir schulden es Robert, dass sein Sohn auf die beste Schule geht, die wir ihm ermöglichen können. Die Freundschaften, die er dort schließt, können für sein weiteres Leben entscheidend sein.«

»Ist das nicht ein bisschen übertrieben?« Dorothea rümpfte leicht die Nase. Ihr Bruder August hatte seine Kommilitonen nie so wichtig genommen.

»Nein, leider nicht. Wollen wir morgen zusammen hingehen und sie uns anschauen?« Ian sah äußerst zufrieden aus. »Schade, dass er erst im August acht wird. Sonst hätten wir ihn gleich jetzt anmelden können.« Er runzelte nachdenklich die Stirn. »Vielleicht nehmen sie ihn auch schon früher?«

Dorothea verspürte einen Stich. Konnte er es nicht mehr abwarten, den Jungen loszuwerden? War das etwa der tiefere Grund für seine Begeisterung über diese neue Schule?

Ihr Gesicht musste einen Teil ihrer Gedanken widergespiegelt haben, denn Ian fügte rasch hinzu: »Natürlich erst nach seinem Geburtstag.« Er lächelte ihr zu. »Bis dahin ist es ja noch fast ein halbes Jahr.«

Etwas verkrampft erwiderte Dorothea sein Lächeln. Wenn Ian glaubte, sie empfände nur das ganz normale Widerstreben einer Mutter, ihr Kind aus dem Haus zu geben, sollte es ihr recht sein. »Ja, das ist reichlich Zeit, um sich darauf einzustellen«, sagte sie und schob das problematische Verhältnis ihres Mannes zu seinem Stiefsohn beiseite. »Meinst du, wir könnten uns ein Zimmer in dem Hotel dort drüben nehmen?«

Zuerst sah er sie nur verdattert an, dann jedoch blitzte es in seinen Augen auf. »Das müsste sich machen lassen«, erwiderte er mit dunkler Stimme und hob die Hand, um die Bedienung auf sich aufmerksam zu machen. »Zahlen, bitte.«

Der Portier des *Hotel Bristol* beäugte sie argwöhnisch. So vornehme Gäste verirrten sich nur irrtümlich in die düstere, staubige Halle. Und schon gar nicht verlangten sie am helllichten Tag ein Zimmer nach hinten hinaus! Dergleichen kannte er nur von den Herren in zweifelhafter Begleitung! Doch dieser üblichen Klientel entsprach das Paar überhaupt nicht. Er öffnete schon den Mund, um sie darauf hinzuweisen, dass sie sich sicher im *Hotel Britannia* gleich um die Ecke wohler fühlen würden, als eine glänzende Münze ihn eines Besseren belehrte. In Windeseile ging er im Geist die Zimmer durch und entschied sich für Nr. 8 im ersten Stock, von dem er sicher wusste, dass das Bett erst heute Morgen frisch bezogen worden war. »Kann ich sonst noch etwas für Sie tun, Sir?«, fragte er, während er diesem seltsamen Paar die Tür zu Nr. 8 aufschloss und dabei vermied, die Frau zu genau anzusehen. Wenn es eine verheiratete Frau war, die sich hier mit ihrem Liebhaber traf, wollte er in nichts hineingezogen werden! Nur zu gerne entfernte er sich, nachdem Ian ihm versichert hatte, seine Dienste nicht mehr zu benötigen.

»Ich glaube, er hielt mich für eine dieser Frauen, die Männern gegen Geld gefügig sind«, stellte Dorothea amüsiert fest. »Lass uns so tun, als ob er recht hätte!« Ohne Ians Antwort abzuwarten, lehnte sie sich mit dem Rücken an die geschlossene Tür, warf ihm einen herausfordernden Blick zu und fragte: »Na, wie gefalle ich dem gnädigen Herrn?«

»Auf den ersten Blick recht gut«, ging Ian sofort auf das Spiel ein. Er zog seinen Überrock aus und hängte ihn auf den Stuhl neben dem Bett. Dann lehnte er sich mit gekreuzten Armen an einen der Bettpfosten und musterte sie von Kopf bis Fuß. »Allerdings ist es schwer, eine Ware zu beurteilen, die man nicht sehen kann.«

Die Aufforderung war unmissverständlich. Dorothea spürte, wie die vertraute Hitze sich in ihr ausbreitete. Dies Spiel versprach, aufregend zu werden. Ganz langsam öffnete sie die Verschlüsse ihres Mieders, schob es über die Schultern, bis ihre Brüste halb bloß lagen. Ians Blick verschleierte sich, und sie konnte sehen, wie die Beule an seiner Hose rapide wuchs, bis der Stoff spannte. Auch ihr Atem beschleunigte sich. Ein Teil von ihr drängte sie, sich endlich in Ians Arme zu schmiegen, ihre Lippen auf seine zu pressen und zu fühlen, wie sein harter Körper vor Lust bebte. Ein anderer Teil von ihr genoss es jedoch ungemein, die Führung übernommen zu haben.

Ihre Brüste prickelten unter seinem hungrigen Blick wie unter einer tatsächlichen Berührung. Achtlos ließ sie das Kleid zu Boden gleiten und nestelte mit fahrigen Fingern an den Bändern der Unterröcke. Mit einem kaum hörbaren Rascheln glitt der gestärkte Batist herab, und sie stand in knielangem Chemise und Strümpfen da.

»Nicht schlecht.« Ians Stimme klang etwas gepresst. Dennoch war die Anerkennung deutlich herauszuhören. »Das Hemd auch.«

Er rührte sich nicht. Stand einfach nur da und verschlang sie mit Blicken.

Nur einen winzigen Moment zögerte Dorothea, ehe sie auch das hauchdünne Unterkleid über ihre Schultern gleiten ließ. Nackt bis auf die Strümpfe stand sie da und fühlte sich auf einmal sonderbar verletzlich.

Ian schien den Anflug von Unsicherheit zu spüren. Er löste sich von seinem Bettpfosten und streckte beide Arme vom Körper weg, bis er dastand wie eine Schneiderpuppe. »Jetzt zieh mich aus«, befahl er.

Dorothea trat dicht vor ihn, um die schmale Krawatte aus dunkelbraunem Satin aufnesteln zu können, die er bevorzugte. Unbewusst erwartete sie, dass er sie berühren würde, doch er verhielt sich völlig passiv, während sie sein Hemd aufknöpfte. Überhaupt benahm er sich so ganz anders als sonst, dass sie sich fast wie mit einem Fremden fühlte. Fremd – und dabei war ihr doch sein Körper bis zum letzten Härchen vertraut!

Ihre angestaute Erregung ließ sie mit so großer Hast an den Knöpfen der Hosenträger am Hosenbund zerren, dass er seine breite Hand über ihre legte und warnend sagte: »Hübsch langsam, Mädchen. Nicht, dass der Stoff ausreißt. Sonst ziehe ich dir die Rechnung für den Schneider ab!«

»'tschuldigung, Sir«, wisperte sie ihrer Rolle eines Straßenmädchens gemäß. »Bin so feine Herrenklamotten nich' gewöhnt.«

»Wenn ich deine Dienste wieder in Anspruch nehmen soll, gib dir besser Mühe, dich dran zu gewöhnen.«

»Sehr wohl, Sir.« Mit gesenktem Blick nestelte sie an den Knöpfen, die die Hosenträger hielten, um sich dann denjenigen vom Hosenlatz zu widmen. Wie unabsichtlich streifte sie dabei immer wieder die dicke Beule darunter. Ian atmete zischend ein, und sie konnte sehen, wie sich seine Bauchmuskeln anspannten. Dieses Spiel machte wirklich Spaß!

»Schaffst du es vielleicht noch, bevor ich einschlafe?« Sein harscher Ton konnte nicht darüber hinwegtäuschen, dass er in Wirklichkeit aufs Äußerste erregt war. Und sobald sie ihm die Beinkleider und das Hemd abgestreift hatte und sie sich nackt gegenüberstanden, war es mehr als offensichtlich. Was nun?

Ian beantwortete ihre stumme Frage, indem er sich rücklings auf das Bett fallen ließ und sagte: »Reite mich!«

Zitternd vor Erregung gehorchte sie. Als sie sich auf ihn senkte, ihn heiß und hart in sich spürte, war es um ihren letzten Rest Beherrschung geschehen. Wie im Rausch ritt sie ihn, und als sie schließlich mit einem lauten Schrei auf seine Brust sank, glitt sie in eine Art Trance, in der nichts mehr von Bedeutung war als die unendliche Lust, die sie mit Ian empfand.

Sie hielten sich nicht mehr lange in Adelaide auf, obwohl Mutter Schumann sie gerne für ein paar Tage als Gäste beherbergt hätte. Sie wusste wenig von dem neuen College zu erzählen, dafür Lischen umso mehr. »Es gab immer Probleme zwischen dem Stiftungsrat und Bischof Short. Wenn es nach ihm ginge, wäre das College nur für zukünftige Geistliche. Als der Unterricht noch in den Räumen der Holy Trinity stattfand, hat er sich meistens durchgesetzt. Glücklicherweise hatte er nicht genug Geld, um die neue Schule zu bauen. Und Mr. Allen hat als Bedingung dafür, dass er die Baukosten übernimmt, verlangt, dass die Kirche sich heraushält. Zumindest aus dem Unterricht. Bischof Short soll ja immer alles zu modern gewesen sein, was es nicht auf Griechisch und Latein gab.« Lischen grinste undamenhaft. »Für den guten Bischof ist es sicher hart, wenn der neue Lehrer, der demnächst dort anfängt, auch Chemie und Mechanik unterrichtet. Und sogar einen französischen Tanzlehrer soll es geben – allerdings nur auf Extrawunsch der Eltern.«

»Woher weißt du das alles?«

»Ach, ich war bei einer dieser öffentlichen Vorlesungen über Elektrizität, die Mr. Allom in der Literarischen Gesellschaft abgehalten hat. Und dort habe ich mich ein wenig mit Mr. Flaxman unterhalten. Er ist übrigens ganz begeistert von der Schule. Alle seine drei Söhne sind dort.«

Der erste Eindruck, den St. Peters auf Dorothea machte, war eher einschüchternd: Die schmalen Spitzbogenfenster, die hohen Giebel der Fassade, das schwere dunkle Eingangsportal – alles wirkte, als stünde es seit Jahrhunderten an diesem Platz. Fast erwartete sie, dass ein Ritterfräulein sich aus einem dieser Fenster lehnen und nach ihrem Begehr fragen würde.

Ob es in Oxford tatsächlich so aussah?

Ihr Mann zeigte sich eher unbeeindruckt. Nach einem kritischen Blick auf die restlichen Stein- und Balkenhaufen, die immer noch vor der Eingangstreppe lagerten und auf ihren Abtransport warteten, meinte er nur: »Am Baumaterial wurde wirklich nicht gespart!«, bevor er die Stufen hinaufschritt und energisch den Türklopfer betätigte.

Kein Herold in prächtigem Gewand öffnete den einen Torflügel, sondern ein ziemlich kleines Männchen mit auffallend spitzer Nase. Offenbar hatte er recht hastig seinen Talar angelegt, denn er war nur halb zugeknöpft, und auch der viereckige Magisterhut saß schief auf seinen dunkelbraunen Locken.

»Guten Morgen, die Herrschaften.« Er verbeugte sich gewandt und trat zurück, um ihnen den Weg freizugeben. »Bitte treten Sie ein. Ich bin Magister Samuel Allom. Ich vermute, Sie interessieren sich für unsere neuen Räumlichkeiten?«

»Ian Rathbone. Und das ist meine Frau.« Er streckte dem Männchen die Hand entgegen. »Wir überlegen, unseren Sohn bei Ihnen anzumelden.« In der Eingangshalle, die bei aller Schlichtheit durch ihre schiere Höhe und Größe beeindruckte, hallte seine sonore Stimme unerwartet. Mit gesenkter Stimme fügte er hinzu: »Natürlich möchten wir uns erst einmal einen Eindruck verschaffen.«

Mr. Allom verbeugte sich erneut. »Selbstverständlich. Wenn ich Sie bitten dürfte, sich in unserem Visitationsbuch einzutragen?« Er wies auf ein Stehpult mit einem aufgeschlagenen, in braunes Leder gebundenen Buch. »Wie Sie sehen können, nehmen die Eltern unserer Schüler regen Anteil.«

Dorothea blätterte ein wenig zurück. Tatsächlich war im letzten Jahr keine Woche vergangen, in der sich niemand eingetragen hatte.

»Auch unser Stiftungsrat nimmt seine Aufgabe sehr ernst«, bemerkte Mr. Allom eine Spur süffisant. »Aber ich darf sagen, dass bei keiner der Visitationen irgendwelche Beanstandungen geäußert wurden.« Als Erstes führte er sie zum nagelneuen Schulzimmer, einem Raum von etwa zehn Meter Breite und dreiundzwanzig Meter Länge, hell und luftig durch zahlreiche raumhohe Fenster. »Hier ist Platz für bis zu hundertzwanzig Schüler«, erklärte er stolz. »Momentan sind es erst vierzig, aber unser guter Ruf beschert uns jedes Jahr weitere Anmeldungen. Unser Ziel ist eine gute, umfassende Allgemeinbildung und eine Festigung des Charakters. Dazu das nötige Maß gesellschaftlicher Gewandtheit, um sich auch in höheren Kreisen bewegen zu können. Deswegen der Tanzlehrer und französische Konversation. Ich weiß, dass einige Vertreter der anglikanischen Kirche hier in Adelaide diesen Teil kritisch sehen, aber ich darf Ihnen versichern, wir leisten keinesfalls dem Verfall der Sitten Vorschub!«

Er öffnete ein Fach des Lehrerpults und zeigte ihnen einen Stapel vorbereiteter Urkunden: »Hier, das sind die Moralurkunden, die wir jetzt einführen. Jeder Schüler bekommt Punkte für Fleiß, gutes Benehmen, persönlichen Fortschritt und so weiter und so fort dort eingetragen, und seine Stellung in der Gemeinschaft richtet sich streng nach seinem Punktestand.«

Dorothea war verblüfft über diese Regelung. »Es gibt hier keinen Rohrstock?«, vergewisserte sie sich.

»Selbstverständlich nicht!« Mr. Allom wirkte geradezu empört. »Das mag in der Armenschule üblich sein. Aber doch nicht bei uns!«

Die restlichen Räume waren schnell durchschritten. Der Rundgang endete in dem Büro und Aufenthaltsraum der Magister, in dem ein ziemliches Chaos herrschte. Mr. Allom entschuldigte das damit, dass die Dame, die tagsüber die Aufgaben einer Haushälterin übernehmen sollte, noch nicht erschienen sei. Das Schuljahr sollte ja auch erst in einer Woche wieder beginnen. »Und – wie haben Sie sich entschieden?« Seiner erwartungsvollen Miene nach rechnete er fest mit einer Anmeldung.

»Soweit ich das beurteilen kann, macht alles einen sehr guten Eindruck«, sagte Ian bedächtig. »Ich denke, Robert würde sich hier wohlfühlen. Was meinst du?«

Dorothea nickte bloß stumm. Im Vergleich zu den Schulen in Dresden und ihren strengen Lehrmeistern erschien ihr diese ausgesprochen liberal. Und er würde ja bei ihrer Mutter wohnen. Sollte es irgendwelche Probleme geben, wäre Robbie nicht mutterseelenallein fremden Menschen ausgeliefert. Mutter Schumann konnte sehr energisch werden, wenn es um das Wohlergehen ihrer Angehörigen ging.

Mr. Allom zeigte sich, was den Eintritt in die Schule betraf, äußerst entgegenkommend, und so einigte man sich schnell darauf, dass Robert Masters junior in der Woche nach seinem achten Geburtstag im St. Peters College aufgenommen werden würde.

»So, das haben wir mit den beiden doch alles prima geregelt. Hoffentlich bleiben wir jetzt für die nächste Zeit von Aufregungen und Skandalen verschont!«, sagte Ian und seufzte laut auf, als sie am nächsten Tag nach Eden House zurückkehrten. »Ich sehne mich so nach etwas Ruhe und Frieden im Haus.«

91

4

Bereits ein paar Tage später wurde die ersehnte Ruhepause durch die Ankunft des Postdampfers beendet. Schon von Weitem kündigte der Kapitän sein Kommen mit einer ausgiebigen Betätigung des Nebelhorns an. Solcherart aufgeschreckt, rannte alles, was Beine hatte, zur Anlegestelle. Bis das Schiff den Steg erreichte, war dort immer schon eine große Menschenmenge versammelt, die sich diese willkommene Abwechslung im täglichen Allerlei nicht entgehen lassen wollte.

Auch diesmal hatte nicht einmal Lady Chatwick es sich nehmen lassen, ihre Briefe und Zeitungen persönlich entgegenzunehmen. Doch etwas war anders als sonst. Auf dem vorderen Deck standen drei Gestalten, wie man sie hier sonst nicht zu sehen bekam. Die zwei Herren in Gehrock und Zylinder lehnten lässig nebeneinander an der Reling und musterten aufmerksam die Menschenansammlung. In einem durch das beeindruckende Ausmaß ihrer Röcke bedingten Abstand neben ihnen stand eine junge Frau und drehte gelangweilt ihren Sonnenschirm hin und her.

Bei ihrem Anblick musste Dorothea an die Abbildungen in den Modejournalen ihrer Mutter denken: Auf dem Kopf trug sie einen Strohhut *à la paysanne,* aufgeputzt mit saphirblauen Satinbändern und Seidenblumen. Dazu ein Reisekleid aus silbergrauem Moiré mit zwei Volants und darüber eine pinkfarbene Pelisse, im armenischen Stil mit schwarzen Samt-Posamenten verziert.

Selbst in Adelaide wäre sie aufgefallen. Hier draußen, am Murray River, wirkte sie so fremdartig wie eine Besucherin aus einer anderen Welt.

»Was sind das denn für Leute?« Mrs. Perkins wirkte nicht allzu begeistert. »Die wollen doch nicht etwa zu uns?« Der Verdacht war naheliegend, denn Eden House war die letzte Anlegestelle auf dem Murray River.

Langsam manövrierte der Kapitän sein Schiff an die massiven Eukalyptusholzpfähle und warf die Seile John zu, der sich beeilte, sie festzuzurren.

»Hallo, ahoi, ihr Landratten. Ich habe euch Besuch mitgebracht!« Die Stimme des Kapitäns trug fast so gut wie sein Nebelhorn. Ein Irrtum war nicht möglich.

»Hat Ian irgendetwas davon verlauten lassen, dass er jemanden eingeladen hätte?«, erkundigte Lady Chatwick sich leise bei Dorothea.

»Nicht die geringste Andeutung«, gab die genauso leise zurück und beobachtete, wie die Unbekannte, galant assistiert vom Kapitän, den schmalen Spalt zwischen Schiff und Steg überwand.

»Guten Tag, ich bin Dorothy Rathbone«, sagte Dorothea und ging auf die junge Frau zu. »Wie kann ich Ihnen helfen? Sind Sie sicher, dass Sie zu uns wollen?«

»Natürlich will sie das«, blaffte der Kapitän dazwischen, ehe die Angesprochene antworten konnte. »Hat mich die ganze Zeit damit gelöchert, wie es hier aussähe. Und wer alles auf Eden House lebt.« Unerwartet erinnerte er sich an seine Manieren. »Das ist übrigens Miss Catriona Grenfell. In Begleitung ihres Bruders Honorable Percy Grenfell und von Mr. ... – wie hieß er noch mal?«

»Mr. Andrew Billingsworth«, sagte die junge Dame. Zum ersten Mal hörte Dorothea ihre Stimme und war überrascht, wie melodisch die englische Sprache klingen konnte. »Entschuldige vielmals, liebe Cousine, dass wir uns euch so einfach aufdrängen.

Wir hätten natürlich vorher schreiben müssen. Aber es ging alles so schnell: Als Mr. Billingsworth sich entschied, persönlich dieser Angelegenheit nachzugehen, haben wir uns ganz kurzfristig entschlossen, ihn zu begleiten. Ob die Dienstmädchen ein oder drei Zimmer herrichten, ist ja auch egal, nicht wahr?«

Dorothea rang um Fassung. Diese junge Dame hatte etwas an sich, das sie völlig aus dem Konzept brachte. Warum benahm sie sich so unangemessen vertraulich?

»Entschuldigen Sie«, gelang es ihr mit nur leichtem Stottern zu sagen. »Ich möchte nicht unhöflich sein, aber ich höre Ihren Namen zum ersten Mal. Und um welche Angelegenheit handelt es sich hier eigentlich?«

»O nein, ich fürchte, ich muss mich schon wieder entschuldigen«, rief die Vision in Rosa und schlug in gespielter Verzweiflung die Hände zusammen. »Wie konnte ich nur so kopflos sein? Natürlich kannst du das nicht wissen. Es geht um Onkel Hugh und seinen Sohn Gregory, unseren Cousin. Mr. Billingsworth ist der Familienanwalt der Familie Embersleigh.«

Die junge Frau schien anzunehmen, dass damit ihre Identität klar wäre. Aber wieso nannte sie sie »Cousine«? Angestrengt bemühte Dorothea sich, die Bruchstücke zusammenzufügen, als ihr schlagartig einfiel, wo sie diesen Namen zuletzt gehört hatte: Embersleigh war der Name jenes kauzigen Lords in England gewesen, der sich einbildete, Ian wäre sein verschwundener Sohn!

»Sie sind doch nicht den ganzen Weg von England gekommen, bloß wegen dieser Räuberpistole!«, rief sie aus und fühlte sich wie in einem jener Theaterstücke, in denen man die Torheit der imaginären Personen nicht fassen kann. »Ich fürchte, da liegt ein ganz gewaltiger Irrtum vor: Mein Mann ist ganz bestimmt nicht der Sohn und Erbe von Lord Embersleigh. Das hat er ihm auch geschrieben.«

»Onkel Hugh sieht das völlig anders«, erwiderte Catriona

schlicht. »Er hat uns geschickt, weil er selber nicht mehr reisen kann. Wir sollen Ian in seinem Namen sozusagen in den Schoß der Familie aufnehmen. Wo ist er eigentlich?«

»Auf der Nordweide«, sagte Dorothea automatisch. Immer noch drehte sich in ihrem Kopf alles wild durcheinander. Was für eine verrückte Situation!

Während des kurzen Wortwechsels hatten die Schiffer die Reisekisten ausgeladen, und der jüngere der beiden Herren zählte den Männern ein paar Münzen in die schwieligen Handflächen. Derweil schritt der ältere gravitätisch auf Dorothea zu und zog den Zylinder.

»Mrs. Rathbone, gestatten Sie, dass ich mich selber vorstelle? Andrew Billingsworth. Ihr Gatte und ich haben korrespondiert.« Er wirkte ein wenig verlegen, als sei er sich bewusst, dass dieser Überraschungsbesuch etwas Überfallartiges an sich hatte. »Ich würde ihm gerne alles erklären. Bitte, könnten Sie mich zu ihm führen lassen?«

»Das dürfte schwierig sein, mein Guter«, warf Lady Chatwick ein, wobei sie es fertigbrachte, auf ihn herabzusehen, obwohl er gut einen Kopf größer war als sie. Lady Chatwick schätzte es nicht, übersehen zu werden. »Zur Nordweide ist es selbst für einen geübten Reiter ein guter Halbtagesritt, und Sie sehen mir nicht so aus, als wären Sie besonders sportlich.« Leicht verächtlich musterte sie die rundliche Gestalt des Mannes durch ihr Lorgnon.

»Nein, das ist der gute Billingsworth wirklich nicht«, war eine angenehme Stimme zu vernehmen, bevor betretenes Schweigen sich breitmachte. »Dafür hat er andere Qualitäten. – Gestatten Sie, Mesdames: Percy Grenfell, Ihr Diener.« Seine Verbeugung vor den beiden Damen war formvollendet, wenn auch eine Spur theatralisch. Musste er dabei seinen Hut fast über den Boden schleifen? Und dann griff er auch noch nach ihrer Hand und hauchte mit einem gemurmelten »Cousine Dorothy« einen Kuss auf ihren

95

bloßen Handrücken. In Dorotheas Augen war das mehr als eine Spur zu vertraulich. So rasch es ging, zog sie ihre Hand zurück und stellte die übrigen Anwesenden vor. Wie bei vornehmen Engländern üblich, nickten sie Mrs. Perkins und John nur beiläufig zu, Parnko ignorierten sie ganz.

»Lady Chatwick, darf ich Ihnen meinen Arm anbieten?« Percy Grenfells blaue Augen strahlten mit dem Himmel um die Wette. »Von Ihnen hat der gute Kapitän ununterbrochen geschwärmt. Eine Dame von Welt, die es in die Wildnis verschlagen hat. Ich flehe Sie an, mir alles darüber zu erzählen.« Die Strategie hatte Erfolg. Besänftigt, ja geradezu überwältigt von dem Ausmaß an Aufmerksamkeit, das er ihr zuteilwerden ließ, legte Lady Arabella ihre Hand in seine Armbeuge und ließ sich Richtung Wohnhaus führen.

»Ja, bitte, kommen Sie doch auch ins Haus«, bat Dorothea Catriona und Mr. Billingsworth, der unschlüssig auf seiner Unterlippe kaute. »John und Parnko werden sich um das Gepäck kümmern, und Mrs. Perkins wird gleich Ihre Zimmer richten.«

»Sehr wohl, Ma'am.« Mrs. Perkins knickste, was sie normalerweise nicht zu tun pflegte. »Soll ich der Dame dann Miss Heathers Zimmer geben?«

»O Himmel«, rief Catriona zerknirscht aus. »Keinesfalls wollten wir euch Umstände bereiten. Irgendeine Wäschekammer reicht mir völlig. Ich habe einfach nicht nachgedacht. Auf Embersleigh Manor stehen immer so viele Räume leer, dass es keine Rolle spielt, wie viele Hausgäste da sind.«

Aus irgendeinem Grund fühlte Dorothea sich bemüßigt, ihr Heim zu verteidigen. »Wir bekommen hier draußen nicht viel Besuch«, erklärte sie. »Deswegen wären viele Gästezimmer unsinnig. Mrs. Perkins hat auch so genug zu tun.«

»Das kann man wohl sagen«, murmelte die und rückte energisch ihre Haube zurecht. »Dann werde ich als Erstes die Betten beziehen und dann einen kalten Lunch zubereiten, wenn's recht ist, Ma'am. Mehr kriege ich jetzt nicht so schnell zustande.«

Auf Dorotheas Versicherung hin, dass sie völlig freie Hand hätte, stapfte sie Richtung Haus davon.

»Was für eine drollige Person!« Catriona zog die Nase kraus, während sie der stämmigen Gestalt der Köchin hinterhersah. »Sie erinnert mich an mein altes Kindermädchen. Sally nahm sich auch ziemliche Freiheiten heraus. Ist sie schon lange bei euch?«

»Mrs. Perkins war schon Haushälterin bei Robert«, erwiderte Dorothea geistesabwesend.

»Robert?«

»Mein erster Mann.« Dorothea hatte keine Lust, über diesen Teil ihrer Vergangenheit zu reden, deswegen drehte sie sich um und winkte dem davontuckernden Dampfer nach. Falls der Kapitän sich wunderte, war es ihr egal. »Wir sollten besser zusehen, ins Haus zu kommen«, sagte sie, ehe Catriona oder Mr. Billingsworth das Thema erneut aufgreifen konnten. »Wenn man es nicht gewöhnt ist, hat man schneller einen Sonnenstich, als man denkt.«

»Das glaube ich sofort«, stöhnte der Anwalt und wischte sich mit einem karierten Taschentuch über das Gesicht. »Auf dem Wasser war es ja recht angenehm, aber hier ...«

Die beiden Frauen tauschten einen belustigten Blick. Catriona schien die Hitze überhaupt nichts auszumachen. Obwohl sie sicher mindestens zehn Unterröcke trug, wirkte sie so kühl und frisch, als habe sie gerade ihr Ankleidezimmer verlassen. Einzig ein feiner Schweißfilm an den Schläfen verriet, dass sie nicht ganz immun gegen die Hitze war.

Im Salon war es dank der geschlossenen Fensterladentüren zwar dämmrig, aber angenehm kühl. Lady Chatwick thronte dort bereits in ihrem angestammten Sessel und war von Percy Grenfell mit einem Glas frischer Limonade versorgt worden. Als die drei eintraten, winkte die alte Dame Andrew Billingsworth herrisch zu. »Setzen Sie sich zu mir, Herr Advokat, und verraten Sie mir, was Sie hergeführt hat. Ich habe genug Erfahrung mit Rechtsverdrehern, um zu wissen, dass Sie Ihre Kanzlei nicht grundlos verlassen haben. Worum geht es?«

Billingsworth versteifte sich sichtbar. »Ich bedaure, dazu kann ich mich nicht äußern«, wehrte er schmallippig ab. »Mein Auftraggeber hat mich zu absoluter Vertraulichkeit verpflichtet. Nach meinem Gespräch mit Mr. Rathbone steht es diesem frei, mich davon zu entbinden. Bis dahin muss ich Sie jedoch bitten, nicht in mich zu dringen.«

»Alter Spielverderber!« Percy schnitt ihm quer durch das Zimmer eine Grimasse. »Na, wir sind jedenfalls nicht zum Schweigen verpflichtet.« Er blinzelte Catriona schelmisch zu. »Sollen wir es ihnen verraten, Schwesterherz?«

Andrew Billingsworth räusperte sich. »Mr. Grenfell, als Anwalt Ihres Onkels möchte ich ganz entschieden davor warnen ...«

»Schon gut, schon gut.« Percy grinste und ließ sich in einen Sessel plumpsen. »Wir sind doch alle eine Familie. Kein Grund, sich aufzuplustern, alter Junge. – Onkel Hugh ist davon überzeugt, endlich seinen verschollenen Sohn und Erben aufgespürt zu haben. Und ich muss sagen, es sieht schon verflixt danach aus, dass er recht haben könnte«, erklärte er.

Lady Chatwick schnappte hörbar nach Luft. Ihr hatten sie nichts von dem seltsamen Brief erzählt, weil Ian meinte, sie sei schon so anstrengend genug. Wenn sie von dieser Geschichte Wind bekäme, würde ihre Neugierde unerträglich werden.

Percy gönnte sich einige Sekunden, die Reaktion auf seine Enthüllung zu genießen, ehe er fortfuhr: »Ich muss zugeben, zuerst dachte ich, dieser Gauner versuchte nur, sich ein hübsches Sümmchen zu erschwindeln. Aber dann ...« Er schüttelte immer noch ungläubig den Kopf.

»So geht es nicht. Du musst es schon der Reihe nach erzählen«, warf Catriona ein. »Es geht darum, dass unser Onkel sich urplötzlich einbildete, sein vor über zwanzig Jahren verschwundener Sohn wäre noch am Leben«, fügte sie an Dorothea und Lady Chatwick gewandt hinzu. »Er verschwand im Alter von drei Jahren spurlos, mitsamt seinem Kindermädchen.«

»Erzähle ich die Geschichte oder du?« Percy wirkte nicht allzu erfreut über die Einmischung seiner Schwester.

»Du natürlich, mein Lieber!« Catriona lächelte süßlich. »Aber zäum das Pferd nicht von hinten auf.«

»Also gut: Als unser Onkel und seine Frau damals von einer Kartengesellschaft zurückkamen und noch einmal nach dem Kleinen sehen wollten, war sein Bett leer. Das Fenster stand sperrangelweit offen, und das Kindermädchen war ebenfalls nicht auffindbar. Obwohl die Dienerschaft sofort ausschwärmte und alle Stallungen und Nebengebäude durchsuchte, blieben beide verschwunden. Am nächsten Morgen wurden Suchtrupps in alle Himmelsrichtungen gesandt, und einer kam mit einem Fetzen zurück, der einwandfrei identifiziert wurde: Er stammte vom Nachthemd des Kleinen. Ein Stallbursche hatte ihn an einem Haselbusch direkt am Flussufer entdeckt. Natürlich wurde sofort flussabwärts nach der Leiche des Kindes gesucht, aber vergebens. Meine Tante verlor darüber den Verstand.«

Dorothea verkrampfte unbewusst die Finger ineinander. Nur zu gut konnte sie die Verzweiflung der Mutter nachfühlen. Hatte sie nicht ähnlich empfunden, als ihr erster Sohn von Ian eines Morgens kalt und steif wie eine Holzpuppe in seinem Steckkissen gelegen hatte? Niemals würde sie diese matten, blinden Augen vergessen, die sie Hilfe suchend anzustarren schienen, bevor Mrs. Perkins ihm sanft die Lider geschlossen hatte. Kaum hörte sie, wie Percy in seiner Erzählung fortfuhr.

»Bei der amtlichen Anhörung meinte der Friedensrichter, ver-

99

mutlich sei der Kleine, vom Kindermädchen unbemerkt, aus dem Fenster geklettert, zum Fluss gelaufen und dort ertrunken. Er führte gerade ungewöhnlich viel Wasser, deswegen sei der kleine Körper wohl auch sehr schnell davongetragen worden. Das Kindermädchen hätte sich dann aus Angst vor Strafe heimlich davongemacht. Es schien die einzig mögliche Erklärung, und niemand hat sie je angezweifelt, bis Onkel Hugh sich vor einigen Jahren plötzlich einbildete, er hätte von seinem Sohn geträumt.«

»Einfach so?« Lady Chatwick runzelte die Stirn. »Gab es nicht vielleicht irgendeinen äußeren Anlass dafür? Ein schweres Nervenfieber oder so etwas?«

Percy hob gleichmütig die Achseln. »Nicht dass ich wüsste. Onkel Hugh war, bis ihn dieser Reitunfall voriges Jahr zum Krüppel machte, stets bei bester Gesundheit. Unser Vater versuchte natürlich, ihn zur Vernunft zu bringen, aber es war umsonst. Mein Onkel schreckte nicht einmal davor zurück, einen Detektiv von Scotland Yard anzufordern, damit er ihn mit den entsprechenden Nachforschungen beauftragen könne.«

»Einen echten Detektiv?«, fragte Lady Chatwick aufgeregt. »Wie sah er aus?«

»Oh, natürlich schickten sie keinen Polizisten«, sagte Percy ein wenig von oben herab. »Es war ein ehemaliger Bow Street Runner, der sich seine Rente aufbessern wollte – ein schäbig gekleideter, kleiner Mann mit einem schrecklichen Halstuch.«

»Aber er war nicht dumm!« Catriona nippte an ihrer Limonade. »Er hat mehr herausgefunden, als Onkel Hugh zu hoffen gewagt hatte!«

»Ja, genau«, riss Percy das Gespräch wieder an sich. »Er ging davon aus, dass, wenn unser Cousin nicht ertrunken war, er irgendwo geblieben sein musste. Tot oder lebendig. Also begann er seine Nachforschungen in den Pfarrhäusern entlang der Straßen und fragte nach unbekannten Toten aus dem Jahr seines Verschwindens. Er stieß dabei auf eine Unbekannte, die etwa zwei Tagesritte von Embersleigh Manor tot im Wald aufgefunden worden war. Die Wildhüter schworen, in der Nähe der jungen Frau, offenkundig einer Prostituierten, keine menschlichen Überreste oder Blutspuren gesehen zu haben.«

»Woran war sie denn gestorben?«, wollte Lady Chatwick wissen.

»Das wusste niemand mehr.«

»Und wenn es gar keine Prostituierte, sondern das verschollene Kindermädchen war? Vielleicht sind beide entführt worden, und sie wurde ermordet und der Junge mitgenommen.« Lady Chatwick war ganz in ihrem Element.

»Wenn die Frau ermordet worden wäre, hätte der Pfarrer es vermerkt.« Percy ließ sich nicht aus der Ruhe bringen. »Ich fürchte, wir werden nie erfahren, ob es nun das Kindermädchen oder jemand anders war. Jedenfalls nahm der Detektiv die Spur auf, fragte im nächsten Ort herum und siehe da: Die Wirtin erinnerte sich noch daran, dass in dem Jahr, in dem sie ihren Mann geheiratet hatte, Zigeuner durchgezogen waren, die ein seltsames Kind bei sich gehabt hatten. Zu hell für ein Zigeunerkind, meinte sie. Aber sie hätte nicht nachgefragt. Erst später hätte sie daran gedacht, dass es sich vielleicht um ein entführtes Kind gehandelt haben könnte. Aber da hatte sie Angst, man würde ihr Vorwürfe machen, dass sie nicht gleich die Polizei gerufen hatte, und hat lieber weiter geschwiegen.« Percy trat zum Vertiko und füllte sein Glas erneut, ehe er es hob und mit schiefem Grinsen sagte: »Ein Hoch auf Mr. Wheeler, diese erstaunliche Spürnase!«

Dorothea glaubte zu wissen, wie es weiterging. Ian hatte ihr ja alles erzählt, was er von seinem Pflegevater wusste. »Diese Zigeunergruppe?«, fragte sie zögernd. »Konnten sie dem Detektiv weiterhelfen?«

»Das konnten sie. Es dauerte seine Zeit, bis er sie ausfindig gemacht hatte. Aber dann war der Anführer sehr gesprächig. Sein

Vater hatte einen kleinen Jungen im Wald gefunden und mitgenommen. Die tote Mutter hatte er einfach liegen gelassen. Der Junge lebte beim Clan, bis sein Vater ihn wegschickte. Danach hätten sie nie wieder von ihm gehört.«

Natürlich nicht. Ian war ja nach London gegangen. Dorothea spürte, wie sie zunehmend aufgeregter wurde. Es sah tatsächlich ganz danach aus, dass Ian dieser verschollene Sohn war!

»Danach verlor sich die Spur«, erzählte Percy weiter. »Der Detektiv brauchte ein halbes Jahr, bis er sie in London wiederfand. In einer Besserungsanstalt für Straßenkinder.« Er grinste übermütig. »Das hat Onkel Hugh einen ziemlichen Schock versetzt! Auch dass sein Sohn und Erbe nach Australien geschickt worden war. Er war kurz davor, die Jagd abzublasen. Aber Blut ist dicker als Wasser ...«

Dorothea räusperte sich, weil sie ihrer Stimme nicht ganz traute. »Wie hieß der kleine Junge denn ursprünglich?«, fragte sie leise.

»Gregory Frederick Winston Archibald Sutton-Embersleigh«, ließ sich zum ersten Mal seit seinem halbherzigen Protest wieder Andrew Billingsworth vernehmen. »Viscount Embersleigh.«

Percy verzog schmerzlich das Gesicht. »Sie müssen es nicht noch extra betonen, alter Knabe! Ich weiß, dass ich dann wieder hinter ihn zurückfalle. Was soll's? Ein lebender Cousin ist wertvoller als ein Titel. Deswegen wollten wir ihn ja auch unbedingt kennenlernen. Ich kann es kaum noch abwarten. – Am liebsten würde ich ein Pferd satteln lassen und ihm entgegenreiten.«

»Auf keinen Fall!«, sagte Dorothea entschieden. »Es ist zwar nicht mehr so gefährlich wie früher. Aber es wäre leichtsinnig, ein unnötiges Risiko einzugehen.«

»Genau. Von dem armen Adjutanten von Gouverneur Gawler fand man nur noch sein Fernglas.« Lady Chatwick erschauerte theatralisch. »Weder von ihm noch von seinem Pferd eine Spur.« Sie rollte mit den Augen. »Vermutlich aufgefressen. Alle beide«, fügte sie leise hinzu.

»Um Himmels willen!« Andrew Billingsworth sah sich so ängstlich um, als erwarte er, jeden Moment eine schreckerregende Gestalt aus der Zimmerecke springen zu sehen. »Sind wir denn überhaupt sicher hier?«

»Vollkommen«, bemühte Dorothea sich eilig, ihn zu beruhigen. Sie warf Lady Arabella einen ärgerlichen Blick zu. Wieso machte sie sich einen Spaß daraus, den armen Mann zu ängstigen? Man konnte doch auf den ersten Blick sehen, dass er nicht die geringste Ahnung vom Leben außerhalb einer Stadt hatte. Vermutlich hatte er noch nie in seinem Leben einen Fuß ins Hinterland gesetzt und nahm ihre Schauergeschichten für bare Münze. »Das Geschehen, auf das Lady Chatwick anspielt, ist viele Jahre her. Gouverneur Gawler hatte sich in den Kopf gesetzt, die Gegend hier zu erkunden. Weil sein Pferd lahmte, blieb sein Adjutant zurück und verschwand spurlos. Er kann genauso gut in Treibsand geraten oder beim Überqueren des Flusses von der Strömung mitgerissen worden sein.«

»Ja, sind die Schwarzen hier nun gefährlich oder nicht?« Catriona wirkte eher interessiert als besorgt.

»Das kann man nicht pauschal beantworten«, sagte Dorothea und bemühte sich verzweifelt, die Bilder von der Höhle des Skelettmanns, die sich wieder einmal in ihren Kopf drängten, zu ignorieren. »King George würde keinem seiner Leute erlauben, einen von uns auch nur anzurühren. Aber man kann nie wissen, wer sich sonst noch hier herumtreibt. Seit einigen Wochen gibt es Überfälle auf Außenstationen weiter im Süden. Die Squatter in den Weidegebieten dort entschädigen die Eingeborenen nicht angemessen, und die rächen sich, indem sie alles verwüsten und die Posten niederbrennen. Dabei sind schon jede Menge Schafe und auch einige Hirten getötet worden.«

»So aufregend hatte ich mir das gar nicht vorgestellt«, bemerkte Catriona mit glänzenden Augen. »Zu Hause in England habe ich bisher nur auf Enten geschossen. Es wäre eine nette Abwechslung, einmal Jagd auf Wilde zu machen.«

Meinte sie das ernst oder sollte es ein Scherz sein? Ehe Dorothea nachfragen konnte, lachte Percy auf und meinte: »Du hast dich zu viel mit diesem komischen Kauz unterhalten, Schwesterchen. Wir sind hier nicht auf Van Diemensland!«

»Auf Van Diemensland jagen sie Eingeborene wie Jagdwild?« Selbst Lady Chatwick schien das zu weit zu gehen.

Percy hob abwehrend beide Hände: »Schauen Sie mich nicht so missbilligend an, Mylady. Ich kann nichts dafür. Der Mann erzählte uns, dass sie auf der Insel fast alle Eingeborenen ausgerottet hätten. Es wäre nur noch eine Frage der Zeit, bis das Problem gänzlich gelöst sei und die Insel ein Paradies für Schafe.«

»Also hier in Südaustralien schießen wir nicht auf unsere Eingeborenen«, erklärte Dorothea mit Nachdruck. »Dem Gesetz nach stehen sie genauso unter dem Schutz der englischen Krone wie jeder andere Bürger der Kolonie. Wer sich an ihnen vergreift, muss damit rechnen, zur Rechenschaft gezogen zu werden!«

Ian kehrte müde und staubbedeckt am Abend des übernächsten Tages zurück. Sobald sie das Hufklappern hörte, eilte Dorothea zu den Stallungen, um ihn vorzuwarnen. Ihr Mann schätzte es nicht sehr, überrumpelt zu werden. Er hatte sein Pferd John übergeben und stand an der Pumpe, um sich den gröbsten Schmutz von Gesicht und Armen zu waschen. »Du wirst nicht glauben, wen wir hier zu Besuch haben!«, rief sie, kaum dass sie um die Ecke gebogen war.

»Was war wohl das Erste, was John mir erzählte, noch bevor ich die Füße aus den Steigbügeln hatte?«, fragte er zurück und musterte sie erstaunt. »Darling, seit wann trägst du an einem ganz normalen Wochentag dein bestes Nachmittagskleid?«

»Du wirst es verstehen, sobald du Catriona siehst«, gab sie zurück. »Neben ihr fühle ich mich ständig wie eine Landpomeranze. – Nein, du wirst mich jetzt nicht küssen!« Sie streckte ihre Hände in den weißen Häkelhandschuhen aus, um ihn auf Abstand zu halten. »Ich will mich nicht schon wieder umziehen müssen.«

»Du weißt schon, dass ich mir meinen Kuss dann heute Abend mit Zins und Zinseszins hole?«, sagte Ian und sah sie mit so schweren Lidern an, dass Dorothea fast schwach geworden wäre.

»Beeil dich«, drängte sie stattdessen. »Wir sind alle im Salon. Mr. Billingsworth kann es kaum noch abwarten, dich zu sprechen, damit er endlich nach England zurückkehren kann. Percy und Catriona wollen noch bleiben und dich kennenlernen.«

»Soso«, war alles, was Ian darauf erwiderte.

Trotz ihres Drängens nahm er sich die Zeit zu einer sorgfältigen Toilette, und als er eine Stunde später, frisch rasiert, gebadet und umgekleidet, in den Salon trat, erinnerte nichts an ihm mehr an den Buschreiter, der gerade einige Tage im *mallee* verbracht hatte. Dorothea registrierte, dass er den neuen Anzug und dazu den hohen Kragen mit den extrem gestärkten Spitzen trug, den er bisher verächtlich als »dandyhaft« verschmäht hatte. Einzig sein tief gebräunter Teint und seine geschmeidigen Bewegungen verrieten, dass er sich zu Pferd und im Busch wohler fühlte als auf Gesellschaften. Noch bevor Dorothea den Mund öffnete, um ihn vorzustellen, trippelte bereits Catriona auf ihn zu.

»Cousin Gregory!«, rief sie und machte Anstalten, ihm um den Hals zu fallen.

Instinktiv trat Ian einen Schritt zurück und ergriff rasch eine der kleinen, flatternden Hände, um sie vorsichtig zu schütteln. »Sehr erfreut«, murmelte er zutiefst verlegen und warf Dorothea einen verzweifelten, stummen Hilferuf zu.

»Cat, du kannst den armen Mann doch nicht so überfallen«, sagte ihr Bruder, lachte, rappelte sich aus seinem Sessel auf und streckte seine langen Glieder, ehe er auf Ian zutrat, um ihn etwas zurückhaltender zu begrüßen. »Schön, dich endlich kennenzulernen, Cousin. Ich bin Percy, und dieser Flederwisch ist meine Schwester Catriona. – Unsere Väter sind Cousins ersten Grades«, setzte er erklärend hinzu. »Das bedeutet, dass wir Cousins zweiten Grades sind.«

»Sofern die Untersuchung, mit der Lord Embersleigh mich beauftragt hat, zufriedenstellend ausfällt«, schränkte Andrew Billingsworth schnell ein. »Mr. Rathbone, wir haben korrespondiert. Erinnern Sie sich? Dürfte ich Sie vielleicht kurz unter vier Augen sprechen?«

»Natürlich. Am besten gehen wir dazu in mein Kontor. Bitte …« Ian hielt dem Anwalt die Tür auf, und beide verschwanden im hinteren Teil des Hauses.

Dorothea hielt es kaum auf ihrem Stuhl. Dieser aufgeblasene, alberne Wichtigtuer! Sie war Ians Frau. Wieso durfte sie nicht dabei sein, wenn es um so wichtige Dinge ging?

»Wetten, dass er ihn jetzt nach dem Muttermal an der unaussprechlichen Stelle fragt?« Percy verzog spöttisch den Mund. »Als ob das noch nötig wäre! Gregory ist Onkel Hugh wie aus dem Gesicht geschnitten! Nur schade, dass wir nie erfahren werden, was sich damals wirklich abgespielt hat.«

»Ein Muttermal?« Dorothea sah fragend auf. »Mir ist an Ian nie eins aufgefallen. Aber Charles hat eines. Ein ziemlich großes, sternförmiges am unteren Rücken.«

»Ja, so etwa wird es in der Familienchronik beschrieben.« Percy nickte. »Wenn man bedenkt, wo es sich befindet, ist es kein Wunder, dass du es nie bemerkt hast, Cousine.«

Dorothea wollte schon protestieren, dass sie Ian oft genug beim Schwimmen zugesehen hätte, als ihr gerade noch rechtzeitig einfiel, dass es in der guten Gesellschaft als äußerst unfein galt, sich selbst unter Eheleuten nackt zu zeigen.

»Muttermale können bei erwachsenen Menschen verblassen«,

sprang Lady Chatwick in die Bresche. »Manche sind nur in jungen Jahren sichtbar. Steht darüber auch etwas in Ihrer Familienchronik?«

»Keine Ahnung.« Percy sah zu seiner Schwester hinüber. »Weißt du etwas darüber, Cat?«

»Da sie nur bei männlichen Familienmitgliedern auftreten, kannst du mich nicht fragen. Aber Onkel Hugh dürfte es Billingsworth genau beschrieben haben. – Wie lange brauchen sie denn noch?«

Tatsächlich mussten sie sich noch eine ganze Weile gedulden. Mrs. Perkins hatte schon zweimal gefragt, ob sie endlich das Dinner servieren könnte, und Lady Chatwick war bereits bei ihrem vierten Glas Portwein angelangt, als die beiden Herren sich endlich wieder zu ihnen gesellten. Ian wirkte amüsiert, der Anwalt eher unzufrieden. »Alles andere hat so haargenau gepasst«, murmelte er mehr zu sich selbst. »Aber ich bräuchte einen letzten Beweis.«

»Kein Muttermal«, erklärte Ian ohne das geringste Bedauern. »Lord Embersleigh wird wohl weitersuchen oder sich mit dem Verlust seines Sohnes abfinden müssen.« Er schien eher erleichtert als enttäuscht.

Dorothea hielt es nicht länger aus. »Unser Sohn hat ganz genau solch ein Muttermal, wie Cousin Percy es beschrieben hat«, sagte sie. »Kommen Sie, ich zeige es Ihnen.«

Andrew Billingsworth war die fehlende Begeisterung darüber, jetzt auch noch ein Kinderzimmer aufsuchen zu müssen, deutlich anzumerken. Aber er war ein pflichtbewusster Mann und hatte seinem Auftraggeber versprochen, alles Menschenmögliche zu unternehmen, um ihm Gewissheit zu verschaffen. Also folgte er Dorothea in die ihm zutiefst unheimlichen Gefilde. Trixie war gerade dabei, den kleinen Charles zu wickeln. Mary saß bereits am speziell angefertigten, niedrigen Kindertisch und löffelte ihren abendlichen Grießbrei.

»Lass diesen Gentleman doch bitte einen Blick auf Charles' Muttermal werfen«, bat Dorothea das Kindermädchen.

Mit einem scheuen Seitenblick auf den fein gekleideten Herrn mit dem ungewöhnlichen Wunsch nahm Trixie den Kleinen auf und hielt ihn so, dass der dunkelbraune, sternförmige Fleck knapp über seiner rechten Hinterbacke gut zu sehen war. »Es tut ihm nicht weh«, versicherte sie leise. »Es sieht nur aus wie eine Narbe, aber er ist schon damit zur Welt gekommen.«

Der Anwalt zog die Skizze des Embersleigh-Muttermals aus seiner Brusttasche und verglich sie penibel mit dem Fleck auf dem Rücken des Kindes. Schließlich nickte er zufrieden. »Ich würde sagen, das ist der Beweis, den ich suchte«, sagte er. Seiner Stimme war die Genugtuung darüber, seinen Auftrag erfüllt zu haben, anzuhören. »Sofort nach meiner Rückkehr werde ich Lord Embersleigh benachrichtigen und die nötigen amtlichen Schritte einleiten. Bemühen Sie sich nicht, Viscountess, ich finde allein hinunter.« Er nickte Trixie kurz zu und beeilte sich, wieder in die ihm besser vertraute Umgebung des Salons zurückzukehren.

Trixie stand völlig verdattert, den halb nackten Charles an sich gedrückt, da und sah Dorothea fragend an. »Warum hat er Viscountess zu Ihnen gesagt, Ma'am? Ist der Herr vielleicht nicht ganz …?« Das Kindermädchen tippte sich an die Schläfe. »Ich hoffe, er kommt nicht noch einmal her.«

»Nein, nein. Keine Sorge. Ich erkläre euch alles später«, sagte Dorothea hastig, gab ihrer Tochter einen flüchtigen Gutenachtkuss und beeilte sich, dem Anwalt nach unten zu folgen.

Mrs. Perkins hatte verkündet, bei einer weiteren Verzögerung keine Verantwortung für den Zustand des Bratens zu übernehmen. Diese Drohung war nicht ohne Wirkung geblieben: Die Gesellschaft hatte sich bereits im Speisezimmer versammelt.

»Champagner wäre angemessen, findest du nicht, Cousin Gregory?« Percy kehrte gerade mit seinem voll beladenen Teller an seinen Platz zurück und beäugte missbilligend die Auswahl an Weinflaschen aus der neuen Kellerei im Barossatal. »So lobenswert es auch ist, den lokalen Weinbau zu unterstützen – um auf so etwas anzustoßen, braucht es Champagner, französischen Champagner.«

»So etwas haben wir nicht.« Ian sah von der Flasche auf, die er gerade entkorkte. »Und ich wäre euch dankbar, wenn ihr mich weiterhin Ian nennen würdet. Ich bin Ian Rathbone, und der möchte ich auch bleiben. Bei Cousin Gregory denke ich immer, es ist noch jemand im Raum.« Er lachte kurz auf. »Was genau genommen ja auch zutrifft, denn dieser Gregory und so weiter hat mit mir nicht das Geringste zu tun. Wir sind zwei völlig verschiedene Personen.«

»Auch ich hielte es für das Beste, vorerst beim alten Namen zu bleiben«, meldete Andrew Billingsworth sich zu Wort. »Bis alle Formalitäten geklärt sind.« Er nahm dankend ein Glas von Ian entgegen, betrachtete die dunkelrote Flüssigkeit mit Kennerblick und erklärte nach dem ersten, vorsichtigen Schluck: »Ein sehr ordentlicher Claret. Ich für meinen Teil ziehe einen guten Rotwein diesem französischen Zeug vor.«

»Also her damit – in Gottes Namen!« Percy schlug dem Anwalt freundschaftlich auf die Schulter. »Wenn Sie meinen, alter Knabe. Irgendwann wird er sich aber daran gewöhnen müssen, dass er jetzt Gregory, Viscount Embersleigh, ist.«

Ian verzog das Gesicht, als hätte er Zahnschmerzen. »Es klingt schrecklich aufgeblasen.«

»Keineswegs«, widersprach Catriona. Beim Klang ihrer melodischen Stimme drehten die Männer sich wie auf Kommando zu ihr um. Sie lächelte und hob ihr Glas. »Ich möchte einen Toast darauf ausbringen, dass die direkte Linie derer von Embersleigh wieder aufgenommen wird.«

»Kannst du uns das mit der direkten Linie erklären?«, bat Dorothea, nachdem alle sich am Büfett mit Mrs. Perkins' vorzüglichem Rinderbraten bedient hatten. »Ich verstehe nicht viel von solchen Dingen wie Erbfolge und Blutlinie.«

»Da fragst du genau die Richtige! Sie kennt auch noch die letzten Verzweigungen unseres an Seitenästen reichen Stammbaums«, sagte Percy und lächelte ironisch. »Cat und mein Vater haben oft Stunden in Onkel Hughs Bibliothek verbracht, nur um irgendeinen Bastard zuordnen zu können.«

»Ich glaube nicht, dass Dorothy sich für die gesamte Familiengeschichte interessiert«, meinte Catriona. »Du möchtest sicher nur wissen, wie wir verwandt sind. Das ist ganz einfach: Onkel Hughs Vater hatte eine Schwester, die mit einem Mr. Grenfell durchbrannte. Er soll Tanzlehrer oder so etwas gewesen sein. Jedenfalls ein Mann ohne Referenzen und mit zweifelhaftem Ruf. Nachdem er ihre Mitgift durchgebracht hatte, besaß er wenigstens den Anstand, sich von einem Straßenräuber erschießen zu lassen. Die Witwe und ihr Sohn, unser Vater, zogen wieder nach Embersleigh Manor. Unser Vater und Onkel Hugh wuchsen auf wie Brüder. Erst als Onkel Hugh heiratete, zog Vater in unser kleines Haus, das sein Teil vom Erbe war.«

»Es kommt mir irgendwie ungerecht vor«, meinte Dorothea. »Ist das immer so?«

»In den allermeisten Fällen«, sagte Andrew Billingsworth mit der bei Juristen bekanntermaßen verbreiteten Vorliebe für Einschränkungen. »Wenn ein großer Besitz auch groß bleiben soll, kann er nicht bei jedem Todesfall unter zig Erben aufgeteilt werden. Also muss man Regeln finden, die das vermeiden. Es gibt Gegenden in Europa, da erbt der jüngste Sohn alles, aber meist ist es aus nachvollziehbaren Gründen der älteste.«

»Und Töchter?«

»Mädchen heiraten. Ihr Erbe ist ihre Mitgift.«

»Aber das hatte doch dieser Tanzlehrer durchgebracht?«

Mr. Billingsworth hob bedauernd die Schultern. »Das ist Pech. Ein verantwortungsbewusster Vater wird einen Bewerber immer auf Herz und Nieren prüfen. Deshalb empfiehlt es sich, die Wahl eines Ehemanns ihm zu überlassen.«

So überheblich sich das anhörte – ganz unrecht hatte er nicht, fand Dorothea. Trotzdem tat die Witwe ihr leid. Nach der Demütigung durch ihren Ehemann musste sie in totaler Abhängigkeit von ihrem Bruder ihr Leben führen. »Vorhin hat Catriona etwas gesagt von der direkten Linie. Worum geht es dabei?«

»Um den Titel«, erklärte der Anwalt bereitwillig. »Der Titel ist ein Teil des Erbes und geht stets vom Vater auf den ältesten Sohn über.«

»Und wenn es keinen Sohn gibt?«

»Dann nimmt der nächste in der Rangfolge den Platz des Erben ein. In diesem Falle wäre das Mr. Percy Grenfell gewesen, weil er der nächste männliche Verwandte Lord Embersleighs ist.«

»Nicht sein Vater?«

»Unser Vater ist vor einem Jahr gestorben«, sagte Percy. »Er war nie so gesund wie Onkel Hugh.«

»Oh, das tut mir leid!«

»Schon gut, wir hatten lange genug damit gerechnet.« Percy lächelte verzerrt. »Er war übrigens der Ansicht, dass Onkel Hugh sein Geld verschwendete und dieser alte Fuchs ihn ausnähme. Wenigstens hat er nicht mehr miterlebt, dass Mr. Wheeler sein Geld wert war.«

Percy musterte Ian mit einem seltsamen Gesichtsausdruck »Du bist Onkel Hugh so ähnlich, dass es geradezu unheimlich ist. Du scheinst auch seine unerschütterliche Konstitution geerbt zu haben.«

»Ich kann mich nicht erinnern, jemals ernsthaft krank gewesen zu sein«, stimmte Ian ihm zu.

III

»Gab es eigentlich noch mehr Kinder? Ich meine: Hatte ich Geschwister?«

Catriona schüttelte den Kopf. »Leider nein. Dann hätten sie deinen Verlust vielleicht besser verkraftet. Vor dir hatte deine Mutter schon mehrere Fehlgeburten gehabt. Du warst das einzige Kind, das sie zur Welt gebracht hat, und nach deinem Verschwinden wurde Tante Elizabeth schwermütig. Ich selber habe sie nicht mehr kennengelernt, doch sie soll eine sehr schöne, liebenswürdige Dame gewesen sein.«

»Vater erzählte einmal, sie sei die Königin der Saison gewesen«, ergänzte Percy. »Sogar ein Herzog hätte um ihre Hand angehalten. Aber als sie Onkel Hugh begegnete, gab es nur noch ihn. Und obwohl ihre Eltern nicht gerade begeistert waren, weil sie große Pläne mit ihr hatten, setzte sie es durch, ihn zu heiraten.«

»Wie romantisch!« Lady Chatwick seufzte und betupfte ihre Augenwinkel. »Sicher waren sie sehr glücklich miteinander.«

»Er betete sie an, und sie hatte nur Augen für ihn, wie es so schön heißt«, warf Andrew Billingsworth ein. »Als kleiner Junge bin ich ihr einmal über den Weg gelaufen, als ich meinen Vater ins Schloss begleiten durfte. Ich vertrieb mir die Wartezeit im Rosengarten, und da stand ich plötzlich vor ihr. Sie trug einen Weidenkorb voller Rosenblüten über dem Arm und war so wunderschön, dass ich sie für eine Fee hielt. Das fand sie sehr lustig, und so bekam ich statt einer Standpauke warme Milch und Mandelmakronen in der Küche. – Ich sehe sie immer noch vor mir.« Sein geradezu andächtiger Gesichtsausdruck spiegelte wider, wie kostbar ihm diese Erinnerung war.

Dass ein so nüchterner Zeitgenosse wie der Anwalt von Ians Mutter dermaßen beeindruckt worden war! Sie muss eine außergewöhnliche Frau gewesen sein, dachte Dorothea. Wie schade, dass sie nicht mehr erleben durfte, dass der verloren geglaubte Sohn doch noch lebte. Aber wenigstens der Vater.

»Wie ist mein Vater eigentlich so?«, kam Ian ihrer Frage um Haaresbreite zuvor. Allmählich schien er sich damit abzufinden, dass er nun eine Herkunftsfamilie hatte.

»Onkel Hugh?« Percy und Catriona sahen sich an und schienen sich gegenseitig den Vortritt lassen zu wollen.

»Der Earl of Embersleigh ist ein sehr angesehener Friedensrichter und genießt bei seinen Pächtern außerordentliche Beliebtheit«, antwortete schließlich Andrew Billingsworth gespreizt. »Seine Ländereien werden vorbildlich verwaltet. Ansonsten lebt er sehr zurückgezogen.«

»Ich glaube, das war nicht ganz das, was Ian wissen wollte Billingsworth.« Percy konnte sich ein Grinsen nicht verkneifen. »Als Kinder hatten wir gehörig Angst vor ihm. Nicht, dass er uns jemals etwas getan hätte. Aber er strahlte so etwas Unheimliches aus. Wie soll ich sagen …?«

»Ja, er schien immer von einer dunklen Wolke umgeben zu sein. Ich glaube, ich habe ihn niemals lachen gehört. Wir hassten es, wenn wir ihn besuchen mussten. Diese düstere Atmosphäre – ich hatte immer Angst, in den stockfinsteren, ewig langen Korridoren einem Gespenst zu begegnen.« Catriona erschauerte und fixierte ihren Bruder. »Und du Scheusal hast dir einen Spaß daraus gemacht, mir noch mehr Angst einzujagen: Weißt du noch, wie du mir, in ein Bettlaken gehüllt, auf dem Flur aufgelauert hast? Ich habe so geschrien vor Schreck, dass das ganze Haus zusammengelaufen ist.«

»Ja, du hast mächtig gekreischt! Es war ein toller Aufruhr! Und es hat mir eine ordentliche Tracht Prügel eingebracht«, erinnerte Percy sich ohne den leisesten Hauch von Reue. »Aber es war den Spaß wert.«

»Später haben wir natürlich verstanden, wieso Onkel Hugh so war«, sagte Catriona leise. »Er war immer sehr gut zu uns, hat unsere Schulen bezahlt, und er wollte auch für mein Debüt in London aufkommen.«

»Wie großzügig!« Lady Chatwick war beeindruckt. Sie war wohl die Einzige unter ihnen, die wenigstens eine vage Vorstellung von den Kosten eines solchen Debüts hatte. »Wieso kam es nicht dazu?«

»Unsere Mutter starb. Und als das Trauerjahr vorüber war, gab es für ihn nur noch die Suche nach seinem Sohn. Alles andere interessierte ihn nicht mehr.« Catrionas Stimme klang flach, mit einem bitteren Unterton.

Es musste eine schwere Enttäuschung für sie gewesen sein, dass Ians Vater auf einmal das Interesse an ihnen verloren hatte, dachte Dorothea ziemlich schockiert darüber, dass sie den Verlust ihres Debüts mehr zu bedauern schien als den Tod der Mutter.

»Cat hatte sich unwahrscheinlich auf diese Saison in London gefreut«, sagte Percy entschuldigend und warf seiner Schwester einen warnenden Blick zu. »Es wäre für sie die Chance ihres Lebens gewesen, aus der Provinz herauszukommen.«

»Ihr schätzt das Landleben nicht?« Ian schüttelte verständnislos den Kopf. »Ich würde jederzeit die kleinste Kate gegen London eintauschen. Ein schrecklicher Ort.«

»So etwas kann auch nur ein Mann sagen! All die Bälle, die Matineen, die Soireen«, schwärmte Catriona sehnsüchtig. »Ach, wie gerne wäre ich nur ein einziges Mal bei *Almacks* gewesen!«

»Ich weiß natürlich nicht, wie es heutzutage dort zugeht. Aber zu meiner Zeit war es ausgesprochen langweilig«, sagte Lady Chatwick. »Nicht einmal Walzer durften wir tanzen, stellt euch das vor! Es gab nur Mandelmilch oder Limonade. Wie bourgeois!« Sie verdrehte die Augen zur Zimmerdecke »Und diese grässliche Lady Jersey: Sie tat immer so, als ginge es ihr um Anstand und Sitte, aber in Wahrheit machte sie sich ein Riesenvergnügen daraus, die Debütantinnen und ihre Mütter zu schikanieren.«

»Sie waren wirklich und wahrhaftig bei *Almacks*?« Catriona betrachtete zweifelnd die unförmige Gestalt in ihrem schwarzen Sack.

»Meine liebe Mutter bestand darauf«, gab Lady Chatwick zurück und seufzte leise. »Und ich muss sagen, ich habe dort tatsächlich einige vergnügliche Abende verbracht. Aber die meisten von ihnen waren schrecklich öde. – Oh, natürlich habe ich damals nicht so ausgesehen wie heute.« Sie begegnete ruhig Catrionas Blick. »Zwar war ich nie so eine ätherische Schönheit wie Lady Hamilton – die übrigens nie die Räume des *Almacks* betreten durfte –, aber auch ich hatte meine Verehrer. Ich kann mich nicht erinnern, je eine Lücke auf meiner Tanzkarte gehabt zu haben.«

Dorothea versuchte, sich eine jugendliche Lady Chatwick vorzustellen, musste aber passen. So, wie sie heutzutage schon ins Schnaufen geriet, sobald sie nur die Treppe in den ersten Stock hinaufsteigen musste, brauchte es einfach zu viel Fantasie, ihren walzenförmigen Körper den eleganten Figuren eines Reigentanzes folgen zu sehen.

»Hin und wieder gibt es auch Bälle in Adelaide. Sie sind sicher nicht so mondän wie in London, aber man kann dort auch seinen Spaß haben«, sagte Ian. »Und zu Queen Victorias Geburtstag ist ein großes Volksfest angekündigt. Wenn das Wetter mitspielt, soll es sogar ein Feuerwerk geben.«

»Wieso ist das Wetter dafür wichtig?«

»Für England mag Ende Mai günstig sein. Hier beginnt dann die Regenzeit«, erwiderte Ian trocken. »Es wäre nicht die erste Feier dieser Art, die buchstäblich ins Wasser gefallen ist.«

»Es ist so verwirrend«, beklagte Catriona sich. »Wie habt ihr euch nur daran gewöhnt, dass hier alles andersherum ist?«

»Das geht schneller, als man denkt.« Dorothea lachte. »Ich erinnere mich, dass unsere erste Adventszeit uns noch schwer zu schaffen machte. Es kam einem so aberwitzig vor, Weihnachtslieder zu singen, mitten im Sommer.« Sie hielt inne, weil mit diesen Erinnerungen auch andere Bilder aufstiegen: Jane, die sich so schockierend ungeniert ihrer Kleidung entledigte; Miles' lachendes Gesicht, als sie zum ersten Mal aufeinandertrafen. Inzwischen

115

dachte sie nur noch selten an ihn. Sein Verrat, der sie damals vernichtend getroffen hatte, erschien ihr jetzt, nach so vielen Jahren, zwar immer noch schäbig. Aber dank Robert – und ja, auch dank des Skelettmannes – hatte sein feiges Verhalten ihr Leben nicht nachhaltig beeinflusst. Immer noch schämte sie sich dafür, dass sie Robert Miles' Kind hatte unterschieben wollen. Wie naiv sie gewesen war! Was hätte sie getan, wenn das Kind wie Ian seinem leiblichen Vater wie aus dem Gesicht geschnitten gewesen wäre? Der Skelettmann hatte es sicher nicht getan, um ihr zu helfen, aber sie musste immer wieder an den Spruch ihrer Mutter denken, dass oft aus Schlechtem Gutes würde und umgekehrt.

So hätte sie die Chance gehabt, von dieser Gewissenslast befreit, mit Robert eine gute Ehe zu führen, wenn nicht Ian aufgetaucht wäre.

Wenn, wenn … Hatte Mr. Moorhouse nicht erzählt, dass die Menschen in Indien – oder war es China gewesen? – glaubten, alles in ihrem Leben wäre vorherbestimmt? Man konnte noch so planen, man entkam seinem Schicksal nicht. Eigentlich ziemlich unheimlich.

»Einen Penny für deine Gedanken, Cousine!« Percys neckische Bemerkung holte sie in die Gegenwart zurück.

»Ich fürchte, sie waren keinen Penny wert«, gab sie im gleichen Tonfall zurück. »Ich überlegte gerade, ob es so etwas wie Schicksal gibt.«

»Und? Zu welchem Schluss bist du gekommen?« Percys uneingeschränkte Aufmerksamkeit schmeichelte ihr und war ihr gleichzeitig unangenehm.

»Zu gar keinem. Solche philosophischen Überlegungen überlasse ich wohl besser Gelehrten und Professoren.«

In den nächsten Tagen spielte sich so etwas wie eine Routine ein: Percy gewöhnte es sich an, Ian bei seinen Kontrollritten zu begleiten. Mr. Billingsworth war es vollkommen zufrieden, im Salon mit Lady Chatwick Whist zu spielen, eine Beschäftigung, die der alten Dame die Bemerkung entlockte: »So gut habe ich mich seit Jahren nicht amüsiert!«

So ergab es sich praktisch von selbst, dass Dorothea und Catriona den größten Teil des Tages zusammen verbrachten. Zwangsläufig übernahm Dorothea dabei die Hilfsdienste, für die Catriona sonst Trixie hätte rufen müssen. Und die waren zahlreich: Entgeistert hatte Dorothea am ersten Morgen auf die kostbaren Stoffe geblickt, die aus der Reisekiste quollen. Eigentlich hatte sie ihre neue Cousine nur fragen wollen, ob sie Hilfe beim Frisieren bräuchte.

»Meine Güte, die Sachen sind doch viel zu vornehm für hier. Selbst in Adelaide habe ich so etwas noch nie gesehen!« Bewundernd strich sie mit den Fingerspitzen über die Borte aus gestickten Rosenranken am Saum eines cremefarbenen Seidenrocks. »Wann willst du das denn tragen?«

»Wenn mir danach ist.« Catriona lachte und schüttelte ihre Petticoats aus.

Dorothea schätzte, dass sie tatsächlich ein Dutzend brettsteif gestärkter Unterröcke trug, wie es in den Mode-Magazinen bei ihrer Mutter empfohlen wurde. »Du wirst fürchterlich schwitzen mit all diesen Petticoats«, warnte sie. »Im Sommer begnügt man sich in Adelaide mit allenfalls einem halben Dutzend. Und hier draußen auf Eden House trage ich nur zwei bis drei.«

»Eine echte Lady schwitzt nicht«, belehrte Catriona sie herablassend. »Wenn man sich wenig bewegt, ist es gut auszuhalten. Für die Schönheit muss man schon bereit sein, hier und da ein Opfer zu bringen. Madame Fauchet würde sich in der Themse ertränken, wenn sie sähe, dass ihre Roben wie Morgenröcke getragen werden!«

»Sie ist aber nicht da, um es zu sehen. Du kannst also ruhig ein paar davon wieder ausziehen.«

117

»Auf keinen Fall!« Mit vor Konzentration gefurchter Stirn versuchte Catriona, ihre Wahl zu treffen. »Ich denke, ich werde heute das Prinzesskleid in Pomonagrün tragen. Dazu die passenden Musselinmanschetten und die neapolitanische Spitzenpelerine. Oder fändest du dieses Fichu passender?« Abwägend hielt sie in einer Hand einen kurzen Umhang aus cremefarbener Spitze, in der anderen ein Schultertuch aus goldgerändertem Schleierstoff.

Dorothea in ihrem einfachen Kleid aus kariertem Baumwollbatist konnte ihre Ungeduld nur schwer zügeln. »Nimm das Fichu«, sagte sie auf gut Glück. Es erschien ihr eine Winzigkeit luftiger.

»Gut, wenn du meinst.« Catriona ließ den Morgenmantel zu Boden gleiten und griff schon nach dem Kleid, als Dorothea bemerkte, dass sie ein Gebilde trug, das sie bisher nur in den allerneuesten Magazinen angepriesen gesehen hatte: ein Korsett mit Vorderverschluss. Es wirkte ausgesprochen elegant.

»Du trägst ein Korsett?«, entfuhr es ihr.

»Natürlich. Du nicht?« Catriona sah sie erstaunt an.

»Nein, meine Mutter hält sie für ungesund und Dr. Woodforde auch«, sagte Dorothea und bewunderte dabei im Stillen den Sitz von Catrionas Kleid. Sie sah einfach atemberaubend gut darin aus: Kein Fältchen an der falschen Stelle störte die vollendete Linienführung der engen Korsage mit den sich an den Ellenbogen trichterförmig verbreiternden Ärmeln. Catriona befestigte gerade ein Paar üppig gerüschter Ärmelmanschetten darin und schien von dieser Tätigkeit vollkommen in Anspruch genommen. »Außerdem sieht mich hier sowieso niemand. Warum also soll ich es mir unbequemer machen als nötig?«

»Ohne Korsett würde ich mich nackt fühlen«, erklärte Catriona und drehte sich hin und her, um sich in Heathers schmalem Spiegel zu betrachten. »Gibst du mir mal die Haube dort auf dem Tisch?«

Erst die dritte Haube, ein frivoles Nichts aus Spitze und Bändern, aufgeputzt mit künstlichen Rosenknospen, fand Gnade vor ihren Augen. Bis dann endlich noch die richtigen Halbhandschuhe und Satinslipper in einer passenden Farbschattierung gefunden waren, hatte Dorothea das Gefühl, den gesamten Vormittag vertrödelt zu haben.

»Ich hoffe, Mrs. Perkins liest uns nicht die Leviten. Sie kann es nicht leiden, wenn sie alles so lange im Esszimmer stehen lassen muss«, sagte sie, als sie vor Catriona die Treppe hinunterhastete.

»Hast du etwa Angst vor deiner Köchin?« Catriona schien ehrlich erstaunt. »Ich weiß, alte Dienstboten nehmen sich so einiges heraus. Aber du bist hier die Hausherrin. Du musst dir nicht alles bieten lassen. Notfalls setzt du sie vor die Tür.«

»Das könnte ich nie!«

»Hat das etwas mit – wie hieß er noch? – Robert zu tun?« Ihre Cousine musterte sie scharf von der Seite. »Ich glaube mich zu erinnern, dass du von ihm als deinem ersten Ehemann sprachst.«

Dorothea kämpfte gegen die instinktive Abneigung an, mit irgendjemandem darüber zu sprechen. Schließlich gehörte Catriona zur Familie und hatte gestern ihrerseits mit nichts hinter dem Berg gehalten. Sie schuldete ihr zumindest das gleiche Maß an Ehrlichkeit. Im Speisezimmer standen nur noch ihre zwei Gedecke. Selbst Lady Chatwick, sonst immer die Letzte, war bereits wieder verschwunden. Dorothea schenkte ihnen beiden Tee ein.

»Robert Masters hat Eden House aufgebaut«, begann sie leise. »Als ich ihn kennenlernte und heiratete, lebten Mrs. Perkins und Lady Chatwick hier bereits seit Jahren. Seine erste Frau war gestorben, und er brauchte dringend eine Mutter für Heather.« Sie stockte und überlegte, wie viel sie über den Wahnsinn seiner Frau und die peinlichen Umstände ihres Todes preisgeben sollte. Gar nichts, entschied sie. Es waren Roberts Familiengeheimnisse und gingen Ians Familie daher nichts an.

»Ich erwartete gerade Robert, der natürlich nach seinem Vater heißt, als ich von einem Eingeborenen entführt wurde. Bei meiner Befreiung kamen Robert und der alte Sam, unser Stallknecht, ums Leben.«

»Wie schrecklich!« Catriona starrte sie aus weit aufgerissenen Augen an. »Was musst du währenddessen durchgemacht haben! Hat er …?«

»Nein, er war in dieser Hinsicht nicht an mir interessiert«, beantwortete Dorothea die unausgesprochene Frage. »Es ging ihm um einen kruden Zauber, der die Weißen wieder ins Meer zurücktreiben sollte.«

»Was für ein Irrsinn!«

»Er war irrsinnig.« Dorothea schluckte hart und starrte blicklos in ihre Teetasse. »Als ihm klar wurde, dass sein Plan nicht aufging, hat er seinen Speer auf Robert geschleudert.«

»Du musstest mit ansehen, wie er deinen Mann getötet hat?«

Dorothea nickte nur, weil sie ihrer Stimme nicht traute.

Catriona griff mitfühlend nach ihrer Hand. »Verzeih mir, dass ich das alles wieder aufgewühlt habe! Ich bewundere dich, wie du das alles überstanden hast. – Wie hast du eigentlich Ian kennengelernt?«, bemühte sie sich um ein unverfänglicheres Thema. Sie konnte ja nicht wissen, wie tief auch er in das damalige Geschehen verstrickt gewesen war! Dorothea beabsichtigte jedoch nicht, sie darüber aufzuklären. Es gab Dinge, die außer ihr und Ian niemanden etwas angingen.

»Ian war mit Robert gut befreundet und übernahm erst einmal die Leitung des Gutes. Dabei hat es sich dann ergeben.« Das war nicht einmal die Unwahrheit. Nur nicht die ganze Wahrheit. Die war sowieso zu kompliziert, als dass sie ein Außenstehender hätte nachvollziehen können.

»Ich verstehe«, nickte Catriona. »Mrs. Perkins und die verschrobene Lady in Schwarz sind also Bestandteile von Eden House, die noch aus den Zeiten des Erbauers stammen und unwiderruflich dazugehören. Sozusagen sakrosankt. Kann man das so sagen?«

»Das kann man«, bestätigte Dorothea und konnte sich ein Lächeln nicht verkneifen. Catrionas Einschätzung traf es recht genau.

»Wie kommt ihr eigentlich mit so wenigen Dienstboten zurecht? Eine Haushälterin, die gleichzeitig auch noch Köchin ist, und ein Kindermädchen.« Catriona schüttelte den Kopf über eine solche Unzulänglichkeit.

»Bisher ging es ganz gut. Jeder übernimmt einen Teil: Ich kümmere mich um die Wäschekammer und den Unterricht«, erklärte Dorothea. »Lady Chatwick hat ein Auge auf das Silber und solche Sachen. Und Robert ist für das Feuerholz zuständig. Dass wir uns beim Essen selber bedienen, hast du ja schon gesehen. – Mrs. Perkins braucht natürlich dringend eine Küchenhilfe! Ian hat schon vor Wochen dem Vermittler in Adelaide den Auftrag erteilt, doch derzeit findet sich einfach niemand, der bereit ist, hier draußen eine Stelle anzunehmen.«

»Das kann ich mir gar nicht vorstellen!«

»So ist es aber. Selbst unser Stalljunge ist zu den Goldfeldern aufgebrochen. Parnko war ein echter Glücksfall.«

»Das ist der junge Schwarze? Habt ihr keine Bedenken, ihn so unmittelbar in eurer Nähe zu haben? Vielleicht wartet er nur auf eine günstige Gelegenheit, um euch zu ermorden und auszurauben?«

Einen Augenblick lang glaubte Dorothea, sie hätte sich verhört. Dann jedoch brach sie in hilfloses Gelächter aus.

»Was, bitte sehr, ist daran jetzt so komisch?«, fragte Catriona leicht gekränkt. »Hast du nicht selber erst neulich von solchen Überfällen gesprochen?«

»Entschuldige.« Dorothea wischte sich die Lachtränen aus den Augenwinkeln. »Aber das sind zwei völlig verschiedene Paar

121

Schuhe: Die Stämme im Süden rächen sich für die schlechte Behandlung durch die dortigen Schafzüchter. Parnko hingegen hat seinen Stamm freiwillig verlassen und sich uns angeschlossen. Wir zahlen ihm einen ordentlichen Lohn. Er hätte nicht den geringsten Grund, uns etwas anzutun.«

»Brauchen Wilde dafür einen Grund?« Catriona hob in arroganter Herablassung die Brauen.

Dorothea spürte, wie Ärger in ihr aufstieg. »Parnko ist ein guter Junge«, sagte sie kurz angebunden. »Er hat uns noch nie Ärger gemacht.«

»Entschuldige, liebe Cousine.« Eine leichte Falte erschien auf Catrionas glatter, weißer Stirn. »Ich hatte nur das Gefühl, dass er mich – wie soll ich sagen – impertinent angestarrt hat, als ich heute Morgen ans Fenster trat.«

»Wenn du dabei deinen Londoner Frisierumhang mit der Kurbelstickerei getragen hast, kann ich ihm sein Starren nicht verdenken«, bemerkte Dorothea trocken. »Solche modischen Raffinessen lassen ja uns schon die guten Manieren vergessen – was erwartest du da von einem Ngarrindjeri?«

»Zu Hause in England würde ein Stallknecht in einem solchen Fall die Reitgerte zu spüren bekommen«, beharrte Catriona. »Als ich ihn dafür tadelte, hat er nur frech gegrinst!«

Auch Dorothea konnte sich ein Grinsen nicht verkneifen, als sie sich die Szene vergegenwärtigte. »Du musst wissen, dass Frauen bei den Eingeborenen hier generell nichts gelten«, erklärte sie. »Keine von ihnen würde es wagen, einem Mann auch nur zu widersprechen. Parnko hat sich zwar inzwischen daran gewöhnt, dass europäische Frauen anders sind. Dennoch hielt er es sicher für einen guten Witz, von einer Frau zurechtgewiesen zu werden.«

»Ich sehe schon, hier ist einiges anders …« Catriona seufzte. »Ich bin gespannt, was noch alles passieren wird.«

5

Nur zu bald sollte ihr Stoßseufzer beantwortet werden. Ian hatte eine ganze Schiffsladung von dem neuartigen »armierten Weidedraht« aus England kommen lassen, für den der Eisenwarenhändler in Adelaide so eifrig die Werbetrommel rührte, dass einige der Viehzüchter, die besonders unter dem Mangel an zuverlässigen Männern litten, sich hatten überzeugen lassen.

»Auf die Dauer ist es billiger, als Hirten einzustellen«, erklärte er. »Diese eisernen Dornen halten die Schafe sicher auf ihrer Weide. Wenn erst einmal alles eingezäunt ist, können wir uns in Zukunft den ständigen Ärger mit den Kerlen sparen.«

»Hoffentlich verletzt sich niemand an dem Teufelszeug«, bemerkte Dorothea und saugte an dem blutigen Riss, den sie sich zugezogen hatte, als sie eines der regelmäßig über den Draht verteilten Dornenbündel hatte inspizieren wollen. »Die sind ja schlimmer als Akaziendornen!«

»Ich habe gehört, in Amerika sind sie schon recht weit verbreitet«, sagte Percy und betrachtete die gefährlichen Rollen aus respektvoller Entfernung. »Dort nennt man sie passenderweise ›Stacheldraht‹. Äußerst wirkungsvoll auch gegen Viehdiebe, die in manchen Gegenden eine rechte Plage sein sollen. Hast du schon eine Idee, wie du es anbringen willst, Cousin? Es erscheint mir etwas … hm … unhandlich.«

»An Holzpfählen«, erklärte Ian. »Hollyhock hat es uns demonstriert. Es sah ganz einfach aus. Mit ein bisschen Übung werden John und ich es schon schaffen.«

»Ich bin mir zwar der leidigen Tatsache bewusst, dass ich keine große Hilfe wäre – aber dürfte ich mich euch trotzdem anschließen?«, bat Percy. »Ich könnte mir zumindest Mühe geben, mich nützlich zu machen.«

Ian schaute zweifelnd auf die eleganten Schnürschuhe und die kunstvoll gefaltete Krawatte. »Es wird aber kein Jagdausflug mit Picknick und Einkehr in netten, sauberen Gasthöfen«, warnte er seinen Cousin. »Eher eine schweißtreibende, staubige, verfluchte Plackerei.«

»Danke, dass du mich darauf aufmerksam machst, dass meine Garderobe nicht ganz passend ist«, gab Percy ungerührt zurück. »Vielleicht könntest du mir mit ein wenig rustikaleren Kleidungsstücken aushelfen?«

Tatsächlich war der Einzige, der Bedenken anmeldete, so ganz ohne männlichen Schutz den Gefahren Südaustraliens überlassen zu werden, Andrew Billingsworth. »Können Sie es denn verantworten, uns einfach so zurückzulassen?«, fragte er vorwurfsvoll, als Percy sich stolz in Ians alten Breeches, Reitstiefeln und Flanellhemd präsentierte. »Wenn nun etwas passiert?«

»Was soll schon passieren, alter Knabe?«, fragte Percy gönnerhaft. »Genießen Sie doch einfach Ihre Sommerfrische, bis der Postdampfer wieder auftaucht. Auf Eden House sind Sie so sicher wie in Abrahams Schoß. Das haben mir sowohl mein lieber Cousin als auch der vortreffliche John versichert.«

Tatsächlich hätte er vielleicht etwas mehr Verständnis für den Anwalt aufgebracht, wenn er in der übernächsten Nacht Zeuge des Dramas geworden wäre, das so niemand erwartet hätte.

Dorothea wurde von einem unheimlichen Stöhnen auf der Veranda geweckt. Ihr erster Gedanke war: Der Skelettmann ist zurückgekommen! Schweißüberströmt und mit so heftig schlagendem Herzen, dass ihre Ohren dröhnten, kämpfte sie darum, die Angststarre abzustreifen, die sie lähmte. Die Kinder! Sie musste sie beschützen!

Sein Gewehr hatte Ian natürlich mitgenommen. Aber in der Lade seiner Kommode bewahrte er ein Paar Pistolen auf. Mit zitternden Fingern tastete sie nach ihnen und versuchte, sich zu erinnern, wie man sie lud. Ian hatte es ihr gezeigt, nachdem sie sich geweigert hatte, ihr Wurfmesser auch noch ein einziges Mal anzurühren.

Außer dem schrecklichen Stöhnen wie von einem sterbenden Tier, das grässliche Schmerzen litt, war kein Laut zu hören. Mrs. Perkins schlief den Schlaf der Gerechten und Lady Chatwick den nach ihrer gewohnten Portion Portwein zu erwartenden. Catrionas und Mr. Billingsworths Zimmer gingen nach hinten hinaus. Falls sie überhaupt etwas hörten, dürften sie es als normale Nachtgeräusche abtun.

Niemand würde ihr zu Hilfe kommen. Wenn sie nur etwas mehr sähe! Wie sollte sie im Dunkeln eine Pistole laden? Wie die richtige Menge Schießpulver abmessen? Wie die Kugel in den Lauf stopfen? Ian hatte ihr eingeschärft, dass sie dabei mit äußerster Präzision vorgehen musste, damit ihr die Waffe nicht in der Hand explodierte. Unmöglich!

Frustriert warf sie die Pistole zurück in ihren Kasten und wühlte hektisch in der Schublade mit ihren Taschentüchern und Strümpfen nach dem Wurfmesser. Karl hatte es ihr in die Hand gedrückt, bevor er nach London aufgebrochen war. Sie hatte es nicht übers Herz gebracht, es wegzuwerfen, aber auch seinen Anblick nicht ertragen können. Zu genau erstanden dann jene schrecklichen Momente wieder vor ihrem inneren Auge. Deswegen hatte sie es in den hintersten Winkel geschoben. Jetzt war es erneut ihre letzte Verteidigungsmöglichkeit. Hektisch tasteten ihre Finger nach dem scharfen, harten Metall, als ein lautes Hämmern an der Vordertür sie zusammenfahren ließ.

»Ma'am, Mrs. Perkins! Hilfe, Hilfe!« Es war unzweifelhaft Parnkos Stimme, und sie klang angstverzerrt. Für einen winzigen Moment schoss ihr der Zweifel, den Catriona über seine Zuverlässigkeit geäußert hatte, durch den Kopf. War es vielleicht eine Falle? Wollte er sie alle hinauslocken, um sie draußen von seinen Kumpanen erschlagen zu lassen?

Unsinn! Nie und nimmer brächte Parnko eine solche Perfidie auf.

Es musste etwas anderes sein. Vielleicht ein verletzter Aborigine? Sie warf sich ihren alten Flanellmorgenrock über und rannte die Treppe hinunter. Als es ihr endlich gelungen war, mit ihren immer noch zitternden Fingern den Riegel zurückzuschieben, bot sich ihr ein erschreckendes Bild: Parnko hockte neben einer zusammengekrümmten menschlichen Gestalt, die halb schon auf den Dielen der Veranda, halb noch auf den Treppenstufen zusammengebrochen war. Selbst im fahlen Mondlicht war zu erkennen, dass sie blutüberströmt war. Die Schmerzenslaute waren verstummt, nur ein leises Röcheln drang an Dorotheas Ohr. Wenn noch Hilfe möglich war, war keine Zeit zu verlieren.

»Ich wecke Mrs. Perkins«, sagte sie rasch. Der Anblick und vor allem der unverwechselbare metallische Geruch des Blutes ließen die vertraute Panik in ihr aufsteigen. Sie hatte sich schon umgedreht, als Parnko leise, sehr leise sagte: »Es ist Mannara. Bitte, Ma'am, helfen Sie ihr!«

Dorothea wirbelte herum. »Bist du sicher?« Was für eine dumme Frage! Wenn einer die junge Frau erkannte, dann wohl ihr Liebhaber. Sie selbst war so selbstverständlich von einem verletzten Mann ausgegangen, dass sie gar nicht genau hingesehen hatte.

»Wenn jemand ihr helfen kann, dann Mrs. Perkins«, sagte sie mit mehr Zuversicht, als sie empfand. »Schaffst du es, sie in die Küche zu tragen?«

Mrs. Perkins zu wecken war kein leichtes Stück Arbeit. Erschöpft, wie sie war, brauchte sie einige Zeit, um zu verstehen, was Dorothea ihr zu erklären versuchte. »Muss das mitten in der Nacht sein, wenn anständige Christenmenschen schlafen?«, murrte sie, während sie sich schwerfällig aus dem Bett wälzte. »Sie könnten schon mal die Verbandsscharpie holen. Davon dürften wir eine Menge brauchen.«

Als Dorothea mit dem Arm voller Leinenbinden die Küche betrat, hatten Parnko und Mrs. Perkins den Herd angefeuert. Das Wasser brodelte, und die beiden standen über die Verletzte gebeugt. Parnko hatte sie auf dem Küchentisch abgelegt, und im Schein der darüber hängenden Petroleumlampe waren Mannaras Verletzungen deutlich zu erkennen. Ohne den voluminösen Opossumfellmantel wirkte sie mitleiderregend dünn und zerbrechlich. Dorothea erschrak bis ins Mark, als sie die Wunden sah, die ihr zugefügt worden waren.

Mit überraschender Zartheit tupfte Mrs. Perkins der jungen Frau das Blut aus dem zerschlagenen Gesicht. »Ein Wunder, dass das arme Ding es in diesem Zustand bis hierher geschafft hat«, murmelte sie, ohne den Blick zu heben. »Welche Bestie hat ihr das nur angetan?«

»Das war Worammo«, stieß Parnko zwischen zusammengebissenen Zähnen hervor. »Dafür töte ich ihn!«

»Davon werde ich dich nicht abhalten«, sagte Mrs. Perkins in grimmigem Ton. »Aber zuerst muss die Kleine verarztet werden. Nur gut, dass sie ohnmächtig ist, denn diesen Schnitt muss ich nähen!«

Dorothea sah sofort, was sie meinte: Quer über den Kopf verlief ein so tiefer Riss, dass die Kopfschwarte auseinanderklaffte. Das *waddie,* das diese Verletzung verursacht hatte, musste mit rücksichtsloser Brutalität geführt worden sein. Ihr Gesicht war von zahllosen Schlägen so geschwollen, dass Dorothea sie auch bei

Licht niemals erkannt hätte. Kaum vorstellbar, dass diese schrecklich zugerichtete Kreatur die hübsche Mannara mit dem mutwilligen Lächeln sein sollte!

»Schnell! Fädeln Sie mir ein Stück Faden von etwa einer Elle Länge ein. Ich möchte das fertig haben, ehe sie wieder zu sich kommt.« Mrs. Perkins drückte Dorothea Nadel und Faden in die Hand, während sie behutsam die Wundränder säuberte.

Dorothea hatte so etwas noch nie gesehen, und auch Parnko keuchte auf, als sie geschickt mit zwei Fingern zupackte und begann, die Kopfhaut säuberlich zusammenzuheften. Atemlos verfolgte sie, wie die Köchin die Verletzung nähte, als sei es ein Riss in einer Arbeitshose.

»So, das wäre geschafft.« Mrs. Perkins klang zufrieden, als sie sich leise ächzend aus ihrer gebückten Haltung aufrichtete. »Wenn wir Glück haben und es sich nicht entzündet, wird man die Narbe später kaum sehen.« Tatsächlich verschwand die Naht schon jetzt fast im dichten, kurz geschorenen Kraushaar der jungen Frau.

Sorgfältig deckte Mrs. Perkins die Wunde mit frisch gezupfter Scharpie ab, ehe sie sich daranmachte, einen derart komplizierten Verband anzulegen, dass Dorothea voller Bewunderung ausrief: »Wo haben Sie denn das gelernt, Mrs. Perkins?«

»Als junges Mädchen habe ich gerne unserem Dorfarzt geholfen«, sagte die Ältere gelassen. »Er legte großen Wert auf die Verbände. – Dann wollen wir mal sehen, was die Arme noch abbekommen hat!«

Der größte Teil des Blutes, das Dorothea so entsetzt hatte, stammte wohl von der Kopfwunde. Als Mrs. Perkins das Blutrinnsal näher inspizierte, das Mannara aus den Mundwinkeln sickerte, stöhnte diese plötzlich auf, hustete und spuckte zusammen mit einem Schwall halb geronnenen Blutes zwei Zähne aus. Dorothea fuhr bei dem Geräusch, das die knöchernen Gebilde machten, als sie auf die Holzplatte rollten, zusammen.

Mrs. Perkins jedoch stieß erleichtert den Atem aus und murmelte: »Dem Herrn sei Dank, es ist nicht die Lunge!«

Mannara musste zumindest halb wieder zu sich gekommen sein, denn beim Klang der fremden Stimme wimmerte sie auf und versuchte mit letzter Kraft zu flüchten.

»Verdammt!« Geistesgegenwärtig hatte die Köchin zugepackt und verhindert, dass die Verletzte sich vom Tisch stürzte. »Sag ihr, dass sie ruhig liegen muss«, fuhr sie Parnko an. »Und dass sie in Sicherheit ist. Schnell! Nicht, dass sie sich noch mehr verletzt.«

Beim Klang seiner Stimme entspannte sie sich sichtlich. Sie versuchte sogar, ihre Augen zu öffnen, aber nur das eine ließ sich einen schmalen Spaltbreit öffnen. Die Laute, die sie sich zu bilden bemühte, blieben unverständlich.

»Sie soll nicht weiter zu sprechen versuchen«, beschied Mrs. Perkins. »Wahrscheinlich ist ihr Kiefer gebrochen. Ich kann zwar nichts ertasten, aber das besagt nur, dass sich die Bruchenden wenigstens nicht verschoben haben. Sie soll ruhig liegen und uns machen lassen.«

Kaum hatte Parnko das übersetzt, erstarrte die junge Frau zu einer lebenden Puppe. Nur hie und da entfuhr ihr ein unterdrückter Schmerzenslaut, obwohl Mrs. Perkins sich alle Mühe gab, so behutsam wie möglich vorzugehen. Der Rest der Verletzungen bestand zum größten Teil aus Hautabschürfungen und Kratzern, die sie sich vermutlich auf ihrer verzweifelten Flucht zugezogen hatte.

Nachdem die größeren von ihnen so gut wie möglich versorgt worden waren, streckte Mrs. Perkins ihren schmerzenden Rücken und sah unschlüssig zwischen Dorothea und Parnko hin und her. »Sie sollte jetzt nicht allein gelassen werden«, sagte sie. »In ihrem Zustand.«

»Sie kann bei mir bleiben«, bot Parnko etwas unsicher an. »Ich weiß nichts über Krankenpflege, aber sie hat keine Angst, wenn ich bei ihr bin.«

»Guter Junge!« Mrs. Perkins nickte ihm wohlwollend zu. »Bis zum nächsten Verbandswechsel ist eigentlich gar nichts zu tun. Du musst ihr nur zu trinken geben, wenn sie Durst hat. Am besten mit einem Röhrichthalm. Morgen früh schaue ich dann gleich nach ihr.« Sie gähnte herzhaft. »Wenn mich mein Gefühl nicht täuscht, ist es gar nicht mehr lange bis zur Morgendämmerung. Müssen wir mit einem Besuch rechnen?« Sie warf dem jungen Aborigine einen scharfen Blick zu. »In dem Fall solltest du sehen, die Spuren zu beseitigen, die sie hierherführen könnten.«

Dorothea erschrak. An eine solche Möglichkeit hatte sie noch gar nicht gedacht. Aber es war durchaus plausibel: Wenn Mannara aus dem Lager geflüchtet war, würde sie sicher früher oder später vermisst werden. Und dann würden sie sie suchen.

»Sobald die Sonne aufgeht, werde ich ihre Spuren verwischen«, versprach Parnko. Nach kurzem Zögern verbeugte er sich so tief wie möglich: »Ich bin Ihnen zu großem Dank verpflichtet, Mrs. Perkins. Ich weiß gar nicht, wie ich meine Schuld bei Ihnen abtragen kann. Mannara verdankt Ihnen ihr Leben, und Mannara ist mein Leben.«

»Papperlapapp, Junge«, wehrte die Köchin seine Dankesbezeugungen mit einer Handbewegung ab, als würde sie Fliegen verscheuchen. »Sieh du lieber zu, dass wir wegen des Mädchens keinen Ärger mit deinen Leuten bekommen.«

An diesem Morgen brachte Dorothea beim besten Willen kein Interesse für Catrionas inhaltloses Geplauder auf. Immer wieder schweifte ihr Blick zum Fenster hinaus, um sich zu vergewissern, dass kein Trupp erboster Aborigines auf das Haus zustürmte. Die von Mrs. Perkins aufs Tapet gebrachte Möglichkeit beunruhigte sie zutiefst. Wenn bloß Ian bald wieder zurückkehrte! Er genoss so großen Respekt bei den Eingeborenen, dass er sicher eine Lösung für diese verzwickte Situation fände. Sollten die Jäger Mannara aufspüren und beschließen, sie wieder mit zurückzunehmen, könnte Parnko alleine sie wohl kaum aufhalten. Der lächerliche, kleine Anwalt würde sich vermutlich eher im Schrank verstecken, als ihnen entgegenzutreten. Catriona! Hatte sie nicht davon gesprochen, dass sie in England öfter auf die Jagd gegangen wäre?

»Ich fürchte, das muss dringend gebügelt werden. Kann man es dieser – wie hieß sie noch? – Trixie anvertrauen?« Catriona hielt ein verschwenderisch mit Blumenranken besticktes Kleid aus indischem Musselin hoch und musterte es kritisch. »Wie ärgerlich, dass ich nur so wenig mitnehmen konnte! Jetzt ist die Auswahl doch sehr begrenzt.«

»Hast du nicht davon gesprochen, dass du schießen kannst?«, fragte Dorothea, ohne auf die Garderobenprobleme einzugehen.

»Ja, natürlich. Ich bin ein besserer Schütze als so mancher, der sich dafür hält.« Catriona zwinkerte Dorothea übermütig zu. »Wie mein lieber Bruder Percy, zum Beispiel.«

»Kannst du auch mit Pistolen umgehen?«

Catriona sah sie befremdet an. »Du bist aber in einer seltsamen Stimmung heute Morgen! Was ist denn los mit dir?«

»Könntest du mit Pistolen schießen?«, beharrte Dorothea. »Es ist wirklich wichtig.«

»Wenn es nötig sein sollte, kann ich mit Pistolen genauso gut umgehen wie jeder Mann«, erklärte Catriona selbstbewusst. »Ist es nötig?« Sie musterte Dorothea eingehend. »Du siehst etwas blass und übernächtigt aus heute Morgen, Cousine. Willst du mir nicht sagen, was los ist?« Sie klopfte neben sich auf die Chaiselongue. Mit einem lauten Seufzer sank Dorothea neben ihr auf das Polster und folgte der Aufforderung. Catriona war eine gute Zuhörerin. Nicht ein einziges Mal unterbrach sie den manchmal etwas wirren Wortstrom, sondern hing gebannt an Dorotheas Lippen. Als diese schwieg, holte sie tief Luft. »Du rechnest also damit, dass die Eingeborenen Schwierigkeiten machen werden?«, fragte sie erstaunlich gelassen.

»Ich habe keine Ahnung«, gab Dorothea ehrlich zu. »Aber Mrs. Perkins war nicht wohl bei der Sache, und sie kennt sie schon länger als ich.«

»Also deshalb hast du ständig aus dem Fenster gesehen!« Catriona lächelte spöttisch. »Ich bin nicht sehr aufmerksam, aber selbst mir fiel auf, dass du dich aufführst wie eine Schlossherrin, die jeden Moment mit dem Auftauchen feindlicher Truppen rechnet.«

Bei diesem Vergleich musste Dorothea ebenfalls lächeln. »Dieser Worammo ist mir eben alles andere als geheuer«, gestand sie. »Solange der alte King George das Sagen hatte, war alles in Ordnung. Aber jetzt weiß man nie, ob sein Nachfolger sie nicht gegen uns aufhetzt.«

»Sprichst du von demselben Mann, der diese arme Eingeborene so zugerichtet hat?« Catriona hatte tatsächlich genau zugehört. Sie zog die zierliche Nase kraus. »Er scheint ein ausgesprochen unsympathischer Zeitgenosse zu sein. Warum hat dieser King George gerade ihn als seinen Nachfolger bestimmt?«

»Es liegt nicht allein in seiner Hand. Auch die Ahnengeister haben dabei ein Wörtchen mitzureden«, versuchte Dorothea, das auch ihr größtenteils unverständliche Prozedere zu veranschaulichen. »Es wurden furchtbar viele Geisteranrufungen und Séancen abgehalten, und am Ende hatte Worammo die meisten Befürworter. Ian meinte, das hinge wohl eher damit zusammen, dass er den Jägern jede Menge Alkohol und Tabak versprochen hätte, aber offiziell ist er von den Ahnengeistern auserwählt worden.«

»Aha. Und niemand nimmt ihm übel, wie er sich aufführt?«

»Nicht, solange er sich nur an Frauen abreagiert.« Dorothea knirschte vor Ärger mit den Zähnen. »Die armen Kreaturen werden schlechter behandelt als Hunde. Erst neulich hat ein Kaurna in Adelaide seine Frau aus Ärger darüber, dass ein Farmer seinen

Hund erschossen hatte, mit dem Speer getötet. Einfach so. Mir kommt immer noch die Galle hoch, wenn ich daran denke!« Mit Fäusten hieb sie auf das Kissen neben sich ein.

»Beruhige dich, Cousine«, bat Catriona. »Das ist natürlich sehr traurig, aber diese primitiven Menschen sind eben nicht mit unseren Maßstäben zu messen.«

So ähnlich hatte sich auch Reverend Howard ausgedrückt, als sie bei einer zufälligen Begegnung in der Hindley St. von ihm verlangt hatte, sich beim Gouverneur für eine Bestrafung des Mannes einzusetzen. »Liebe Mrs. Rathbone, wir tun unser Bestes, diese Menschen der Zivilisation zuzuführen. Aber er würde überhaupt nicht begreifen, was wir ihm vorwerfen. Er sieht es doch als sein gutes Recht an, mit seinem Eigentum so zu verfahren, wie es ihm beliebt. Und *lubras* sind nun einmal das Eigentum ihrer Ehemänner.«

»Ich dachte immer, Sklaverei wäre auch in den Augen der anglikanischen Kirche verabscheuenswürdig«, hatte sie ihm ins Gesicht geschleudert. »Was ist das anderes als Sklaverei?«

Ihre erhobene Stimme hatte Passanten neugierig den Kopf wenden lassen, und Ian hatte sich prompt beim Reverend entschuldigt und sie weggezogen. »Du kannst den armen Mann doch nicht vor allen Leuten anschreien«, hatte er ärgerlich bemerkt. »Wie sieht das denn aus?«

In ihrer Empörung war Dorothea das Aufsehen, das sie erregt hatte, völlig gleichgültig gewesen. »Diese Heuchler«, hatte sie geschnaubt und dabei den Leuten auf der anderen Straßenseite wütende Blicke zugeworfen. »Sonntags reden sie von Christenpflicht und Nächstenliebe, aber wenn vor ihren Augen ein solch himmelschreiendes Unrecht geschieht, verschanzen sie sich hinter dem Vorwand der Toleranz, nur um ihr feiges Nichtstun zu rechtfertigen.«

»Du wirst sie nicht umstimmen können, indem du sie beleidigst«, hatte Ian vernünftig wie immer eingewandt. »Außerdem ist einer davon mein bester Kunde. Also mäßige dich bitte. Es wäre fatal, wenn er seine Wollbestellung stornierte.«

Gegen dieses Argument war jede moralische Entrüstung machtlos!

»Sie sind nicht alle so primitiv«, widersprach sie jetzt, wenn auch nicht aus voller Überzeugung, Catrionas Einschätzung. »Es gibt welche unter ihnen, die sich durchaus zivilisiert benehmen können.« Mit Einschränkungen! Unwillkürlich stahl sich ein Lächeln in ihr Gesicht, als sie sich erinnerte, mit welch kindlicher Unbefangenheit Jane ihre Kleider abgelegt hatte, um sich in das Wasserloch zu stürzen. Für eine englische Lady wie Catriona musste so etwas eine unvorstellbare Entgleisung darstellen. Oder wie selbstverständlich Koar damals die mumifizierten Finger seines geliebten Großvaters aus seinem Totembeutel gezogen hatte. Derselbe »Wilde«, der jetzt in London an der medizinischen Fakultät studierte.

Selbst Parnko zeigte Anzeichen eines tief greifenden Gesinnungswandels. Wie besorgt war er um Mannara gewesen! »Es gibt doch auch in der Zivilisation Menschen, die sich nicht an Recht und Gesetz halten!«

»Das ist doch etwas völlig anderes«, Catriona schüttelte ungehalten den Kopf. »Zumindest gibt es bei uns Recht und Gesetz, und wer dagegen verstößt, muss mit Strafe rechnen. Diese Wilden dagegen haben nicht die geringste Vorstellung, was zivilisiertes Benehmen ausmacht. Schon wie sie herumlaufen: halb nackt. Ohne jede Spur von Scham. Es verwundert nicht, dass es Wissenschaftler gibt, die meinen, sie stünden den Affen näher als den Menschen. Ich kann mich nicht mehr erinnern, in welcher Zeitung es stand, aber ein Professor erklärte, sie könnten keine Menschen sein, weil Gott doch die Menschen nach seinem Bild erschaffen hätte und die australischen Eingeborenen so hässlich seien, dass es eine Beleidigung Gottes wäre, sie als Menschen zu bezeichnen.«

»Mein Vater sagte immer, Gott sehe in die Herzen der Menschen, nicht auf das Äußere«, sagte Dorothea, leicht abgestoßen von Catrionas abschätzigen Worten. »Die Schönheit des Leibes ist vergänglich, die der Seele ewig.«

»Natürlich!«, stimmte Catriona ihr augenblicklich zu und lächelte reuig. »Wie leichtfertig von mir. Willst du mir nicht von deinem Vater erzählen? Er scheint ein ganz besonderer Mann gewesen zu sein.«

Es war lange her, dass sie mit jemandem über ihren Vater hatte reden können. Plötzlich kamen all die Erinnerungen an ihn wieder hoch. Catriona ermutigte sie mit ständigen Nachfragen, und Dorothea sprudelte geradezu über. Ihre Kindheit in Dresden, die lange Trennung, die Vorfreude auf die neue Heimat — erst ein schüchternes Klopfen an der Tür erinnerte sie daran, dass der Zeitpunkt, um in Erinnerungen zu schwelgen, denkbar ungünstig war.

»Mrs. Perkins lässt fragen, ob du sie begleiten möchtest. Sie geht jetzt nach Mannara schauen«, sagte Robert hastig und sichtbar bemüht, Catriona nicht anzustarren.

»O Himmel, ist es schon so spät?« Schuldbewusst sprang Dorothea auf. »Dann war es doch längst Zeit für deine Schulstunde, Robbie. Wieso hast du nicht eher was gesagt?«

Robert zuckte mit den Achseln. Diese schlechte Angewohnheit hatte er nur zu gern von Parnko übernommen. »Darf ich mitkommen?«, fragte er statt einer Antwort.

»Nein.«

»Warum nicht?« Robert konnte recht beharrlich sein.

»Weil ein Krankenbesuch nichts für kleine Jungen ist« sagte Dorothea entschieden. »Die arme Mannara hat schreckliche Schmerzen und möchte ihre Ruhe. Vielleicht später, wenn es ihr besser geht.«

»Und wenn es ihr nicht wieder besser geht? Mrs. Perkins hat zu

Trixie gesagt, sie würde nicht darauf wetten, dass sie es überlebt. Ich würde gerne sehen, wie ein Mensch aussieht, der bald stirbt.«

Es war Catriona, die als Erste ihre Stimme wiederfand. »Möchtest du stattdessen vielleicht mit mir schießen gehen?«, fragte sie so gelassen, als sei sie es gewohnt, dass achtjährige Jungen solch schockierende Wünsche äußerten. »Ich würde mich gerne mit den Pistolen deines Vaters vertraut machen.«

»Er ist nicht mein Vater!« Roberts Gesichtsausdruck hatte sich verfinstert. »Mein Vater ist tot.«

»Oh, entschuldige. Ich wollte dir nicht zu nahe treten. – Verzeihst du mir?« Sie streckte ihm mit einem so süßen Lächeln die Hand entgegen, dass selbst Robert nicht gegen ihren Charme gefeit war.

»Natürlich«, erklärte er und ergriff die dargebotene Rechte mit gespielter Lässigkeit.

»Danke. Wenn deine Mutter uns zeigt, wo alles ist, könntest du mir tragen helfen. Willst du? Und außerdem brauche ich deinen Rat, wo wir am besten üben können. Nicht, dass wir noch aus Versehen jemanden erschießen.«

»Hast du das schon?«

»Nein.«

»Robert, sei so lieb und zeig Cousine Catriona die Schublade, in der die Pistolen und das andere Zeug liegen, ja?«, bat Dorothea, in Gedanken bereits bei dem bevorstehenden Krankenbesuch. Stand es wirklich so kritisch um Mannara? Ohne einen Gedanken darauf zu verschwenden, ob eine Schießstunde der passende Zeitvertreib für einen Achtjährigen war, hastete sie in die Wäschekammer, um frische Scharpie und Leinenverbände zu holen.

Parnko hatte die junge Frau auf sein Bett gelegt, auf das er so stolz war, dass er meist doch auf dem Boden schlief. Die Kammer, die er bewohnte, war klein und spärlich möbliert. Außer dem soliden

Holzbett mit Schilfgrasmatratze gab es nur einen Stuhl, eine Hakenleiste und eine hölzerne Truhe mit Vorhängeschloss. Er selbst hockte in der typischen Sitzhaltung der Eingeborenen auf dem Fußende des Bettes und verscheuchte die Fliegen, die die Wunden umschwirrten. Ein Blechkrug voller Wasser mit einem Stück Schilfrohr als Trinkröhrchen stand griffbereit neben ihm.

Mrs. Perkins ging zum Fenster und zog mit einem energischen Ruck die rot karierten Gardinen beiseite. Wenn dies überhaupt möglich war, bot Mannara einen noch schlimmeren Anblick als in der Nacht zuvor. War es, weil man bei Lampenlicht nicht so gut gesehen hatte? Oder bildete sie es sich nur ein, dass die Blutergüsse stärker angeschwollen waren? Das Gesicht der jungen Frau war nur noch eine schwärzlich angelaufene Maske. Ein schrecklicher Anblick. Dorothea musste sich dazu zwingen, näher zu treten.

»Der Puls ist immer noch sehr schwach.« Mrs. Perkins' Stimme war keine Regung anzumerken. »Hat sie Blut gespuckt?«, wandte sie sich an Parnko.

Der schüttelte nur den Kopf. Aschgrau im Gesicht wirkte er so verzagt, wie Dorothea ihn noch nie erlebt hatte. »Wird sie sterben?«, flüsterte er kaum hörbar.

Mrs. Perkins fixierte ihn streng. »Das werden wir nicht zulassen«, sagte sie so entschieden, als ob es in ihrer Hand läge. »Auf dem Herd in der Küche steht heißes Wasser. Bring mir einen Eimer voll.«

Parnko straffte sich und beeilte sich, dem Befehl nachzukommen.

»So, jetzt, wo der Junge aus dem Weg ist, mal ganz offen, Ma'am: Ich habe nachgedacht, und die Sache hier stinkt! Die Kleine ist nicht ohne Grund so zugerichtet.« Sie sah ausgesprochen düster drein. »Konnte der Junge sich keine andere aussuchen? Und ausgerechnet jetzt ist Master Ian nicht da!«

»Sie meinen, sie wurde wegen Parnko halb totgeschlagen?«, fragte Dorothea ungläubig.

Mrs. Perkins nickte bedächtig. »Davon bin ich überzeugt. Es würde nur nichts bringen, dem Jungen jetzt deswegen ein schlechtes Gewissen zu machen«, sagte sie.

»Aber wieso? Ich meine, es gibt doch andere Methoden, eine Romanze zu unterbinden.«

Mrs. Perkins warf ihr einen fast mitleidigen Blick zu. »Ich fress meinen Besen, wenn es bei schmachtenden Blicken geblieben ist«, schnaubte sie. »Der Junge sollte sich in der nächsten Zeit besser nicht allzu weit vom Haus entfernen. Bei ihm werden sie sich nicht auf eine Tracht Prügel beschränken!«

Parnko näherte sich bereits wieder im Laufschritt, und nach kurzem Zögern erlaubte Mrs. Perkins ihm, ihnen dabei zu helfen, Mannaras zerschundenen Körper mit nassen Tüchern abzutupfen. »Was soll's? Für Dezenz ist es sowieso zu spät«, hörte Dorothea sie vor sich hinmurmeln.

Die schreckliche Kopfwunde hatte sich zum Glück nicht entzündet. Als die Köchin den Verband abwickelte, den Scharpiebausch darunter anfeuchtete und ablöste, sickerte nur ein wenig Wundflüssigkeit aus dem Riss. Auch die Abschürfungen und Kratzer waren bereits zum größten Teil verschorft. »Wirklich erstaunlich«, stellte Mrs. Perkins überrascht fest. »Es scheint zuzutreffen, dass die Eingeborenen über bedeutend stärkere Selbstheilungskräfte verfügen als wir. Da – sie versucht sogar die Augen zu öffnen!«

Tatsächlich bemühte Mannara sich unter leisem Stöhnen, durch die geschwollenen Lider zu blinzeln. Ihre Hände tasteten über die Matratze. Parnko fing ihre Rechte ein, und während er sie fest umklammert hielt, sprach er eindringlich auf sie ein. Er schien die richtigen Worte gefunden zu haben, denn die Anspannung wich aus Mannaras Gliedern, und sie gab einen leisen Laut der Erleichterung von sich.

»Ich habe ihr gesagt, dass sie in Sicherheit ist und wir sie beschützen werden«, erklärte Parnko heiser vor Aufregung. »Wenn sie nur reden könnte!«

»Nicht mit einem gebrochenen Unterkiefer!« Mrs. Perkins' Fingerspitzen fuhren in einer Art Liebkosung zart die Kinnlinie nach. »Ich gebe dir nachher einen Topf guter, kräftiger Rinderbrühe, Parnko. Davon lässt du sie trinken, sooft sie will, hörst du? Und wenn etwas ist, ruf mich!«

Der junge Aborigine nickte bereitwillig und nahm wieder seinen Platz am Fußende ein. Erstaunlich, was die Liebe alles bewirken kann, dachte Dorothea. Unter normalen Umständen hätte kein Eingeborener sich dazu herabgelassen, einen Kranken zu pflegen. Schon gar nicht eine Frau!

»Gestern war ich mir nicht sicher, aber jetzt denke ich, dass sie genesen wird«, sagte die Köchin, während sie über den Hof zum Haupthaus zurückgingen. »Wenn sie gestorben wäre, hätte sich das Problem von selbst erledigt. Ich hoffe nur, die Kerle kriegen keinen Wind von der Sache, bevor Master Ian wieder zurück ist! Wenn Sie meinen Rat hören wollen, Ma'am: Sagen Sie Lady Chatwick und diesem komischen Kauz besser nichts davon. Und der Zierpuppe lieber auch nicht.«

»Wären Sie sehr überrascht, wenn ich Ihnen sagte, dass meine Cousine mit Pistolen besser umgehen kann als ich?«, gab Dorothea leicht pikiert zurück. Mrs. Perkins wurde allmählich wirklich etwas zu selbstherrlich. Von Catriona als Zierpuppe zu sprechen, stand ihr nicht zu. »Sie ist gerade mit Robert bei Schießübungen. – Da, das dürften sie sein.« Aus einiger Entfernung war ein bellender Schuss zu hören gewesen.

»Tatsächlich?« Die Köchin wirkte nicht übermäßig beeindruckt. »Na, ich hoffe nur, dass sie sich im Ernstfall rasch genug entscheiden kann, welches Kleid dazu passt.«

Tatsächlich war Catrionas umfangreiche Garderobe schon Gegenstand einiger spöttischer Kommentare in Küche und Wäschekammer gewesen. Einige davon hatte Dorothea mitbekommen, wenn sie Trixie dabei half, die zahllosen Falbeln und Rüschen zu bügeln. Einmal, ganz zu Anfang, hatte sie ihre Cousine im Scherz gefragt, ob sie immer mit ihrem gesamten Kleiderschrank verreiste.

»Das ist doch nur ein kleiner Teil meiner Garderobe. Gerade einmal das Nötigste«, hatte Catriona in aller Harmlosigkeit erklärt. »Die Abendroben und die meisten Nachmittagskleider habe ich gar nicht einpacken lassen. Nur die Reisekleider und ein paar schlichte Besuchskleider.« Mit einem leisen Seufzer hatte sie die üppige Pracht gemustert. »Wahrscheinlich ist alles hoffnungslos aus der Mode, wenn ich zurückkomme. – Gibt es in Adelaide eigentlich eine gute Modistin?«

Dorothea hatte gezögert, ihre Mutter zu nennen. Zwar waren ihre Entwürfe ausgesprochen begehrt, aber würde sie Catrionas Ansprüchen genügen können? Zudem unterschieden sich die Anforderungen der hiesigen Garderobe beträchtlich von denen Englands! Hier in Südaustralien trug man lieber leichte, bequeme Modelle und nahm dafür gerne Abstriche am Erscheinungsbild in Kauf. Wer wie Catriona selbst im australischen Sommer darauf bestand, das volle Dutzend Unterröcke zu tragen, der würde über solche Gesichtspunkte wie Bequemlichkeit verächtlich die Nase rümpfen.

Catriona hatte ihr Zögern falsch interpretiert. »Entschuldige, ich wollte mich wirklich nicht über eure Provinzialität lustig machen«, hatte sie gesagt und schleunigst das Thema gewechselt.

Beim Lunch erwies es sich als nicht gerade leichte Aufgabe, Roberts Begeisterung über die Kunstfertigkeit seiner Tante mit den Pistolen zu zügeln. »Sie hat auf zwanzig Schritte direkt den Pfosten getroffen«, berichtete er bewundernd. »Und nicht nur ein Mal, sondern fast jedes Mal!«

»Eine richtige Amazone!«, bemerkte Lady Chatwick erstaunt. »Dann brauchen wir die Männer ja gar nicht mehr zu unserem Schutz. Miss Grenfell, wo haben Sie denn so vortrefflich zielen gelernt?«

»Ach, so hier und da habe ich mir ein paar Kniffe beibringen lassen«, gab die Angesprochene leichthin zurück. »Es ist wirklich nicht schwer. Wenn Sie möchten, bringe ich es Ihnen bei.«

»Um Gottes willen, nein!« Lady Chatwick erschauerte sichtlich. »Ein solches Teufelszeug rühre ich um nichts in der Welt an. Nachher explodiert es mir noch in der Hand!«

»Nur, wenn man sich sträflich dumm anstellt.« Catriona lachte. »Mit den neuen Perkussionswaffen ist es ein Kinderspiel. Das Pulver misst man im Deckel ab, und die Zündhütchen aufzusetzen, ist ebenfalls keine Zauberei. Robert hat es sofort begriffen.«

»Du hast ihn mit der Waffe hantieren lassen?«, fragte Dorothea entsetzt.

»Nur beim Laden.« Catriona sah zu Robert hinüber und schenkte ihm ein komplizenhaftes Lächeln. »Nicht wahr, Robert, es ist wirklich ganz einfach, oder?«

»Ja, das ist es«, stimmte er ihr eifrig zu. »Mama, sie hat versprochen, mir das Schießen damit beizubringen!«

»Nur, wenn deine Mutter es erlaubt«, warf Catriona ein. Sie sah Dorothea fragend an: »Ich hoffe doch, du hast keine Einwände, Cousine?

Dorothea öffnete schon den Mund, um zu erklären, dass sie sehr wohl Einwände dagegen hätte, einen Achtjährigen im Pistolenschießen zu unterrichten, als Robert ungestüm aufsprang und zu ihr lief.

»Bitte, bitte, Mama, sag ja! Dann kann ich euch alle beschützen.«

Gerührt nahm sie ihn in den Arm. Sie wollte ihn nicht beschämen, indem sie ihn darauf hinwies, dass ein Junge seines Alters

141

wohl kaum als adäquater Schutz anzusehen wäre. Was konnte es für einen Schaden anrichten? Im Gegenteil: Es konnte Robert nur guttun, mit einem so quirligen Menschen wie Catriona seine Zeit zu verbringen. Er war viel zu viel alleine. »Also gut«, hörte sie sich sagen. »Aber nur, wenn du versprichst, sehr, sehr vorsichtig zu sein, Robbie!«

Sprachlos vor Freude nickte er bloß.

»Ich möchte nicht undankbar erscheinen«, nutzte Andrew Billingsworth die Gesprächspause, um sich zu Wort zu melden. »Aber es ist mir langsam peinlich, Ihre Gastfreundschaft dermaßen auszunutzen. Wenn meine Notizen mich nicht trügen, hätte der Postdampfer doch schon längst wieder hier anlegen müssen. Verspätet er sich oft?«

»Ständig!« Lady Chatwick verdrehte die Augen. »Mal ist der Kessel undicht, mal die Pleuelstangen, oder wie diese Dinger heißen, defekt. Ich habe den Verdacht, dass der gute Kapitän mit der modernen Technik auf Kriegsfuß steht.«

»Gibt es denn keine andere Möglichkeit, nach Port Adelaide zu kommen?« Der Anwalt war offensichtlich nicht daran interessiert, die Unzulänglichkeiten besagter Technik zu diskutieren. Er rang fast die Hände. »Ich muss dringend wieder zurück in meine Kanzlei.«

»Mit dem Gig wären es zwei Tage – aber ich nehme nicht an, dass Sie kutschieren können?«, sagte Dorothea, die etwas ratlos war, wie sie dem Mann helfen sollte. »Außer Parnko ist aber niemand da, der Sie fahren könnte, und der ist unabkömmlich.«

»Mir scheint, Mr. Billingsworth, es bleibt Ihnen nichts anderes übrig, als sich in Geduld zu fassen«, bemerkte Catriona. »Stellen Sie sich einfach vor, Sie wären in Sommerfrische. Sie kommen noch schnell genug zurück in Ihre staubige Kanzlei.«

Der Anwalt betrachtete sie mit einem Anflug leichten Abscheus. »Sie haben gut reden, Miss Grenfell«, gab er missmutig zurück.

»Sie haben keine Verpflichtungen. Ich jedoch werde dringend in Bristol erwartet.«

»Ich bin sicher, Onkel Hugh wird Sie für all Ihre Unbequemlichkeiten großzügig entschädigen, mein Bester.« Catriona lächelte leicht. »Machen Sie sich kein Gewissen: Onkel Hugh hat so lange gewartet, da kommt es auf ein paar Tage auch nicht mehr an.«

»Es kann sich nur noch um ein, zwei Tage handeln«, sagte Dorothea begütigend. »Es tut mir leid, Mr. Billingsworth, aber hier im Busch geht es eben anders zu als in der Stadt.«

»Das habe ich schon gemerkt.« Der füllige Mann hantierte mit seinem Besteck, um niemanden ansehen zu müssen. »Letzte Nacht zum Beispiel. Da muss ein Tier ganz nah ums Haus geschlichen sein. Es hat so entsetzliche Laute von sich gegeben, dass mir die Haare zu Berge standen. Ich bin erst im Morgengrauen wieder eingeschlafen.«

»Das war sicher ein Wombat.« Lady Chatwick kicherte. »Wenn die ihre Brunftzeit haben, könnte man meinen, hier fänden Massaker statt! Als ich meinen ersten hörte, habe ich befürchtet, den nächsten Tag nicht mehr zu erleben.« Sie tätschelte dem Mann gönnerhaft den Unterarm. »Machen Sie sich nichts daraus, Mr. Billingsworth. Wir alle haben unsere Albträume. Ein kleines Glas Portwein vor dem Schlafengehen wirkt nach meiner Erfahrung wahre Wunder. Ich achte auf solche Geräusche schon seit Jahren nicht mehr.«

Dorothea, die gerade fieberhaft überlegt hatte, was sie dem Mann als Ausrede auftischen sollte, entspannte sich dankbar. Er war zu höflich, um darauf hinzuweisen, dass ein einziges Glas Portwein nicht solche Wirkungen entfalten konnte, und alle anderen wussten nur zu gut um das Ausmaß von Lady Chatwicks Portweinkonsum. Nicht umsonst nahmen die speziellen Fässer einen beträchtlichen Raum in der Speisekammer ein.

»Also, ich habe auch nichts gehört«, erklärte Catriona und blinzelte Dorothea verschwörerisch zu. »Vielleicht haben Sie wirklich nur schlecht geträumt, Mr. Billingsworth? Mein Vater hatte immer Albträume, wenn es zum Dinner Krebse gab. Und hatten wir nicht gestern Krebse als Vorspeise?«

»Ich weiß sehr wohl, wann ich schlafe und wann ich wach bin, Miss Grenfell«, erwiderte der Anwalt schmallippig. »Die Erklärung Lady Chatwicks scheint mir zutreffender. Tiere geben ja oft die seltsamsten Geräusche von sich. Sind diese Wombats eigentlich gefährlich?«

Robert prustete vor Lachen, und auch Dorothea und Lady Chatwick konnten ein Schmunzeln nicht unterdrücken.

»Wombats sind reine Pflanzenfresser und völlig harmlos«, erklärte Dorothea. »Die einzigen Tiere, vor denen man sich hier wirklich in Acht nehmen muss, sind die Braunschlangen.«

»Wenn sie einen beißen, kann man nicht einmal mehr ein Vaterunser zu Ende beten, ehe man schwarz anläuft und stocksteif umfällt«, ergänzte Robert bereitwillig.

Mr. Billingsworth erblasste. »Tatsächlich?«, hauchte er. Sein Unbehagen war ihm so deutlich anzumerken, dass er Dorothea leidtat.

»Keine Sorge, Mr. Billingsworth«, versuchte sie, ihn zu beruhigen. »Diese Art Schlangen ist extrem selten. In all den Jahren, die ich schon hier lebe, habe ich noch keine gesehen.«

Ob er ihrer Versicherung glaubte, blieb offen, denn Trixie nahm sich kaum Zeit, ihr Kommen mit einem Klopfen anzukündigen, bevor sie die Türe aufriss und schrie: »Ma'am, Ma'am – vom Fluss kommt ein Haufen Schwarzer!«

Dorothea fühlte, wie ihr plötzlich flau im Magen wurde. Sollte Mrs. Perkins mit ihrer Schwarzmalerei recht gehabt haben? Kamen sie, um Mannara mit Gewalt zurückzuholen? Was würden sie mit Parnko machen? Und mit ihnen?

»Robert, geh mit Trixie nach oben. Keine Widerrede«, befahl sie hastig. »Ihr anderen bleibt am besten hier. Ich werde versuchen, vernünftig mit ihnen zu reden.«

»Selbstverständlich lasse ich dich nicht alleine«, sagte Lady Chatwick und erhob sich würdevoll. »Das wäre ganz und gar nicht schicklich.«

»Stehe ebenfalls zu Diensten«, stammelte Mr. Billingsworth, wenn auch ziemlich blass um die Nase.

Catriona sagte nichts, sondern sah nur amüsiert von einem zum anderen.

»Danke, aber ich glaube, es wäre besser, wenn ich alleine mit ihnen spreche.« Dorothea atmete tief ein wie vor einem Messerwurf, ehe sie entschlossen auf die Veranda hinaustrat. Es war ein Trupp von acht Mann, der im Gänsemarsch auf dem Pfad, der von der Anlegestelle zum Haupthaus führte, näher kam. Zwei ältere Männer und sechs junge Burschen; bei einem von ihnen waren die Schmucknarben, die den erwachsenen Mann kennzeichneten, noch rot und entzündet.

Während die beiden erfahrenen Jäger sich keine Gemütsregung anmerken ließen und auf ihren langen, sehnigen Beinen eher lässig schlenderten, erinnerten die jüngeren in ihrem Verhalten an eine Hundemeute, die an der Leine zerrte. Alle trugen sie eine furchterregende Bemalung aus hellem Ocker, die die Gesichtszüge nahezu unkenntlich machte. Zu ihrer Erleichterung erkannte sie plötzlich den vordersten Mann: Er trug statt des üblichen Kängurukochens den Stiel einer Meerschaumpfeife als Nasenschmuck. Es war der wortkarge Jäger, der gewöhnlich King George bei seinen monatlichen Visiten begleitete und das Schaf trug. Da sein Gefährte ihm sichtlich den Vortritt ließ, war Worammo also nicht dabei! Dorothea entspannte sich ein wenig, während sie den Männern entgegensah.

Die jüngeren witterten in alle Richtungen, die Speere in den Händen wurfbereit. Mochten sie auch für Uneingeweihte wie

145

Kinderspielzeug aussehen, wusste sie nur zu gut um die Gefährlichkeit dieser grazil wirkenden Waffen. Sie musste sie unbedingt von den Ställen und Parnkos Unterkunft ablenken!

»Was ist euer Anliegen?«, rief sie der Gruppe zu, wobei sie ihre spärlichen Kenntnisse des Ngarrindjeri-Dialekts bemühte. Normalerweise betrat kein Eingeborener fremdes Gebiet, ohne höflich anzufragen, ob es gestattet sei. Und schon gar nicht bis an die Zähne bewaffnet. Das war Gesetz. Es sprach nicht für gute Absichten, dass diese dagegen verstießen.

Die Männern stoppten, als seien sie gegen eine unsichtbare Wand gelaufen. Offensichtlich hatten sie nicht damit gerechnet, dass Dorothea es wagen würde, sie einfach anzusprechen. Sie konnten doch nicht mit einer Frau verhandeln! Auch nicht, wenn es eine Europäerin war. Die verunsicherten Blicke, die sie untereinander tauschten, hätten Dorothea unter anderen Umständen erheitert. Jetzt jedoch war sie zu angespannt, um die Komik der Situation zu würdigen.

Das protokollarische Dilemma löste der Anführer, indem er seinen Begleitern bedeutete, ihre Speere niederzulegen und sich hinzuhocken. Er selbst ging auf Dorothea zu und sprach mit der Luft über ihrer rechten Schulter.

»Wir suchen eine junge Frau. Sie ist ihrem Mann davongelaufen. Wir sollen sie wiederholen. Gib sie uns.«

»Im Haus ist keine junge Frau«, sagte Dorothea wahrheitsgemäß. »Warum glaubst du, dass sie hier ist?«

»Wir haben ihre Spuren am Flussufer gefunden.«

»Habt ihr auch Spuren hier in der Nähe des Hauses gefunden?« Sie hoffte inständig, dass Parnko gründlich gearbeitet und sie gut verwischt hatte.

»Nein«, gab er zu. »Sie enden plötzlich.«

»Dann solltet ihr dort weitersuchen, wo ihr die Spur verloren habt. Vielleicht hat sie ja ein *tou* geholt?«

Die Eingeborenen hatten schreckliche Angst vor diesen Geistern, von denen sie glaubten, dass sie bei Dunkelheit durch die Gegend flögen, um diejenigen zu entführen, die leichtfertig genug waren, nachts das schützende Lagerfeuer zu verlassen. Selbst Jane hatte sich bei Dunkelheit außerhalb des Hauses unwohl gefühlt, obwohl sie angeblich nicht mehr an diese Geister glaubte. Dass Mannara sich dieser Gefahr ausgesetzt hatte, war ein sicheres Zeichen für ihre Verzweiflung.

»Ein *tou*?« Vor Verblüffung über diesen unerwarteten Gedanken vergaß der Jäger seine Würde und sah Dorothea direkt ins Gesicht. Man merkte ihm an, wie er darüber nachdachte. Schließlich nickte er und sagte: »Wir werden zurückkehren und die Geister befragen.«

»Ein weiser Entschluss«, stimmte Dorothea ihm zu und stieß unhörbar einen Seufzer der Erleichterung aus. Der Mann war offensichtlich nicht an einer Auseinandersetzung interessiert.

Wenn Parnko nicht unversehens aufgetaucht wäre, wären die Jäger einfach wieder gegangen. Leider suchte er sich genau diesen Augenblick aus, um laut nach Mrs. Perkins zu rufen. Mit animalischer Geschmeidigkeit waren die jungen Männer aufgesprungen und hoben drohend ihre Speere. Nur ein scharfer Befehl des Anführers hielt sie zurück, aber es war ihnen deutlich anzumerken, wie sie darauf gierten, sie zu benutzen. Parnko hatte beim Anblick der Gruppe innegehalten. Sein gehetzter Blick verriet, dass er sich über ihre Absichten im Klaren war. Verzweifelt schienen seine Augen Dorothea um Hilfe anzuflehen. Die stand wie versteinert. Was konnte sie gegen acht bewaffnete Eingeborene ausrichten?

Schon spannten sich die Armmuskeln des einen jungen Jägers. Im nächsten Augenblick würde der Speer, von einer geübten Hand geschleudert, Parnko niederstrecken. Lauf weg!, wollte Dorothea ihm zurufen, aber kein Laut entrang sich ihrer Kehle. Plötzlich

147

donnerte ein Schuss, und eine Sandfontäne spritzte eine Handbreit vor den Füßen des angriffslustigen Mannes in die Höhe.

Nicht nur Dorothea schrie vor Schreck laut auf. Auch die Männer brachen in lautes Geschrei aus und liefen, so rasch sie ihre Füße trugen, Richtung Fluss davon. Parnko stand immer noch regungslos an seinem Platz und starrte aus großen Augen zum Haupthaus herüber.

»Na, war das nicht ein Meisterschuss?« Catriona trat neben Dorothea, wobei sie lässig die Pistole schwenkte, damit der beißende Rauch sich verteilte. »Kurios, wie einfach sie in die Flucht zu schlagen sind! Ich habe ihn noch nicht einmal verletzt.«

»Du hast absichtlich danebengeschossen?« Natürlich war Dorothea davon ausgegangen, dass Catriona einfach nicht getroffen hatte. Ian pflegte zu sagen, dass, wenn man die Augen schlösse und auf gut Glück den Hahn zöge, die Wahrscheinlichkeit, das Ziel zu treffen, genauso groß sei, als wenn man sorgfältig zielte.

»Natürlich. Auf die Entfernung – pah!« Es klang nicht wie Prahlerei. Dorothea betrachtete ihre Cousine mit ganz neuem Respekt.

»Was ist denn hier los?« Mrs. Perkins kam, rot im Gesicht, um die Hausecke. »Wer hat geschossen?« In der einen Hand hielt sie noch ein halb gerupftes Huhn, mit der freien griff sie nach einem Schürzenzipfel und wischte sich die Stirn ab. »Mir ist fast das Herz stehen geblieben.«

»Kein Grund zur Aufregung. Wir haben nur ein paar Schwarze verscheucht«, sagte Catriona beiläufig. Ohne ein weiteres Wort verschwand sie wieder im Haus.

»Sie lagen mit Ihrer Einschätzung vollkommen richtig, Mrs. Perkins.« Dorothea winkte Parnko ungeduldig, näher zu kommen. »Es waren ein paar Jäger da, die Mannara suchten. Ich hatte ihnen gerade eingeredet, dass sie ebenso gut von einem bösen Geist entführt worden sein könnte, da kam Parnko um die Ecke.

Ich glaube, sie hätten ihn getötet, wenn Catriona nicht solch eine Meisterin mit der Pistole wäre.«

Parnko hatte sich aus seiner Schreckstarre gelöst und kam nun auf die beiden Frauen zugelaufen. »Mrs. Perkins, Mrs. Perkins, Mannara stirbt! Es ist alles voll Blut, das ganze Bett.«

Mrs. Perkins drückte das Huhn Robert, der Trixies Aufsicht entwischt war, in die Hand und rannte mit einer für ihre Person erstaunlichen Geschwindigkeit hinter Parnko her.

Dorothea hielt sich gerade lange genug auf, um Robert zuzurufen: »Untersteh dich, uns nachzuschleichen! Du bringst das Huhn in die Küche und gehst dann sofort wieder ins Kinderzimmer. Hörst du?«

Mannara lag tatsächlich in einer Blutlache. Von der Taille abwärts waren die Matratze und das Leinenlaken, mit dem sie zugedeckt gewesen war, blutdurchtränkt. Dorotheas erster Gedanke war, dass einer der Jäger sie aufgespürt und so verletzt hatte. Die junge Frau lag reglos, mit geschlossenen Augen und gab keinen Laut von sich. Einzig das kaum merkliche Heben und Senken der Brust zeigte an, dass sie überhaupt noch lebte.

»Wenigstens war es früh genug, um keinen ernsthaften Schaden anzurichten«, sagte die Köchin und wies mit dem Kopf auf ein daumengroßes Etwas, das zwischen Mannaras angezogenen Beinen sichtbar wurde, als sie das Laken anhob. Es sah seltsam aus: nicht wirklich menschlich und doch irgendwie anrührend, wie es da in seiner gekrümmten Haltung lag.

Eine Fehlgeburt!

Dorotheas Beine gaben unter ihr nach, und sie musste sich auf den Stuhl an der Wand setzen.

»Alles in Ordnung, Ma'am?« Ein besorgter Seitenblick streifte sie. Sicher erinnerte auch die Köchin sich an die schreckliche Nacht, in der Dorothea im Busch ihr Kind verloren hatte. War es auch solch ein mitleiderregendes, winziges Wesen gewesen wie

149

die zwergenhafte Struktur dort inmitten der Blutlache? Sie hatten es nie gefunden. Vielleicht auch gar nicht gesucht. Dorothea hatte nicht danach gefragt. Sie wollte durch nichts und niemand an dieses Erlebnis erinnert werden.

»Können Sie Parnko nach ein paar großen Blättern schicken?«, sagte Mrs. Perkins. »Ich möchte es nicht in den Abfall werfen. Außerdem soll er frisches Schilf schneiden. Dieses hier müssen wir schleunigst verbrennen. Und von diesen großen, weichen Blättern, die die Schwarzen so gern als Unterlage benutzen. – Und wenn Sie schon mal dabei sind, holen Sie mir noch eine anständige Portion Scharpie.«

Dankbar verließ Dorothea die stickige Kammer, um Parnko zu beruhigen und ihm die Aufträge weiterzugeben.

Der junge Aborigine war so erleichtert, dass die Blutungen kein Anzeichen des nahen Todes waren, dass er fast in Tränen ausbrach. Er erhob auch keine Einwände gegen die Besorgungen, die eigentlich Frauensache waren. Stattdessen nickte er eifrig und machte sich tänzelnd vor Glück auf den Weg.

»Sei vorsichtig«, hielt Dorothea für angebracht, ihm hinterherzurufen. »Lass dich besser nicht vom anderen Ufer aus sehen. Der Schreckschuss wird sie nicht für ewig fernhalten.«

Zur allgemeinen Erleichterung war zwei Tage später schon von Weitem das Horn des Postboots zu vernehmen. In einem unerwarteten Anflug von Humor stellte Mr. Billingsworth fest, sein Bedarf an Abenteuern sei für die nächsten zwanzig Jahre gedeckt, und verabschiedete sich mit mindestens der gleichen Erleichterung von seinen Gastgebern, wie diese ihn endlich ziehen sahen.

»Noch einen einzigen Tag von seinem Gejammer, und ich schwöre, ich hätte ihm etwas in den Portwein geschüttet«, presste Lady Chatwick zwischen den Zähnen hervor und hob die Hand, um dem Geschmähten freundlich lächelnd hinterherzuwinken.

150

»Dem Herrn sei gedankt, dass wir diese Memme los sind. Ian hatte verdammt recht, in den Busch zu flüchten. Wann kommt er eigentlich wieder?«

»Keine Ahnung«, erwiderte Dorothea, mit dem Sortieren der Post beschäftigt. »Hier, ein Brief Ihrer Freundin aus Sydney. – Oh, und Heather hat endlich geschrieben!« Mit klopfendem Herzen erbrach sie das Siegel und faltete das Blatt Papier auseinander. Ob das Mädchen sich inzwischen wohl in ihrer neuen Umgebung eingelebt hatte? Und grollte sie ihnen immer noch wegen ihrer »Verbannung«?

Heathers Handschrift hatte sich leider kein bisschen gebessert! Mühsam entzifferte sie das wirre Gekritzel.

»Liebe Familie«, las sie halblaut, »gestern habe ich endlich einen Menschen getroffen, mit dem ich mich vernünftig unterhalten kann! Er ist unser neuer Lehrer für Naturwissenschaften und er ist ungeheuer klug. Er kennt alle Pferderassen der Welt und hat versprochen, mir ein Buch auszuleihen, in dem sie beschrieben sind.

Eins von den Mädchen hier ist auch ganz nett. Ihre Mutter ist gestorben, deswegen hat ihr Vater sie hergebracht. Er ist Ingenieur und ständig auf Reisen, um neue Eisenbahnlinien zu erkunden. Wir teilen uns das Zimmer und sitzen auch meist zusammen. Tilda ist allerdings ein ziemlicher Hasenfuß. Kein Wunder, dass ihr Vater sie lieber dalässt. Ich fragte sie, ob sie nicht schrecklich gerne mit ihm mitgezogen wäre, und da sagte sie, sie fürchte sich viel zu sehr vor Schlangen und Spinnen und allen Krabbeltieren. Aber sonst ist sie in Ordnung.

Ihr wollt sicher wissen, wie ich in der Schule zurechtkomme. Es geht so. Bis auf die ständigen Schönschreibübungen!

Was machen die Jährlinge? Übt John schon mit ihnen an der Longe? Ich vermisse es, über Land zu reiten. Hier darf man nur ganz gesittet am Strand entlang oder in den Parkanlagen – todlangweilig. Und dazu musste ich noch dem Reitstallbesitzer abgewöhnen, mir immer die lahmste Mähre zu geben. Die hat jetzt Tilda – sie ist *sowieso keine gute Reiterin –, und ich habe endlich Wild Bill. Angeblich soll er von wilden Mustangs abstammen, aber mir scheint, er hat eher einen …«*

Dorothea hielt das Blatt weit von sich ab, ehe sie kopfschüttelnd feststellte: »Das ist einfach nicht zu entziffern! Hat Heather eigentlich noch etwas anderes im Kopf als Pferde?«

»Es könnte schlimmer sein«, sagte Lady Arabella. »Ich muss gestehen, dass ich mir zeitweise große Sorgen machte, das Kind könnte einmal nach der Mutter schlagen. Aber glücklicherweise sieht es eher danach aus, als käme sie nach den Masters. Die waren zum größten Teil Pferdenarren. Ich kann mich erinnern, dass auch Roberts Bruder, Heathers leiblicher Vater, als Junge mehr in den Ställen als im Herrenhaus anzutreffen war.«

Wieso interessierte sich dann Robert junior nur für tote Tiere?, schoss es Dorothea durch den Kopf. Es wäre doch nur normal gewesen, wenn er ebenfalls ein Pferdenarr gewesen wäre.

Falls Lady Chatwick der gleiche Gedanke gekommen war, behielt sie ihn für sich. In stummer Übereinkunft mieden die Frauen dieses Thema.

Dorothea senkte den Blick erneut auf das Blatt. »Der nächste verständliche Satz ist dann schon: *Ich hoffe, Ihr seid alle wohlauf, und grüße Euch von Herzen. Eure Heather.*«

»Du klingst enttäuscht. Was hattest du erwartet?« Lady Chatwick warf Dorothea einen scharfen Blick zu. »Es ist zu früh für einen Gesinnungswandel. Natürlich zürnt sie uns noch. Aber du und Ian, ihr habt die richtige Entscheidung getroffen. Später einmal wird sie euch dankbar dafür sein.«

»Ich hoffe inständig, dass Sie recht behalten!«

Zwei Tage später, am Nachmittag, trotteten drei erschöpfte, staubbedeckte Pferde mit genauso müden und verdreckten Reitern auf den Hof. »So ähnlich stelle ich mir die Rückkehr der Kreuzritter vor!« Catriona musterte die Gruppe amüsiert. »Nur fürchte ich, dass sie in ihren Satteltaschen keine Schätze aus dem Orient mitbringen.«

»Eher dreckige Wäsche«, stimmte Dorothea ihr zu und sprang auf. »Sag bitte Mrs. Perkins Bescheid, dass wir einen großen Krug Limonade brauchen. Sobald sie gebadet haben. – Ich werde sie vorwarnen.« Sie eilte den Männern nach, die ohne abzusitzen die Tiere Richtung Stall trotten ließen. Wenn sie erwarteten, dass Parnko sie ihnen dort abnähme, würden sie bald eines Besseren belehrt werden. In den letzten Tagen hatte Mannaras Genesung erfreuliche Fortschritte gemacht. Die Heilkräfte der Eingeborenen waren tatsächlich erstaunlich. Obwohl die Schwellungen noch nicht ganz abgeklungen waren, konnte man doch schon wieder erkennen, was für eine Schönheit sie war. Nicht einmal die Zahnlücken, die nur sichtbar wurden, wenn sie breit lächelte, störten den Gesamteindruck. Parnko hatte ihr ein paar Brocken Englisch beigebracht, und mit leisem Lispeln hatte sie sich recht gut verständlich bei Mrs. Perkins und Dorothea für ihre Rettung bedankt.

»Ian, wartet!« Dorothea wollte den Männern wenigstens kurz

das Nötigste berichten, ehe sie auf das junge Paar trafen. Sie spürte, wie ihr am ganzen Körper der Schweiß ausbrach, während sie über den glutheißen Sand lief. Die Sommerhitze wollte und wollte dieses Jahr nicht weichen!

Ihr Mann zügelte sein Tier und blieb stehen.

»Ich muss euch noch rasch etwas erzählen, ehe ihr in den Stall geht.«

John und Percy sahen sich mäßig interessiert um, ohne jedoch ihre Pferde anzuhalten.

»Mannara ist in Parnkos Kammer. Sie ist geflüchtet, nachdem Worammo sie schrecklich zugerichtet hat«, sagte Dorothea rasch. »Erschreckt sie nicht. Sie ist verängstigt genug.«

Ein unterdrückter Seufzer war Ians Reaktion auf diese Eröffnung. »Das hat mir gerade noch gefehlt«, murmelte er mit deutlichem Ärger. »Wo steckt der Kerl? Er könnte uns wenigstens die Pferde abnehmen. – Parnko!«

Die Männer waren gerade abgesessen, als der in barschem Ton Gerufene wie ein Geist aus der Dämmerung des fensterlosen Stalls auftauchte. »Es war nicht ihre Schuld«, sagte er, ohne sich mit Begrüßungsfloskeln aufzuhalten. »Mannara ist eine gute Frau. Worammo hat sie fast totgeschlagen. Sonst wäre sie nicht weggelaufen. Worammo will sie töten.«

»Wieso denn das?« Percy sah verständnislos von einem zum anderen. »Könnte mir vielleicht jemand von euch dieses Drama erläutern?«

»Später«, knurrte Ian. »Parnko, sobald die Tiere versorgt sind, bringst du die Satteltaschen rüber ins Haus, und morgen früh meldest du dich bei mir. Du hast mir einiges zu erklären.« Er warf dem jungen Aborigine die Zügel seines Pferdes zu.

Parnko riss erschreckt die Augen auf und nickte stumm. Befürchtete er, dass Ian Mannara zurückschicken würde? Das würde er nie und nimmer tun. Auch wenn er immer die Eingebore-

154

nengesetze respektiert hatte. Dies ging zu weit. Dorothea wollte ihn schon beruhigen, als sie einen warnenden Blick ihres Mannes auffing und schwieg.

»Ich für mein Teil gehe jetzt erst mal unter die Pumpe«, verkündete Ian mürrisch. »Ich will diesen verfluchten Staub loswerden. Alles andere kann warten.«

Percy hob erstaunt die Brauen, während er ihm nachsah. »Die Sitten hier sind wirklich etwas seltsam. Bei uns in England waschen nur Bauern sich unter der Pumpe. Muss ich das auch tun, oder kann ich einen Badezuber aufs Zimmer haben?«

Dorothea musste lachen. »Die arme Trixie! Sie wäre höchst erstaunt, wenn ich das von ihr verlangen würde. Lass dich überraschen, Cousin, unser Waschplatz ist wirklich eine überaus angenehme Einrichtung.«

Der sogenannte Waschplatz war eine der Annehmlichkeiten auf Eden House, die noch auf Robert Masters zurückgingen. Die Pumpe von erstklassiger Qualität förderte nicht nur sauberes Grundwasser für die Küche – mit wenigen Handgriffen konnte aus bereitstehenden Flechtmatten eine Art Abteil errichtet werden, in dem man vor neugierigen Blicken geschützt war. In den heißen Sommermonaten nutzten alle Hausbewohner bis auf Lady Chatwick den Luxus des großen Blechzubers gerne für ein erfrischendes Bad. Die alte Dame war als Einzige nicht davon zu überzeugen, dass kaltes Wasser der Gesundheit im Allgemeinen – und speziell ihrer – zuträglich sein könnte.

»Ich muss zugeben, auch ich verspüre ein starkes Bedürfnis, die Erde Australiens, die ich auf mir herumtrage, loszuwerden«, sagte Percy, blickte an sich hinunter und rümpfte die Nase. »Notfalls eben unter einer Pumpe. Wo befindet sich diese nützliche Einrichtung? Ich kann mich nicht erinnern, sie schon zu Gesicht bekommen zu haben.«

»Ich führe dich, Cousin«, bot Dorothea an. »Dann kann ich

mich auch gleich vergewissern, dass genügend Badelaken bereit-
liegen.«

Kaum dass sie in einem der Hitze angemessenen Tempo um
die Hausecke gebogen waren, verriet bereits lautes Plätschern den
Standort des Badezubers. Interessiert betrachtete Percy die un-
gewöhnliche Konstruktion aus Binsenmatten, vor der in einem
Haufen Ians abgeworfene Kleidung lag. »Nicht schlecht. Nur …«
Er hielt inne und warf Dorothea einen verlegenen Seitenblick zu.

»Ja?«, fragte sie unschuldig, obwohl sie ganz genau wusste, was
ihm zu schaffen machte.

»Wie komme ich ungesehen in mein Zimmer, um mich wieder anzukleiden?«

»Hier.« Dorothea hob den Deckel einer Truhe aus Eukalyptusholz und holte ein riesiges Badelaken aus blau gestreiftem Fla-
nell heraus. »Das sollte ausreichen, oder? Die schmutzigen Sachen
kannst du in diesen Korb legen.« Sie sammelte Ians Kleidungsstücke ein und warf sie in den großen Weidenkorb, der an der Kü-
chenwand stand. Später würde sie sie sortieren und abzählen. Alle
zwei Wochen kam der Mann der Wäscherin aus Strathalbyn mit
seinem Eselskarren, um die schmutzige Wäsche abzuholen und
die frisch gewaschene wiederzubringen.

Zum Dinner erschienen beide Herren korrekt gekleidet und mit
einem so ausgesprochen gesunden Appetit, dass Lady Chatwick
ausrief: »Meine Güte, ihr müsst ja halb verhungert sein! Habt ihr
denn im Busch nichts geschossen?«

»Ich fürchte, ich bin kein sehr guter Schütze«, gestand Percy verlegen. »Und Ian und John hatten genug mit diesem Teufelszeug
von Stacheldraht zu tun. Nur gut, dass wir Proviant dabeihatten.
Die paar Fische, die ich gefangen habe, waren nur eine sehr be-
scheidene Erweiterung unseres Speiseplans.«

»Wie ungewöhnlich – wo Ihre Schwester eine so überragende

Kunstfertigkeit mit Pistolen an den Tag legte!«, bemerkte Lady Chatwick süffisant. »Wie sie einen ganzen Trupp Jäger das Hasenpanier ergreifen ließ, das war schon ein sehenswertes Schauspiel.«

»Wie bitte?« Ian legte sein Besteck hin und fasste zuerst Lady Chatwick, dann Dorothea scharf ins Auge. »Was war hier los? Davon hast du nichts erwähnt.«

»Ich hatte es dir eben erzählen wollen«, sagte Dorothea begütigend. Eigentlich hatte sie abwarten wollen, bis Ian nach einem ausgiebigen Mahl entspannter Stimmung gewesen wäre.

»Haben sie euch bedroht, oder wieso habt ihr auf sie geschossen?« Ians Stimme klang so schneidend, dass selbst Lady Chatwick betreten in ihrem Portweinglas nach Erleuchtung suchte.

»Bedroht würde ich es nicht nennen. Lass doch bitte die Kirche im Dorf, Cousin!« Catriona lachte hell auf. »Es war ein ziemlich lächerlicher Aufmarsch von ein paar Wilden, die hier eines Morgens vor der Veranda auftauchten. Als sie anfingen, lästig zu werden, habe ich ihnen ein wenig Beine gemacht. Das war's.« Sie lehnte sich zurück und blickte fröhlich in die Runde. »Völlig undramatisch.«

»Es war wirklich nicht gefährlich für uns«, beeilte Dorothea sich hinzuzufügen. »Sie suchten nur nach Mannara. Wenn Parnko nicht plötzlich aufgetaucht wäre, wären sie ganz friedlich wieder abgezogen.«

»Ach, wirklich? Vielleicht solltet ihr der Reihe nach erzählen, was hier vorgefallen ist.« Immer noch aufgebracht, aber gefasst, nahm er seine Mahlzeit wieder auf, während Dorothea versuchte, das Geschehen möglichst banal erscheinen zu lassen. Ian unterbrach sie nicht ein einziges Mal. Nur hier und da zogen seine Brauen sich skeptisch zusammen. Als sie schließlich verstummte, sah er auf. »Schön und gut so weit. Und wie habt ihr euch vorgestellt, dass es weitergehen soll?«

Niemand antwortete.

»Ich dachte, wenn wir Mannara als Hilfskraft für Mrs. Perkins anstellen«, wagte schließlich Dorothea vorzuschlagen, »dann könnten sie und Parnko zusammenbleiben.«

Ian schüttelte entschieden den Kopf. »Sie ist eine weggelaufene Ehefrau. Wir werden sie zurückschicken müssen, sobald es ihr wieder gut geht. Bis dahin kann sie Mrs. Perkins natürlich etwas zur Hand gehen.«

»Ian, wie kannst du nur so herzlos sein?« Dorothea starrte ihren Mann entsetzt an. »Wenn du sie nur gesehen hättest, als sie sich hierhergeschleppt hatte: Sie war mehr tot als lebendig! Wenn du sie zurückschickst, kannst du sie gleich selber umbringen. Worammo wird sie töten. Das ist so sicher wie das Amen in der Kirche.«

»Entschuldigt, wenn ich übermäßig neugierig erscheine«, sagte Percy. »Aber ich verstehe nicht ganz: Ist dieser Worammo ihr Ehemann? Und wieso wird er sie töten?«

»Aus schierer Bosheit.« Dorothea presste wütend die Lippen zusammen, ehe sie versuchte, die komplizierte Sachlage zu erläutern. »Mannara ist die jüngste Ehefrau von King George, dem Häuptling. Wenn er stirbt, womit bald zur rechnen ist, gehen seine Ehefrauen in den Besitz seines Nachfolgers über. Eben von diesem Worammo. Und ein Mann darf mit seinen Frauen machen, was er will.«

»Ermorden inbegriffen? – Wie atavistisch!« Percy schien eher interessiert als abgestoßen. »Vermute ich richtig, dass diese junge Frau euren Stallknecht attraktiver fand als ihren zukünftigen Herrn und Gebieter und er darauf unwirsch reagierte?«

Dorothea runzelte die Stirn. In Percys Worten klang es so harmlos. Ob er auch so leichtfertig spräche, wenn er Mannara in ihrem elenden Zustand gesehen hätte?

»Er hat sie nicht nur einfach verprügelt! Sie war halb tot, als wir sie fanden.«

»Ob King George davon weiß?« Lady Chatwick sah Ian fragend an. »Meinst du, es wäre möglich, sie ihm abzukaufen? Du könntest ja sagen, du bräuchtest eine Küchenhilfe.«

»O ja, Ian! Das ist die Lösung«, rief Dorothea und strahlte die alte Dame dankbar an. »Am besten gehst du gleich morgen ins Lager. Nicht, dass King George vorher …«

»Ich weiß nicht.« Ian schien noch unschlüssig.

»Du hast Bedenken?«, fragte Catriona spöttisch. »Moralischer oder eher merkantiler Art?«

»Ich weiß nicht, wie groß Worammos Einfluss inzwischen ist«, erwiderte Ian, ohne auf ihren Spott einzugehen. »Ich kann nicht riskieren, ihn ernsthaft gegen uns aufzubringen. Dazu leben wir hier zu nah beieinander.«

»Bitte, versuch es wenigstens«, flehte Dorothea ihn an. »Wenn du sie nur gesehen hättest! Dann würdest du mich verstehen.«

»Willst du deiner Frau nicht diesen kleinen Gefallen tun?« Percy zwinkerte Dorothea verschwörerisch zu. »Es wird sich doch wohl nicht um ein Vermögen handeln.«

»Darum geht es nicht. Ich muss zusehen, einen Weg zu finden, der Worammo sein Gesicht wahren lässt. Sonst haben wir in ihm einen Feind auf ewig.« Ian lehnte sich zurück und fixierte Percy missmutig. »Der kleine Gefallen, wie du ihn nennst, kann schwerwiegende Verwicklungen nach sich ziehen.«

»Machst du es dir nicht unnötig schwer, Cousin?« Percy spielte mit dem Stiel seines Weinglases. »Wenn du sowieso im Lager bist, wieso bringst du diesem Kerl nicht ein Gastgeschenk mit? Beispielsweise einen kleinen Kuchen, angereichert mit Rattengift? Das wäre doch sehr passend für eine Ratte wie ihn.«

»Pfui Teufel, nein!« Ian sah seinen Cousin schockiert an. »Zu solchen hinterhältigen Mitteln greife ich nicht. Da könnte ich mir im Spiegel ja nicht mehr in die Augen sehen. – Außerdem haben wir gar kein Rattengift im Haus.«

Das stimmte. Mrs. Perkins bevorzugte Mausefallen. »Da muss ich wenigstens nicht in irgendwelchen dunklen Winkeln nach stinkenden Kadavern suchen«, hatte sie ihre Abneigung gegen das beliebte Arsenikpulver erklärt.

»Wirklich nicht?« Catriona wirkte überrascht. »Wie schade, ich fand es einen sehr guten Vorschlag von Percy. Wie können wir ihn sonst loswerden? Hat jemand eine Idee? Lady Chatwick, Sie haben doch von uns allen am meisten Erfahrung mit diesen Dingen. Was würden Sie vorschlagen?«

Ian betrachtete seine hübsche Cousine mit unleserlichem Gesichtsausdruck. »Du siehst es als eine Art Gesellschaftsspiel an, Mordpläne zu schmieden?«

Unbeeindruckt von der Ablehnung, die in seiner Stimme mitschwang, schürzte Catriona die Lippen. »Es geht doch bloß um einen Schwarzen. Außerdem ist es nur Spaß. Ich werde schon nicht hingehen und ihm den Kopf wegschießen – obwohl ich wette, dass ich es könnte.«

In dem schockierten Schweigen, das Catrionas Worten folgte, klang ihr glockenhelles Lachen ein wenig schrill. »Das war ein Scherz!« Sie sah von einem zum anderen. »Ich wollte nur die trübe Stimmung ein wenig aufhellen.«

»Das war vielleicht nicht ganz passend«, bemerkte Lady Chatwick und erhob sich majestätisch. »Es gibt Dinge, über die scherzt man nicht, Miss Grenfell.«

»Langsam fangen meine Verwandten an, mir auf die Nerven zu gehen«, stellte Ian fest, sobald er und Dorothea allein in ihrem gemeinsamen Schlafzimmer waren. »Percy ist im *mallee* absolut unbrauchbar. Ein richtiger Gentleman eben. Du hättest sehen sollen, was für ein Theater er jedes Mal veranstaltet hat, bis er endlich einen Busch gefunden hatte, hinter dem er einem menschlichen Bedürfnis nachgeben konnte! Ich bin froh, dass wenigstens dieser komische Anwalt abgereist ist. Wenn die beiden ihm nur bald folgen würden!« Mit einem unwilligen Grunzen ließ er sich breitbeinig auf die Bettkante sinken und nestelte missmutig an seinem Halstuch. »Ich habe genug von diesen albernen Konversationen bei Tisch!«

»Wieso albern?«, widersprach Dorothea. »Ich jedenfalls finde es sehr interessant zu hören, wie es in England zugeht. Und Percy kann wirklich gut erzählen.«

»Wenn er nicht mein Cousin wäre, könnte man meinen, er würde dich umwerben.« Ians Blick verfinsterte sich. »Als er mit diesem Unsinn über Sterne in deinen Augen anfing, hätte ich ihm am liebsten eins auf die Nase gegeben.«

»Dafür bestand nicht der geringste Anlass.« Dorothea bürstete ihre Haare mit mehr Sorgfalt als üblich. »Percy ist eben ein Charmeur. Er meint es nicht so.«

»Ach ja? – Wie lange willst du eigentlich noch da sitzen bleiben? Komm endlich ins Bett.«

»Ich dachte, du wärst zu erschöpft«, sagte sie unschuldig, legte jedoch rasch die Bürste weg und folgte der Aufforderung. »Sagtest du nicht vorhin, du wärst todmüde?«

»Ich glaube, ich müsste wirklich tot sein, um dich nicht mehr zu begehren«, murmelte er in den Stoff ihres Nachthemds aus Batist, das so dünn war, dass sie jeden seiner Atemzüge heiß über ihre Haut streichen spürte.

Dorothea erschauerte bei seinen Worten. »Sag so etwas nicht«, bat sie. »Sprich nicht leichtfertig vom Tod.«

»Dann lass uns lieber an neues Leben denken«, murmelte er, während seine Lippen über ihre Kehle wanderten, bis sie die empfindliche Stelle hinter ihrem Ohrläppchen erreichten. »Ich mag Kinder.«

Seine Worte hatten eine fatale Wirkung auf Dorothea. Als hätte jemand den Docht einer Petroleumlampe heruntergedreht, erlosch ihre Lust. Verzweifelt bemühte sie sich, sie zumindest am Flackern zu halten, aber es war vergebens: Vor ihrem inneren Auge stand das kleine hellhäutige Mädchen und schemenhaft die Gestalten von Ian und seiner schwarzen Geliebten, die sich leidenschaftlich umarmten. So idiotisch sie sich selbst vorkam: Es ließ sich einfach nicht auslöschen. Wie eine Spinne im Netz hockte es in ihrem Hirn, und sobald ein Faden berührt wurde, machte es sich bemerkbar.

Automatisch gab sie die richtigen Laute von sich und bewegte sich in dem vertrauten Rhythmus. Das glaubte sie jedenfalls, bis Ian sich abrupt aus ihr zurückzog. »Was ist los?« Im schwachen Mondlicht, das durch die Vorhänge sickerte, versuchte er in ihrem Gesicht zu lesen. »Soll ich aufhören? Habe ich dir wehgetan?«

»Nein, nichts. Es ist alles in Ordnung.« Sie schloss die Augen und biss sich auf die Lippen, während sie spürte, wie die Tränen sich hinter den Lidern sammelten.

Ian fluchte unterdrückt, machte aber keine Anstalten, wieder in sie einzudringen. Stattdessen ließ er sich neben ihr auf den Rücken sinken. »Rede keinen Unsinn. Ich merke es immer, wenn dich etwas bedrückt. Also lüg mich bitte nicht an. Was hast du?«

Dorothea schüttelte stumm den Kopf, weil sie ihrer Stimme nicht traute.

»Ist es wegen Mannara?«

Dankbar griff sie nach dem Ausweg, den er ihr bot, und nickte schwach.

Ian seufzte. Der schwere Seufzer eines Mannes, der sich damit abgefunden hat, etwas zu tun, was er für unvernünftig hält. Er schob einen Arm unter ihre Schultern und zog sie fest an sich. »Wenn es dir so wichtig ist, Darling: Ich verspreche dir, sie wird auf jeden Fall bei uns bleiben. Und wenn ich Worammo tatsächlich erschießen muss.«

Glücklicherweise musste er das nicht tun. King George war nur zu gerne bereit, seinem ungeduldigen Nachfolger einen Streich zu spielen und seine jüngste Frau für ein Federbett, einen Morgenmantel aus purpurfarbenem Brokat mit Goldstickereien sowie zwei feuerrote Flanellunterröcke für seine verbliebenen Frauen an Ian zu verkaufen.

»Ich hatte den Eindruck, er hätte sie mir auch geschenkt – nur um Worammo eins auszuwischen«, berichtete Ian. »Er hat den größten Wert darauf gelegt, dass die Kompensation auch ja nur ihm zugutekommt.«

»Wie das?« Percy hob fragend eine Augenbraue.

»Die Bestattungssitten hier am Murray River sehen für angesehene Männer vor, sie mit all ihrer beweglichen Habe zu begraben. Das Federbett und der Morgenmantel werden ihn also in die ewigen Jagdgründe begleiten.«

»Warst du schon einmal Zeuge bei einem Begräbnis der Eingeborenen?«, erkundigte Percy sich interessiert. »Wie läuft das eigentlich ab, wenn einer von ihnen stirbt?«

»Das kommt sehr darauf an, welchen Status er hatte.« Ian beschattete seine Augen und sah in die Richtung des Lagers auf der anderen Flussseite, als erwarte er, dass jeden Moment die Trauergesänge einsetzten. »Um Kinder wird nicht viel Aufhebens gemacht. Ihre Mütter schleppen sie so lange in Tragnetzen mit sich herum, bis sie mumifiziert sind, und stecken sie dann in hohle Bäume, Frauen werden einfach verscharrt. Anders sieht das bei Männern aus. Besonders bei solchen, bei denen die Todesursache zweifelhaft ist.«

»Machen sie dann eine Examination wie in England?« Percy wirkte überrascht.

»So ähnlich.« Ian konnte ein Schmunzeln nicht unterdrücken. »Obwohl die Herren Doktoren in England wahrscheinlich zutiefst beleidigt wären, wenn man da Parallelen zöge. Zuerst läuft alles ab wie üblich. Das heißt, die Männer rasieren sich, die Frauen bringen sich teuflisch blutende Wunden an Schenkeln und Brüsten bei und stimmen ihre Trauergesänge an. Der Leichnam wird in seine Kleidung gerollt und verschnürt, bis der Zauberer ankommt, der die Untersuchung durchführen soll.«

»So einen Zauberer würde ich gerne einmal sehen«, rief Catriona. »Sind sie sehr eindrucksvoll?«

Dorothea und Ian wechselten einen Blick. Beide dachten unwillkürlich an den Skelettmann. »Ja«, bestätigte Ian einsilbig.

»Es ist sehr unterschiedlich«, sagte Dorothea und versuchte, sich zu erinnern, was Koar über seinen Großvater Tenberry erzählt hatte. »Es gibt welche, die sind eher so etwas wie Heiler oder Medizinmänner. Andere sind besonders gefürchtet, weil sie angeblich Menschen töten können, ohne ihnen auch nur nahe zu kommen. Von ihnen heißt es, sie würden, um diese Wirkung zu erzielen, Menschenfleisch essen.«

»Wie grausig!« Catriona schüttelte sich theatralisch. »Aber das sind doch nur Gerüchte, oder?«

»Vermutlich«, sagte Ian entschieden. »Um einen solchen Zauber als Todesursache auszuschließen, wird der Leichnam geöffnet, und die Eingeweide werden inspiziert.«

»Igitt! – Warst du einmal bei solch einer Zeremonie dabei?«

»Nein.« Ian schüttelte leicht den Kopf. »Dabei bleiben sie lieber unter sich. Aber da King George sich bereits so lange auf seine Reise zu den Ahnen vorbereitet, gehe ich nicht davon aus, dass es bei ihm nötig sein wird. Er wird wohl ganz normal in seine Sachen eingeschnürt und in seinem Grab bestattet werden.« Er grinste schwach. »Da sind sie übrigens ungeheuer pragmatisch: Es ist schon fertig gegraben. Nur die Leiche fehlt noch.« Auf Percys ungläubigen Blick fügte er hinzu: »Moorhouse hat mir einmal erzählt, er wäre Zeuge gewesen, wie sie einen Sterbenden auf der Trage bis ans Grab bugsierten, ihre Gesänge anstimmten und ungeduldig darauf warteten, dass er endlich seinen letzten Atemzug tat.«

»Bei diesem Klima ist es doch verständlich, dass sie Beerdigungen nicht lange hinauszögern wollen«, verteidigte Dorothea die unziemliche Hast, die Catriona und Percy die Sprache verschlug. »In Adelaide werden die Toten in den Sommermonaten auch möglichst rasch beigesetzt.«

»Du sagtest, du hättest sie gekauft, Cousin«, kam Percy nach kurzem Schweigen auf den eigentlichen Zweck von Ians Besuch im Lager zurück. »Wem gehört sie nun eigentlich? Dir?« Er grinste süffisant. »Ich nehme nicht an, dass du dem Alten erzählt hast, du hättest sie gerne als Zweitfrau, oder?«

»Nein, ich habe ihm gesagt, Mrs. Perkins bräuchte dringend eine junge Frau als Hilfskraft. Und vor der hat er den allergrößten Respekt. Es war ihm eine Ehre, seine nichtsnutzige dritte Ehefrau der Herrin der Speisekammer zu überlassen.« Er lächelte leicht. »King George ist ein kluger Mann. Wenn er vermutet, dass noch anderes dahintersteckt, wird er es nicht aussprechen. Ich hoffe nur, dass Worammo keinen Ärger macht. Sicherheitshalber sollten wir die nächste Zeit das andere Flussufer meiden.«

Einzig an den kürzer werdenden Tagen merkte man, dass der Sommer sich dem Ende zuneigte und die Regenzeit immer näher rückte. In stillschweigendem Einverständnis begleitete Percy Ian nicht mehr auf den Ausritten, sondern blieb als »Schutz für die Damen« zurück, wenn Ian und John die Weiden kontrollierten. Dorothea hatte den Verdacht, dass ihr Mann öfter wegblieb, als nötig gewesen wäre, um den »albernen Konversationen bei Tisch« zu entgehen. Sie selbst genoss die Gesellschaft Gleichaltriger mehr, als sie für möglich gehalten hätte. Percy verstand es immer, sie zum Lachen zu bringen, und Catriona erschien ihr mittlerweile fast als so enge Freundin, wie Jane es gewesen war.

So war es nicht verwunderlich, dass sie ihr eines Nachmittags das Herz ausschüttete.

Die beiden Frauen waren mit Trixie und den Kindern an den Fluss gegangen, die dort im flachen Wasser der Badebucht laut kreischend nach Fischen jagten und sich nach Herzenslust nass spritzten. Natürlich machte Robert sich wieder einen Spaß daraus, Mary zu ärgern, aber die wusste sich inzwischen ganz gut zu wehren. Und auf Charles passte Trixie auf wie eine Drachenmutter.

Also ließen Dorothea und Catriona sich guten Gewissens im Schatten einiger Akazienbäume nieder. In der Ferne konnte man das Eingeborenenlager am anderen Ufer sehen. Winzige Gestalten wuselten zwischen den Hütten und dem Wasser hin und her. Aus schierer Gewohnheit kniff Dorothea die Augen zusammen und hielt Ausschau nach dem kleinen Mädchen.

»Wenn es dich so interessiert, was dort vor sich geht, hätten wir vielleicht ein Fernglas mitnehmen sollen«, bemerkte Catriona amüsiert. »Mit bloßem Auge ist bei dieser Entfernung kaum etwas auszumachen.«

»Ach, es ist nicht so wichtig«, wehrte Dorothea ab. »Puh, ist es heiß heute.«

Catriona ließ sich jedoch nicht ablenken. »Willst du es mir nicht verraten?« Sie zwinkerte schelmisch. »Meine Freundin hatte diesen Blick immer, wenn sie einem gut gebauten Mann hinterhersah.«

»Natürlich nicht!«, entfuhr es Dorothea, durch die Anspielung aus der Fassung gebracht. »Wie kannst du das nur annehmen?«

»Es wäre nicht ungewöhnlich«, erwiderte Catriona und zuckte die Achseln. »Ihr seid schon lange verheiratet. Da schauen beide Teile auch mal in andere Richtungen. Wenn es kein Bild von einem Mann ist, was dann? – Oh …« Ihre Augen weiteten sich, und sie flüsterte fast: »Der brave Ian hat doch nicht etwa eine Gespielin dort?«

Dass Catriona mit solcher Selbstverständlichkeit darüber sprach, löste Dorotheas Zunge. Es wäre eine solche Erleichterung, sich einer Freundin anzuvertrauen! »Nein ...« Es war dennoch schwer, es auszusprechen. Sie holte tief Luft und sprudelte dann heraus: »Ich glaube, dass dort ein Kind von Ian herumläuft.«

»Bist du sicher?« Catriona schien erstaunlich wenig schockiert. Traute sie Ian solch einen Verrat so leicht zu?

Dorothea schüttelte den Kopf. »Nein, sicher bin ich mir nicht. Aber es würde gut passen.«

»Wieso?« Catriona lauschte aufmerksam, ohne Dorothea auch nur ein einziges Mal zu unterbrechen. Als diese schwieg, nickte sie bedächtig. »Es klingt alles plausibel. Vielleicht sollten wir dem guten Ian etwas auf den Zahn fühlen.«

Dorothea erschrak. »Was meinst du damit?«

Catriona spielte mit der Troddel am Stiel ihres Sonnenschirms. »Männer neigen dazu, sich leichter einem Geschlechtsgenossen anzuvertrauen«, sagte sie schließlich. »Wenn ihm jemand etwas entlocken kann, ist es sicher Percy.«

»Ich möchte nicht, dass Percy davon erfährt«, wehrte Dorothea entschieden ab.

»Es wird sich nicht verhindern lassen, ihn einzuweihen! Dir oder mir wird Ian sicher nichts verraten. Wenn du die Wahrheit erfahren willst, brauchen wir Percys Hilfe.«

Eine Zeit lang hielt Dorothea ihre Weigerung aufrecht, dann jedoch gab sie den guten Argumenten nach. Catriona würde ihren Bruder informieren, und der würde Ian aushorchen, wenn sich eine günstige Gelegenheit ergab. Obwohl der Plan absolut vernünftig und richtig klang, fühlte Dorothea sich, als hätte sie ihren Mann verraten. In die Scham darüber mischte sich allerdings bald auch Ärger auf ihn, dass er sie praktisch dazu gezwungen hatte, dieses Komplott zu schmieden. Es geschah ihm nur recht, wenn

Percy ihn aushorchte, versicherte sie sich selbst. Sie musste einfach Gewissheit haben. Sonst würde sie noch verrückt.

Es widerstrebte ihr, alles Percy zu überlassen, deswegen bot sie ein paar Tage später der Köchin an, an ihrer Stelle nach Mannara zu sehen. Mrs. Perkins sah sie erstaunt an, erhob jedoch keine Einwände, sondern reichte ihr bloß den gut gefüllten Binsenkorb.

Dorothea räusperte sich, als sie den Stall betrat, und tatsächlich kämpfte Mannara noch mit den Bändern des alten Nachthemds von Heather, das Mrs. Perkins ihr angezogen hatte, sobald ihr Zustand es erlaubte. Parnko stand am Fenster und wirkte unbeteiligt, seine gesenkten Augen und zerzausten Haare legten jedoch den Schluss nahe, dass er nicht ganz unbeteiligt an Mannaras unbekleidetem Zustand gewesen war. Seit Ian sie dem alten Häuptling abgekauft hatte, schien er davon auszugehen, dass ihm niemand mehr die junge Frau streitig machte.

Dorothea tat, als sei ihr nichts aufgefallen. »Wie geht es Mannara heute?«

»Gutt, gutt«, erwiderte sie selbst in ihrem gutturalen Tonfall und lächelte scheu. Es war wohl immer noch ungewohnt für sie, von den anderen Frauen nicht nach Kräften schikaniert zu werden. Ihr Gesicht war fast wieder so schön wie früher. Nur eine leichte, bläuliche Verfärbung über dem linken Backenknochen zeugte noch von dem Schlag, der ihren Kiefer gebrochen und sie einige Zähne gekostet hatte. Die Schwellung an den Augen war nicht mehr sichtbar. Mannara blickte wieder aus großen dunklen Rehaugen in die Welt.

Mrs. Perkins hatte gemeint, sie wäre bald kräftig genug, um ihr zumindest zeitweise in der Küche zur Hand zu gehen, und Dorothea gab ihr recht. Parnko hatte ihr etwas Englisch beigebracht, und Mannara zeigte durchaus Sprachtalent. Mrs. Perkins würde sich schon irgendwie mit ihr zu verständigen wissen. Bis dahin wollte Dorothea jedoch nicht warten. »Frag sie nach dem weißen

Mädchen im Lager«, sagte sie entschlossen zu Parnko. Diesmal würde sie sich nicht abspeisen lassen mit der Behauptung, es existiere nicht. »Und kommt mir nicht mit der Ausrede, ihr wüsstet von nichts, sonst sorge ich dafür, dass Mannara zurück ins Lager geschickt wird.«

Beide erblassten sichtlich. Dorothea fühlte zwar heiße Scham über ihr Verhalten, das man nur als Erpressung bezeichnen konnte. Natürlich dachte sie gar nicht daran, ihre Drohung wahr zu machen, aber sie musste endlich mehr darüber wissen. Die beiden Aborigines sahen sich an, und Parnko sprach schnell und überhastet auf sie ein. Mannara schien sich zuerst zu weigern, dann jedoch sackten ihre Schultern nach vorn und sie brach in Tränen aus. Immer noch schluchzend stieß sie ein paar Sätze hervor.

»Was sagt sie?«

»Wenn sie über das Mädchen spricht, werden die Ahnengeister sie töten. Sie möchte nicht sterben. Nicht jetzt.«

Dieser verfluchte Aberglauben! Vor Frustration hätte Dorothea sie am liebsten kräftig geschüttelt. Stattdessen bemühte sie sich um einen ruhigen Tonfall und sagte: »Unsere Ahnengeister sind mächtiger als die euren. Hier auf Eden House muss sie eher Angst vor unseren Ahnengeistern haben. Und die wollen, dass sie mir alles erzählt. Sag ihr das!«

Mannara hörte zumindest auf zu schluchzen, schien aber noch nicht ganz überzeugt.

»Die Ahnengeister ihres Mannes gehören zu den mächtigsten bei den Ngarrindjeri. Alle fürchten sie. Woher soll sie wissen, dass eure sie gegen sie beschützen können?«

Dorothea erinnerte sich plötzlich an den Messingknopf mit dem Abbild des Gottes Janus, den sie heute Morgen auf der Treppe liegen sehen und eingesteckt hatte. Er gehörte an Robbies Sonntagsrock, aber der würde es auch nicht bemerken, wenn sie sämtliche Knöpfe abtrennte.

Mit feierlichem Gesicht zog sie ihn aus ihrer Tasche. »Dies hier ist ein mächtiges Amulett«, erklärte sie. »Der Ahnengeist mit den zwei Gesichtern hat mich bisher vor allem Unheil behütet. Ich gebe ihn dir, wenn du mir die Wahrheit sagst.«

Offensichtlich beeindruckt studierten die beiden das fremdartige Bildnis. Schließlich nickte Mannara, als sei sie zu einem Entschluss gekommen. Sie umklammerte den schützenden Knopf, als erwarte sie, jeden Augenblick von einem Blitz niedergestreckt zu werden, als sie heiser und hastig zu flüstern begann. Parnko übersetzte stockend.

»Der Häuptling hat allen verboten, darüber zu Engländern zu sprechen. Wer es dennoch tut, dem werden die Geister Augen und Zunge herausreißen. Sie werden ihre Eingeweide in alle Himmelsrichtungen verteilen, und die Haut wird von Adlern auf das Meer getragen.«

Eine wirksame Einschüchterung bei Menschen, die sowieso in panischer Angst vor ihren Dämonen und Ungeheuern lebten!

»Die Geister der Ngarrindjeri haben hier keine Macht«, sagte Dorothea beruhigend. »Sie können also gar nicht wissen, dass du geredet hast. Solange du auf unserem Gebiet bleibst, bist du in Sicherheit.« Nicht nur, was die Geister betraf. Auch Worammo würde es jetzt nicht mehr wagen, sie im direkten Umfeld des Gutshauses anzugreifen.

Ihre Argumentation, die ihr selbst etwas kindisch erschien, erwies sich als die richtige. Mannara schniefte kräftig, wischte sich mit dem Handrücken über Gesicht und Nase und begann, leise und schnell zu sprechen.

»Sie sagt, dass dieses Kind zu einer Verwandten ihres Mannes gehört. Sie hat nicht selber mit ihr gesprochen, aber an der Sprache gehört, dass sie aus dem Süden stammt. Sie lebt ohne Mann. Vor einiger Zeit hat sie sich dem Stamm angeschlossen, bleibt aber mit dem Kind für sich in ihrem eigenen Windschirm. Sie hält sich an keine Tabus. Als einige ältere Frauen sie daraufhin tadelten, hat sie gedroht, sie zu verfluchen. Seitdem gehen alle ihr aus dem Weg.«

Das war sehr seltsam. Alleinstehende Frauen, meist Witwen, die keinen Sohn hatten, der sie in seine Familie aufnahm, galten bei den Eingeborenen weniger als Hunde. Alt und verbraucht, wie sie waren, dauerte ihr trostloses Dasein meist nicht mehr lange. Im Regelfall wurden sie nicht einmal verscharrt, wenn sie starben, sondern den wilden Tieren überlassen. Protector Moorhouse hatte, als er in der Literarischen Gesellschaft über das traurige Los dieser Frauen sprach, erzählt, dass er eine pietätvolle Bestattung praktisch hatte erzwingen müssen. Es war äußerst ungewöhnlich, dass eine Frau dieses Schicksal freiwillig auf sich nahm und dann auch noch damit zurechtzukommen schien.

»Warum darf niemand über sie sprechen?«

Die Ratlosigkeit in Mannaras Gesicht war ehrlich. Offensichtlich wusste sie tatsächlich nicht, wieso um diese Frau und ihr Kind so ein Geheimnis gemacht wurde. Dorothea hätte nichts unversucht gelassen, hinter das Geheimnis zu kommen, aber Mannara war eben aus anderem Holz geschnitzt. Eine gute Aborigine-Ehefrau fragte nicht, sie gehorchte. Dorothea unterdrückte ihren Ärger. Eine andere Informationsquelle hatte sie nicht. Sie musste sehen, wie sie damit zurechtkam.

»Dieses Kind – hat es keinen Vater?«

Als Parnko ihr die Frage übersetzte, riss Mannara erschreckt die Augen auf. »No Vaader. Kind von Geist«, flüsterte sie fast unhörbar. Das war es also! Dorothea konnte nicht umhin, der Klugheit der Mutter Respekt zu zollen: Bastarde von weißen Männern wurden normalerweise gleich bei der Geburt erstickt und verscharrt. Das war einer der Gründe, wieso trotz des eifrigen Gebrauchs der *lubras* durch weiße Männer als billige Huren keine Mischlinge zu sehen waren.

Da mochten Reverend Howard und Protector Moorhouse noch so sehr dagegen wettern und von Kindermord sprechen – von dieser Praxis ließen sie sich nicht abbringen.

Dorothea fühlte, wie Erleichterung sie durchflutete. Wenn es stimmte, was Mannara ihr erzählt hatte, hatte ihr Mann keine Geliebte im Lager von King George gehabt! Die Vorstellung eines solchen Verhältnisses, quasi in Sichtweite, war ihr unerträglich gewesen.

Ihr Glück währte allerdings nicht lange. »Ich verstehe nicht, wieso du auf einmal davon ausgehst, dass das Kind nicht von Ian sein kann«, sagte Catriona, als sie ihr davon erzählte. »War er nicht damals ständig in Wellington? Wenn ich ein Mann wäre, würde ich auch zusehen, meine Affären so weit wie möglich von zu Hause entfernt abzuwickeln. Umso geringer ist die Gefahr, ertappt zu werden.«

Sie hatte recht: Ian war oft auf der Station von Mr. Morphett im Süden gewesen, um Vieh aus seinen Trecks zu kaufen, die am Coorong entlang von New South Wales aus nach Südaustralien getrieben wurden. Es konnte genauso gut dort zu einer Begegnung mit einer *lubra* gekommen sein.

»Denn wenn dieses Kind nichts mit ihm zu tun haben sollte«, fuhr Catriona mit unterschwelligem Triumph in der Stimme fort, »dann frage ich mich, wieso die beiden ausgerechnet hier in unsere Nähe gezogen sind. Warum sind sie nicht dort geblieben, wo sie angeblich über Jahre gut gefahren sind? Das sieht doch stark danach aus, als ob sie es in die Nähe seines leiblichen Vaters bringen wollte. Vielleicht wartet sie dort nur, bis er sie in sein Haus holt?«

»Das würde er nie tun!«

»Wirklich nicht?« Catriona umfing Dorotheas Rechte mit ihren beiden kleinen Händen in einem überraschend festen Griff. »Ich bin nicht nur deine Cousine. Ich fühle mich auch als deine

Freundin. Und als deine Freundin sage ich dir: Es gibt kaum etwas, was Männer nicht zu tun bereit sind, wenn sie vernarrt in ein hübsches Gesicht und einen weichen Körper sind.«

Dorothea wollte entgegnen, dass Ian und sie vollkommen glücklich miteinander waren. Die Worte blieben ihr im Hals stecken. Wie konnte sie da so sicher sein?

»Es tut mir so leid«, flüsterte Catriona und senkte den Blick. »Ich wollte es dir eigentlich noch nicht sagen, aber Percy ist sich ziemlich sicher, dass etwas an der Geschichte dran ist. Ian benimmt sich äußerst seltsam, sobald er die Rede auf einheimische Frauenzimmer bringt. Er meint, es wird nicht mehr lange dauern, bis er sich ihm anvertraut.«

Catriona meinte es sicher gut, dennoch konnte Dorothea ihre Gegenwart plötzlich nicht mehr ertragen. Sie murmelte eine Entschuldigung und flüchtete instinktiv ins Kinderzimmer. Trixie, die sich gerade über Charles' Bettchen gebeugt hatte, hob verwundert den Kopf und legte den Finger auf die Lippen, um ihr zu bedeuten, dass er gerade eingeschlafen war.

Marys glänzend gebürstete Locken hoben sich vom Kissen, und sie musterte ihre Mutter aus großen Augen. »Bist du traurig?«, flüsterte sie in kindlicher Hellsichtigkeit. »Ist Papa böse auf dich?«

»Nein, mein Schatz«, erwiderte Dorothea genauso leise, setzte sich auf die Bettkante und drückte ihre Tochter fest an sich. »Mama ist nur müde.«

»Wann gehen diese Leute wieder weg?«, wisperte Mary dicht an Dorotheas Ohr. »Ich will, dass sie endlich wieder verschwinden.«

»Du magst Tante Catriona und Onkel Percy nicht?« Dorothea hatte bisher noch keinen Gedanken daran verschwendet, wie die Kinder die Erweiterung des Hausstands empfanden. Sie selbst genoss es so, dass sie angenommen hatte, alle Bewohner von Eden House – außer natürlich Ian – würden das Flair, das hier mit den mondänen Verwandten eingezogen war, zu schätzen wissen.

Ihre Tochter schüttelte so entschieden den Kopf, dass ihre Locken nur so flogen. »Sie sind böse.«

»Wie kommst du darauf?« Dorothea war so verblüfft, dass sie gar nicht daran dachte, Mary für diese ungezogene Bemerkung zu tadeln. Ihr war selbst schon aufgefallen, dass Catriona für eine junge Frau den jüngeren Kindern ungewöhnlich indifferent gegenüberstand. Aber ihres Wissens war sie niemals unfreundlich zu ihnen gewesen. Oder hätte sonst etwas getan, um eine so vehemente Abneigung zu rechtfertigen.

»Ich weiß es eben«, beharrte Mary und kniff die Lippen zusammen.

»Erwachsene tun manchmal Dinge, die Kindern böse erscheinen, weil sie sie nicht verstehen«, sagte Dorothea bestimmt. Vermutlich war Mary schlicht und einfach eifersüchtig, weil Dorothea sich in letzter Zeit tatsächlich nicht mehr allzu oft bei ihren beiden Jüngsten hatte blicken lassen. Sie waren ja auch bei Trixie in besten Händen. Trotzdem würde sie in Zukunft wieder mehr Zeit mit ihren Kindern verbringen, nahm Dorothea sich vor.

Sobald sie wieder dazu kam.

Es blieb beim guten Vorsatz. Das Postboot am nächsten Tag brachte nicht nur einen dicken Packen der *Mysteries of London* für Lady Chatwick, sondern auch eine Einladung zum Galadinner der Schafzüchter anlässlich des Geburtstags Ihrer Majestät, Queen Victoria, am 24. Mai.

»Müssen wir da unbedingt hingehen?« Dorothea musterte wenig begeistert die goldgeprägte Einladungskarte mit der schwungvollen Unterschrift. »Sicher werden wieder endlose Reden über die Vorzüge und Nachteile der verschiedenen Schafsrassen gehalten. Und das Essen ist die letzten Jahre auch immer schlechter geworden.«

»Ich fürchte, da führt kein Weg daran vorbei«, hatte Ian erwidert. »Ich möchte niemanden vor den Kopf stoßen, indem ich mit einer fadenscheinigen Entschuldigung fernbleibe. Außerdem wäre es dumm, die Gelegenheit nicht wahrzunehmen, denn es wird alles dort sein, was Rang und Namen hat.«

»Du meinst damit sicher: unter den Farmern und Viehzüchtern.« Percy lachte. »Ich würde zu gerne dort Mäuschen spielen!« Sein Lachen wurde breiter. »Alleine die Vorstellung von einem Haufen stinkender Bauern in Zylindern, die feine Herrschaften spielen. Faszinierend.«

Ian runzelte die Stirn. Er mochte es nicht, wenn Percy seine Verachtung für die arbeitende Schicht so unverblümt äußerte.

Dorothea sah seinen Unwillen und sagte rasch: »In Südaustralien sind die Viehzüchter äußerst angesehene Leute, Percy. Wer hier zu Reichtum gekommen ist, verdankt es nicht seiner Herkunft, sondern hat es sich selber erarbeitet. Sogar Gouverneur Young behandelt sie mit dem größten Respekt.«

»Das ist auch nur recht und billig. Wolle ist das verlässlichste Standbein unserer Exporte. Bei Weizen kann es immer Missernten geben, und die Erzminen werden eines nicht allzu fernen Tages erschöpft sein – Schafe dagegen wird es immer geben, und gute Wolle wird immer begehrt sein. Auf englisches Tuch, das beste der Welt!« Ian hob sein Glas.

»Auf englisches Tuch«, schlossen die anderen sich seinem Toast an.

»Im Ernst, Cousin«, sagte Percy, sobald sie ausgetrunken und die Gläser erneut gefüllt hatten. »Dieses Bankett würde mich wirklich reizen. Kannst du mich nicht einschmuggeln?«

»Mich auch!«, forderte Catriona. »Ich würde mir auch ein ganz schlichtes Kostüm *à la paysanne* zusammenstellen, damit ich nicht unpassend gekleidet wäre.«

Ian betrachtete sie mit einigem Befremden. »Die Menschen dort sind ganz normale Leute«, sagte er schließlich. »Wenn ihr denkt, dass dort Schweine unter den Tischen herumschnüffeln und alle mit den Fingern essen, muss ich euch enttäuschen. Aber wenn ihr so großen Wert darauf legt, kann ich versuchen, noch zwei Einladungen zu bekommen.«

»Nicht, dass ich mich besonders darauf freue, den ganzen Abend ihre herablassenden Bemerkungen zu hören«, meinte er später zu Dorothea. »Verdammt, wieso können sie nicht einfach wieder nach England zurückfahren!« Sein Gesicht verzog sich zu einer schmerzenden Grimasse und färbte sich plötzlich grünlich. Gerade noch konnte Dorothea ihm den Nachttopf reichen.

Es kam äußerst selten vor, dass ihr Mann dem Alkohol so zusprach, dass er am Morgen danach unter Kopfschmerzen litt. Noch nie hatte sie erlebt, dass er so viel über den Durst getrunken hatte, dass sein Magen revoltierte. »Du solltest dich nicht so über die beiden aufregen«, sagte sie streng, während sie ein Tuch in das Wasser des Waschkrugs tauchte, es auswrang und ihm damit das Gesicht abwischte. »Du siehst ja, es schadet dir nur! Normalerweise weißt du doch ganz genau, wie viel du verträgst.«

»Es war nicht der Wein«, presste Ian zwischen den Zähnen hervor. »Ich habe schon seit Tagen Leibschmerzen. Wahrscheinlich was Schlechtes gegessen.«

»Dann hast du wohl wieder Brot im Proviantbeutel gehabt, das schon schimmelig war«, sagte Dorothea ungehalten. »Ich habe dir schon oft gesagt, dass du es dann wegwerfen sollst! Dein Geiz wird dich eines Tages noch umbringen.«

Ian antwortete nicht auf ihren Vorwurf, sondern schloss die Augen und atmete flach. Eine steile Falte zwischen seinen Augenbrauen zeigte, dass er starke Schmerzen litt.

»Vielleicht solltest du doch einmal Dr. Woodforde aufsuchen. Nicht, dass es etwas Ernstes ist«, schlug Dorothea vor.

»Keine Zeit.«

Das war typisch Ian. Nun gut, ein verdorbener Magen war kein Drama. Dorothea entsorgte den Inhalt des Nachttopfs im Abort und nahm einen Umweg über die Küche, um dort eine heiße Bettflasche zu holen. Ihre Mutter hatte bei Leibschmerzen immer darauf geschworen. Auf Wärme und Kamillentee.

Mrs. Perkins war noch auf. Im Schein der Petroleumlampe brütete sie über ihren Vorratslisten. »Wenn das so weitergeht, muss ich schleunigst Wein nachbestellen. Üble Schluckspechte sind das«, hörte Dorothea sie missbilligend murmeln. »Und der Zucker ist auch schon wieder alle. Dieses mondäne Leben ist ganz schön aufwendig.«

Auf Dorotheas Bitte hin fragte sie besorgt nach, welches der Kinder denn plötzlich erkrankt sei. Die Auskunft, es sei Ian, verwirrte sie sichtlich. »Master Ian? Der ist doch gesund wie ein Ochse! Also, um eines gleich klarzustellen: Mein Essen war es nicht! Und auch Mannara hat nichts Unübliches hineingerührt. Dafür verbürge ich mich.«

»Niemand würde auch nur im Traum darauf kommen, Ihr Essen dafür verantwortlich zu machen«, versuchte Dorothea, die aufgebrachte Frau zu beruhigen. »Schließlich haben wir alle das Gleiche gegessen. Sicher hat er wieder schimmeliges Brot oder verdorbenes Fleisch mitgenommen.« Die beiden Frauen wechselten einen Blick. Es war allgemein bekannt, dass Ian es nicht über sich bringen konnte, Nahrungsmittel wegzuwerfen.

»Ich werde John bitten, dass er in Zukunft ein Auge auf Master Ians Proviantbeutel hat«, versprach die Köchin und goss das kochende Wasser über die Kamillenblüten und in die kupferne Bettflasche. »Ich wünsche Master Ian gute Besserung.«

Ians Unwohlsein schien am nächsten Tag wie weggeblasen. Und da der Ausflug nach Adelaide immer näher rückte, verdrängten andere Themen es recht schnell aus ihrem Bewusstsein.

Eine Militärparade, wie sie in größeren Städten sonst gerne abgehalten wurde, kam für Adelaide nicht infrage. Dafür standen einfach zu wenige Soldaten zur Verfügung. Aber es würde einen Festumzug geben, zu dem alle möglichen Gruppierungen und Vereine Abordnungen schickten, einen Liederabend des deutschen Gesangvereins sowie einen Fackelzug vom Marktplatz quer durch die Stadt zum Gouverneurspalais. Der Abend würde mit einem Ehrensalut aus einunddreißig Gewehrsalven – einer für jedes Lebensjahr der beliebten Regentin – ausklingen.

Ian hatte Zimmer für Catriona, Percy und sie beide im *Sydney-Hotel* an der North Terrace genommen. Von dort aus waren alle Festlichkeiten leicht zu Fuß zu erreichen. »Wir können uns nicht alle deiner Mutter aufdrängen«, hatte er zur Erklärung gesagt. »So ist es für alle doch viel bequemer.«

Lady Chatwick winkte dankend ab, als Dorothea sie mehr aus Höflichkeit als aus Überzeugung bat, sich anzuschließen. »Um Himmels willen, solche Menschenaufläufe sind nichts mehr für mich. Ihr werdet euch besser amüsieren ohne eine alte Schachtel wie mich. Ich vermute, ihr seid schon eifrig mit euren Garderoben beschäftigt.« Sie schmunzelte. »Ich gehe davon aus, du hast Miss Grenfell davon überzeugen können, dass ein Auftritt als Schäferin nicht angebracht wäre?«

»Ich habe sie einfach nur gebeten, mich nicht zu beschämen, und diesem Argument ist sie sofort gefolgt.« Dorothea lachte. »Catriona ist wirklich überaus liebenswürdig veranlagt.«

»Ist sie das?« Lady Chatwick schien noch etwas dazu sagen zu wollen, besann sich dann aber anders. »Mir ist aufgefallen, dass du in letzter Zeit ziemlich viel mit Percy Grenfell zusammen bist, während seine Schwester Ian umschmeichelt.« Sie nahm ihr Lorgnon ab und massierte die Druckstellen auf ihrem Nasenrücken mit zwei Fingerspitzen. »Vielleicht ist es nur Einbildung, aber pass auf.«

»Worauf?« Dorothea musterte die alte Dame halb amüsiert, halb entrüstet. Meinte sie tatsächlich …?

»Du verstehst sehr wohl, was ich meine.« Die kurzsichtigen Augen schienen durch sie hindurchzublicken. »Bäumchen wechsle dich ist ein gefährliches Spiel. Ich würde es ungern miterleben, dass Ian und du … dass ihr euch entfremdet.«

»Sie lesen zu viele Schauergeschichten!« Dorothea wies auf den Stapel *Mysteries of London,* die neueste Leidenschaft Lady Chatwicks. »Wenn man sich immer nur mit schlechten Menschen beschäftigt, färbt das ab. Deswegen sehen Sie überall nur noch das Böse. Percy und Catriona sind Verwandte. Es ist doch kein Wunder, dass wir uns in ihrer Gesellschaft wohlfühlen. Da ist absolut nichts Anrüchiges dabei!«

»Man kann nicht so alt werden, wie ich es bin, Kindchen, ohne gewisse, unschöne Dinge über die Menschen zu lernen.« Die alte Dame hüstelte, klemmte das Lorgnon wieder an seinen Platz auf dem Nasenrücken und griff nach dem aufgeschlagenen Journal neben sich. »Ich hoffe bei Gott, dass ich mich irre«, hörte Dorothea sie zu sich selbst sagen, als sie innerlich zitternd vor Empörung über Lady Chatwicks Impertinenz das Zimmer verließ. Die alte Frau wurde langsam wunderlich. Etwas Ähnliches hatte Dr. Woodforde wohl gemeint, als er sie bei seinem letzten Besuch darauf hingewiesen hatte, dass seine Patientin »altersbedingte Eigenheiten« entwickle. Damals hatte sie es nur auf den Portweinkonsum bezogen.

Sie war so verärgert, dass sie sich bei Catriona Luft machen musste. Die lachte allerdings nur herzlich und meinte: »Soviel ich gehört habe, soll es in ihrer Jugendzeit ziemlich wild hergegangen sein. Vermutlich hat sie noch die losen Sitten von damals im Hinterkopf. Seit Victoria Königin von England ist, hat sich so einiges geändert. Auch was die Moral anbetrifft. Was mich daran erinnert, dass du in der Stadt unbedingt ein Schnürmieder tragen musst. Es ist ganz und gar bäurisch, ungeschnürt zu gehen. Außerdem sitzen dann die Kleider nicht richtig.«

Dorothea verzog das Gesicht. »Diese Dinger sind so schrecklich unbequem. Man kann sich in ihnen ja nicht einmal bücken.«

»Eine Dame bückt sich nicht.«

Um ein Haar wäre Dorothea in schallendes Gelächter ausgebrochen. Ein Blick in Catrionas schönes Gesicht zeigte ihr jedoch, dass diese es todernst meinte. Tatsächlich konnte sie sich nicht erinnern, ihre Cousine jemals dabei ertappt zu haben, dass diese sich nach etwas gebückt hätte. »Das ist doch albern.«

»Das ist nicht albern. Es ist korrektes Verhalten«, korrigierte Catriona sie. »Eine Londoner Dame der Gesellschaft würde eher sterben, als ungeschnürt aus dem Haus zu gehen.«

»Dann wäre ich schon lange tot! Aber ich bin ja auch keine Dame der Gesellschaft«, gab Dorothea leichthin zurück.

»Du wirst es aber sein, sobald Ian in seinem Stand bestätigt ist«, sagte Catriona nüchtern. »Willst du ihn blamieren, indem du dich wie eine Landpomeranze aufführst? Es mag hier in Australien lockerer zugehen als in England, aber ich möchte wetten, dass in Adelaide jede Dame, die etwas auf sich hält, inzwischen ein Schnürmieder trägt.«

Etwas Ähnliches hatte ihre Mutter auch erzählt. Da Dorothea sich inzwischen nur noch mäßig für Modefragen interessierte, hatte sie nicht weiter darauf geachtet. Natürlich liebte sie wie jede Frau immer noch schöne Roben. Aber die ursprüngliche Freude über die üppige Garderobe von Roberts erster Frau war einer gewissen Gleichgültigkeit gewichen. Was hätte es denn für einen Sinn ergeben, sich für Lady Chatwick, Ian oder Mrs. Perkins aufzuputzen?

Und es hatte ja auch Vorteile, wenn niemand Anstoß daran nahm, dass sie an besonders heißen Tagen nur einen leicht gestärkten Unterrock trug und auf das Tragen von Handschuhen verzichtete. Dabei war Dorothea nur zu klar, dass sie sich eine solche Nachlässigkeit nur erlauben konnte, weil hier am Murray River andere Regeln galten als in Adelaide. Selbstverständlich würde sie in der Stadt nie ohne Hut und Handschuhe auf die Straße treten, in der vorgeschriebenen Anzahl von Unterröcken schwitzen und bei Besuchen kein Vormittagskleid tragen. Aber musste es gleich ein solches Ungetüm von Schnürmieder sein, wie Catriona sie bevorzugte?

Die blieb jedoch unerbittlich. »Es muss.«

Glücklicher- oder unglücklicherweise, je nach Perspektive, hatte Catriona mehrere Exemplare in ihrer Garderobe. Dorothea hatte ihr inzwischen oft genug beim Schnüren assistiert, um zu wissen, wie man in das sperrige Kleidungsstück schlüpfte. »Es ist mir viel zu klein«, stellte sie nach dem ersten Blick in den Spiegel fest und machte Anstalten, es wieder abzustreifen. »Ich denke, bis ich in Adelaide eines finde, das mir besser passt, gehe ich weiter ohne.«

»Kommt nicht infrage.« Catriona trat hinter sie und griff nach den Schnüren. »Je eher du dich daran gewöhnst, desto besser. Zieh den Bauch ein und halt die Luft an.«

Dorothea befolgte die Anweisung, so gut es ging. Es dauerte eine ganze Weile, bis Catriona zufrieden war. »Ich kann nicht mehr richtig atmen«, stellte Dorothea umgehend fest. »Du hast mich viel zu eng geschnürt.«

»Unsinn!« Mit schief gelegtem Kopf betrachtete die junge Frau ihr Werk. »Es sitzt so locker, dass vermutlich keines meiner Kleider darüber passt.« Das war übertrieben, und als Dorothea sich im Spiegel betrachtete, war sie überrascht, wie mädchenhaft schlank und jugendlich sie in dem duftigen Abendkleid aus Chiffon im Farbton »Rose de Parnasse« wirkte.

»Nun? Hat sich die Mühe gelohnt?« Catriona wirkte ausgesprochen zufrieden mit sich. »Wenn ich dir noch die Haare mit den Seidenrosen aufstecke, wird Percy Augen machen.«

Tatsächlich fielen die Komplimente ihres Cousins derart überschwänglich aus, dass es Dorothea fast schon unangenehm wurde. Lady Chatwick schwieg eisern, ihr Blick jedoch sprach Bände und erinnerte Dorothea an ihre Warnung. Sie glaubte nicht, dass sie berechtigt gewesen war, dennoch fragte sie sich, ob Percy wirklich dermaßen enthusiastisch ihre »blütenstängelzarte Taille« und den »blumigen Rosenteint« lobpreisen musste.

Auch Ian wirkte nicht übermäßig angetan. Da er aber in letzter Zeit in Gesellschaft oft brummig und einsilbig gewesen war, fiel das nicht weiter auf. Catriona und Percy waren absolut imstande, die Tischunterhaltung alleine zu bestreiten.

7

Am 20. Mai führte John die Kalesche mit dem braunen Wallach vor die Veranda und half Parnko dabei, die Reisekisten hinten festzubinden. Vor einigen Jahren hatte das *Mount Barker Inn* den Besitzer gewechselt. Seitdem konnten müde Reisende dort in sauberen Zimmern auf wanzenfreien Betten übernachten. Und so hatte Ian entschieden, den Landweg zu nehmen. Er mochte Schiffe immer noch nicht. Seine Leiden in den ersten Wochen der Überfahrt hatten sich zu tief eingeprägt.

Die beiden Damen nahmen auf der hinteren Bank unter dem aufgeklappten Verdeck Platz, das ihnen zwar kaum Schutz vor dem allgegenwärtigen Staub bieten würde, aber zumindest etwas Schatten spendete. Zusätzlich trugen sie großzügig bemessene Schleier über den Hüten, die ihnen das Aussehen von Imkern verliehen, wie Trixie respektlos feststellte.

Der leichte, vierrädrige Wagen war speziell den australischen Verhältnissen angepasst: Achsen und Räder waren stabil genug, um nicht auf gepflasterte Straßen angewiesen zu sein. Der Wagenkörper aus leichtem Korbgeflecht ließ den Fahrtwind durch und sorgte so dafür, dass die Passagiere in den Genuss von ein wenig Kühlung kamen. In der Regenzeit fuhr sowieso kein vernünftiger Mensch mit Kutschen durch die Gegend, deswegen hatte der Stellmacher die Bespannung des Verdecks nicht aus Leder, sondern aus festem Segeltuch angefertigt.

»Vermutlich seid ihr aus England andere Wagen gewöhnt«, sagte Dorothea, als Percy kaum merklich zögerte, ehe er sich zu Ian auf den Bock schwang. »Aber dieser Wagen ist wirklich ausgesprochen zweckmäßig. Und sehr gut gefedert!«

Trotz der Federung, die sie selbst so gelobt hatte, fühlte Dorothea sich wie gerädert, als sie am übernächsten Abend vor dem *Sydney-Hotel* hielten. Schon nach ein paar Stunden waren sie auf die Straße von Macclesfield zum Mount Barker gestoßen. Leider war der Zustand der neuen Staatsstraße bereits wieder erschreckend schlecht. Ein Schlagloch reihte sich an das andere, und mehr als einmal hatte sie befürchtet, dass der Wagen umschlagen würde. So hatte sich der Genuss an der malerischen Landschaft in Grenzen gehalten, obwohl die Wälder, die sie durchfuhren, durchaus als imposant zu bezeichnen waren.

»Wenn man nicht näher hinschaut, könnte man direkt glauben, in England zu sein«, stellte Catriona erstaunt fest. »Dort drüben zum Beispiel würde man jeden Moment erwarten, ein Rudel Rehe aus der Deckung treten zu sehen. Erst auf den zweiten Blick sieht man, dass die trockenen Blätter auf dem Boden Rindenstücke und die Kirschen in den Bäumen dort keine echten Kirschen sind. Australien ist äußerst seltsam: Alles wirkt vertraut und ist dann doch etwas ganz anderes, als man erwarten würde. – Was ist das?« Sie wies mit dem Zeigefinger auf ein katzengroßes, pelziges Etwas, das, durch den Lärm der Kutschenräder aufgescheucht, einen Baumstamm hinaufkletterte. »Zu Hause würde ich es für einen Marder halten.«

»Das war ein junges Opossum«, erklärte Ian. »Sie leben in hohlen Baumstämmen oder Astlöchern. Die Eingeborenen jagen sie, indem sie sie mit Rauch aus ihren Verstecken treiben. Aus den Fellen fertigen sie ihre Umhänge.«

»Habt ihr schon einmal eines gegessen?«, fragte Percy und verfolgte das Tierchen zwischen den schütteren Zweigen mit seinem Blick.

»Nicht wissentlich!« Ian lachte in sich hinein. »Unser Stamm jagt auch mehr am Wasser. Wir dürften uns jetzt schon seit Längerem im Stammesgebiet der Kaurna befinden.«

»Muss man sich das so vorstellen wie bei den Indianerstämmen Amerikas? Bekriegen sie sich auch untereinander?« Percy schien sich mit den Verhältnissen in Amerika recht gut auszukennen.

»Ich kann mich nicht erinnern, dass es in Südaustralien, solange ich hier war, irgendwelche Stammeskriege gegeben hat.« Ian schien zu überlegen. »Nein, wenn es Auseinandersetzungen gab, waren es immer welche zwischen Eingeborenen und Kolonisten. Wer weiß, welch penible Höflichkeitsrituale australische Stämme befolgen, sobald sie fremdes Gebiet betreten, der weiß auch, dass ihnen die Viehtreiber wie unverschämte Eindringlinge erschienen sind. Und als solche haben sie sie eben zu vertreiben versucht.«

»Bei allem Verständnis: Einem Schafhirten den Kopf abzuschlagen und ihn im Ofen zu rösten geht weit über das Bedürfnis hinaus, sich und sein Land zu verteidigen!«

Ian runzelte die Stirn. »Wer behauptet denn so etwas?«

»Ich glaube, einer der Passagiere, die in Encounter Bay ausstiegen. Kannst du dich noch erinnern, Cat?« Percy drehte sich um. »Das war doch der mit der fürchterlichen Weste voller Pinguine.«

»Ja, es war eine ziemlich grausige Geschichte um einen Schafhirten und seine zwei Söhne. Als sie abends von den Weiden zur Hütte zurückkamen, war ihr Vater nirgends zu sehen. Nur ein alter Eingeborener saß davor und kaute auf seinem Pfriem. Sie dachten sich nichts dabei, weil der Alte öfter vorbeikam und um Tabak bettelte. Es roch appetitlich, und sie hatten großen Hunger. Also suchten sie nicht nach ihrem Vater, sondern wollten sich gleich von dem fertigen Essen nehmen. Als sie die Ofentür öffneten, lag in der Glut der Kopf ihres Vaters.«

Dorotheas Magen krampfte sich zusammen. Sie wehrte sich verzweifelt gegen die Bilder, die über sie hereinstürzten. Sams

185

Kopf auf dem Gestell über dem aufsteigenden Rauch, die seltsamen Steine auf dem Felsenbord in der Höhle des Skelettmannes. Wie lange würden sie sie noch verfolgen?

»Humbug!« Ian schüttelte ärgerlich den Kopf. »So etwas hätte auf jeden Fall eine Menge Staub aufgewirbelt. Mir ist aber nichts zu Ohren gekommen. Nicht einmal etwas, was man dazu aufbauschen könnte. Ich würde sagen, die Geschichte ist frei erfunden.«

»Ich muss sagen, das freut mich«, meldete Catriona sich zu Wort. »Es ist kein sehr angenehmes Gefühl, Kannibalen in der Umgebung fürchten zu müssen.« Sie sah sich kritisch um. »Obwohl, mit einem Paar guter Pistolen würde ich mir zutrauen, sie in gebührendem Abstand zu halten. Dieser Wald ist für einen Hinterhalt ziemlich ungeeignet.«

»Täusch dich nicht, Cousine! – Die Eingeborenen Australiens können so absolut mit ihrer Umgebung verschmelzen, dass du schon auf sie treten müsstest, um sie zu entdecken.« Ian schmunzelte. »Hinter diesen Akazien könnte sich ein ganzer Stamm verbergen.«

»Wirklich?« Percy sah sich besorgt um.

»Wenn sie uns töten wollten, hätten sie es schon längst getan.« Ian wirkte so unbesorgt, dass Percy sich etwas entspannte. »Keine Angst, Cousin. Die Kaurna um Adelaide herum sind schon lange keine Gefahr mehr, falls sie es denn je waren. Dazu lieben sie den Schnaps zu sehr. Sie sind eher lästig, weil sie die Straßen als Bettler bevölkern.«

»Mr. Moorhouse meint, dass sie wie Kinder wären, die man erziehen müsste«, sagte Dorothea leise.

»Nur sind die Kinder stärker als die meisten Engländer und sehen überhaupt nicht ein, dass sie erzogen werden müssten«, sagte Ian trocken. »Es war ja gut und schön, ihnen zu versprechen, sie würden glücklich sein, sobald sie erst in Häusern wohnen, das Feld bestellen und den Herrn preisen. Wunschdenken, wenn ihr mich fragt! Niemand, auch Moorhouse nicht, wird sie dazu bringen!«

»Wer hat das denn getan? Ich meine, ihnen dieses Versprechen gegeben.«

»Das war Gouverneur Gawler«, warf Dorothea ein. »Als die ersten Siedler 1836 bei Glenelg an Land gingen, ließ er als eine seiner ersten Amtshandlungen eine Ansprache an die dortigen Schwarzen übersetzen. Wartet einmal, ich versuche, es im Wortlaut wiederzugeben.« Dorothea schloss die Augen und rezitierte: »Schwarze Männer, wir wünschen, euch glücklich zu machen. Ihr könnt jedoch nicht glücklich sein, außer ihr imitiert gute, weiße Männer. Baut Hütten, tragt Kleidung und seid nützlich. Vor allem könnt ihr nicht glücklich sein, ohne Gott zu lieben, der Himmel und Erde gemacht hat und Menschen und alle Dinge. Liebt die weißen Menschen. Liebt andere Stämme schwarzer Menschen. Habt keinen Streit untereinander. Sagt anderen Stämmen, dass sie die weißen Menschen lieben sollen und dass sie gute Hütten bauen sollen und Kleidung tragen. Lernt, Englisch zu sprechen.«

»Und hat dieses überwältigende Beispiel pastoraler Prosa das bewirkt, was es sollte?«, erkundigte Percy sich und lächelte zynisch.

»Natürlich nicht. Die Aborigines haben gar nicht verstanden, wovon er sprach. Der gute Wyatt hätte sich die Mühe mit dem Übersetzen genauso gut sparen können.« Ian schnaubte verächtlich durch die Nase. »Als ob Glück so einfach zu finden wäre.«

»Wie recht du hast, Cousin«, stimmte Catriona ihm kaum hörbar zu.

Dachte sie dabei gerade an eine verlorene Liebe? Dorothea suchte nach etwas, um sie abzulenken, und sagte rasch: »Eine solche Ansprache war doch ziemlich mutig. Schließlich konnte man gar nicht sicher sein, dass sie friedlich bleiben würden. Genauso gut hätten sie die Neuankömmlinge auch mit Speeren und Keulen begrüßen können.«

187

»Sind diese Dinger eigentlich wirklich so gefährlich, wie man hört?«, wollte Percy wissen.

Ian nickte entschieden. »Sie sind nicht zu unterschätzen! So ein Speer kann hässliche Wunden verursachen. Und sie sind wahre Meister mit der Speerschleuder. Man tut gut daran, sie auf Abstand zu halten. Aber derzeit ist glücklicherweise alles friedlich in Südaustralien.«

»Benutzen sie auch Gift?« Catriona beugte sich interessiert vor.

»Nicht dass ich wüsste.« Ian schnalzte dem Pferd, das bergauf seinen Schritt immer weiter verlangsamte, aufmunternd zu. »Moorhouse hat es jedenfalls nie erwähnt.«

»Schade, das hätte ich interessant gefunden.« Catriona lehnte sich wieder zurück und zeigte keine Neigung, sich an dem weiteren Gespräch zu beteiligen, das sich um die Wahrscheinlichkeit weiterer Goldfunde im Osten von Neusüdwales drehte.

Kurz vor Hahndorf, einer Siedlung preußischer Lutheraner, besserte sich der Straßenzustand so auffällig, dass Ian erbost bemerkte: »Das ist doch typisch für die Herren vom Magistrat! So weit sie fahren, ist alles in bester Ordnung. Wie die Straßen im Hinterland aussehen, kümmert sie nicht die Bohne.«

Dorothea war der Grund gleichgültig – Hauptsache, das Gerüttel ließ etwas nach. Ihr Kopf schmerzte höllisch, und sie konnte es kaum noch erwarten, ihn endlich auf ein kühles Leinenkissen zu legen und die Augen zu schließen.

»Irgendwie hatte ich mir die Hauptstadt von Südaustralien doch etwas imposanter vorgestellt.« Stunden später musterte Percy enttäuscht die ungepflasterten Straßen, die bescheidenen Häuser, die sie säumten. »Dagegen ist ja sogar Bristol eine Metropole!«

»Dies Viertel der Südstadt ist auch nicht gerade die feinste Gegend«, belehrte ihn Ian. »Wer zu den besseren Leuten gehört beziehungsweise wer es sich leisten kann, residiert in der Nordstadt am Montefiori Hill. Auf der anderen Seite vom River Torrens. Die Südstadt ist mehr für Handwerker und Gewerbetreibende. Und natürlich für diejenigen, die sich die Preise auf dem Montefiori Hill nicht leisten können.«

»Ja, das ist offensichtlich«, sagte Percy und rümpfte leicht die Nase, als sie gerade ein baufälliges Haus, besser: eine Hütte, passierten. »Dieses dort sieht nicht danach aus, als ob der Besitzer sich die dringend nötige Dachreparatur, geschweige denn ein neues Dach leisten könnte.«

»Viele Häuser sind seit der Rezession verfallen. Die Besitzer sind teilweise nach England zurück oder haben ihr Glück weiter im Osten gesucht. Aber mit der Zeit werden auch diese Ruinen wieder instand gesetzt werden«, meinte Ian. »Im deutschen Viertel gibt es schon keine leer stehenden Häuser mehr. Seit letztem Jahr strömen sie geradezu ins Land. Vor allem studierte Leute. Ich hatte schon einen Doktor der Philosophie, der sich bei mir als Schafhirte beworben hat.«

»Und? Hast du ihn genommen?«

Ian lachte und schüttelte den Kopf. »Wo denkst du hin! Was soll ich mit einem sicher vortrefflichen Menschen anfangen, der nicht weiß, wo bei einem Schaf vorn und hinten ist?«

»Du übertreibst.«

»Nicht sehr.«

Im Hotel wurden sie bereits erwartet. Zwei Hausdiener stürzten auf die Straße, sobald Ian den Braunen vor den Eingangsstufen anhalten ließ, um den Damen beim Aussteigen behilflich zu sein und das Gepäck auf die Zimmer zu tragen. Das Hotel machte seinem Ruf als erstem Haus am Platz alle Ehre: Die Zimmer waren allesamt geräumig und mit jedem erdenklichen Luxus ausgestattet. Dankbar nahm Dorothea das Anerbieten des knicksenden Zimmermädchens an, ihr beim Auskleiden zu helfen. Sobald sie bis auf das Unterhemd entkleidet war, schlüpfte sie zwischen die kühlen, glatten Laken und bat das Mädchen, ihre Sachen erst morgen auszupacken. Jetzt brauchte sie Ruhe, nichts als Ruhe.

»Soll ich zu Dr. Woodforde schicken, damit er dir ein Pulver verschreibt?«

Ians Stimme klang so besorgt, dass Dorothea die Augen mit einiger Überwindung wieder öffnete und ihm beruhigend zulächelte. »Nicht nötig. Ich weiß doch, wie du darüber denkst. Lasst mich einfach schlafen und geht euch amüsieren. Es wäre dumm, auf den Liederabend zu verzichten, nur weil ich nicht mitkommen kann.«

»Ich mache mir langsam Sorgen um dich, Darling. Früher warst du nie krank.« Ian zögerte sichtlich zu gehen.

Gerührt unterdrückte Dorothea ihre Ungeduld, endlich allein gelassen zu werden. »Es ist wirklich nichts. Ich habe nur grässliche Kopfschmerzen von der Fahrt. Und ich bin so müde. Würdest du bitte noch die Vorhänge zuziehen?«

Die tief stehende Sonne schien ihre rötlichen Strahlen wie ein bösartiges Geschoss genau auf sie auszurichten. Ian zog die bodenlangen, dunkelblauen Samtvorhänge, die vor den französischen Fenstern hingen, zu und wandte sich um. »Besser so?«

»Viel besser.« Tatsächlich war es eine gewisse Erleichterung. Die Augen schmerzten nicht mehr so.

»Soll ich nach dem Mädchen rufen, dass sie dir kalte Umschläge bringt?«

»Nein, ich möchte jetzt niemanden um mich haben.«

»Na schön. Gute Besserung, Darling.« Er beugte sich über sie und küsste sie zart auf die Stirn. Schon diese kaum spürbare Berührung ließ sie fast aus der Haut fahren.

Erleichtert registrierte sie das Klappen der Tür und dämmerte in eine Art Betäubungsschlaf, der dominiert wurde von dem Hämmern in ihren Schläfen. Vielleicht, weil das Dröhnen entfernt an die stampfenden Rhythmen der Aborigines erinnerte, waren die Träume bevölkert von schwarzen Gestalten. Sie tanzten um eine Bahre, auf der ein verhüllter Körper lag. Dorothea wollte die Tücher wegziehen. Etwas in ihr drängte sie dazu. Aber sie konnte sich nicht bewegen. Keinen Finger rühren.

Es war Catriona in ihrem wunderschönen rosa Abendkleid, die vortrat und das Gewehr auf die reglose Gestalt abfeuerte. Als sich der Rauch verzog, hielt sie einen Kopf an den Haaren hoch. Es war jedoch nicht King Georges Haupt mit den schneeweißen Locken, sondern Ians. Im ersten Augenblick erkannte sie die Züge nicht, denn sie ähnelten eher einer entstellten Fratze. Sie wollte schreien, doch kein Ton drang aus ihrer Kehle. Sie wollte auf ihn zustürzen, doch ihre Beine schienen mit dem Boden verwachsen.

Catriona lächelte – ihr süßes Lächeln, das einen so bezauberte, und warf den Kopf in das Feuer, das vor ihren Füßen aufloderte. Er verschwand in dichten schwarzen Rauchschwaden. Statt seiner wiegte sie in ihren Armen auf einmal Charles. Er schlief tief und friedlich.

»Charles, mein Baby!« Dorothea wusste nicht, ob sie es laut gerufen hatte. Sie saß aufrecht im Bett und spürte ihr Herz schlagen wie verrückt. Das Nachthemd klebte an ihrem schweißbedeckten Körper. Um sie herum war alles ruhig. Auch Ian war anscheinend noch nicht zurück. Die Bettseite neben ihr war leer, die Bettdecke ordentlich zurückgeschlagen.

Dorothea ließ sich zurück in die Kissen sinken und wartete, bis ihr Atem wieder regelmäßig ging. Was für ein verrückter Traum! Sie spürte, wie ihr die Bilder schon wieder entglitten, und versuchte, sie festzuhalten. Aber das Einzige, das wirklich haften blieb, war Catrionas liebliche Erscheinung, die Ians Kopf in die Flammen warf. Wurde sie verrückt? Solche Dinge zu träumen, war doch nicht normal. Woran merkte man, dass man verrückt wurde? Gab es Anzeichen, die einen warnten?

Sie würde Dr. Woodforde aufsuchen, und dabei konnte sie ganz nebenbei versuchen, ihn auszuhorchen, nahm sie sich vor. Wenigstens hatten die schrecklichen Kopfschmerzen nachgelassen. Nur noch ein dumpfer Druck hinter der Stirn erinnerte daran. Dorothea drehte sich auf die Seite und war bald darauf wieder eingeschlafen. Diesmal ohne verstörende Träume.

Am nächsten Morgen erschien ihr alles nicht mehr so dramatisch. »In der Dunkelheit der Nacht erscheint einem sogar der alte Morgenrock als Gespenst«, hatte ihre Mutter die Kinder früher immer beruhigt, wenn sie über unheimliche Träume geklagt hatten. So muss es mir auch gegangen sein, dachte Dorothea, während sie Ians regelmäßigem Schnarchen lauschte. Kopfschmerzen und überreizte Nerven konnten einem schon grausame Streiche spielen.

Gerade wollte sie sich aufrichten, um Ian mit einem Kuss zu wecken, als das Schnarchen abrupt aussetze und er wie von der Tarantel gestochen hinter den Paravent stürzte.

Die Geräusche, die von dort an ihr Ohr drangen, wiesen unmissverständlich darauf hin, dass etwas mit seinen Gedärmen nicht in Ordnung war.

»Was habt ihr gestern gegessen?«, fragte Dorothea besorgt. »Ihr wart doch wohl nicht in einer der Tavernen in der Nähe vom Friedhof?« Seit einiger Zeit schon ging die Angst um, dass die dortigen Gräber das Grundwasser in den nächstgelegenen Brunnen vergifteten. Nach einigen Erkrankungsfällen mit choleraähnlichen Symptomen hatte der Magistrat verboten, in einem bestimmten Umkreis vom Friedhof Brunnenwasser zu zapfen. Aber natürlich hielt sich niemand daran.

»Nein, wir waren in der Hindley Street«, kam es, begleitet von mehreren schmerzlichen Ächzern, vom anderen Ende des Zimmers. »Im *Golden Hind.*«

Das *Golden Hind* war ein stadtbekanntes, erzsolides Gasthaus für Familien und alleinstehende Herren der Gesellschaft. Äußerst unwahrscheinlich, dass Ian dort etwas zu sich genommen hatte, das nicht mit äußerster Sorgfalt zubereitet worden wäre. Dennoch – unmöglich war es nicht.

Dorothea warf die Decke ab und schwang die Beine über den Bettrand. »Ich gehe schnell nachsehen, wie es Catriona und Percy geht. Leg dich wieder hin, ich bestelle uns Tee und Toast aufs Zimmer.«

Ohne eine Antwort abzuwarten, schlüpfte sie in Ians Morgenrock aus wattierter, chinesischer Seide. Er war ihr viel zu groß, aber das war jetzt zweitrangig. Ihren eigenen aus der Reisekiste herauszusuchen, hätte viel zu lange gedauert.

Im Flur versuchte sie, sich zu orientieren. Catrionas Zimmer lag genau neben der Treppe am Ende. Sie waren daran vorbeigekommen, als der Portier sie zu ihrem geführt hatte. Auf Zehenspitzen schlich sie den menschenleeren Flur entlang. Auf ihr leises Klopfen kam keine Erwiderung. Sie klopfte kräftiger und entschied sich dann, als immer noch kein Laut zu hören war, die Tür einen Spaltbreit zu öffnen und den Kopf hineinzustrecken.

»Catriona?«, flüsterte sie. »Geht es dir gut?«

»Natürlich. Wieso sollte es mir nicht gut gehen?« Catriona rekelte sich wie eine Katze und gähnte vernehmlich. Sie setzte sich auf, um sich augenblicklich mit einem gequälten »Nein, bitte sag mir, dass ich träume!« wieder zurück in die Kissen fallen zu lassen. »Was ist das?«

»Was denn?« Dorothea sah sich verständnislos nach dem Gegenstand um, der ihre Cousine so entsetzt hatte.

»Das da!« Catrionas Zeigefinger deutete genau auf sie. Ihr Nachthäubchen aus venezianischer Spitze saß kokett ein wenig

verschoben über ihrem linken Ohr. Die Schattierung der Seiden-
bänder, mit denen es aufgeputzt war, entsprach genau derjenigen
der Bänder, mit denen die Rüschen um Hals und Handgelenke
zusammengehalten wurden.

Plötzlich ging Dorothea ein Licht auf. Ihre Cousine störte sich
an ihrem Morgenrock! »Ach, das meinst du.« Sie winkte ungeduldig ab. »Den habe ich mir von Ian geliehen. Ich wollte mich nur
rasch nach eurem Befinden erkundigen. Seid ihr gesund? Kein
Magengrimmen?«

»Nicht im Geringsten. Ich fühle mich großartig. Es war ein
wunderschöner Abend. Schade, dass du nicht mitkommen konntest. Wir haben uns prächtig amüsiert.« Sie lächelte schelmisch.
»Wenn ich auch sagen muss, die deutschen Herren waren ein wenig – wie soll ich sagen: steif? Wie sie da so in Reih und Glied
standen, erinnerten sie mich an ein Garderegiment beim Appell.«

»Sie werden sehr bewundert für ihre Sangeskunst«, verteidigte Dorothea den Männergesangverein. »Besonders die Tenöre.«

»Das hat man bemerkt.« Catriona grinste wenig damenhaft.
»Die letzten beiden Zugaben gingen voll auf das Konto einer Da-
mengruppe in der ersten Reihe.« Das Grinsen erlosch, als ihr ein
Gedanke kam. »Wieso fragst du, ob es mir gut geht? Ist etwas
mit Ian?«

»Vermutlich eine Kolik. Er leidet unter Darmkrämpfen und
Übelkeit.«

»Ich wusste es doch: An dem Ale in dieser Spelunke war etwas faul!«

»Welche Spelunke?« Dorothea sah sie fragend an.

»Als wir aus dem Gasthaus kamen, war es ein so schöner Abend,
dass Ian uns zu einem Spaziergang überredete.« Catriona runzelte
ärgerlich die Stirn. »Das war wirklich dumm. Die Slipper sind rui-
niert. Da, sieh nur!« Sie wies mit dem Kinn auf die traurigen Res-
te von einem Paar zartrosa Seidenpantöffelchen. »Dabei kamen

wir an dieser Spelunke vorbei, von der Ian behauptete, sie schenke das beste Ale von ganz Adelaide aus.« Sie verzog amüsiert das Gesicht. »Von Ale verstehe ich nichts. Aber die Männer stanken alle wie Bierkutscher, und die Bedienung wirkte, als ob sie auch noch einer anderen Profession nachginge. Es war wirklich recht unterhaltsam. Aber ich wundere mich nicht, dass das Ale dort Ian nicht bekommen ist. Ich hatte ihn noch gewarnt, ein zweites Glas davon zu trinken. Das Gebräu wirkte ziemlich trübe.«

»Und Percy?«

»Der schläft noch. Mach dir keine Sorgen. Wir beide vertragen auch das übelste Gebräu, ohne mit einem Rausch bestraft zu werden.«

Mit dem Versprechen, sich wieder zu melden, sobald es Ian besser ginge, verließ Dorothea ihre Cousine. Eigentlich hatten sie einen Vormittagsbesuch bei Dorotheas Mutter und Lischen geplant. Sie musste ihnen Bescheid geben, dass sie erst nachmittags kämen. Nicht, dass sie sich unnötig Sorgen machten. In ihre Erleichterung darüber, dass Ians Unwohlsein keine ernsthafte Erkrankung war, mischte sich Verärgerung über seinen Leichtsinn. Jeder wusste doch, dass die billigen Pubs alles Mögliche in ihr Ale mischten, um seine berauschende Wirkung zu verstärken. In Adelaide war zwar noch niemand daran gestorben, aber aus Sydney hatte man gehört, dass dort ein Wirtshaus für Seeleute geschlossen worden war, nachdem es zu einigen unerklärlichen Todesfällen gekommen war.

Dieser Dummkopf! Es geschah ihm recht, dass er jetzt einen ordentlichen Brummschädel hatte.

Ihr Ärger löste sich in Luft auf, sobald sie einen Blick auf die elende Gestalt im Bett geworfen hatte. Ians Gesicht war kalkweiß, seine Augen blutunterlaufen. »Ich hätte dich für klüger gehalten«, sagte sie und wischte ihm sanft die schweißverklebte Haartolle aus der Stirn, die ihm sonst immer ein so verwegenes Aussehen verlieh. »Du solltest eigentlich besser wissen, wo man trinken kann und wo nicht.«

»Bei Murphy gab es noch nie Probleme«, murmelte er und verzog schmerzlich das Gesicht. »Platz da.« Er schob sie zur Seite und verschwand erneut hinter dem Wandschirm, der den Nachtstuhl verdeckte.

»Catriona beschrieb es als Spelunke, in der sogar Straßenmädchen verkehrten. Ian, wie konntest du die beiden nur in solche Gegenden führen?«

»Quatsch! Murphy ist ein ganz normaler Pub«, kam es etwas abgehackt. »Außerdem wollte sie unbedingt typisch australische *Squatter* sehen.«

Leicht schwankend kam er wieder zum Vorschein und bewegte sich vorsichtig zurück ins Bett. Es war nicht das Ale. Egal, wer das behauptet. Ich weiß doch, wie sich ein Kater anfühlt, und dies ist etwas anderes.«

Dorothea widersprach nicht. Wenn Ian sich weigerte, die Folgen der Nacht dem Alkohol zuzuschreiben, war ihm sein Exzess wohl peinlich. Dabei war es doch völlig klar, woher sein Unwohlsein rührte. Es war lächerlich, es zu leugnen.

Für ein so vornehmes Haus dauerte es ziemlich lange, bis eine atemlose Brünette erschien und nach ihren Wünschen fragte.

»Bringen Sie uns bitte Tee und Toast. Außerdem hätte ich gerne Papier und Schreibzeug. Ich möchte nachher eine Nachricht in die Carrington Street schicken.«

Bis das Gewünschte gebracht wurde, wusch Dorothea Ian Gesicht und Hände mit kaltem Wasser. Das sollte in solchen Fällen helfen.

Wirklich helfen tat dann etwas anderes: eine kleine Flasche mit der Aufschrift »Godfrey's Elixier«. Das Zimmermädchen drückte sie Dorothea unauffällig in die Hand und flüsterte: »Geben

Sie dem gnädigen Herrn zwanzig Tropfen davon in den Tee. Der Drogist in der Rundle Street schwört auf das Haupt seiner Mutter, dass diese Tinktur auch den schlimmsten Aufruhr in den Gedärmen beruhigt. In London nimmt es jeder.«

Ein Wundermittel? Dorothea öffnete den Stopfen und schnupperte neugierig daran. Es roch harmlos genug. Ein zarter Duft nach Lindenblüten, eine Spur Muskat und noch etwas leicht Stechendes, das sie nicht einordnen konnte. »Ist es auch ungefährlich?«

»Meine Mutter gibt es den Kleinen immer, wenn sie über Bauchweh klagen.«

Dorothea dankte dem Mädchen und zählte sorgfältig zwanzig Tropfen ab. Dann gab sie noch zehn dazu. Wenn zwanzig für Kinder richtig waren, brauchte Ian mehr. Dem Tee war außer einem leichten, öligen Film auf der Oberfläche nichts anzusehen. Sie goss ein wenig Milch dazu, einen halben Teelöffel Zucker, rührte um und brachte Ian die Tasse. Während sie an dem kleinen Tisch saß, ihren Tee trank und den gebutterten Toast aß, beobachtete sie ihn aus den Augenwinkeln. Wie rasch mochte das Wundermittel wirken?

»Der Tee schmeckt irgendwie komisch«, murrte Ian, der nach dem ersten Schluck innegehalten hatte. »Findest du nicht?«

»Er ist nicht unsere gewohnte Mischung«, gab Dorothea zurück. »Sicher haben sie hier eine andere. Aber komisch würde ich den Geschmack nicht nennen. Trink deine Tasse aus, die zweite schmeckt dir sicher schon besser.«

»Das ist zu hoffen«, hörte sie ihn murmeln, ehe er den gesamten Inhalt auf einmal herunterstürzte. »Brrh.« Er schüttelte sich. Dorothea beeilte sich, ihm die Tasse abzunehmen und eine neue zu mischen. Diesmal nur mit Tee, Milch und Zucker.

Es dauerte tatsächlich nicht lange. Ian hatte seine zweite Tasse noch nicht einmal zur Hälfte getrunken, als er schon herzhaft zu gähnen begann und feststellte: »Ich weiß nicht, was mit mir los ist. Auf einmal bin ich dermaßen müde, dass ich gleich wieder einschlafen könnte. – Aber wenigstens lassen die Krämpfe nach.«

Waren dreißig Tropfen vielleicht doch zu viel gewesen? Andererseits konnte es ihm nicht schaden, wenn er sich gesund schlief. Dorothea wartete ab, bis sein Atem tief und regelmäßig ging, ehe sie ans Bett trat. Ians Gesichtsfarbe hatte die kränkliche Blässe verloren, im Schlaf waren seine Züge entspannt und friedlich. Er grunzte kurz etwas Unverständliches, ehe er sich auf die Seite wälzte und hörbar zu schnarchen anfing.

Nicht einmal das Klopfen des Mädchens weckte ihn, das sich erkundigte, ob sie Dorothea beim Ankleiden behilflich sein sollte. »Ist das normal?«, erkundigte sie sich bei der munteren Brünetten. »Diese Tinktur – ist sie etwa ein Schlafmittel?«

»Aber nein, wo denken Sie hin, Ma'am!« Das Mädchen schüttelte den Kopf mit dem adretten Häubchen. »Es ist ein Gesundheitselixier, das alle schlechten Säfte austreibt. Die Kleinen schlafen danach auch immer, und wenn sie wieder erwachen, sind sie quietschfidel. Sie werden sehen – genauso wird es dem Herrn Gemahl auch ergehen.«

Ihre ungekünstelte Zuversicht zerstreute Dorotheas leise Zweifel an der Wirkungsweise der Medizin. Wenn das so war, brauchte sie den Tag nicht zu verplempern, indem sie an Ians Bett saß!

Catriona bestärkte sie freudig in ihrem Entschluss, Ian ruhig schlummern zu lassen und derweil Mutter Schumann einen Besuch abzustatten. »Ich muss gestehen, ich bin schrecklich gespannt darauf, sie kennenzulernen«, gestand Catriona. »Die Witwe eines Missionars stellt man sich ganz bestimmt nicht als Modistin vor.« Percy hüstelte warnend, worauf sie an Dorothea gewandt schnell hinzufügte: »Das war ganz und gar nicht als Kritik gemeint. Ich finde es wirklich überaus beeindruckend, wie deine

Mutter ihr Schicksal gemeistert hat. Meine hat es ja vorgezogen, sich in Krankheit zu flüchten.«

Die Verachtung war unüberhörbar. So unüberhörbar, dass Percy einwarf: »Du tust Mama unrecht, wenn du ihr das vorwirfst. Sie war schon immer sehr empfindsam und von zarter Gesundheit. Nicht jeder hat das Glück, über eine so unverschämt gute Konstitution zu verfügen wie du.«

»Du hast auch nicht stundenlang an ihrem Bett sitzen und dem Gejammer zuhören müssen«, fauchte Catriona mit blitzenden Augen. »Du hattest ja das Glück, ein Mann zu sein und derweil männlichen Zerstreuungen nachgehen zu dürfen.«

Ihr unerwarteter Wutausbruch erschreckte nicht nur Dorothea. Auch Percy schien unsicher, wie er darauf reagieren sollte. Ehe einer von ihnen etwas sagen konnte, war alles schon wieder vorbei. Catrionas eben noch verzerrte Züge glätteten sich, und sie lächelte so strahlend, dass Dorothea meinte, sie müsse sich die Entgleisung eingebildet haben. Vielleicht war ihr ein Staubkorn ins Auge geflogen?

Glücklicherweise hatte Dorothea ihr Billett noch nicht geschrieben. Als sie in ihr Zimmer zurückkehrte, um Hut und Pelerine zu holen und gerade nach den passenden Handschuhen suchte, ließ ein plötzliches Aufstöhnen vom Bett her sie herumfahren. Ihre erste Befürchtung, ihr Mann könne unter starken Schmerzen leiden, verflog in dem Augenblick, in dem sie das selige Grinsen auf seinem Gesicht sah. Es waren keinesfalls unangenehme Gefühle, die ihm solche Lautäußerungen entlockt hatten. Im Gegenteil. Diese kehligen Wonnelaute kannte sie nur zu gut.

Ian warf den Kopf hin und her und murmelte heiser: »Ja, ja, genau so, das ist wundervoll. Mach weiter, hör nicht auf.«

Dorothea spürte, wie sich ihr Inneres schmerzhaft zusammenzog. An wen waren diese Worte gerichtet? An seine schwarze Geliebte? Träumte er etwa von ihr?

Am liebsten wäre sie aus dem Zimmer geflüchtet, aber etwas hielt sie zurück. Sollte sie versuchen, sich Gewissheit zu verschaffen? Sie trat ans Bett und beugte sich über Ian. Dabei fiel ihr auf, dass er einen leicht säuerlichen, kränklichen Geruch verströmte. Normalerweise roch Ian immer nach gesundem Schweiß und hier und da nach dem Soda, mit dem die Wäscherin stark verfleckte Hemden behandelte. Sie rümpfte die Nase. Bevor sie heute Abend zu dem Viehzüchter-Dinner gingen, würde sie ihm wohl besser ein Bad richten lassen. Sie unterdrückte ihren Widerwillen gegen das Täuschungsmanöver, hauchte einen flüchtigen Kuss auf seine Wange und flüsterte: »Ich höre nicht auf, aber ich will meinen Namen aus deinem Mund hören. Sag ihn. Sag meinen Namen.«

Ihr Herz klopfte so heftig, dass das Blut in ihren Ohren rauschte. Unwillkürlich hatten ihre Hände sich zu Fäusten geballt. Sie wähnte sich unmittelbar vor des Rätsels Lösung und war sich gar nicht sicher, ob sie es lösen wollte. Solange es nur ein Verdacht war, konnte man ihn verdrängen, erklären, ignorieren. War die Wahrheit erst einmal ans Licht gekommen, musste sie Entscheidungen treffen. Schmerzhafte Entscheidungen.

Sollte sie vielleicht besser einfach gehen? Oder sollte sie es weiter versuchen? Ihr Mann nahm ihr die Entscheidung ab. Plötzlich entspannte er sich sichtlich, gab ein paar überraschend kindliche Laute von sich und fiel wieder in den regelmäßigen Atemrhythmus des Tiefschlafs. So, wie er aussah, fühlte er sich ausgesprochen wohl. Der letzte Rest Zweifel, ob sie ihn allein lassen konnte, schmolz wie Schnee in der Märzsonne. Ian ging es ja wohl gut genug, wenn er solche Träume hatte! Er sollte seinen Rausch gefälligst alleine ausschlafen. Sie griff nach ihrem Retikül und zog entschlossen die Zimmertür hinter sich zu.

Da Catriona sich strikt weigerte, erneut die staubigen Straßen zu betreten, mussten sie warten, bis der Hausdiener bei dem Mietstall um die Ecke eine Stadtkutsche geordert hatte. »Ich stelle es mir fürchterlich vor, wenn es regnet«, bemerkte Catriona, während sie verspielt ihren Sonnenschirm drehte. »Da kann man sich doch nur in einer Sänfte fortbewegen!«

Einen Moment war Dorothea sprachlos, dann lachte sie laut. »So etwas gibt es hier nicht! Der Droschkenkutscher wird schon verdutzt genug gucken, dass wir uns nur bis ins deutsche Viertel fahren lassen.«

Tatsächlich war dem gedrungenen Mann im blauen Arbeitskittel weder Verwunderung noch irgendeine andere Gemütsregung anzumerken. In gemächlichem Schritt ließ er die alte Mähre die King George Street hinuntertrotten, um dann einfach wortlos vor dem Atelier Schumann anzuhalten. Auf Percys Frage, ob er sie in zwei Stunden wieder abholen könne, brummte er nur zustimmend und hielt ihm auffordernd die schwielige Handfläche hin.

»Viel Trinkgeld wird er mit seiner Art nicht erhalten!« Percy sah dem Wagen nach. »Nicht, dass die Droschkenkutscher in London ein Ausbund von Höflichkeit wären – aber ein solches Exemplar wäre sogar dort eine Rarität.«

»Doro!« Die Eingangstür zum Atelier wurde aufgerissen, und Lischen stürzte heraus, um ihrer Schwester stürmisch um den Hals zu fallen. »Ich muss dir etwas Wundervolles erzählen!« Sie errötete bis über beide Ohren, als sie die beiden Begleiter bemerkte, die hinter ihrer Schwester standen.

»Meine Schwester Lisbeth – Catriona Grenfell und Percy Grenfell, Ians Verwandte aus England«, stellte Dorothea sie einander vor.

»Sehr erfreut, Sie kennenzulernen«, sagte Lisbeth artig und bemühte sich sichtlich, nicht auf Catrionas auffallendes Vormittagskleid aus maulbeerfarbener Moiréseide zu starren. »Bitte, kommen Sie doch herein. Mutter hat gerade Kundschaft. Darf ich Sie in den Garten bitten?«

»Von einer so bezaubernden jungen Dame lasse ich mich gerne

201

überallhin bitten«, sagte Percy und beugte sich galant über Lisbeths Hand. »Darf ich Sie Lisbeth nennen? Ich habe das Gefühl, wir kennen uns schon ewig. Vielleicht, weil Sie der lieben Dorothy so ähneln.«

Lisbeth errötete erneut. Schmeicheleien und Komplimente war sie nicht gewöhnt.

»Wie schön, Sie endlich persönlich zu treffen.« Catriona schob ihren Bruder energisch zur Seite und lächelte die eingeschüchterte Lisbeth strahlend an. »Ist dies Kleid ein Entwurf Ihrer Mutter? Ich muss sagen, es ist ungewöhnlich elegant und steht Ihnen glänzend. Sind Sie ebenfalls als Modistin tätig?«

»Nein, ich helfe meiner Mutter zwar, wenn Not am Mann ist, aber eigentlich interessiere ich mich mehr für chemische Experimente«, gestand Lisbeth, wobei sie verlegen zu Boden sah.

»Seit wann? Ich kann mich nicht erinnern, dass du zu Weihnachten schon so etwas erwähnt hättest«, rief Dorothea. »Was ist denn da so plötzlich in dich gefahren?«

»Ich war bei den öffentlichen Vorträgen vom St. Peters College, und da habe ich entdeckt, dass mich diese Fragen sehr interessieren«, erwiderte Lisbeth ausweichend. »Was darf ich Ihnen zu trinken anbieten? Limonade, Tee, Wein?«

»Für mich bitte Limonade«, sagte Catriona und sah sich interessiert in dem ummauerten Gärtchen um. »Was für ein entzückender Küchengarten! Ist das dort hinten wirklich ein Zitronenspalier? Wie romantisch.«

Dorothea versagte sich den Hinweis darauf, dass die Gestaltung weniger auf romantisches Stilempfinden als auf praktische Erwägungen zurückging. Das dichte, glänzende Blattgrün verdeckte perfekt das Holzhäuschen im entferntesten Winkel. Zwischen ihm und der Laube an der Rückwand des Hauses hatte die praktische Mutter Schumann Beete angelegt, auf denen sie das Gemüse zog, das auf dem Markt immer noch ausgesprochen teuer war:

Buschbohnen, Küchenkräuter, Gurken und Kartoffeln. Letztere verrieten jetzt allerdings nur noch durch ihr vertrocknetes Laub ihre Anwesenheit.

Dorothea bat die Grenfells, schon einmal auf der Bank in der Laube Platz zu nehmen, und folgte ihrer Schwester in die Küche. »Was ist das für eine Geschichte? Du und chemische Experimente! Du erschrickst doch normalerweise schon vor den Funken aus dem Herd. Was ist da los? Sag, ist es ein Mann?«

»Wie kommst du darauf?« Lisbeth schöpfte einen Krug Wasser aus der Vorratstonne, die ihnen jeden Morgen frisch von den Quellen im Süden geliefert wurde.

»Wie ich darauf komme? Wenn meine Schwester sich aus heiterem Himmel für chemische Experimente begeistert, liegt der Verdacht ja wohl nahe.« Dorothea suchte zwei besonders große Zitronen aus dem Korb und griff nach dem Messer, um sie zu teilen. »Wer ist es? Kenne ich ihn?«

»Nein.« Lisbeth reckte sich nach dem Blechbehälter mit dem Zucker ganz oben auf dem Bord. »Er ist Apotheker und arbeitet im Drugstore von Mr. Merryweather.«

»Ein Apothekergehilfe?«

»Nein, Apotheker. Er hat nur momentan kein Geld, um hier in Adelaide eine eigene zu gründen. Deswegen arbeitet er ja auch bei Mr. Merryweather.«

»Wieso ist er in Australien?«

Lischen schloss den Deckel der Zuckerdose mit hörbarem Unmut. »Heinrich ist ein verfolgter Revolutionär«, erklärte sie mit trotzig zurückgeworfenem Kopf. »In Deutschland, irgendwo im Badischen – ich glaube, Mannheim –, besaß seine Familie eine angesehene, alteingesessene Apotheke. Aber er unterstützte die Aufständischen und musste fliehen.«

Eine Revolution in Deutschland? Dorothea hatte wenig Kontakt zu anderen Deutschen. Wenn sie in Adelaide war, beschränkte

203

sich ihr Umgang auf ihre Familie und Ians Geschäftspartner. Vielleicht noch Matthew Moorhouse und seine junge Frau, sofern sie gerade in der Stadt waren und sich nicht auf ihrem Anwesen bei Encounter Bay aufhielten. Aber auch die waren nicht interessiert an Nachrichten aus Deutschland. So war es kein Wunder, dass sie jetzt fragend ihre Schwester Lisbeth ansah.

»Was für eine Revolution?«

»Die Märzrevolution! Du bist wirklich schon eine richtige Engländerin geworden, die sich für nichts anderes als englische Angelegenheiten interessiert«, sagte Lisbeth vorwurfsvoll und holte tief Luft. »In allen deutschen Ländern gärt es. Die Bürger verlangen Reformen und ein Bürgerparlament. Dafür haben sie sogar gekämpft. Wie im Krieg. Aber die Preußen haben gesiegt, und wer nicht geflohen ist, wurde arretiert und hingerichtet.«

Aus Lischens Mund klang das alles so fantastisch, dass Dorothea sich vornahm, bei nächster Gelegenheit Erkundigungen über diese deutsche Revolution einzuziehen. In den Zeitungen, die sie hielten, stand jedenfalls nichts darüber. Wahrscheinlich bauschte Lischen wieder einmal etwas auf. Das hatte sie schon immer gerne getan.

»Weiß Mama davon?« Mutter Schumann würde es kaum gutheißen, wenn ihre jüngste Tochter sich mit einem Revolutionär einließ. Revolutionär. Es klang schon so liederlich.

Lischen schüttelte den Kopf. »Ich habe ihr gesagt, ich hätte so oft Kopfschmerzen in letzter Zeit und das Elixier von Mr. Merryweather wäre das Einzige, das mir wirklich helfen würde. Ich hatte schon Angst, dass sie mich zu Dr. Woodforde schleppen würde, aber sie hat nichts gesagt, außer dass ich vorsichtig mit der Dosierung sein sollte.«

Dorothea glaubte nicht, dass ihre Schwester die Mutter wirklich hatte täuschen können. Dafür war sie zu hellsichtig. Vermutlich rechnete sie damit, dass die Sache sich von selbst erledigen würde.

So gerne sie mehr aus Lischen herausgequetscht hätte – sie konnten die Grenfells nicht so lange sich selbst überlassen. Mit leisem Bedauern verschob Dorothea die Inquisition auf einen passenderen Zeitpunkt, goss den Zitronensaft in das von Lischen vorbereitete Zuckerwasser und stellte die Gläser auf ein Tablett.

Sie hatte gerade allen eingeschenkt, als ihre Mutter sich der Gesellschaft anschloss. Mutter Schumann sah etwas blass aus. Kein Wunder, bei den unzähligen Stunden, die sie über eine Näharbeit gebeugt saß. »Entschuldigung, es war nicht so einfach, Mrs. Mann zufriedenzustellen«, sagte sie, nachdem sie alle begrüßt hatte, und lächelte etwas gequält. »Manche französischen Novitäten sind nicht so einfach zu bekommen. Wir sind hier eben doch sehr weit von Paris entfernt.«

»Der Pariser Chic, denke ich, wird manchmal überschätzt«, sagte Catriona sanft. »Er hat mitunter so eine, wie soll ich sagen, gekünstelte Note. Zum Beispiel der Redingote. Seine eher maskuline Schnittführung mag ja für ein Reitkostüm passend sein, aber wer möchte in einer solchen Aufmachung Besuche machen?« Sie lachte leise und melodisch. »Jeder würde denken, man sei zu Pferd unterwegs. Wie absurd!« Sie nahm einen Schluck Limonade, ehe sie fortfuhr: »Darf ich so unverschämt sein und Sie darum bitten, mir Ihre neuesten Entwürfe zu zeigen? Was ich in Dorothys Kleiderschrank gesehen habe, hat mich neugierig gemacht. Es ist so ganz anders als das, was man gemeinhin sieht.«

»Aber gerne«, erwiderte Mutter Schumann geschmeichelt. »Ich bitte Sie nur, nicht Ihre Londoner Maßstäbe anzulegen. Mit den dortigen Ateliers können wir Provinzler natürlich nicht mithalten.«

Zu Dorotheas Erstaunen schien ihre Mutter sich wirklich über Catrionas Interesse zu freuen. Ihre Wangen hatten sich leicht gerötet, und ihre Augen blitzten lebhaft. Sie fühlte sich vollkom-

men in ihrem Element. Keine Spur mehr von der zurückhalten-
den Missionarsfrau.

Wieso war ihr nicht früher aufgefallen, wie gerne sie über
Schnittmuster und Stoffe sprach? Während Percy mit der neuesten Ausgabe des *Register* und einem weiteren Krug Limonade
sich selbst überlassen wurde, zogen die Damen sich in die Werk-
statt zurück.

»Oh, ich sehe, Sie haben da die neue *World of Fashion*«, rief
Catriona aus. »Beziehen Sie sie regelmäßig?«

»Ja, außerdem *The Ladies Cabinet* und die *Ladies Gazette of Fashion*. Aber ich weiß nicht, ob das Blatt sich lange halten wird. Zu
extravagant, wenn Sie mich fragen. Hier, sehen Sie nur diesen Par-
dessus! Alles voll Rüschen und Falbeln. Ein Besatz aus Litze oder
Kurbelstickerei würde sehr viel eleganter wirken.«

»Oder Schwanendaunen. Die sind nur sehr empfindlich.«

Im Nu waren Catriona und Mutter Schumann in eine Diskussion über das passende Material für Besätze verwickelt.

Dorothea nutzte die Gelegenheit, packte ihre Schwester am
Arm und zog sie in den angrenzenden kleinen Salon, in dem die
Kundinnen empfangen wurden. »So, jetzt einmal heraus mit der
Sprache: Wo hast du deinen Heinrich überhaupt getroffen? Ihr
müsst euch ja öfter sehen, wenn du schon so viel über ihn und
diese Revolution weißt.«

»Es war reiner Zufall, dass wir uns über den Weg liefen«, erzählte Lischen, anfangs etwas zögernd, aber dann brach sich doch ihr
Mitteilungsbedürfnis Bahn. »Ich wollte eigentlich zu dem Vortrag über die Tierwelt Australiens, aber der war kurzfristig abge-
sagt und durch einen über chemische Experimente ersetzt worden. Gerade als ich wieder gehen wollte, kam Heinrich durch die
Tür.« Sie verstummte und wurde über und über rot. »Er lächelte mich an und sagte: Bin ich hier richtig, gnädiges Fräulein? Ich
möchte zum Vortrag von Mr. Allom.«

Lischen verstummte und schwelgte so offensichtlich in der Erinnerung an diesen Augenblick, dass Dorothea ungeduldig fragte: »Schön, und wie ging es mit euch weiter?«

»Ich blieb natürlich«, sagte Lischen. »Nach dem Vortrag fragte er mich, ob er mich nach Hause bringen dürfte. Ein richtiger Gentleman. Er hat nicht einmal versucht, mich zu küssen, wie es normal gewesen wäre.«

»Lisbeth!«

»Ach komm, spiel hier nicht die Tugendhafte!«, sagte ihre Schwester völlig unbeeindruckt. »Du glaubst doch nicht, dass er mein erster Verehrer gewesen ist?«

Genau davon war Dorothea fest überzeugt gewesen. Also schluckte sie jetzt jegliche Erwiderung hinunter und bat Lisbeth nur fortzufahren.

»Als er nicht wieder auftauchte, um mich zu einem Spaziergang einzuladen oder so etwas, habe ich die Dinge in die Hand genommen. Er hatte mir ja gesagt, dass er in Merryweathers Apotheke arbeitet. Also ging ich hin und hatte Glück: Er war ganz alleine im Laden.«

Dorothea betrachtete ihre Schwester mit neuem Respekt. Das hätte sie ihr nicht zugetraut.

»Dann war alles ganz einfach. Er erkannte mich wieder, und ich glaube, er war echt erfreut. Diesmal fragte er mich nämlich, ob ich mit ihm den neuen, botanischen Garten besichtigen wollte. Natürlich sagte ich zu.«

»Was ist mit seiner Familie? Lebt sie auch hier?«

Lischen schüttelte den Kopf. »Nein, seine Mutter ist kränklich und hätte die Seereise wohl nicht überstanden. Heinrichs Vater und seine Schwester sind in Deutschland geblieben und führen ihre Apotheke dort weiter. Sobald Heinrich genug zusammengespart hat, will er Mr. Merryweather wegen einer Teilhaberschaft fragen.«

»Wann wird das sein? Bald?«, fragte Dorothea interessiert. Sie vermutete, dass das der Zeitpunkt wäre, an dem der junge Mann ihrer Schwester einen Antrag machen würde.

Lischens Züge verfinsterten sich. »Nein.«

»Willst du ihn heiraten?«

»Lieber heute als morgen! Aber Heinrich weigert sich, über eine gemeinsame Zukunft zu sprechen, solange er mir nichts bieten kann.« Lischen schnaubte verächtlich durch die Nase. »Als ob mir das wichtig wäre! Hier wäre Platz genug im Haus. Seit die Jungen weg sind, stehen ihre Zimmer leer.«

»Habt ihr Nachrichten von ihnen?«, fragte Dorothea, sofort abgelenkt.

»Nichts seit dem letzten Brief von Ostern. Den hast du ja auch gelesen. Es hat sich nicht so angehört, als ob sie bald zurückkämen.«

»Du meinst, weil Koar so von diesem St. Thomas Lehrhospital geschwärmt hat? – Es war wirklich ungemein großzügig von Mr. Angas, ihm ein Stipendium auszusetzen. Er ist ein richtiger Philanthrop!«

»Nun, ich hörte, es sei so eine Art Wette gewesen«, wandte Lischen ein. »Er will beweisen, dass es möglich ist, die Eingeborenen Südaustraliens zu zivilisieren. Einer seiner Freunde von der *Londoner Gesellschaft zum Schutz der Eingeborenen* hatte bezweifelt, dass man ihnen das nötige Wissen beibringen könnte.«

»Wirklich?« Dorothea runzelte enttäuscht die Stirn.

»Du erwartest immer noch zu viel von den Menschen, Doro«, sagte ihre Schwester und legte ihr liebevoll den Arm um die Schultern. »Wenn er es nicht allein aus Freundlichkeit getan hat, sondern auch noch einen klitzekleinen Vorteil für sich daraus ziehen will – was ist daran denn so verwerflich? Die Hauptsache ist doch, Koar bekommt das Geld.«

»Du hast ja recht«, gab Dorothea zu. »Habt ihr eigentlich irgendetwas von August gehört?«

»Nein.« Lischen schüttelte betrübt den Kopf. »Er scheint wie vom Erdboden verschluckt zu sein. Und du weißt ja, wie er ist: Ehe August einen Brief schreibt, müsste schon sonst etwas passieren.«

Die beiden Schwestern sahen sich an und lachten gleichzeitig los. Nein, ihr Bruder August war absolut kein Freund von Feder und Tinte.

»Du stellst mir deinen Heinrich aber vor?«, vergewisserte sich Dorothea nur noch, ehe sie sich wieder den anderen Damen anschlossen.

Die Zeit verging wie im Flug. Mittags ließen sie sich das Essen aus einem benachbarten Gasthaus kommen, und Percy unterhielt sie mit Anekdoten aus seiner Zeit auf dem College.

»Deine Mutter ist eine sehr ungewöhnliche Frau«, sagte Catriona nachdenklich, als sie in der Droschke, die tatsächlich zur vereinbarten Zeit vor dem Haus aufgetaucht war, zum Hotel zurückfuhren. »Von einer Missionarswitwe hätte ich nie und nimmer ein solches Gespür für Farben und Formen erwartet. Und solch einen feinen Sinn für modische Details. Wenn sie nicht schon vollkommen ausgebucht wäre, hätte ich selber nicht übel Lust gehabt, mir von ihr ein paar Toiletten entwerfen und anfertigen zu lassen.«

Dorothea sah sie überrascht an. »Findest du wirklich?« Es war schon schmeichelhaft, wenn eine modisch so versierte Frau wie ihre Cousine ihrer Mutter ein solches Lob aussprach. Sie hatte es immer für selbstverständlich genommen, dass ihre Mutter nähte. Früher die schlichten Kleidungsstücke, die der Familie eines Theologen angemessen waren. Später die eleganten Roben, die ihr und Lischens Auskommen sicherten. Auch Ian hatte einmal, eher nebenbei, bemerkt, wie er Mutter Schumanns Geschäftstüchtigkeit und handwerkliches Geschick bewunderte. »Andere Frauen in ihrer Lage hätten sich nur zu gern in die Fürsorge und Obhut eines Schwiegersohns begeben. In ihrem Alter noch einmal ganz

von vorn anzufangen und dabei auch noch erfolgreich zu sein …
Ich ziehe meinen Hut vor ihr!«

Zum ersten Mal in ihrem Leben versuchte sie, ihre Mutter mit den Augen anderer zu sehen. Nicht als vertrauten Anker, der zu ihrem Leben einfach dazugehörte und schon so lange dazugehört hatte, dass sie ihn als selbstverständlich betrachtete, sondern als eigenständige Person. Damals, als ihr Vater starb, war sie so in ihrem eigenen Kummer und den Sorgen um ihre Zukunft verstrickt gewesen, dass sie kaum darüber nachgedacht hatte, was diese Katastrophe wohl für Mutter Schumann bedeutet hatte. In ihrer ruhigen, bedächtigen Art hatte ihre Mutter doch immer alles irgendwie in Ordnung gebracht.

Beschämt gestand sie sich ein, dass sie ihrer Mutter keine große Hilfe gewesen war. August hatte schon recht gehabt, ihr Vorwürfe zu machen. In ihrer Panik über die unglückliche Schwangerschaft hatte sie nur an sich gedacht. Und später war so viel passiert, dass es ihr nach einiger Zeit vollkommen natürlich erschienen war, dass ihre Mutter jetzt eben einen Schneidersalon führte. Es war ja auch so praktisch, immer passende und geeignete Kleidung zu haben.

»Ja, ihre Roben sind sehr begehrt in Adelaide«, sagte Dorothea mit neu entdecktem Stolz. »Aber ich denke, für dich würde sie es schon irgendwie möglich machen. Schließlich gehörst du ja zur Familie.«

Ian öffnete ein Auge, als sie ins Hotelzimmer rauschte. »Geht es dir besser?«, erkundigte sie sich so kühl, dass er erschreckt das zweite Auge aufriss und fragte: »Welche Laus ist dir denn über die Leber gelaufen?«

»Keine. Ich fand es nur unpassend, sich am Abend vor dem Festbankett dermaßen gehen zu lassen, dass es einen ganzen Tag braucht, den Rausch auszuschlafen.«

»Ich habe nur zwei Krüge Ale getrunken. Das ist ja wohl nicht unmäßig«, verteidigte er sich schwach. »Keine Ahnung, was da drin war. Normalerweise ist das Ale im Murphy sauber.«

»Dann solltest du vielleicht ein Wörtchen mit dem Wirt wechseln«, schlug Dorothea spitz vor. »Ich habe dir ein Bad bestellt. Ich bin bei Catriona. Wir werden uns gegenseitig beim Ankleiden helfen.«

Rasch raffte sie alles zusammen, was sie anziehen wollte, und verließ fluchtartig das Zimmer. Ian merkte immer, wenn sie etwas vor ihm verbergen wollte, und momentan fühlte sie sich nicht in der Stimmung, ihn auf seine verräterischen Worte von heute Morgen anzusprechen.

Irgendwann würde sie es tun. Aber nicht heute.

Es dunkelte bereits, als sie zum Bankett aufbrachen. Noch war es angenehm warm. Im australischen Herbst konnten die Nächte jedoch überraschend frisch sein. Deswegen trug Dorothea eine silbergraue Kaschmirpelisse über ihrem mauvefarbenen Dinnerkleid. Catriona hatte sich für die Robe aus pomonagrünem, neapolitanischem Samt entschieden, der ihren zarten Teint wie Alabaster schimmern ließ. Darüber nichts als einen hauchdünnen Shawl, über und über mit glitzernden Glassteinchen besetzt.

Ihre prächtige Erscheinung wurde von Percy in brüderlicher Unverblümtheit kommentiert mit: »Himmel, Cat, meinst du nicht, dass du etwas übertreibst für diese Viehbarone?«

»Keineswegs«, gab die zurück. »Im Gegenteil, ich finde, als Vertreter der englischen Society sind wir geradezu verpflichtet, den Menschen hier etwas weltläufige Eleganz zu bieten.«

Dorothea schwieg dazu. Unter Hinweis auf das gesellschaftliche Ereignis hatte ihre Cousine sie fester geschnürt als üblich, und sie fühlte sich ausgesprochen unwohl. Es war ihr so nicht mehr möglich, richtig zu atmen, und sie hatte den Eindruck, ihr Inneres wäre dermaßen zusammengequetscht, dass sie keinen Bissen zu sich nehmen könnte.

»Alles in Ordnung mit deiner Mutter und Lizzy?«, erkundigte Ian sich, während sie vor dem Hotel auf die Droschke warteten. Catriona hatte sich mit den Worten: »Ich denke gar nicht daran, mir meine besten Abendschuhe zu ruinieren«, weiterhin strikt geweigert, auch nur einen Schritt zu Fuß zu gehen, und so hatte Ian mit bemerkenswertem Gleichmut wieder eine Droschke bestellt. »Du wirkst so bedrückt. Oder ist dein Kopf immer noch nicht ganz in Ordnung?«

»Nein, nein«, wehrte Dorothea ab. »Ich war nur gerade in Gedanken.«

»Ich weiß nicht, wieso dieser Ausspruch von dir mich immer so beunruhigt.« Ian seufzte. »Verrätst du mir später, worüber du dermaßen finster brütest?«

Später – das wäre nach dem Festbankett und nach dem Fackelzug, der bei Mondaufgang am südlichen Ende der King George Street beginnen und durch die Stadt bis zur Residenz des Gouverneurs ziehen sollte. Dort würden die Fackelträger dann Aufstellung nehmen und die englische Nationalhymne singen, der Gouverneur eine Rede halten und die Garnison mit ihrer vorsintflutlichen Kanone einen Salut abfeuern. Es hatte einige Diskussionen darüber gegeben, ob es wirklich einunddreißig Salutschüsse sein müssten – für jedes Lebensjahr der beliebten Regentin eines. Schließlich war Pulver teuer. Die Befürworter hatten sich jedoch durchgesetzt.

Nach dem ohrenbetäubenden Salut würden sich dann die Teilnehmer und Zuschauer auf die zahllosen Pubs verteilen, die sich bereits auf den Ansturm eingestellt hatten.

Später würde Ian sicher zu abgelenkt sein, um darauf zurückzukommen. Irgendwann würde es ihm natürlich wieder einfallen, aber bis dahin blieb ihr Zeit genug, sich darüber klar zu werden, ob sie ihn direkt fragen wollte und damit riskierte, angelogen zu werden, oder ob sie lieber auf das Geschick der Geschwister Grenfell im Aushorchen vertrauen sollte.

»Natürlich«, sagte sie also bereitwillig und reichte ihm die Hand, um sich in die Droschke helfen zu lassen.

Das Hotel, in dem das Festbankett stattfinden sollte, befand sich in unmittelbarer Nähe zu den Parklands um Governor House. Sie würden den Fackelzug also bequem von den Fenstern aus beobachten können und vermutlich auch einen guten Blick auf den Aufmarsch der Salutgarde haben. Vor dem Eingangsportal standen schon Grüppchen dunkel gekleideter, bärtiger Männer mit braun gebrannten Gesichtern und stämmigen Körpern, denen man ansah, dass sie einen Großteil des Tages im Sattel auf dem Rücken eines Pferdes verbrachten.

Gesprächsfetzen aus den teilweise recht temperamentvoll geführten Unterhaltungen wie »Diese schwarzen Gauner sollte man alle erschießen!«, »Ausgerechnet mein bester Merino-Bock ist diesen Sommer krepiert« oder »Habt ihr schon mal probiert, die reinrassigen mit den sächsischen Abkömmlingen zu kreuzen? Sie sollen mit dem Klima hier besser zurechtkommen« ließen keinen Zweifel daran, in welcher Gesellschaft man sich befand.

»Wie urig!«, hauchte Catriona fasziniert und beobachtete die Männer unter gesenkten Wimpern. »Sie wirken sehr, wie soll ich sagen, rustikal.«

Das Interesse war gegenseitig. Wie ein Mann stürmten sie vor, um den Damen beim Aussteigen zu helfen. Aus den Augenwinkeln sah Dorothea, wie Ian und Percy einen amüsierten Blick wechselten, bevor sie mit der Menge ins Haus getragen wurde. Die Weiblichkeit im Damenzimmer, wie der große Salon im Erdgeschoss genannt wurde, wirkte weniger erfreut. Die meisten hatten sich große Mühe gegeben, mit ihren Garderoben der

213

glanzvollen Gelegenheit gerecht zu werden. Catrionas elegante Erscheinung, die gerade eben einem Modemagazin entsprungen zu sein schien, weckte dort nicht nur Bewunderung. Eine Matrone in dunkelpurpurfarbenem Damast mit zwei Reihen schwarzer Seidenfransen am Saum winkte ihnen herrisch, näher zu treten.

Mrs. Morphett war Dorothea noch nie besonders sympathisch gewesen. »Dorothy Rathbone, tragen Sie jetzt endlich auch ein Schnürmieder!«, trompetete sie quer durch den Raum. »Das wurde auch Zeit. Sie fingen an, ganz schön aus dem Leim zu gehen. Und wer ist diese Person neben Ihnen?« Mit ihren wurstförmigen Fingern griff sie nach dem Lorgnon, das an einem schwarzen Samtband um ihren Hals hing, hob es vor eines ihrer wässrig blauen Augen und musterte Catriona, als stünde sie zum Verkauf.

Ehe Dorothea ihren Ärger heruntergeschluckt hatte, hatte Catriona schon selbst ihre Vorstellung in die Hand genommen. »Catriona Grenfell ist mein Name, Gnädigste«, flötete sie und knickste. Allerdings fehlte dem Knicks jede Demut. Er war eher die Karikatur eines Knickses, und Dorothea hätte gewettet, dass er auch nicht als höfliche Geste gedacht war. »Und Ihr werter Name, Madam?«

Mrs. Morphett schnappte sichtlich nach Luft, und eine ungesunde Röte stieg ihr ins Gesicht. Der Spott war zu auffällig gewesen.

»Mrs. Morphett, ich hoffe, es geht Ihnen gut?«, fragte Dorothea halb besorgt, halb schadenfroh. »Soll ich Ihnen ein Glas Ratafia holen?«

»Ich glaube, Mrs. Morphett bevorzugt Mandelmilch«, ertönte eine angenehme Stimme neben ihr. »Erlauben Sie?« Ehe sie sichs versah, hatte eine unauffällige Frau in flohfarbenem Samt sie beiseitegeschoben und neben Mrs. Morphett Platz genommen. »Nun gehen Sie schon, ehe sie noch der Schlag trifft«, zischte sie Dorothea zu. Die gehorchte nur zu gerne. Wenn Ian zu Ohren kam, dass Catriona Mrs. Morphett verärgert hatte, wäre er sicher ausgesprochen ungehalten. Mindestens.

John Morphett war einer der wichtigsten Männer Südaustraliens. Einige Stimmen meinten sogar: der wichtigste. Sein riesiger Landbesitz sicherte ihm ebenso wie sein immenser Reichtum großen Einfluss auf jede politische Entscheidung. Dass er die Tochter von James Hurtle Fisher geheiratet hatte, hatte seinen Einfluss noch vergrößert. Der ehemalige Bürgermeister von Adelaide hatte neben seiner Tätigkeit als Rechtsanwalt auch zahlreiche andere politische Ämter inne oder innegehabt. Die Allianz dieser beiden Familien war mächtiger als der Gouverneur.

Catriona war inzwischen von einer großen Anzahl der jüngeren Damen umgeben, die aus ihrer Bewunderung für die modische Extravaganz des Neuankömmlings keinen Hehl machten. Hier konnte sie wenig Schaden anrichten – außer vielleicht, dass sie sich bei den Eltern der Debütantinnen nicht gerade beliebt machen dürfte, wenn diese alle auf Kopien von Catrionas Robe bestünden.

Es dauerte nicht lang, bis der Gong ertönte und in feierliches Schwarz gekleidete Diener erschienen, um die Gäste an ihre Plätze zu führen. Wie es üblich war, fand Dorothea sich mit Percy als Tischherrn genau gegenüber von Ian und Catriona platziert. Der ältere Herr an ihrer anderen Seite ließ keine Zweifel darüber aufkommen, dass er mehr daran interessiert war, möglichst viel in sich hineinzuschaufeln, als mit höflicher Konversation seine Zeit zu verschwenden. Halb erleichtert, halb verärgert wandte Dorothea sich Percy zu. »Nun, hast du im Herrenzimmer schon einen vorläufigen Eindruck gewinnen können?«, fragte sie ihn mit gesenkter Stimme, während die Kellner die Teller mit der appetitlich duftenden Krebssuppe auftrugen.

»Es war recht interessant«, gab Percy genauso leise zurück. »Wenn ich auch gestehen muss, dass ich den Fachgesprächen kaum folgen konnte. Ich hätte wirklich nicht gedacht, dass Schafzucht ein solches Maß an Kenntnis verlangt!« Es klang ehrlich erstaunt.

Dorothea musste lächeln. »Ja, so ging es mir auch! Als ich nach Eden House kam, wusste ich von Schafen nur, dass sie Wolle geben und dass Engländer sie gerne essen. Dass Schafwolle so unterschiedliche Qualitäten haben kann, hätte ich mir nie träumen lassen.« Sie berührte seinen Ärmel. »Dies feine Tuch zum Beispiel könnte man nie aus der Wolle der Shetlandschafe gewinnen. Ihr Fell ist zu kraus und dick, wie mir jemand einmal erklärt hat. Dafür braucht es Merinos, weil nur ihre Fellfasern schön lang und glatt sind. Leider sind sie jedoch empfindlicher als andere Rassen. Deswegen versuchen die Züchter, Merinos mit anderen, unempfindlicheren Schafen zu kreuzen. Solchen, die bei ungünstiger Witterung nicht ständig die Lämmer verlieren. Außerdem wäre es nicht schlecht, wenn man sie leichter scheren könnte.«

»Du meinst, wenn sie nicht diese hässlichen Speckfalten hätten?«

»Genau. Die sind nicht nur hässlich. Wenn die Scherer nicht sehr aufpassen, verletzen sie die Tiere, und hat die Wunde sich erst einmal entzündet, ist nicht mehr viel zu machen. Ideal wäre ein Schaf mit der Wolle der Merinos, aber mit dem Körperbau und der Zähigkeit von Shetlandschafen.«

»Wenn ich das jemandem in England erzähle, wird er mir nicht glauben!« Percy gluckste geradezu vor Vergnügen. »Ich sitze bei einem Bankett zur Feier des Geburtstags unserer geliebten Königin, und meine Tischdame hält mir einen Vortrag über die Vorzüge diverser Schafrassen!«

Dorothea musste lachen. »Entschuldige! Die Umgebung muss ansteckend wirken. Worüber würdest du denn lieber reden?«

»Ich gestehe, etwas ratlos zu sein. In Gesellschaft junger Damen spricht ein Gentleman viel über die Schönheit seines Gegenübers, seine weiblichen Reize – natürlich in höflicher Umschreibung. Nichtigkeiten eben. Aber ich fürchte, damit würde ich dich zu Tode langweilen. Stimmt's?«

»Ich glaube, keine Frau wird es müde, Komplimente zu hören«, gab Dorothea leichthin zurück und überlegte im Stillen, wann Ian ihr das letzte Mal eines gemacht hatte.

»Im Ernst? Dann will ich mir Mühe geben, dich nicht zu enttäuschen.«

Der weiteren Speisenfolge schenkte Dorothea nicht mehr die Aufmerksamkeit, die die Meisterwerke des Kochs verdient gehabt hätten. Genau zwischen ihr und Ian stand ein üppiger Tafelaufsatz, der ihn und Catriona völlig verbarg. Percy unterhielt sie glänzend, indem er ihr die Schmeicheleien aufzählte, die seiner Ansicht nach zu ihr passen würden.

Nach dem zweiten Glas Claret wurden seine Komplimente einen Hauch anzüglich, aber Dorothea schrieb das dem Einfluss des Alkohols zu. Wieso auch sollte sie sich nicht darüber freuen, dass ein weltläufiger Mann wie ihr Cousin ihre Augen mit Waldteichen, ihre Lippen mit reifen Pfirsichen und ihre bloßen Schultern mit Carraramarmor verglich?

Wären sie allein gewesen, hätte sie vielleicht begonnen, sich unwohl zu fühlen. Aber inmitten der Gesellschaft, beruhigte sie die kleine warnende Stimme in ihrem Hinterkopf, konnte sie ja wohl ein kleines bisschen leichtsinnig sein.

8

Ein spitzer Aufschrei Catrionas riss sie aus ihrer heiteren Stimmung. Mit lautem Klirren zersprang Porzellan. Stuhlbeine scharrten über den Boden. Es folgte ein dumpfer Aufprall. »Ian, was ist mir dir?« Catrionas Stimme klang schrill und geradezu panisch.

Der monumentale Tafelaufsatz voll exotischer Früchte und Blumen genau vor ihr versperrte Dorothea die Sicht. Ians unmittelbare Sitznachbarn waren aufgesprungen und vom Tisch zurückgewichen. Ihre Gesichter zeigten alle Anzeichen von Entsetzen. Keine angemessene Reaktion auf einen zerbrochenen Teller.

Als dann auch noch ein gurgelndes Röcheln an ihr Ohr drang, hielt es Dorothea nicht mehr auf ihrem Platz. Ohne einen Gedanken an Schicklichkeit rutschte sie vom Stuhl und kroch auf allen vieren unter dem Tisch durch. Sie musste zu Ian! Ihm helfen!

Er wälzte sich mit verzerrtem, schweißnassem Gesicht auf dem Boden und stöhnte laut. Zu Dorotheas Entsetzen drang ihm weißlicher Schaum aus Mund und Nase. Was war geschehen? Ohne sich dessen bewusst zu sein, packte sie ihn an den Schultern, schüttelte ihn und schrie: »Du darfst nicht sterben! Hörst du? Du darfst mich nicht allein lassen!«

Sie bekam nicht mit, wie die allgemeine Unruhe sich wie eine Welle an der Tafel ausbreitete. Nicht die befehlsgewohnte Männerstimme, die rief: »Ein Arzt. Holt einen Arzt!« Es war nur noch schiere Panik, die sie beherrschte. Nichts zählte, außer Ian, der sich vor Schmerzen wand. »Ian, was ist geschehen?« Achtlos griff sie nach dem Saum ihres Kleides, um den Schaum und das Erbrochene abzuwischen, das ihm aus dem Mund quoll. Es war kein Blut, dennoch erinnerte es sie an die schrecklichen letzten Minuten Roberts. Halb wahnsinnig vor Angst um ihn, hielt sie ihn gepackt, als könne allein ihr Griff ihn unter den Lebenden halten.

Sie bekam auch nicht mit, wie sich die Menge der Umstehenden teilte, um einen dürren, kleinen Mann mit Arzttasche durchzulassen. »Nehmen Sie die Frau da weg!«, schnarrte eine brüchige Stimme. Kräftige Hände packten sie und zogen sie von Ian weg, sosehr sie sich auch wehrte.

»Mrs. Rathbone, bitte fassen Sie sich«, sagte einer der Männer streng. »Sie helfen Ihrem Gatten nicht, wenn Sie sich so aufführen. Lassen Sie den Doktor seine Arbeit tun!«

Halb betäubt verfolgte Dorothea, wie das dürre Männchen sich neben Ian niederkniete und seine Tasche aufklappte. Er zog ein glänzend poliertes Stethoskop hervor, riss Ians Hemd auf und horchte mit quälender Sorgfalt seinen Brustkorb ab. Danach fühlte er mehrmals den Puls am Handgelenk. »Das Herz schlägt zu schnell, aber kräftig. Auch die Lungen sind in Ordnung«, stellte er nüchtern fest. »Was ist vor dem Anfall geschehen?«

»Nichts Besonderes. Wir haben gegessen, getrunken und uns unterhalten«, erklärte Catriona. »Plötzlich griff sich Ian an den Hals, sprang auf und stürzte zu Boden, wo er sich in Krämpfen wand.«

»Hm.« Mehr äußerte der Arzt nicht dazu. Zur allgemeinen Verwunderung holte er einen Holzspatel und eine Glasphiole aus den Tiefen der Ledertasche. Mit dem Spatel kratzte er so viel wie möglich von dem Schaum und dem Erbrochenen in die Glasphiole und verkorkte sie. Ian lag jetzt reglos mit geschlossenen Augen und atmete flach. Der Arzt betrachtete ihn nachdenklich. Plötzlich beugte er sich vor und schnupperte wie ein Hund, der einer Fährte folgt. »Was hat der Patient gegessen?«

»Das Gleiche wie wir alle«, ertönte eine Männerstimme vom Kopf der Tafel her. »Heraus damit: Was vermuten Sie, Doktor?«

»Ich werde hier keine Diagnose coram publico stellen«, wehrte der Arzt pikiert ab. »Bringen Sie ihn zu Bett, und lassen Sie ihn so viel Tee oder Zuckerwasser trinken wie möglich. Gegen die Krämpfe geben Sie ihm alle zwei Stunden zwanzig Tropfen hiervon.« Er hielt ein braunes Glasfläschchen hoch, sah zweifelnd in Dorotheas Richtung und meinte dann: »Es ist wohl besser, ich schicke eine erfahrene Krankenpflegerin als Nachtwache. Morgen komme ich dann vor der Morgensprechstunde vorbei und werde nach dem Patienten sehen. – Wer ist eigentlich sein Hausarzt?«

»Dr. Woodforde«, antwortete Dorothea automatisch. »Aber Ian war noch nie krank.«

»Ja, er ist in einer ausgezeichneten körperlichen Verfassung. Zu seinem Glück. Gute Nacht.«

Percy und Catriona erwiesen sich als große Hilfe. Percy organisierte eine Krankentrage, mit der Ian in sein Hotelzimmer gebracht wurde, wies die wortkarge Frau ein, die sich als Nurse vorstellte, und sorgte dafür, dass Dorotheas Sachen trotz ihrer Proteste in das Zimmer seiner Schwester gebracht wurden. »Du bist als Krankenschwester von keinem großen Nutzen, wenn du vor Erschöpfung kaum noch die Augen offen halten kannst«, erklärte er sehr vernünftig. »Diese Nurse macht einen ausgezeichneten Eindruck. Überlass ihr die Pflege und erspare Ian den Anblick deiner sorgenvollen Miene. Er würde sich nur verpflichtet fühlen, seine Schmerzen zu unterdrücken, um dich nicht aufzuregen.«

Catriona stimmte ihm zu, und gemeinsam schafften sie es sogar, Dorothea zu überreden, einen Teelöffel voll von dem Elixier des Zimmermädchens zu schlucken, das Ian zu so erholsamem Schlaf verholfen hatte. Tatsächlich schlief sie danach so fest, dass sie die

Krankenvisite des dürren Arztes verpasste. Als sie vorsichtig ins Zimmer spähte, legte die übernächtigt wirkende Nurse bedeutsam den Finger über die Lippen, zeigte auf Ian, der ruhig schlief, und kam auf Zehenspitzen zur Tür geeilt.

»Es geht dem gnädigen Herrn schon viel besser, Ma'am«, sagte sie so stolz, als sei diese Tatsache allein ihr Verdienst. »Der Doktor meinte, er wäre übern Berg. Wenn er keinen Organschaden davongetragen hat, wird er wieder ganz gesund.«

»Ein Organschaden?« Völlig verwirrt sah Dorothea die Pflegerin an. »Wieso ein Organschaden?«

»Keine Ahnung.« Die Frau hob gleichmütig die Schultern. »Davon versteh ich nichts. Er wollte heute Nachmittag noch mal kommen. Dann können Sie ihn ja fragen.«

Bis Dr. Macaulay, wie das dürre Männchen hieß, zu seiner Nachmittagsvisite kam, hatte Ians Genesung rasante Fortschritte gemacht. Zwar hatte er den Teller Haferschleim mit Empörung zurückgewiesen, aber Tee und Toast gerne und in reichlichen Mengen zu sich genommen. Der Doktor wirkte seltsam verkniffen, als er Dorothea kurz angebunden bat, ihn mit seinem Patienten allein zu lassen. Vermutlich war das seine Art, denn als sie ihn nachher auf dem Flur abpasste und nach dem Organschaden ausfragen wollte, nuschelte er etwas von einem dringenden Termin und huschte von dannen.

»Was für ein unangenehmer Mensch«, sagte Dorothea, als sie das Zimmer betrat. »Ich kann mir nicht vorstellen, dass er viele Patienten hat – so unhöflich, wie er ist. Aber Hauptsache, er hat dir geholfen!«

»Er hat mir äußerst seltsame Fragen gestellt.« Ian richtete sich mühsam auf, runzelte die Stirn und sah zu dem Tisch hinüber. »Und er hat diese Flasche mitgenommen, die da stand.«

»›Godfrey's Elixier‹? Was will er damit? Das kann er sich doch selber in jedem Drugstore kaufen.« Verständnislos schüttelte

221

Dorothea den Kopf. Hielt dieser komische, kleine Doktor etwa die Tinktur für den Auslöser von Ians Anfall? »Was hat er gefragt?«

»Ach, ob ich solche Anfälle schon öfter gehabt hätte und ob mir eine Häufung aufgefallen wäre. Ob wir regelmäßig Elixiere nähmen oder irgendwelche speziellen Pillen. Lauter Unsinn. Ich habe ihm gesagt, er solle die Sache nicht so aufbauschen. Es war wahrscheinlich ein Rückfall von vorgestern Abend.« Ian ließ sich, erschöpft vom Reden, zurück in die Kissen fallen. »Jedenfalls bin ich heilfroh, wenn wir wieder zurück auf Eden House sind. Ich habe das Gefühl, die Stadt bekommt mir nicht.«

Zu Dorotheas Verwunderung erschien kurz darauf auch noch Dr. Woodforde. Die Nurse hatte sich, frisch und ausgeruht, zu ihrer Nachtwache eingefunden und Dorothea mit einer Autorität, die keinen Widerspruch duldete, aus dem Zimmer gewiesen. »Sie sehen müde aus, Ma'am. Gehen Sie jetzt mal besser mit Ihren Freunden einen schönen, gemütlichen Tee trinken. Ich pass schon auf Ihren Mann auf.«

Sie saß gerade mit Catriona und Percy im Speisesaal des Hotels, als der Arzt mit äußerst ernster Miene an ihren Tisch trat und sie um ein Wort unter vier Augen bat. Während sie ihm zu dem kleinen Salon folgte, überlegte sie hektisch, worum es gehen mochte. Stand es doch ernster um Ian, als dieser Dr. Macaulay gesagt hatte?

»Bitte, sagen Sie: Geht es Ian doch wieder schlechter?«, platzte sie heraus, kaum dass Dr. Woodforde die Tür geschlossen hatte.

»Wie mein werter Herr Kollege richtig festgestellt hatte: Ihr Gatte verfügt glücklicherweise über eine ausgezeichnete Konstitution, Mrs. Rathbone. – Nein, es geht ihm besser, als zu erwarten gewesen wäre, wenn die Diagnose Dr. Macaulays der Wahrheit entspricht.«

Warum sah Dr. Woodforde sie so seltsam an? Schon dieser andere Arzt hatte sie angestarrt, als ob er erwartete, dass ihr jeden Moment Hörner wachsen würden.

»Was meinen Sie damit? Bitte spannen Sie mich nicht so auf die Folter. Sie wissen doch, wie nahe mein Mann und ich uns stehen. Was hat er? Ist es gefährlich?«

Nach einem Moment des Zögerns rang Dr. Woodforde sich zu einem Entschluss durch. Er atmete tief ein und nahm ihre beiden Hände in seine. »Mrs. Rathbone, bitte, erschrecken Sie nicht – Dr. Macaulay ist davon überzeugt, dass Ihr Gatte an den Folgen einer akuten Arsenikvergiftung erkrankt ist.«

Im ersten Augenblick glaubte Dorothea, sich verhört zu haben. Aber der Doktor hatte es ganz deutlich ausgesprochen: akute Arsenikvergiftung. Sie schüttelte langsam den Kopf. »Unmöglich. Dieser Doktor Macaulay muss sich irren. Er scheint kein sehr guter Arzt zu sein.«

»Leider doch. Er hat viele Jahre als Arzt in London gearbeitet und sagt, er hätte mehr Fälle von Arsenvergiftung gesehen als von Cholera. Bei Ihrem Gatten wäre die Symptomatik unmissverständlich gewesen.«

»Er hat mit Ihnen darüber gesprochen?«

»Nicht direkt.« Dr. Woodforde zeigte Anzeichen von Verlegenheit. »Der Gute war ein bisschen übereifrig.« Er räusperte sich. »Hat Anzeige bei Richter Cooper erstattet.«

»Anzeige? Weswegen?« Dorothea sah ihn verständnislos an.

»Tja, wissen Sie, Mrs. Rathbone – in London kommt es häufig zu Arsenikvergiftungen durch Ehefrauen, die ihre Männer loswerden wollen. Da es geschmack- und geruchlos ist, kann man es leicht unter das Essen mischen. Beliebte Methode! Die Symptome sind nahezu identisch mit denen der Cholera. Sehr schwierig zu diagnostizieren. Und bis vor Kurzem nicht nachweisbar.« Er sprach immer abgehackter.

»Wollen Sie damit sagen, Dr. Macaulay verdächtigt mich,

meinen Mann vergiftet zu haben?« Dorothea hätte fast laut heraus-
gelacht. Wie kam dieser Mensch nur auf so eine lächerliche Idee?

»Ich denke, wenn er Richter Cooper nicht die tote Maus prä-
sentiert hätte, hätte der es auch nicht ernst genommen. Aber Macaulay schwor, dass diese Maus nichts als einen Rest dessen, was er
an der Kleidung Ihres Mannes sichergestellt hatte, gefressen hätte.
Keine Stunde später sei sie tot gewesen.«

»Eine Maus? Die sterben an allen möglichen Dingen. Das ist
doch kein Beweis.«

»Es ging auch nur darum, dass Richter Cooper die Anzeige
nicht einfach abweisen konnte. Er hätte es gerne getan, aber der
neue Sekretär vom Gouverneur war zufällig anwesend und hat darauf bestanden, dass es eine Untersuchung gibt.«

Dorothea fehlten die Worte. Wie betäubt sank sie auf einen
Stuhl, den Dr. Woodforde ihr fürsorglich unterschob.

»Sehen Sie, Mrs. Rathbone: Richter Cooper hat mich extra aufgesucht, um mich nach meiner Meinung zu fragen, und ich habe
ihm selbstverständlich versichert, dass Sie ganz bestimmt keine
Giftmörderin sind. Das wird natürlich auch das Ergebnis der Untersuchung sein. Richter Cooper bat mich, Ihnen das Ganze so
schonend wie möglich beizubringen. Er hat die Anhörung für
nächste Woche angesetzt. Eine reine Formsache. Aber Sie dürfen
Adelaide so lange nicht verlassen.«

Dorothea nickte wie in Trance, während sie versuchte, diese
wahnsinnige Wendung zu verstehen. Sie hatte genug über das
englische Recht mitbekommen, um zu wissen, dass es vor einer
Anklageerhebung manchmal eine Untersuchung gab, in der eine
Kommission oder Jury der Frage nachging, ob überhaupt ein Verbrechen vorlag. Erst wenn das bejaht worden war, kam die Angelegenheit vor Gericht. Dennoch war bereits eine solche Untersuchung für die Betroffenen alles andere als angenehm. Höchst
private Dinge wurden in aller Öffentlichkeit angesprochen, und

nicht selten kam es zu einer Vorverurteilung durch die öffentliche Meinung.

Auf jeden Fall war es ein Skandal! Ein schrecklicher Skandal.

»Soll ich Ihnen ein Beruhigungsmittel dalassen?«, fragte Dr. Woodforde und betrachtete sie so besorgt, als erwartete er, dass sie jeden Augenblick einen hysterischen Anfall erleiden würde. »Oder soll ich Ihre Begleiterin bitten, dass sie Sie zu Bett bringt?«

Wieso dachten alle immer, man müsste zu Bett gehen, wenn die Welt um einen herum schwankte? Als ob sie damit aufhören würde, wenn man nur die Bettdecke über den Kopf zöge.

»Nein danke«, sagte Dorothea. »Ich bin noch nicht müde. Aber könnten Sie noch einmal nach Ian sehen? Ob wirklich alles in Ordnung mit ihm ist?«

Während der Arzt bei Ian war, schritt sie nervös den Gang auf und ab. Warum brauchte er so lange? Angeblich war er doch über den Berg?

Als sich endlich die Tür wieder öffnete und der Arzt aus dem Zimmer trat, zitterte sie vor Aufregung. »Geht es ihm gut, Doktor? Oder wird etwas zurückbleiben?« Die ominöse Organschädigung, von der die Pflegerin gesprochen hatte, beunruhigte sie mehr, als sie sich selbst eingestehen mochte.

Dr. Woodforde tätschelte väterlich ihre Hand, die sie in seinen Ärmel gekrallt hatte. »Kein Grund zur Sorge, Ma'am«, sagte er, ohne sie direkt anzusehen. »Es geht Ihrem Gatten bald wieder prächtig.«

Erst nachdem er sich schon längst verabschiedet hatte und gegangen war, fiel ihr auf, dass er ihr dabei nicht in die Augen gesehen hatte. Er glaubte doch nicht etwa auch, dass sie imstande wäre, ihren Mann zu vergiften? Dr. Woodforde kannte sie seit vielen Jahren. Er musste doch wissen, dass ein solcher Vorwurf einfach nur bösartige Verleumdung war!

Es dauerte, bis sie registrierte, dass sie im Speisesaal stets so gesetzt wurden, dass möglichst der ganze Raum zwischen ihnen und den anderen Gästen lag. Dass nicht einer ihrer alten Bekanntschaften seine Karte abgab. Dass die Zimmermädchen es gar nicht erwarten konnten, wieder gehen zu dürfen. Erst als ihre Schwester kam und bat, auf weitere Besuche in der Carrington Street zu verzichten, ging ihr die ganze Tragweite des ungeheuerlichen Verdachts auf.

»Aber, Lischen, die Leute glauben diesen Unsinn doch nicht etwa?«

»Mama hat jetzt schon zwei Absagen für Nachmittagskleider und eine für eine Abendrobe«, erwiderte Lisbeth sehr ernst. »Sie würde es dir natürlich verheimlichen und mir den Kopf abreißen, wenn sie wüsste, dass ich dich bitte, zumindest bis zu der Anhörung nicht mehr zu uns zu kommen – aber wenn das so weitergeht mit den Stornierungen, wird es riskant für das Geschäft.«

Fassungslos starrte sie ihre Schwester an. »Lischen, wie soll das alles nur enden?«, wisperte sie, den Tränen nahe. »Was kann ich tun?«

»Nichts«, erwiderte diese lakonisch. »Du weißt, dass die Anzeige lächerlich ist, und wir wissen es. Das ist doch die Hauptsache. Richter Cooper wird die Wahrheit schon ans Licht bringen, und dann wird alles wieder gut. – Wo ist Ian eigentlich?«

»Auf der Bank. Er meinte, wenn er schon in Adelaide herumhängen müsse, könne er wenigstens ein paar geschäftliche Dinge regeln.«

»Geht es ihm wieder gut?«

»Es geht ihm ausgezeichnet!« Geräuschlos war Ian ins Zimmer getreten und umarmte zuerst seine Schwägerin, dann Dorothea herzlich. »Können wir dir einen Tee anbieten, Lizzy? Zu Hause alles in Ordnung? Viel zu tun?«

»Ja, ja, deshalb muss ich auch gleich wieder los«, sagte Lisbeth hastig und warf ihrer Schwester einen warnenden Blick zu. »Bis morgen.«

»Du wirst es nicht für möglich halten«, sagte Ian mit finster zusammengezogenen Brauen, kaum dass die Tür hinter seiner Schwägerin ins Schloss gefallen war. Er ließ sich in den Sessel plumpsen, griff nach der Brandykaraffe und schenkte sich eine großzügige Portion ein. »Dieser Bankmensch war so unverschämt, mir vorzuschlagen, mein Testament zu ändern. Zur Sicherheit, pah!« Ian schnaubte verächtlich durch die Nase. »Sind die Menschen denn alle verrückt geworden?«

Beim Kirchgang am Sonntag wurde offensichtlich, dass die in der ganzen Stadt kursierenden Gerüchte bereits Wirkung zeigten. So dicht sich die Gottesdienstbesucher in der Trinity Church auf den übrigen Bänken drängten, so einsam saßen Dorothea, Ian, Catriona und Percy. Zutiefst dankbar, dass ihr Gesicht hinter dem Hutschleier gut verborgen war, beobachtete Dorothea aus den Augenwinkeln, wie die Gemeinde speziell sie mit giftigen Blicken durchbohrte. Überall schienen sie über sie zu tuscheln und zu flüstern. Die Feindseligkeit war fast mit Händen zu greifen. Es erforderte all ihre Selbstbeherrschung, nicht aufzuspringen und aus der Kirche zu laufen.

Ian spürte wie immer, was in ihr vorging. Er griff nach ihrer behandschuhten Hand und drückte sie. Seine Wärme durchdrang das zarte Ziegenleder und verlieh ihr die Kraft, den Kopf aufrecht zu halten, sich nicht zu ducken unter der allgemeinen Missbilligung.

Reverend Howards Predigtauswahl trug der allgemeinen Stimmung Rechnung: Sein Exkurs über den Psalm »Steh ab vom Zorn und lass den Grimm, entrüste dich nicht, damit du nicht Unrecht tust!« war sicher gut gemeint. Dennoch wäre es Dorothea bedeutend lieber gewesen, nicht zum Thema einer Sonntagspredigt zu werden. Die gezischelten Kommentare aus den Bänken hinter ihr bohrten sich wie spitze Nadeln in ihren Rücken.

Das letzte Amen war noch nicht das Ende ihrer Prüfungen. Reverend Howard ließ es sich nicht nehmen, zu ihrer Bank zu eilen, um ihnen allen höchstpersönlich die Hände zu schütteln. Damit war ein schneller Rückzug unmöglich geworden, denn die anderen Kirchgänger versperrten nun den Ausgang. Unbewusst schmiegte sie sich enger an Ian, während sie darauf warteten, dass der Mittelgang frei wurde und die Grüppchen vor dem Portal sich verzogen. Es schien eine Ewigkeit zu dauern, bis sie endlich aus dem düsteren Inneren ins Freie traten.

Wie üblich mieden die noch dort Herumstehenden direkten Blickkontakt, deshalb war Dorothea überrascht, als sich plötzlich ein schlaksiger Mann aus einer der Gruppen löste und zielstrebig auf sie zukam. »Wie geht es Ihnen? Schön, Sie zu sehen!«, rief er mit extra lauter Stimme und zog den Zylinder, noch ehe sie ihn erkannt hatte. George Stevenson hatte sich ziemlich verändert: Der jetzige Herausgeber des *Mining Register* war schon immer hager gewesen. Nun jedoch schien er nur noch aus Haut und Knochen zu bestehen. Einzig seine blitzenden Augen, denen keine noch so winzige Reaktion seines Gegenübers entging, waren noch dieselben. »Was macht meine einstige Starreporterin?«, fragte er vergnügt und schüttelte Dorothea ausgiebig die Hand. Es wirkte aufgesetzt, und das war es wohl auch: eine Demonstration für die Gaffer.

Auch Ian begrüßte Dorotheas früheren Mentor mit demonstrativer Herzlichkeit. Nachdem er Catriona und Percy vorgestellt hatte, bat er ihn sogar, ihnen beim Lunch Gesellschaft zu leisten. »Wenn es Ihnen nicht unangenehm ist, in unserer Gesellschaft gesehen zu werden.«

Stevensons breites Lächeln verschwand wie weggewischt. »Ich muss mich wirklich ernsthaft für das fehlende Rechtsverständnis meiner Mitbürger entschuldigen«, sagte er bedrückt. »Im Laufe meines Lebens musste ich leider feststellen, dass die Menschen erstaunlich anfällig für üble Gerüchte sind. Je übler, desto besser. Wobei man ihnen zugutehalten muss, dass in den letzten Jahren erschreckend viele Mörderinnen ihr Unwesen trieben. Allein sechs im letzten Jahr! Vermutlich habe ich sogar eine Mitschuld, indem ich diese Nachrichten genauso verbreitet habe wie andere Blätter. Mea culpa, mea maxima culpa.« Er schlug sich in einer theatralischen Geste an die Brust.

»Waren es wirklich so viele?«, erkundigte sich Catriona interessiert. »Ich kann mich jetzt nur an den Fall dieser Frau erinnern, die ihren Gatten ermordete und am Begräbnistag ihren Liebhaber heiratete. Das war ziemlich dumm.«

»Sie meinen Charlotte Harris? Ja, der Fall hat ziemliches Aufsehen erregt. Das Todesurteil wurde wegen ihrer Schwangerschaft in lebenslange Deportation umgewandelt. – Aber außer ihr gab es noch einige andere: Mary Ball zum Beispiel, die ebenfalls ihren Gatten zugunsten eines Liebhabers loswerden wollte. Rebecca Smith, die acht ihrer Kinder mit Arsen vergiftete, und noch ein paar andere. Zum Teil bedauernswerte Kreaturen – aber Frauen, die morden, erregen die Volksseele nun einmal mehr als Männer.«

»Was die Volksseele erregt, müssen Sie ja wissen«, bemerkte Ian trocken. »Wie steht es eigentlich um Ihre letzte Enthüllung bezüglich der Anschuldigungen gegen Sir Robert Torrens?« Ians Versuch, das Thema zu wechseln, war erfolgreich.

Stevenson schluckte den Köder wie ein halb verhungerter Fisch und stürzte sich mit Begeisterung in die Schilderung der nicht ganz legalen Winkelzüge eines Grundstücksverkaufs, die er Sir Robert nachzuweisen hoffte.

»Hast du tatsächlich bei ihm als Reporterin gearbeitet?« Catriona sah Dorothea fragend an. »Es gibt nicht viele Reporter in London, und soviel ich weiß, befindet sich nicht eine einzige Frau darunter. In Australien sind die Sitten wirklich sehr viel freier. Trotzdem wundere ich mich, dass deine Eltern dir das erlaubt haben!«

»Mein Vater war ungewöhnlich fortschrittlich für einen Geistlichen«, erwiderte Dorothea stolz. »Er hat uns immer ermutigt, unseren Verstand zu gebrauchen.« Ob er sie auch ermutigt hätte, den Posten anzunehmen, wenn er gewusst hätte, was sie mit der neuen Freiheit anfangen würde? Rückblickend schämte sie sich maßlos für ihre Naivität, mit der sie sich in die Affäre mit ihrem Kollegen Miles Somerhill gestürzt hatte. Andererseits – wäre sie nicht von ihm geschwängert und dann verlassen worden, hätte sie nie in die Ehe mit Robert eingewilligt. Je öfter sie darüber nachdachte, desto plausibler erschien ihr diese Bestimmung, an die so viele Heiden glaubten.

»Woran denkst du gerade? Du siehst so bedrückt aus?«, wollte Catriona wissen.

»Ach, nur so. Die Aussicht auf diese Anhörung morgen ist ja nicht gerade erfreulich.«

»Ian hat doch diesen Rechtsanwalt engagiert, der so unwahrscheinlich gut sein soll, dass er diesen komischen, kleinen Arzt in der Luft zerreißen wird«, sagte Catriona zuversichtlich. »Also mach dir keine unnötigen Gedanken.«

Das war leichter gesagt als getan. Nachts tat sie kaum ein Auge zu. Ians regelmäßiger Atem hätte sie eigentlich beruhigen sollen. Er schien sich keine Sorgen um den Ausgang zu machen. Seiner Ansicht nach war Dr. Macaulay ein geltungssüchtiger, verbitterter Mann, der aus einer Kolik einen Vergiftungsfall konstruierte, um sich wenigstens einmal im Licht der Öffentlichkeit sonnen zu können.

Dorothea hätte nicht zu sagen gewusst, was sie so beunruhigte. Aber irgendetwas an dieser Kolik stimmte nicht. Nichts, was sich konkret hätte fassen lassen. Eher ein Gefühl. Es war wie ein unsichtbarer, winziger Dorn in der Fingerspitze, der einen doch tagelang quälen konnte.

Ian hatte vermutlich recht, wenn er es für einen unglücklichen Zufall hielt. Es war bekannt, dass viele Pubs ihr Ale mit Zusätzen versahen, die alles andere als bekömmlich waren. Nicht nur giftige Beeren wie die vom indischen Kockelstrauch oder von der Brechnuss wurden dazu genutzt, wässriges Bier stärker und geschmackvoller wirken zu lassen. Auch Chemikalien halfen dabei, über Nacht wie durch Zauberhand frisches Ale reifen oder verwässertes Bier ordentlich schäumen zu lassen. Wenn es dann zu schweren Erkrankungen oder gar Todesfällen kam, wurde diese Praxis angeprangert und gefordert, die Wirte zu kontrollieren. Aber sobald die Aufregung sich gelegt hatte, fiel alles wieder in den alten Trott.

Weiß der Teufel, was der Wirt des Pubs, in dem sie an dem Abend noch spät eingekehrt waren, in sein Gebräu geschüttet hatte! Natürlich war Ian das fette, reichliche Essen des Banketts so bald darauf nicht bekommen. Eigentlich war alles so klar, dass sie selbst nicht verstand, wieso sie nicht davon überzeugt war.

Richter Cooper hatte die Anhörung auf zehn Uhr vormittags angesetzt. Vor dem Gericht drängten sich bereits die Neugierigen. Eine Klage wegen versuchten Giftmords versprach, Nervenkitzel in das öde Leben in Adelaide zu bringen. Die Zeitungen hatten das ihre dazu beigetragen, das Interesse anzuheizen, indem sie in aller Ausführlichkeit über den berühmten Giftmord der Marie Lafarge berichtet hatten. Marie Lafarge, geborene Cappelle, war die Tochter eines wenig bemittelten, aber krankhaft stolzen Obersten, der unter Napoleon gedient hatte. Nach dem frühen Tod der Eltern hatten sich zwar wohlhabende, jedoch keineswegs reiche Pflegeeltern des Mädchens angenommen und es auf be-

sonders gute Schulen geschickt, wo es mit Töchtern der Aristo-
kratie und des Geldadels zusammentraf. Um in dieser Umgebung
als gleichberechtigt angesehen zu werden, täuschte sie geschickt
vor, aus einer vermögenden Familie zu stammen. Doch leider war
sie weder schön noch reich genug für eine gute Partie. Zunehmend verbittert nahm sie im August 1839 den Heiratsantrag von
Charles Lafarge an, der sich als Industrieller und Schlossbesitzer
ausgab. Wie groß muss ihre Enttäuschung gewesen sein, als sie
das »Schloss« erblickte! Der Besitz entpuppte sich als ein herunter-
gekommenes Klostergebäude, düster, feucht und von Ratten ver-
seucht, die selbst am helllichten Tag durch die Zimmer huschten.

Aber auch Charles Lafarge musste erkennen, dass er keine reiche
Erbin geheiratet hatte, sondern eine Frau, deren kleines Vermögen
nicht einmal ausreichte, die dringendsten Schulden zu bezahlen.
Erstaunlicherweise schrieb sie in dieser Zeit Unmengen Briefe, in
denen sie ihren Freundinnen und Pflegeeltern ein Leben schil-
derte, wie sie es sich wohl erträumt hatte. Im Dezember reiste er
nach Paris, mit Empfehlungsschreiben seiner Frau versehen, um
dort Geld aufzutreiben.

Um ihm die Zeit über Weihnachten »zu versüßen«, schickte seine Frau ihm einen speziellen Weihnachtskuchen. Leider war er
wohl auf dem Weg verdorben, denn kurz nachdem er ihn verzehrt
hatte, erlitt Lafarge einen schweren Choleraanfall. Nichts Besonderes in einer Großstadt wie Paris – und so verzichtete er auf die
Konsultation eines Arztes.

Im Januar kehrte er nach Hause zurück, immer noch schwäch-
lich, und wurde herzlich von seiner Frau empfangen und umsorgt.
Schon am ersten Tag nach seiner Rückkehr überfiel ihn erneut
die »Pariser Krankheit«. Der Hausarzt vermutete ebenfalls Cholera und stellte Marie Lafarge sogar noch ein Rezept für Arsenik
aus – wegen der Ratten.

Erst allmählich, als sich keine Besserung einstellen wollte, schöpfte der übrige Haushalt Verdacht. Als ein weiterer Arzt feststellte, dass nur eine Arsenikvergiftung all diese Symptome hervorrufen konnte, war es zu spät. Am 14. Januar 1840 starb Charles Lafarge unter schrecklichen Krämpfen.

Jetzt begann der eigentliche »Fall Lafarge«. Zuerst hielt der zuständige Friedensrichter die Anklage für böswillige Verleumdung. Seine Einstellung änderte sich jedoch, als bekannt wurde, dass Marie Lafarge in der Apotheke der nahe gelegenen Stadt größere Mengen Arsen gekauft hatte. Die Daten ihrer Käufe passten genau zu den Krankheitsanfällen ihres Mannes. Der Richter entschied, nicht nur die verdächtigen Speisereste, sondern auch den Mageninhalt des Toten auf Arsen untersuchen zu lassen. Eine Entscheidung, die die beauftragten Ärzte und Apotheker in höchste Verlegenheit brachte, hatten sie doch nur oberflächliche Kenntnisse der »Marsh'schen Probe«.

In den folgenden Wochen entbrannte eine Art Krieg zwischen den Verteidigern von Marie Lafarge, den »Lafargisten«, die sie für eine unschuldig Verfolgte hielten, und denjenigen, die in ihr eine kaltblütige Giftmörderin sahen. Die Beweislage schwankte ständig: Mal wurde in den unterschiedlichen Experimenten Arsenik nachgewiesen, mal nicht. Den endgültigen Beweis erbrachte erst der berühmte Professor Orfila, der eigens aus Paris anreiste, um die letzten Überreste der Proben dem Verfahren zu unterziehen. Seine positiven Ergebnisse, in Verbindung mit dem hohen Gehalt von Arsenik in den Speiseresten, ließen das Gericht zum Urteil »lebenslänglich« kommen.

Die darauf folgenden jahrelangen Auseinandersetzungen zwischen den Anhängern und Kritikern der Marsh'schen Probe machten den Fall weltberühmt und lenkten die Aufmerksamkeit auf den viel zu sorglosen Umgang mit dem gefährlichen Gift. Wie der *Register* mahnend bemerkte: »Auch bei uns hier in Südaustralien wird Arsenik praktisch an jeder Straßenecke ausgelegt, ungeachtet der Gefahren für die Eingeborenen, die es für Mehl halten. Wir wollen keinem Kolonisten Böswilligkeit unterstellen, aber es ist dringend notwendig, die Verantwortung für diesen allgegenwärtigen Gifteinsatz zu schärfen.«

Ohne die beiden Gerichts-Constables, die ihnen einen Weg durch die Menge bahnten, wäre es fast unmöglich gewesen, durchzukommen. Da die Plätze im Saal begrenzt waren, hatten nur die vorderen Reihen eine reelle Chance, eingelassen zu werden, und verteidigten ihre Stellung energisch gegen jeden, der es wagte, sich vorzudrängeln.

Beklommen sah Dorothea sich um. »Bitte sehr. Wenn die Herrschaften mir bitte folgen wollen.« Der Gerichtsdiener in schwarzem Anzug und Ärmelschonern bat sie unter Verbeugungen in den großen Saal. Gemessen an anderen Gerichten war er jedoch eher klein: Mehr als fünfzig Leute würden hier nicht Platz finden. An der Wand gegenüber der Eingangstür war die Richterbank – ein langer Tisch aus Eukalyptusholz, nach vorn zu verkleidet wie eine Empore. Der Gerichtsschreiber hatte sich mit seinem Vorrat an Schreibfedern schon an seinem Tischchen eingerichtet, vor ihm lagen ein Stapel Papier, das Tintenfass und die Sandstreubüchse.

Da es keine Gerichtsverhandlung, sondern nur eine formelle Anhörung war, hatte man die Balustrade »the bar«, hinter der die Angeklagten sich aufzuhalten hatten, entfernt und stattdessen einige gepolsterte Stühle bereitgestellt. Ein hochgewachsener Mann, der die kraftvolle Nervosität eines edlen Rennpferdes ausstrahlte – eine Ähnlichkeit, die durch seinen Gesichtsschnitt noch unterstrichen wurde –, lief dort bereits ungeduldig auf und ab.

»Da sind Sie ja endlich«, begrüßte er sie, ohne sich mit Formalitäten aufzuhalten. »Gut, Mrs. Rathbone, ich gehe davon aus, dass sich diese Anklage in Luft auflösen wird. Ihr Gatte hat mich über alles Wichtige in Kenntnis gesetzt, als er mich engagiert hat. Es wird mir ein Vergnügen sein, diesen Dr. Macaulay vorzuführen und den schändlichen Verdacht gegen Sie zu zerstreuen. Neigen Sie zu Ohnmachtsanfällen?«

Dorothea war so verblüfft, dass sie nur stumm den Kopf schüttelte.

»Ich kann mich nicht erinnern, dass meine Frau je in Ohnmacht gefallen wäre«, beantwortete Ian an ihrer Stelle die seltsam anmutende Frage.

»Gut. Damen, die in Ohnmacht fallen, bringen Richter Cooper immer in fürchterliche Verlegenheit. Und nichts hasst er mehr, als aus dem Gleichgewicht gebracht zu werden. – Da kommt er übrigens.«

Begleitet vom Gerichtsdiener schritt eine Gestalt in schwarzer Richterrobe auf sie zu. Die standesgemäße Perücke trug er noch unter dem Arm und hätte sie wohl geistesabwesend irgendwo abgelegt, wenn der Gerichtsdiener, erfahren mit seinen Marotten, ihn nicht dezent daran erinnert hätte, sie aufzusetzen.

In altmodischer Höflichkeit begrüßte er die Damen mit Handkuss und ließ es sich nicht nehmen, Percy nach seinem Eindruck von Südaustralien zu fragen, ehe er sich auf seinem Richterstuhl niederließ.

Dorothea musterte ihn hinter ihrem modischen Schleier. Über seine Umständlichkeit und seine zeitweise Unentschlossenheit, die als Unfähigkeit, zu einem abschließenden Urteil zu gelangen, interpretiert wurde, hatten die Zeitungen von Adelaide schon eine ganze Reihe ätzender Kommentare veröffentlicht. Andererseits mussten auch sie anerkennen, dass Richter Cooper seine Sitzungen überaus sorgfältig und ausgewogen führte. Angeblich sollte seine Gesundheit so angeschlagen sein, dass ein zweiter Richter aus London erwartet wurde. Der mächtige Backenbart verbarg einen Großteil seines Gesichts. Seine Augen blickten so freundlich und gütig auf die Menge, die gerade unter lautem Gegröle in den Saal strömte, dass man ihn eher für einen Reverend als für einen Richter hätte halten können.

Es dauerte seine Zeit, bis die Zuhörer, die Einlass gefunden hatten, sich in den Sitzreihen verteilten. Die Damen mussten ihre Röcke ordnen, die Herren noch ein letztes Wort mit dem Nachbarn wechseln. Richter Cooper wartete geduldig, bis der Gerichtsdiener die schweren Flügeltüren geschlossen und seinen Platz neben dem Ausgang eingenommen hatte. Dann erst hob er die Stimme, einen auffallend volltönenden Bariton, um die Sitzung zu eröffnen.

»Ich habe heute diese Anhörung angesetzt, weil ein Doktor der Medizin schreckliche Vorwürfe gegen eine geachtete und bekannte Mitbürgerin unserer Kolonie erhebt«, begann er. »Seit ich die Ehre habe, hier Richter zu sein, hat es keinen ähnlichen Fall gegeben. Ich darf hinzufügen, dass selbst das angebliche Opfer die Vorwürfe für völlig an den Haaren herbeigezogen hält, aber dennoch ist es meine Pflicht als Vertreter von Gesetz und Ordnung, den Vorfall so gut wie möglich aufzuklären. Auch, damit jeglicher Verdacht gegen die Dame ausgeräumt wird. – Gerichtsdiener, führen Sie bitte Dr. Ambrose Macaulay herein.«

Dorothea betrachtete den Mann, der ihr eine solch höllische Zeit bereitete, mit abgrundtiefer Abneigung. Dr. Macaulay hatte sich für die Anhörung mächtig herausgeputzt: Zu einem altmodischen Rock aus braunem Samt trug er eine apfelgrün und amethystfarben gemusterte Krawatte, die Catriona ein gequältes Stöhnen entlockte.

»Schade, dass man ihn nicht wegen Verbrechens gegen den guten Geschmack verurteilen kann«, wisperte sie.

»Bitte, nehmen Sie Platz, Dr. Macaulay«, sagte Richter Cooper freundlich und wies auf den Zeugenstuhl direkt vor sich. Es war nicht unbedingt üblich, dass Zeugen während ihrer Befragung sitzen durften – bei Richter Cooper stand sogar ein gepolsterter Stuhl für sie bereit.

»Danke, Euer Ehren.« Der Arzt platzierte umständlich seinen Hut auf den Knien und blickte nervös zur Richterbank auf. Hoffentlich bereute er schon, was er so leichtfertig losgetreten hatte!

»Sie sind Doktor der Medizin?«, begann Richter Cooper im Plauderton. »Darf ich nach Ihrer Ausbildung und Praxistätigkeit fragen?«

»Natürlich.« Dr. Macaulay räusperte sich. »Meine Ausbildung erhielt ich am Lehrhospital St. Bartholomew's. Danach praktizierte ich einige Jahre als Schiffsarzt, bevor ich aus gesundheitlichen Gründen eine Stellung am Guy's Hospital in London annahm.«

Der quirlige Charles Mann sprang auf: »Was war Ihre Tätigkeit dort, wenn ich fragen darf?«

Dr. Macaulay warf Richter Cooper einen Hilfe suchenden Blick zu.

»Mr. Mann darf Sie befragen«, belehrte der Richter ihn. »Bitte antworten Sie ihm.«

»Ich leitete die innere Abteilung für Männer«, sagte der Doktor kurz angebunden.

»Ginge es etwas ausführlicher?« Charles Mann sah sich um wie ein Schauspieler, der den Beifall des Publikums erwartet. »Sie müssen schon darlegen, woher die Kenntnisse stammen, aufgrund derer Sie hier eine Dame der Gesellschaft eines so scheußlichen Verbrechens verdächtigen, Doktor!«

Die Röte schoss dem mageren Mann ins Gesicht, aber er beherrschte seinen Zorn: »In meine Abteilung kamen all jene, die ein unklares Krankheitsbild hatten«, erwiderte er schmallippig. »Es gab Cholerafälle, rheumatische Fieber, Typhus, Tuberkulose, aber auch Vergiftungen und natürlich jede Menge organischer Erkrankungen.«

»Sie würden also von sich selbst sagen, dass Sie erfahren im Um-

237

gang mit Vergiftungen sind? Wie viele haben Sie während Ihrer Zeit an diesem Hospital behandelt?«

»Das kann ich jetzt nicht beziffern!«, gab der Arzt unwirsch zurück. »Mal waren es mehr, mal weniger. Ich würde sagen: eine Handvoll im Monat.«

»Und waren es alles Arsenikvergiftungen?«

»Die meisten. Dicht gefolgt von Opiumvergiftungen.«

»Können Sie uns erklären, wieso eine so erschreckend große Anzahl Menschen diese Gifte zu sich genommen hat?«

Dr. Macaulay schnaubte verächtlich. »Das kann ich Ihnen sehr wohl sagen: Fragen Sie mal die Drogisten, was ihnen aus den Händen gerissen wird. Es ist immer das Gleiche: Opiumtinktur! Haben Sie etwa keine zu Hause? – Und Arsenik gibt es doch überall spottbillig. Selbst Kinder können es einfach über den Ladentisch kaufen. Da ist es kein Wunder, wenn manche Leute auf dumme Gedanken kommen. Man müsste ...«

»Danke, Doktor«, unterbrach ihn der Richter freundlich. »Das ist jetzt nicht unser Thema. Ich denke, Mr. Mann wird mir da zustimmen. Noch Fragen zur Person des Zeugen, Mr. Mann? Nein? Dann würde ich Sie bitten, uns jetzt möglichst genau zu berichten, was an jenem Abend vorgefallen ist.«

»Ich war gerade mitten in der Sektion einer meiner Experimentier-Mäuse«, begann der Arzt umständlich. »Da hämmerte ein Hausknecht an die Vordertür und schrie, ich müsse sofort kommen, beim Bankett der Schafzüchter wäre ein Mann zusammengebrochen.«

»Was haben Sie gedacht, was der Grund dafür war?«, wollte Mr. Mann wissen.

»Keine Ahnung.« Der Arzt hob gleichgültig die Schultern. »Ich war nicht begeistert, mitten in einem wichtigen Experiment gestört zu werden, aber ich packte meine Tasche und folgte dem Hausdiener.«

»Schildern Sie uns einfach, was Sie gesehen haben«, sagte Richter Cooper und nickte ihm ermutigend zu, als er innehielt und unsicher zu Charles Mann sah. Offensichtlich erwartete er wieder eine Zwischenfrage.

»Noch bevor ich den Saal betrat, hörte ich schon von Weitem eine Frau kreischen.« Er erschauerte sichtlich, und Dorothea fragte sich beschämt, ob sie sich wirklich so hysterisch aufgeführt hatte. »Sie zerrte an einem Mann herum, der halb bewusstlos und in Krämpfen auf dem Boden zwischen den beiden Festtafeln lag.«

»War es derselbe Herr, der jetzt quietschfidel neben mir sitzt?« Dorothea fand, dass Mr. Mann etwas übertrieb mit seinem Spott, aber das Kichern auf den Zuschauerbänken gab seiner Strategie recht.

Richter Cooper schien allerdings ihrer Meinung. »Mr. Mann, ich wäre Ihnen dankbar, wenn Sie den Zeugen ohne weitere Unterbrechungen aussprechen ließen«, sagte er in strengem Ton. »Wir sind hier nicht im Theater.«

»Entschuldigung, Euer Ehren.« Charles Mann wirkte nicht im Geringsten zerknirscht, sondern lächelte leicht. Ein triumphierendes Lächeln. »Ich werde mich bemühen, Dr. Macaulay nicht mehr als nötig zu inkommodieren.«

Richter Cooper nickte dem Arzt zu. »Fahren Sie fort. Was haben Sie dann gemacht?«

»Jemand hat die Frau weggezogen, damit ich den Brustkorb abhören konnte. Ich wusste ja nicht, ob es eventuell eine Herzinsuffizienz oder etwas mit der Lunge war.« Er stockte, sah schräg zu Dorothea hinüber, hob dann jedoch den Kopf und sagte stocksteif aufgerichtet: »Dabei fiel mir dann die ungewöhnliche Beschaffenheit der Körpersäfte auf, die der Patient erbrochen hatte.«

»Können Sie uns das näher erklären?«, fragte Richter Cooper.

»Wenn größere Mengen Arsenik zugeführt werden, kommt es häufig vor, dass sie, insbesondere bei vorgeschädigtem Magen, wieder erbrochen werden, bevor sie vom Körper resorbiert werden. Die weißen Flocken im Erbrochenen waren ein klarer Hinweis darauf, dass er kurz zuvor eine größere Menge Gift zu sich genommen haben muss. So schnell ist mir noch keine Maus gestorben wie die, der ich eine Probe gegeben habe! Die Menge des Gifts steht in direktem Zusammenhang mit der Schnelligkeit und Heftigkeit, mit der die Symptome einsetzen. In diesem Fall …«

»Danke, Doktor«, unterbrach Charles Mann abrupt seine Ausführungen. »Sie scheinen ja felsenfest davon überzeugt zu sein, dass Mr. Rathbones Erkrankung auf Arsenik zurückzuführen ist. Haben Sie auch schon einen Verdacht, wie es ihm verabreicht worden sein könnte? Immerhin waren über vierzig Gäste anwesend. Und soviel ich weiß, saßen Mr. und Mrs. Rathbone sich gegenüber. Es wäre sicher aufgefallen, wenn sie sich über den Tisch gebeugt und ihm etwas ins Glas geschüttet hätte, meinen Sie nicht?«

Die Zuschauer murmelten zustimmend.

»Das wäre gar nicht nötig gewesen.« Dr. Macaulay gab sich nicht so schnell geschlagen. »Als ich am nächsten Tag nach dem Patienten sah, bemerkte ich ein Medizinfläschchen im Zimmer. Das habe ich sichergestellt und ein wenig von dem Inhalt einer weiteren Maus gegeben. Auch sie starb.«

Dorothea erstarrte. Hatte das Zimmermädchen ihr nicht hoch und heilig geschworen, dass es sogar kleinen Kindern gegeben wurde? Und tatsächlich hatte Ian danach ruhig und friedlich geschlafen. Das konnte doch kein Gift gewesen sein!

»Mrs. Rathbone.« Zum ersten Mal richtete Richter Cooper das Wort direkt an sie. Dorothea hob den Kopf. »Mrs. Rathbone, können Sie uns etwas zu diesem Fläschchen sagen?«

»Am Morgen litt mein Mann unter Übelkeit und Magenkrämpfen«, erwiderte sie und bemühte sich, ruhig und gelassen zu klingen. »Ich vermutete, er hätte etwas Verdorbenes gegessen. Das Zimmermädchen gab mir diese Arznei. Da sie mir versicherte, dass ihre Mutter sie auch den jüngeren Geschwistern gab, hielt ich sie für harmlos. Und ich hatte auch nicht den Eindruck, dass sie meinem Mann irgendwie geschadet hätte. Am Abend wirkte er schon wieder ganz gesund.«

»Haben Sie das Fläschchen hier?«, fragte Richter Cooper.

Dr. Macaulay verneinte.

»Dann holen Sie es bitte und: Gerichtsdiener, seien Sie so gut und bitten Sie das Zimmermädchen sowie den Inhaber des Drugstores, in dem es gekauft wurde, hierher. Bis dahin ist Teepause.«

Während sich der Gerichtssaal geräuschvoll leerte, verschwand der Richter unbeachtet im Richterzimmer.

»Soll ich uns Tee kommen lassen, oder ziehen Sie es vor, ins Kaffeehaus nebenan zu gehen?« Mr. Mann sah fragend von einem zum anderen.

»Ich würde lieber hierbleiben«, sagte Dorothea rasch. Die Aussicht, in einem öffentlichen Lokal ununterbrochen beobachtet zu werden, war alles andere als angenehm. »Aber ihr könnt gerne gehen.«

»Unsinn, wir bleiben natürlich alle bei dir, Cousine.« Catriona fasste ihre Hand und drückte sie mitfühlend. »Es ist sehr aufregend. Noch nie in meinem Leben habe ich in einem Gerichtssaal meinen Tee genommen!«

Charles Mann nickte und ging zur Tür, um alles zu veranlassen. »Findet ihr ihn nicht ein bisschen zu arrogant?«, fragte Dorothea leise und fixierte seinen Rücken in exquisit geschnittenem, dunkelblauem Tuch. »Dr. Macaulay tut mir manchmal schon fast leid.«

»Mir nicht«, sagte Ian grimmig. »Dieser impertinente Kerl! Am liebsten würde ich ihn mit einem Fußtritt vor die Tür befördern.«

»Wie undankbar von dir, Cousin! Immerhin hat er dir das

241

Leben gerettet!«, erinnerte Percy ihn mit leichtem Schmunzeln. »Aber ich verstehe deinen Ärger. Es ist wirklich eine bodenlose Unverschämtheit, was er sich herausnimmt. Dass das Gesetz so etwas erlaubt, ist ein Skandal!«

»Lassen Sie das nicht Richter Cooper hören«, warnte ihn Mr. Mann. »Für Richter Cooper kommt das englische Gesetz gleich hinter den Zehn Geboten! Er reagiert ausgesprochen empfindlich auf jegliche Kritik daran. – Einen Scone? Sie sind sehr gut.«

Die angesetzte Teepause dauerte gerade so lange, dass alle ihre Tassen geleert und ein gebuttertes Scone hatten essen können, als der Gerichtsdiener auch schon wieder die große Glocke schwang und damit ankündigte, dass die Verhandlung weiterginge.

Als Erste sollte das Zimmermädchen befragt werden. Obwohl Richter Cooper sich alle Mühe gab, sie zu beruhigen, zitterte sie so, dass sie kaum sprechen konnte.

»Ich hab's doch nicht bös gemeint«, jammerte sie der Tränen nahe. »Woher hätte ich denn wissen sollen, dass der gnädige Herr das nicht verträgt? Wo die Kleinen es doch so gerne nehmen!«

»Niemand macht Ihnen einen Vorwurf, Kind«, sagte Richter Cooper väterlich. »Wir möchten von Ihnen nur wissen, ob Sie dieses Fläschchen«, er hielt die braune Glasflasche weiter von sich weg, um das Etikett lesen zu können, »»Godfrey's Elixier wiedererkennen? Ist es dasselbe, das Sie vorigen Dienstag Mrs. Rathbone gaben?«

»Sieht schon so aus.«

»War es noch original verschlossen?«

»Wie bitte?«

»Ich meine, hatte schon jemand davon gekostet?«

»Natürlich nicht, Euer Ehren!« Sie klang ehrlich empört. »Ich beklaue niemand!«

»Das hat auch niemand behauptet«, sagte Richter Cooper mit einem leisen Seufzen. »Wenn Mr. Mann keine weiteren Fragen an die Zeugin hat, würde ich jetzt Mr. Merryweather zu mir nach vorn bitten.«

Dorothea hätte fast erwartet, dass der Anwalt sich einen Spaß daraus machen würde, das Mädchen ebenfalls vorzuführen, aber er erhob keine Einwände gegen die Entlassung der Zeugin. Wartete er auf mehr der Mühe lohnendes Wild?

»Mr. Merryweather, Sie sind der Inhaber des Drugstores in der Pulteney Street?« Interessiert musterte Dorothea den stiernackigen Herrn im schwarzen Gehrock. Er erinnerte ein wenig an die Ochsen, die in Ermangelung von kräftigen Zugpferden gerne für Überlandfahrten angespannt wurden. Auch seine tiefe Stimme passte zu dem Bild.

»Der bin ich, Euer Ehren«, sagte er und verbeugte sich überraschend elegant. »Und ich will Ihnen gleich sagen: Mit dem Elixier ist alles in Ordnung. Wer behauptet, er wäre davon krank geworden, der soll es beweisen. Millionen Menschen hat ›Godfrey's Elixier‹ schon geholfen. Oder gibt es irgendjemanden hier im Saal, der behaupten will, ihm hätte es geschadet?« Er sah sich herausfordernd um. »Na?«

»Beruhigen Sie sich bitte, Mr. Merryweather.« Richter Cooper runzelte ungehalten die Stirn. »Und beschränken Sie sich darauf, einfach meine Fragen zu beantworten. Besteht die Möglichkeit, dass dieses Elixier verunreinigt worden sein könnte?«

Mr. Merryweathers Stirnadern schwollen an, bis sie wie dicke blaurote Stricke hervorstanden. »Soll das ein Witz sein?«

»Nein, mir ist keineswegs nach Scherzen zumute. Wäre es möglich?«

»Also, eigentlich nicht. Nein.« Der Apotheker schüttelte den Kopf. »Sehen Sie, Euer Ehren, das Elixier wird mir aus England fix und fertig in versiegelten Behältern geliefert. Wir füllen es hier nur portionsweise ab und verkaufen es weiter. Wie soll es denn dabei zu Verunreinigungen kommen?«

»Sie schließen also aus, dass es beim Abfüllen irgendwelche Unregelmäßigkeiten gegeben haben könnte?«

»Absolut. Für meinen Angestellten lege ich die Hand ins Feuer. Mr. Sartorius ist der penibelste Angestellte, den ich je hatte.«

Dorothea horchte auf. Sie hatte gar nicht mehr daran gedacht, dass Lischens Revolutionär ja bei Mr. Merryweather arbeitete. Was für ein Zufall!

»Was enthält dieses Elixier eigentlich?« Richter Cooper drehte es hin und her, als wäge er ab, ob er diese Spur weiterverfolgen sollte.

»Das kann ich nicht sagen. Es ist ein striktes Geheimnis der Hersteller. Niemand kennt das Rezept.«

»Sehr geheim ist es nicht. Jeder Chemiker weiß, dass es zum größten Teil aus in Alkohol gelöstem Opium besteht, versetzt mit einigen Zusätzen wie Pflanzenextrakten«, warf Mr. Mann süffisant ein. »Wir hatten erst neulich in der Wissenschaftlichen Gesellschaft einen interessanten Vortrag darüber.«

»Ist Dr. Macaulay noch im Saal?« Richter Cooper blickte sich um. »Oder sonst ein Arzt?« Niemand meldete sich. »Dann frage ich Sie, Mr. Merryweather: Ist es möglich, dass die Einnahme dieses Elixiers, verbunden mit irgendetwas anderem, zu den Symptomen hätte führen können, die Dr. Macaulay auf eine Vergiftung schließen ließen?«

Der Apotheker dachte angestrengt nach. Schließlich schüttelte er den Kopf. »Nein, Euer Ehren. Das Elixier wirkt beruhigend auf die Eingeweide. Um es zu erbrechen, müsste man Unmengen zu sich nehmen. Mehrere Flaschen. Das geschieht nicht aus Versehen. Aber ich schlage vor, meinen Angestellten zu befragen. Er kennt sich bestens mit Giften aus, da er darüber private Forschungen anstellt.«

»Ich schließe mich dem Vorschlag an!« Charles Mann sprang auf. »Es ist höchste Zeit, dass wir, anstatt weiter im Nebel herumzustochern, endlich jemanden befragen, der über fundierte

Kenntnisse verfügt. Dr. Macaulays Erfahrung in allen Ehren, aber er ist kein Giftexperte. Vielleicht hat er sich ja geirrt?«

In den Zuschauerreihen schwoll das Getuschel an. Wenn der Arzt sich getäuscht hatte und gar kein Arsenik im Spiel war, wäre die gesamte Klage hinfällig.

»Gut, lassen wir also Ihren Angestellten kommen, Mr. Merryweather«, entschied Richter Cooper eine Spur widerwillig. Es war ihm anzumerken, dass er die Anhörung am liebsten schnellstmöglich beendet hätte, aber er war ein sorgfältig abwägender Jurist. Eine solche Möglichkeit durfte er nicht außer Acht lassen.

Diesmal gab es keine Teepause. Ungeduldig warteten die Zuhörer auf das Erscheinen von Mr. Heinrich Sartorius, des Apothekers und Revolutionärs aus Deutschland. Als er erschien, war Dorothea zutiefst enttäuscht. Irgendwie hatte sie mit einem Revolutionär ein Erscheinungsbild verbunden wie das der Sansculotten auf den Gemälden über die Französische Revolution. Heinrich Sartorius dagegen wirkte so bieder, als sei er gerade einem der Stiche von Ludwig Richter entsprungen. Das war Lisbeths Schwarm?

Von nur mittelgroßer Statur, waren das Auffälligste an ihm wohl sein prächtiger dunkelbrauner Haarschopf und die klugen Augen hinter der schief sitzenden Nickelbrille. »Mr. Heinrich Sartorius, approbierter Apotheker und Chemiker, gebürtig in Rastatt im Großherzogtum Baden«, gab er mit leiser Stimme seine Personalien zu Protokoll. Obwohl er die englische Sprache tadellos beherrschte, war die Klangfärbung seiner Heimat nicht zu überhören.

»Mr. Merryweather meinte, Sie seien ein Experte für Gifte. Trifft das zu?«

»In Deutschland wurde ich des Öfteren von den Behörden mit der Untersuchung verdächtiger Stoffe beauftragt«, erwiderte Sartorius zurückhaltend. »Wenn mich das zu einem Giftexperten macht – ja.«

»Sind Sie auch vertraut mit dem Nachweis von Arsenik?«, erkundigte sich Richter Cooper skeptisch.

»O ja!« Sartorius schien wie elektrifiziert. »Ich habe mehrere Monate mit dem Marsh'schen Apparat experimentiert. Ein faszinierendes Gerät! Man kann damit tatsächlich Arsenik und Antimon im Bereich von Milligramm nachweisen.«

»Kennen Sie die Werke von Professor Orfila?«, wollte Mr. Mann wissen. »Dem Professor für medizinische Chemie an der Universität von Paris?«

»Selbstverständlich.« Sartorius sah ihn abwartend an.

»Dann wissen Sie auch um die Schwierigkeiten?«

»Sie meinen sicher die Empfindlichkeit des Apparats?« Heinrich Sartorius nickte. »Die wurde im Fall Lafarge ja ausgiebig diskutiert. Auch die Tatsache, dass ein unerfahrener Experimentator leicht falsche Ergebnisse erhalten kann. Im *Jahrbuch für praktische Pharmazie* haben mehrere Herren sich dazu erschöpfend geäußert, wobei ich ihre Kritik durchaus nachvollziehen kann. Und ich gehe so weit zu sagen, dass es natürlich zutrifft, dass ein einzelner Nachweis von Arsenikspuren wenig aussagekräftig ist. Die Umstände sind unbedingt zu berücksichtigen. – Das fordert ja auch Professor Orfila!«

Charles Mann schien mit dieser Antwort zufrieden. »Nachdem Sie mehrere Monate mit dem Apparat experimentiert haben – würden Sie von sich sagen, dass Sie die nötige Erfahrung besitzen, um zutreffende Analysen damit durchzuführen?«

»Ich glaube in aller Bescheidenheit sagen zu können, dass niemand hier in Südaustralien sich besser damit auskennt als ich«, sagte Sartorius mit unverhohlenem Stolz. »In zahllosen Experimenten habe ich die angesprochenen Fehlerquellen eruiert und ausgeschlossen.«

»Sie können also mit absoluter Sicherheit sagen, ob eine Probe Arsenik enthält oder nicht?«

Sartorius überlegte kurz, ehe er erwiderte: »Das kann ich. Aber auch nur das. Wie es hineingekommen ist, müssen andere erforschen. Wie gesagt, es gibt unzählige Unwägbarkeiten und Zufälle, die dabei eine Rolle spielen können.«

»Dessen ist sich das Gericht bewusst, Mr. Sartorius.« Richter Cooper griff in den Spankorb neben sich und stellte drei Glasfläschchen in einer Reihe vor sich auf.

»Ich würde Sie bitten, dieses Elixier hier, die Probe von Dr. Macaulay und eine Probe Bier aus dem Pub, das Mr. Rathbone am Abend vor seiner Erkrankung besucht hat, auf das Vorhandensein von Arsenik zu untersuchen«, entschied der Richter kurz entschlossen. »Hätten Sie sonst noch etwas vorzuschlagen, das untersucht werden sollte, Mr. Mann?«

»Ich denke, das reicht, Euer Ehren«, sagte dieser und verbeugte sich leicht. »Dürfte ich zudem noch vorschlagen, dass Mr. Sartorius diese Analysen hier durchführt?«

»Wieso denn das?« Richter Cooper runzelte unangenehm berührt die Stirn. »Dies ist ein Gerichtssaal, kein Chemielabor, wie es für ein solches Experiment angemessen ist.«

»Um jeden Zweifel an dem Ergebnis auszuschließen«, antwortete der Anwalt kühl. »Es ist kein Geheimnis, dass Mr. Sartorius und die Schwester Mrs. Rathbones – nun, sagen wir: gut bekannt sind. Je mehr Augenzeugen, desto glaubwürdiger das Ergebnis.«

Begeisterte Zustimmung von den Bänken unterstrich seine Forderung. Nachdem Richter Cooper eine Unterbrechung der Anhörung bis zum frühen Nachmittag verkündet hatte, stürmte alles hinaus, um die aufregende Neuigkeit weiterzuerzählen. Heinrich Sartorius würde die Pause nutzen, um die Geräte aufzubauen, die für den Versuch nötig waren. Mr. Allom vom St. Peters College, der sich ebenfalls gerne mit chemischen Experimenten beschäftigte, hatte seine Bereitschaft erklärt, ihm dabei zur Hand zu gehen.

247

»Warum haben Sie eigentlich diesen Vorschlag gemacht?«, fragte Dorothea den Anwalt, als sie langsam hinausgingen. »Es hätte doch wohl genügt, ein paar Zeugen zu bitten. Die meisten werden ohnehin nichts von den Vorgängen verstehen.«

Charles Mann sah sie von der Seite an, als überlege er, wie viel er sagen sollte. »Bei einer solchen Sache bleibt immer etwas hängen«, bemerkte er schließlich. »Ist ein solcher Verdacht erst einmal publik geworden, ist es kaum noch möglich, ihn wieder auszuräumen. Man kann nur versuchen, die Sympathie der Menschen zu gewinnen. Und in diesem Fall ist die Aussicht auf ein öffentliches Spektakel da äußerst hilfreich.«

»Sie meinen, wenn man ihnen Zerstreuung biete, würden sie mich nicht mehr für schuldig halten?«

»So einfach ist es nicht.« Charles Mann stieß die Luft aus und erinnerte dabei fatal an einen schnaubenden Araberhengst. »Aber wir lenken ihre Aufmerksamkeit auf etwas, das sie mehr interessiert als Schuld oder Unschuld. Wenn es nachher ordentlich zischt und brodelt, werden Sie sehen, was ich meine.«

9

Tatsächlich war auch Dorothea fasziniert von all den Phiolen und skurril geformten Glasröhren, die an Stativen befestigt zu einer Art Parcours aufgebaut waren. Die Apparatur erinnerte sie an ein Bild, das sie als Kind ungeheuer aufregend gefunden hatte: *Der Alchimist*. Wie der Mann darauf ausgesehen hatte, wusste sie nicht mehr, aber an die Atmosphäre im geheimnisvollen Halbdunkel konnte sie sich noch gut erinnern.

Heinrich Sartorius und Mr. Allom schienen sich gut zu verstehen. Beide waren so in ihre Fachdiskussion vertieft, dass sie gar nicht mitbekamen, wie der Saal sich erneut füllte. Erst als Richter Cooper sich laut räusperte, sahen sie auf.

»Meine Herren, sind Sie so weit?« Der Richter beäugte den Aufbau vor seinem Tisch mit deutlichem Misstrauen. »Ich hoffe, es wird nicht gefährlich für die Zuschauer? Es werden doch keine Giftdämpfe freigesetzt?«

»Nein, Euer Ehren. Selbst wenn eines der Reagenzgläser zerspringen sollte, ist der Gehalt an Giftstoffen zu gering, um irgendjemandem hier im Saal einen Schaden zuzufügen«, versicherte Sartorius, wobei er ein Lächeln unterdrückte.

»Dann ist es ja gut. Wären Sie so freundlich, uns den Apparat zu erklären? Den Marsh'schen, richtig?«

»Gerne. Das Herzstück ist dieser U-förmige Glaszylinder.« Er wies darauf. »Wie Sie vielleicht sehen können, ist das eine Ende offen, das andere endet in einer spitzen Glasdüse. Das dünne Stück Blech hier auf halber Höhe ist aus Zink. Wenn man jetzt die zu prüfende Flüssigkeit, mit einer starken Säure wie Salzsäure versetzt, in das Rohr füllt, wird sich, sobald die Flüssigkeit das Stück Zink erreicht, in einer chemischen Reaktion aus der Säure und dem Zink reiner Wasserstoff entwickeln. Dieser verbindet sich mit Arsen zu Arsenwasserstoff, der durch die Düse entweicht. Man muss nur noch dieses Gas zünden, dann wird sich das metallische Arsen als Spiegel auf einer Porzellanschale, die ich in die Flamme halten werde, niederschlagen. Verblüffend einfach, nicht wahr?«

»Das würde ich jetzt nicht so sagen«, murmelte Richter Cooper mit ungewohntem Sarkasmus. »Aber fahren Sie bitte fort.«

»Danke, Euer Ehren. – Um ganz sicher zu sein, dass der dunkle Spiegel auch wirklich aus metallischem Arsenik besteht, muss abschließend unbedingt noch die Arsenprobe mittels Silberoxid durchgeführt werden. Dann jedoch kann man sicher sein, dass die Analyse korrekt ist.« Er sah fragend zu Richter Cooper auf. »Soll ich die Anweisungen zur Entnahme und Behandlung von Proben ebenfalls erläutern, Euer Ehren?«

»Ich denke, darauf können wir verzichten«, sagte der Richter entschieden. »Das würde zu weit führen. Glücklicherweise haben wir hier keinen Leichnam, sondern nur ein paar Flüssigkeitsproben. Fangen Sie an, meine Herren!« Er wies auf das erste der Fläschchen, das Dorothea am säuberlich beschrifteten Etikett als ›Godfrey's Elixier‹ wiedererkannte.

Atemloses Schweigen begleitete die Handgriffe von Sartorius, während er eine ordentliche Portion von dem Extrakt in das U-förmige Glasrohr kippte und danach mit einer Pipette sehr vorsichtig tropfenweise die Säure zugab. Mit vor Anspannung steifen Gliedern wartete Dorothea auf den erlösenden Moment. Wie Mr. Mann prophezeit hatte, qualmte und brodelte es ordentlich in der Röhre, und einige Damen griffen vorsichtshalber schon nach ihren Riechfläschchen. Alles zuckte zusammen, als das glühende Stück Holzkohle, das Mr. Allom dicht neben die Düse hielt, eine Stichflamme produzierte.

Sartorius drehte die Porzellanschale, die er mit einer Eisenzange genau darüber gehalten hatte, um und studierte konzentriert die kaum sichtbaren, wolkigen Rußspuren. »Keine Spur von Arsen«, verkündete er schließlich und reichte die Porzellanschale hoch zum Richtertisch, wo sie begutachtet und dann an den Schreiber weitergegeben wurde.

Einige Zuhörer hatten offenbar vergessen, wo sie waren, und klatschten laut Beifall. Richter Cooper brachte sie mit einem strafenden Blick zum Schweigen. Dorothea war fast schwindlig vor Erleichterung. Hatte doch immer ein winzig kleiner Rest Zweifel in ihr genagt, ob dies Elixier tatsächlich so harmlos war, wie alle behaupteten. Zwar war es Ian vorher schlechter gegangen, aber noch nie zuvor hatte sie ihrem Mann heimlich etwas in den Tee gemischt. Vielleicht war es diese Tatsache, dass sie sich irgendwie schuldig gefühlt hatte?

Sosehr sie sich in den vergangenen Wochen über ihn geärgert hatte – der Schock über Ians Verwundbarkeit hatte ihr vor Augen geführt, wie kostbar ihr gemeinsames Leben war. Als sie ihn in den Armen gehalten hatte, war die schreckliche Angst um ihn das Einzige, was sie empfunden hatte. Nichts anderes war von Bedeutung! Später, nachdem klar gewesen war, dass Ian leben würde, dass er sie nicht allein zurücklassen würde, hatte ein solches Glücksgefühl sie durchströmt, dass ihre Eifersucht ihr nur noch kindisch und lächerlich vorgekommen war.

In der Zeit, die die beiden Männer brauchten, um das U-Rohr zu reinigen, entwickelten sich diverse Debatten in den Zuschauerreihen. Dorothea schien es unendlich lange zu dauern, bis der nächste Versuch begonnen wurde. Aber der Chemiker erklärte, dass äußerste Sauberkeit eine Vorbedingung für belastbare Ergebnisse sei. »Schon winzige Spuren können alles verfälschen.« Diesmal war das Bier an der Reihe.

Bereits beim Einfüllen schäumte es aller Behutsamkeit zum Trotz dermaßen, dass Sartorius äußerst besorgt auf die kostbare Apparatur blickte. Er wartete geduldig, bis die bräunliche Flüssigkeit wieder klar war, bevor er nach der Pipette griff. Augenblicklich begann es erneut wie wild zu schäumen. Mr. Allom trat einen Schritt zurück, und auch Richter Cooper schien mit sich zu ringen, ob er nicht besser in Deckung ginge.

Diesmal waren alle vorgewarnt. Als die Stichflamme emporschoss, waren nur einige »Ahs« zu hören. Auch das Bier erwies sich zumindest als nicht arsenhaltig.

»Wenn ich auch ganz gerne analysieren würde, was da so alles enthalten ist, das nichts in einem guten Bier verloren hat«, bemerkte Sartorius und betrachtete interessiert die diversen Farbflecke auf dem weißen Porzellan.

Schallendes Gelächter brandete auf. In der heiteren Atmosphäre schien es nur noch eine Formsache, dass auch der Inhalt der Glasphiole, die Dr. Macaulay dem Gericht überlassen hatte, als harmlos klassifiziert würde.

Aber statt des erlösenden Verdikts wechselten Sartorius und Allom betroffene Blicke, berieten sich im Flüsterton und baten dann darum, das Experiment wiederholen zu dürfen.

Dorothea spürte deutlich, dass etwas nicht in Ordnung war. Was hatten sie in Dr. Macaulays Probe von Ians Erbrochenem gefunden?

In den hinteren Reihen begann es, unruhig zu werden. Einzelne Zuschauer reckten den Hals oder erhoben sich sogar von ihren Sitzen, um besser sehen zu können, was wiederum zu lautstarken Protesten der Umsitzenden führte.

»Ich bitte um Ruhe!«, donnerte Richter Cooper unüberhörbar

ungehalten. »Oder ich lasse den Saal räumen. – Meine Herren, könnten Sie uns bitte aufklären?«

»Es scheint so, dass die Probe Arsenik enthält«, antwortete Sartorius zögernd. »Wir wiederholen den gesamten Vorgang, um auszuschließen, dass es eventuell eine Verunreinigung gegeben hat.«

Dorothea glaubte, ihren Ohren nicht zu trauen. Wie konnte das sein? Die beiden Männer mussten einen Fehler gemacht haben!

Dennoch war sie nicht allzu überrascht, als sich auch bei der Wiederholung ein für alle deutlich sichtbarer Arsenspiegel zeigte.

»Teufel auch!«, entfuhr es Allom. Das bedeutete, dass Ian tatsächlich das Gift in irgendeiner Form zu sich genommen haben musste. Jedem im Saal drängte sich dieser Schluss auf. Nur wie? Es war nur folgerichtig, dass damit erneut die Ehefrau in den Fokus der Verdächtigungen rückte. Wer sonst hätte so gute Gelegenheiten gehabt?

Es blieb Richter Cooper nichts anderes übrig, als anzukündigen, dass er die Untersuchung am morgigen Tag fortführen würde.

»Das war ein Schlag ins Kontor«, sagte Charles Mann und folgte mit den Augen der Gestalt Richter Coopers, der sich eilfertig entfernte. »Wer hätte das aber auch gedacht? Wirklich zu ärgerlich, dass dieser aufgeblasene kleine Doktor sich nicht geirrt hat!«

»Und jetzt?«, flüsterte Dorothea. »Wird er mich jetzt wegen Mordversuch anklagen?« Sie fühlte sich wie in einem Traum. Einem entsetzlichen Traum. Schon sah sie, wie alle mit dem Finger auf sie zeigten und sie anspuckten. Frauen, die wegen Gattenmord angeklagt wurden, konnten kaum auf Mitgefühl hoffen.

»Unsinn.« Ian zog sie in eine enge Umarmung. »Niemand, der dich kennt, würde einen so hirnrissigen Verdacht ernst nehmen. Jeder weiß doch, wie nahe wir uns stehen.« Er beugte sich noch tiefer und flüsterte, seinen Mund dicht an ihrem Ohr: »Was meinst du, wie erstaunt ein gewisser Portier wäre, wenn wir ihn als Zeugen für unser gutes eheliches Verhältnis vorladen ließen?«

253

Er zwinkerte ihr vielsagend zu, und prompt errötete sie bei der Erinnerung an ihre Liebesnacht als Kunde und Dirne.

»Sie haben natürlich vollkommen recht, Mr. Rathbone. Trotzdem fürchte ich, kommen wir nicht darum herum, uns das durch Augenzeugen bestätigen zu lassen.« Charles Mann klang leicht verärgert. Er mochte es wohl nicht, wenn seine Prozess-Strategie durchkreuzt wurde. »Ich denke, Richter Cooper wird Sie und Ihre Verwandten befragen wollen. Und natürlich diesen oder jenen Bediensteten. Sollte ich irgendetwas wissen?« Er sah fragend von einem zum anderen. »Einen Streit? Eine Auseinandersetzung? Besorgungen in einem Drugstore?«

»Nichts. Da war nichts. Es kann sich nur um einen dummen Zufall handeln.« Ian sah Charles Mann fest an. »Ich verlasse mich auf Sie, dass Sie diese alberne Geschichte aus der Welt schaffen!«

»Keine Sorge, ich habe schon schwierigere Aufgaben gemeistert.« Mr. Mann verbeugte sich tief. »Darf ich Ihnen noch einen schönen Abend wünschen?« Dann entfernte er sich gemessenen Schrittes.

Darauf schien Heinrich Sartorius nur gewartet zu haben. »Entschuldigen Sie …« Er trat schüchtern näher. »Ich wollte nur sagen: Es tut mir schrecklich leid, dass ich Ihnen Unbequemlichkeiten verursacht habe. Umso mehr, als ich gehofft hatte …« Er sah zu Boden und wurde feuerrot.

»Sie können ja nichts dafür, dass die Probe nicht so war, wie sie hätte sein sollen«, sagte Dorothea herzlich und reichte ihm die Hand. »Lischen hat mir viel von Ihnen erzählt. Darf ich Ihnen meinen Mann und Mister und Miss Grenfell vorstellen?«

Es war deutlich, dass er nicht ganz bei der Sache war. Sobald er alle begrüßt hatte, sah er Dorothea geradezu flehend an und bat: »Kann ich Sie einen Moment unter vier Augen sprechen?« Verwundert bat sie die anderen drei, schon zum Hotel vorauszugehen, und den jungen Mann, Platz zu nehmen. Der Saal hatte sich fast geleert. Bis auf den Gerichtsdiener, der sie missmutig beobachtete, weil er endlich abschließen wollte, war niemand mehr da. Dennoch kämpfte Sartorius immer noch um Worte. Dorothea verlor die Geduld. Es war ein langer Tag gewesen, und kein sehr angenehmer. »Worum geht es? Um Lischen?«

Sartorius biss sich auf die Unterlippe. »Sie hat mir gesagt, wenn ich Arsen fände, wollte sie nichts mehr mit mir zu tun haben.« Er sah so unglücklich aus, dass Dorothea trotz ihrer eigenen unangenehmen Lage Mitgefühl für ihn empfand. »Sie meinen, sie hat von Ihnen verlangt …?«

Er nickte nur.

»Wie denn? Geht das überhaupt?«

»Ja, schon, es gibt Mittel und Wege. Wenn man beispielsweise die Porzellanschale nicht im richtigen Abstand und Winkel hält, um der Flamme das Arsen abzulocken, wird kein Arsenspiegel sichtbar, weil das Gas entweicht. Aber das wäre Betrug an der Wissenschaft.«

So, wie er die Lippen zusammenpresste und die Stirn runzelte, kam ein solcher offensichtlich für ihn nicht infrage.

Dorothea unterdrückte ein Seufzen. Wie viel einfacher wäre es für alle, wenn er sich dazu bereitgefunden hätte! »Warum haben Sie sich dann überhaupt dazu bereit erklärt? Sie hätten doch einfach sagen können, dass Sie eine solche Untersuchung nicht durchführen können.«

»Aber ich kann es doch!« Ein Sturkopf also auch noch. Da hatte Lischen sich ja etwas Feines geangelt!

»Hat Lischen Ihnen nicht gesagt, dass ich Ian um nichts auf der Welt Schaden zufügen würde?«

»Doch, das hat sie.« Heinrich Sartorius sah sie unglücklich an. »Deswegen hätte ich ja auch nie damit gerechnet.«

Dorothea sah ihn verständnislos an.

»Nun ja, ich dachte, es handelte sich um einen dieser Fälle, in denen die allgemeine Hysterie aus einer Mücke einen Elefanten macht«, erklärte der junge Apotheker. »Ich selber hatte einmal mit einem solchen zu tun. Ein Wirtspaar verlangte von mir in höchster Aufregung, ein Glas Branntwein zu untersuchen. Am Abend zuvor hatte die Wirtin es einem Handwerksburschen eingeschenkt und war dann gegangen, die Lampen zu holen. In der Zwischenzeit hatte ihr Mann sich zu dem Gast gesetzt und von dem Getränk gekostet, weil der Bursche meinte, es schmecke seltsam. Er habe sich geweigert zu zahlen und sei verschwunden. In der Nacht hätte der Wirt schreckliche Bauchkrämpfe bekommen, und nun vermuteten sie einen heimtückischen Giftanschlag. Dummerweise machte ich einen Scherz über Vitriol, und umgehend kehrten die Leibschmerzen bei dem Mann in äußerst heftiger Form wieder.

Kurz und gut, nachdem ich fast zwei Tage vergeblich auf alle bekannten Gifte untersucht hatte, stellte sich heraus, dass ein paar Lausbuben ein wenig Tinte in den Branntwein geschüttet hatten. Die ersten Leibschmerzen hatten überhaupt nichts damit zu tun, der Rückfall jedoch war zweifelsfrei auf die Einbildung zurückzuführen. Deswegen ging ich auch in diesem Fall von einem Zusammentreffen unglücklicher Umstände aus, die den Verdacht ausgelöst hatten. Ich war mir absolut sicher, kein Arsen zu finden, deshalb habe ich natürlich alles vorschriftsmäßig durchgeführt. Verstehen Sie?«

»Was erwarten Sie denn nun, dass ich tun soll?« Dorothea hätte das Gespräch gerne beendet. Inzwischen waren die anderen vermutlich schon im Hotel angelangt. Wie lange wollte er sie denn noch hier aufhalten?

»Bitte, würden Sie Lischen sagen, dass ich nichts dafür konnte?«, stieß er stotternd vor Verlegenheit hervor.

»Ich finde, das sollten Sie ihr selber sagen«, meinte Dorothea und überlegte, wie sie ihn am besten abschütteln konnte.

»Aber Sie, als ihre ältere Schwester …«

»Sparen Sie sich das ruhig«, sagte Dorothea trocken. »Lischen hat noch nie auf mich gehört. Und ich finde, als erwachsener Mann sollten Sie sich nicht hinter Frauenröcken verstecken, sondern selber für sich sprechen. Glauben Sie mir, das würde meine Schwester bedeutend mehr beeindrucken. – Und jetzt bringen Sie mich bitte zum Hotel. Dank Ihrer Expertise kann ich mich ja nicht mehr alleine auf die Straße trauen.«

Zu ihrer Erleichterung musste sie dann doch nicht seine Begleitung ertragen. Vor dem Gericht wartete, lässig an einen Pfosten gelehnt, eine schlaksige, vertraute Gestalt.

»Mr. Stevenson! Waren Sie bei der Anhörung dabei?« Dorothea ließ den Arm des jungen Apothekers los und ging erfreut auf den Chefredakteur zu.

»Sie haben doch nicht ernsthaft gedacht, dass ich mir so etwas entgehen ließe?«, gab der zurück und richtete sich auf, um ihr herzlich die Rechte zu schütteln. »Habe ich Sie nicht immer gewarnt, dass Sie ein Talent hätten, sich in Schwierigkeiten zu bringen?« Zwar konnte Dorothea sich an keine solche Warnung erinnern, doch das war ihr momentan völlig gleichgültig. »Schon gut, junger Mann, Mrs. Rathbone und ich sind alte Bekannte«, sagte Stevenson zu Sartorius und schlug ihm gönnerhaft auf die Schulter. »Ich bringe die Dame ins Hotel. Guten Abend.«

Solcherart abgefertigt, blieb dem Entlassenen nichts anderes übrig, als sich so würdevoll wie möglich zu verbeugen und anschließend zu entfernen.

»Nun, meine Liebe, wie fühlt es sich an, selbst im Fokus der öffentlichen Aufmerksamkeit zu stehen?« Ohne eine Antwort abzuwarten, nahm er ihren Arm und begann, mit ihr die Straße entlangzuschlendern. »Man kann sagen, inzwischen ist die Stadt gespalten: Die eine Hälfte ist von Ihrer Unschuld überzeugt, die andere erinnert sich an den ominösen Tod von Robert Masters und fragt sich, glücklicherweise noch sehr zurückhaltend, ob der zweite ein ähnliches Schicksal erleiden sollte.«

»Was?!« Dorothea schrie es geradezu und blieb stocksteif stehen. Empört sah sie zu Stevenson auf. »Wenn das ein Scherz sein soll, Mr. Stevenson, ist er äußerst geschmacklos.«

»Es ist leider kein Scherz. – Kommen Sie weiter, wir erregen schon Aufsehen. Es soll eine Taverne geben, in deren Hinterzimmer bereits Wetten abgeschlossen werden.«

»Das ist nicht wahr!«

»Ich habe es zwar nicht mit eigenen Augen gesehen, aber mein Gewährsmann ist normalerweise sehr zuverlässig.«

»Mein Gott, bin ich froh, wenn morgen alles vorbei ist«, rief Dorothea. »Die Menschen sind abscheulich!«

»Sie sind, wie sie nun mal sind«, gab Stevenson ungerührt zurück. »Und wir werden sie nicht ändern. Das versuchen die Philanthropen schon lange vergeblich. Was wir allerdings tun können, ist, ihre Aufmerksamkeit abzulenken. Wissen Sie noch: Adelaide stand kopf wegen dieser Geschichte mit den Schwarzen am Coorong, woran ich, zugegeben, nicht ganz unschuldig war. Dann jedoch kam die Mautgebühr für die Straße nach Glen Osmond, und auf einmal sprach man über nichts anderes mehr.«

»Und woran hatten Sie bei der Ablenkung gedacht?« Dorothea konnte nicht umhin, dem Chefredakteur für sein Vorhaben dankbar zu sein. »Mir fällt im Augenblick nichts ein.«

»Es gibt Gerüchte, Ihr Mann wäre der verschollene Sohn eines Earls. Ist da etwas dran?«

Normalerweise ging man in Australien sehr dezent mit der Herkunft eines Menschen um. Selbst in Südaustralien, wo keine ehemaligen Sträflinge siedelten, galt es als ungeschriebenes Gebot, die Vergangenheit ruhen zu lassen. Deswegen überraschte Dorothea der Vorschlag zuerst. Aber er war gut! Das war ihr sofort klar. Die Menschen liebten solche fantastischen Geschichten.

»Ja, es sieht ganz danach aus«, erwiderte sie deshalb bereitwillig. »Das gerichtliche Verfahren ist allerdings noch nicht abgeschlossen. Jedenfalls haben wir noch nicht die offizielle Bestätigung, dass Ian als Sohn des Earl of Embersleigh anerkannt ist.«

»Wie ist die Sache eigentlich abgelaufen? Ich meine, ich habe noch nie davon gehört, dass ein verschwundenes Kind tatsächlich nach so vielen Jahren wiedergefunden wurde. Es kommt einem schon ziemlich fantastisch vor.«

»Ja, das ist es auch. Am Anfang stand ein Vater, der das Verschwinden seines einzigen Kindes nicht akzeptieren wollte. Er hat jahrelang Nachforschungen anstellen lassen, ehe sein Detektiv auf die Spur stieß, die hierher, nach Südaustralien führte.« Dorothea bemühte sich, die komplizierte Geschichte so kurz wie möglich zusammenzufassen. »Als dann eines Tages der Familienanwalt Mr. Billingsworth in Begleitung von Catriona und Percy leibhaftig vor unserer Tür stand, musste auch Ian zugeben, dass es wohl nicht nur die Träume eines alten Mannes waren, wegen der sich drei Menschen auf eine solche Reise begeben hatten. Und es hat sich dann ja auch rasch herausgestellt, dass Ian tatsächlich der verschollene Sohn ist.«

»Wie denn das?« Stevenson zeigte seine Skepsis recht offen.

»Der kleine Charles hat das Embersleigh-Muttermal«, erklärte Dorothea ihm. »Damit war für Mr. Billingsworth der Beweis erbracht.«

»Ein Muttermal? Ich habe auch eines. Aber bei mir hat sich noch kein Earl gemeldet, der seinen Sohn vermisste!«

»Es ist ein sehr spezielles. Außerdem musste ja auch alles andere zu dem Geschehen passen. Mr. Billingsworth hat uns erklärt, dass eine solche Anerkennung ein ziemlich aufwendiges Verfahren ist. Deswegen dauert es ja auch so lange.«

»Hm. Aus der Anwesenheit dieser englischen Verwandten darf man wohl schließen, dass zumindest inoffiziell alles geklärt ist?«

259

»Der Anwalt war absolut überzeugt von Ians Identität. Und Catriona und Percy sind es auch.«

»Ach ja, die Grenfells.« Stevenson sah einem Schwarm weißer Kakadus nach, die unter lautem Kreischen ihre Schlafbäume in den Parklands aufsuchten. »Ein äußerst mondänes Paar. Erstaunlich, dass sie es so lange hier aushalten. Oder überlegen sie, sich in unserem schönen Südaustralien niederzulassen? Sie erwecken nicht den Eindruck, dass es sie nach Englands grünen Hügeln zurückziehen würde. Haben sie da keinen Besitz, um den sie sich kümmern müssen?«

»Nicht dass ich wüsste«, sagte Dorothea leichthin. »Sie leben auf dem Besitz von Ians Vater. Die ganzen Jahre waren sie die einzigen Angehörigen, die ihm nahestanden.«

»Oh …« Stevenson zog die Augenbrauen hoch. »Dann hatten sie sich also bisher als die Erben und Nachfolger betrachtet?«

»Das kann schon sein. Aber sie waren überaus erfreut, Ian kennenzulernen. Und sie sind kein bisschen hochnäsig, obwohl wir ihnen schrecklich provinziell vorkommen müssen.«

»Soso.« Der Chefredakteur schwieg danach eine ganze Häuserfront lang, ehe er sagte: »Das ist doch eine tolle Story! Was halten Sie davon, den Klatschmäulern etwas Neues anzubieten, womit sie sich beschäftigen können? ›Wunderbare Familienvereinigung – Earl findet nach zwanzig Jahren seinen Sohn wieder.‹ Oder so ähnlich. Das könnte die Auflage des *Register* um einiges in die Höhe treiben.«

Ian zeigte sich wenig begeistert von der Idee. »Ich weiß nicht, was mein Vater dazu sagen würde, derart im Licht der Öffentlichkeit zu stehen – aber ich weiß genau, dass ich es nicht möchte. Dieser lächerliche Verdacht gegen Dorothy wird sich morgen sowieso in Luft auflösen. Es ist nicht nötig, diese sehr privaten Dinge publik zu machen.«

Percy und Catriona bestärkten ihn noch in seiner Ablehnung, indem sie erklärten, Onkel Hugh wäre es sicher ein Gräuel, den Familiennamen in einer Zeitung gedruckt zu sehen. »Er hasst es, Aufsehen zu erregen«, sagte Catriona und lächelte Ian an. »Er wäre sehr zufrieden mit dir.«

Es wäre sowieso fraglich gewesen, ob Stevensons *Register* es so schnell geschafft hätte, den Fokus des allgemeinen Interesses umzulenken. Noch mehr Leute als am Tag zuvor drängten sich vor den Türen und verlangten Einlass. Die Constables hatten alle Hände voll zu tun, die aufgeregte Menge davon abzuhalten, den Gerichtssaal zu stürmen. Immerhin erwartete man sich von der heutigen Sitzung Aufschluss über das Familienleben einer zumindest des versuchten Mordes Verdächtigen.

Richter Cooper sah mit Missfallen auf die eng besetzten Holzbänke, in denen sich die Leute gegenseitig jeden Zentimeter streitig machten. »Sobald es mir zu unruhig wird, lasse ich den Saal räumen«, drohte er. »Denken Sie bitte daran, dass wir hier in einem englischen Gerichtssaal sind.«

»Klar wie Kloßbrühe. Nu fangen Sie schon an, Euer Ehren«, rief ein vorlauter, junger Kerl von ganz hinten respektlos. Richter Cooper warf dem Frevler einen finsteren Blick zu, verzichtete jedoch auf eine Standpauke und begann stattdessen mit der Verlesung der Liste der Zeugen, die er aufzurufen gedachte. Dorothea seufzte leise. Nicht zu unrecht wurde der Richter als akribisch beschrieben. Vom Kellner des Speiselokals über den Wirt des verdächtigen Pubs, den Bediensteten, der für den Abschnitt des Tisches beim Bankett zuständig gewesen war, bis hin zu ihrem Zimmermädchen im Hotel reichte die Liste. Als dann auch noch die Namen Ian Rathbone, Catriona Grenfell, und Honourable Percy Grenfell fielen fühlte sie, wie ihr Puls sich vor Ärger beschleunigte. War das wirklich nötig?

»Wie aufregend«, flüsterte Catriona ihr ins Ohr. »Ich hätte nicht gedacht, dass ich mich hier noch einmal so gut amüsieren würde. Soll ich ihm eine ganz dramatische Geschichte erzählen? Was meinst du?«

Dorothea bemühte sich, ihren aufkeimenden Ärger im Zaum zu halten. Catriona war nicht dumm. Sie musste doch wissen, was auf dem Spiel stand. Vielleicht war es ja für sie wirklich eher unterhaltsam. Sie stand schließlich nicht unter Anklage. Formell stand auch Dorothea nicht unter Anklage – es war nur eine Anhörung. Aber sie empfand es genauso. Sie konnte nur hoffen, dass Richter Coopers Genauigkeit am Schluss wenigstens zu einem klaren Spruch führen würde.

Charles Mann verstand es geschickt, bei dem Verhör des Kellners noch einmal zu betonen, dass Dorothea an diesem Abend gar nicht in der Nähe von Ian gewesen war. Wie hätte sie ihm also das Gift verabreichen sollen? War es nicht wahrscheinlicher, dass etwas von den Giftködern, die im oberen Stock des Lokals ausgelegt waren, durch die Deckenbalken auf Ians Teller gefallen war?

Es war weit hergeholt, und nur der Wirt des Pubs war begeistert von dieser Lösung. Kein Wunder, seine Taverne hatte kein zweites Stockwerk. Sollte Ian das Gift dort zu sich genommen haben, konnte das nur auf gravierende Hygienemängel beim Ausschank zurückzuführen sein.

»Vielleicht hat auch irgendjemand sich einen schlechten Scherz erlaubt und unbemerkt das Ale versetzt. Ein Konkurrent etwa? Es ist keine Reklame, wenn Gäste erkranken.« Charles Manns Fantasie trieb wahrlich wilde Blüten. Andererseits blieb ihm nur übrig, Zweifel an Dorotheas Täterschaft zu wecken und mögliche Alternativen aufzuzeigen. Ihre Unschuld zu beweisen war praktisch unmöglich.

Das Zimmermädchen erwies sich ungeachtet seiner Schüchternheit als erstaunlich gute Beobachterin. »Als die Herrschaften ankamen, hatte die Dame Migräne. Ich habe ihr nur beim

Auskleiden geholfen«, flüsterte sie, als sie von Richter Cooper freundlich aufgefordert wurde, alles zu berichten, woran sie sich erinnerte. »Ich bin dann gleich wieder runter, weil ja die Millie krank war und ich ihre Zimmer mit hab übernehmen müssen.« Sie sah zu Ian hinüber. »Am nächsten Morgen dann ging es dem Herrn da schlecht. Richtig schlecht, wenn Sie wissen, was ich meine, Sir.«

Unterdrücktes Gelächter brandete auf, erstarb jedoch prompt, als der Richter sich laut räusperte. »Es scheint, dieser Zustand ist allgemein besser bekannt, als es wünschenswert wäre. Bitte, fahren Sie fort.«

»Sehr wohl, Euer Ehren: Also, es war so, dass ich gerade vorher eine Flasche ›Godfrey's Elixier‹ gekauft hatte. Für meine Mutter. Aber als ich mitgekriegt hab, wie der arme Herr sich die Seele aus dem Leib gekotzt hat, da hab ich's Mrs. Rathbone angeboten.«

»Mrs. Rathbone hatte Sie aber nicht gebeten, ihr irgendetwas zu besorgen?«, erkundigte sich Mr. Mann höflich.

»Nein, Sir. Das kam mir grad so, es ihr anzubieten, wie ich gesehen hab …«

»Schon gut, ich denke, wir haben alle verstanden, was Sie dazu bewogen hat«, sagte Richter Cooper hastig. »Hat sie gezögert, Ihr Angebot anzunehmen?«

Das Mädchen überlegte einen Moment. »Sie hat mich nur noch gefragt, ob das Elixier auch wirklich ungefährlich wäre, und ich habe ihr gesagt, dass meine Mom sie immer den Kleinen gibt, wenn sie Bauchweh haben, und es ihnen noch nie geschadet hat.«

»Hatten Sie den Eindruck, dass Mrs. Rathbone ungewöhnlich besorgt wegen des Mittels war?«, erkundigte Mr. Mann sich eher beiläufig.

»Äh, nein, Sir. Eher nicht. Normal eben für Leute, die nicht mal Laudanum nehmen.«

»Woher wissen Sie das?«, fragte Richter Cooper scharf. Das

263

Zimmermädchen sah ihn an, als sei sie nicht ganz sicher, ob die Frage ernsthaft gemeint sei.

»Na, ich habe doch alles ausgepackt. Da hätte ich es wohl finden müssen. Die meisten Gäste legen großen Wert darauf, dass das Laudanum griffbereit steht, deswegen achte ich darauf, es immer als Erstes neben das Bett zu stellen.«

»In meinem Haus dulde ich dieses Zeug nicht!«, warf Ian ein. »Ich habe zu viel von dem Elend gesehen, das es anrichtet.«

»Gut, wir wissen jetzt also, dass sich in diesem Zimmer außer dem Fläschchen ›Godfrey's Elixier‹ keine Substanz befand, die geeignet war, Arsen unterzumischen. Da Mr. Rathbone am Abend zu dem Bankett ging, hatte sich sein Zustand wohl gebessert. Können Sie uns dazu etwas sagen?«

»Na ja.« Das Mädchen senkte den Blick und nestelte verlegen an den Bändern ihres Beutels. »Normalerweise würde ich es ja für mich behalten, weil es niemanden was angeht. Aber als Mrs. Rathbone zurückkam, um sich für den Abend zurechtzumachen, war sie nicht gut auf ihn zu sprechen. Ich hörte ihn fragen, welche Laus ihr über die Leber gelaufen wäre, als ich mit dem heißen Wasser kam. Sie ist dann zum Umziehen rüber zu der Dame da ...« Sie wies auf Catriona. »Und mehr weiß ich wirklich nicht, weil, am nächsten Morgen dann war ja schon die Pflegerin da und hat niemanden ins Zimmer gelassen.« Sie blickte zu Richter Cooper auf, erleichtert, dass ihre Prüfung vorüber war. »War's das, Euer Ehren?«

»Hatten Sie den Eindruck, dass es bei dem Streit um etwas Ernsteres ging? Oder war es nur eine kleine Unstimmigkeit, wie sie unter Eheleuten leider nicht allzu selten sind?« Diese Bemerkung Mr. Manns löste vor allem unter den männlichen Zuschauern erneut hörbare Heiterkeit aus.

Das Zimmermädchen sah unsicher von ihm zu Richter Cooper und wieder zurück. »Woher soll ich denn das wissen? Ich bin nicht verheiratet, und mein Dad ist schon lange tot.«

»Schon gut. Ich glaube, Mr. Mann hat sich nur einen etwas unpassenden Scherz erlaubt«, sagte Richter Cooper und warf dem Anwalt einen missbilligenden Blick zu. »Sir, darf ich Sie daran erinnern, dass Sie die Zeugen mit dem angemessenen Respekt behandeln.«

Charles Mann murmelte zwar eine Entschuldigung, wirkte aber nicht übermäßig beeindruckt von der Zurechtweisung.

»Danke, Miss ... äh ...« Richter Cooper wühlte hektisch in seinen Papieren, »... Bessy. Wenn Mr. Mann keine Fragen mehr hat, ich meine: ernsthafte Fragen, können Sie wieder an Ihre Arbeit gehen.«

Der Anwalt verneinte, und Bessy verabschiedete sich mit einem tiefen Knicks in Richtung Richterbank.

Der Bedienstete, der Ian und Catriona beim Bankett aufgewartet hatte, hatte kaum etwas beizutragen, außer dass er dem Herrn ein frisches Glas hatte bringen müssen, weil er seines umgestoßen hatte. »Da hatte seine Tischdame ihm aber schon ihres zugeschoben, und also gab ich ihr das frische«, sagte er, ohne sich bewusst zu sein, dass das aufflackernde Gemurmel in den Bänken auf seine Äußerung zurückzuführen war.

»Mr. Rathbone hat also gar nicht seinen eigenen Wein getrunken, sondern den von Miss Grenfell?«, insistierte Charles Mann.

»Sag ich doch, Sir. Ich weiß es noch genau. Es war nämlich Claret – und der macht scheußliche Flecken im Leinen!«

»Hat es danach noch irgendwelche Besonderheiten gegeben? Hat Mr. Rathbone zum Beispiel irgendetwas anderes gegessen als die übrigen Gäste?« Richter Cooper betrachtete den Zeugen wohlwollend.

»Nicht dass ich wüsste, Sir. Es war alles in Ordnung, bis ich plötzlich – ich wollte gerade die Dessertteller abtragen – die Dame neben ihm schreien hörte, und als ich mich umdrehte, lag er schon am Boden und wand sich in Krämpfen.«

»Was gab es denn als Dessert?«

»Verschiedenes. Obst natürlich, Käse und ein Blancmanger-Pudding. – Aber kein grüner«, fügte er eilig hinzu. Das Publikum honorierte das mit allgemeinem Gelächter. Ein grün gefärbter Blancmanger hatte dieser Süßspeise zu unrühmlicher Bekanntheit verholfen, als in London vor einem Jahr mehrere Gäste eines Lokals gestorben waren. Die Untersuchung hatte zutage gefördert, dass der Koch, ein sparsamer Mensch, zum Färben keine gemahlenen Pistazien, sondern Kupferarsenik genommen hatte. Seitdem waren grün gefärbte Speisen von den Tischen verschwunden.

»Ich denke, wir können das Dessert außer Acht lassen, Euer Ehren«, sagte Charles Mann, der ein Grinsen unterdrückte. »Schließlich haben außer Mr. Rathbone noch dreiundfünfzig andere Menschen davon gegessen. Und kein Einziger von ihnen klagte danach über Unwohlsein.«

»Auch mir scheint es unwahrscheinlich«, gab Richter Cooper ihm recht. »Nur sind wir jetzt genauso weit wie vorher. Woher das Arsenik stammt, das Mr. Rathbone fast getötet hätte, ist mir ein Rätsel. Wenn dieser chemische Beweis nicht allgemein anerkannt wäre, würde ich zu der Auffassung neigen, dass Dr. Macaulay ein wenig, hm, nun sagen wir: übereifrig war und es sich doch um etwas anderes gehandelt hat.«

»Gänzlich unangefochten ist die Marsh'sche Probe nicht, Euer Ehren.« Charles Mann erkannte sofort die Chance, die sich in Form des zweifelnden Richters bot. Richter Cooper hatte nicht die geringste Ahnung von Naturwissenschaften. Es war allgemein bekannt, dass seine Interessen sich auf die englischen Gesetze sowie theologische Fragestellungen beschränkten. »Sie ist sogar ziemlich umstritten. Ich habe mir die Mühe gemacht und einige Schriften dazu studiert. Es gibt namhafte deutsche Pharmakologen, die die Ansicht vertreten, dass die Unsicherheit des chemischen Prozesses so hoch sei, dass das Ergebnis, wie auch immer es ausfallen möge, keine Gerichtsverwertbarkeit zuließe.«

»Gibt es auch englische Meinungen dazu?« Richter Cooper bevorzugte offensichtlich die Urteile von Landsleuten.

»In England ist Arsenik als Mordgift nicht so allgemein verbreitet wie auf dem europäischen Kontinent«, gab Charles Mann geschmeidig zurück. »Deswegen hat es dort nicht diesen Stellenwert der wissenschaftlichen Aufmerksamkeit.«

»Man könnte auch sagen, es ist den englischen Wissenschaftlern egal, womit die Leute sich gegenseitig umbringen«, warf Chefredakteur Stevenson halblaut ein. »Außerdem möchte ich wetten, dass Allom noch nie zuvor bei so etwas mitgemacht hat.«

»Ich muss doch sehr bitten, Sir!« Zwei Reihen vor ihm sprang wie von der Tarantel gebissen eine kleine Gestalt auf, drehte sich um und wippte auf den Zehenspitzen, als wollte er sich jeden Moment auf den bedeutend Größeren stürzen. »Zweifeln Sie etwa meine Integrität an?«

»Nicht im Mindesten.« Stevenson ließ sich nicht aus der Ruhe bringen. »Ich äußerte nur die Vermutung, dass Ihre Erfahrungen mit dieser Methode begrenzt sein dürften. – Oder wie viele Marsh'sche Proben haben Sie schon durchgeführt?«

Der Schulmeister musste kleinlaut zugeben, dass er tatsächlich noch nie mit diesem Apparat gearbeitet hatte. »Sehen Sie? Wissenschaft ist ja gut und schön. Aber sie ist nicht unfehlbar. Oder wurde irgendwo auch nur eine Unze Arsenik gefunden – außer dem obskuren Spiegel, den dieser Apparat produziert hat?«

Damit hatte er Richter Cooper aus der Seele gesprochen. Auch er schätzte bekanntermaßen handfestere Beweise wie Augenzeugen. Deswegen tadelte er Mr. Stevenson nicht für seinen Einwurf, sondern nickte ihm nur zu und sagte milde: »Sie nehmen vorweg, was ich abschließend dazu bemerken wollte: Dieser sogenannte wissenschaftliche Beweis ist nicht sehr belastbar. Ein Fehler ist nicht auszuschließen. Zudem hat auch keiner der Zeugen irgendetwas beobachtet, das darauf hingewiesen hätte, dass ein Vergiftungsversuch vorliegen könnte. Ich neige zu der Ansicht, dass wir uns die Befragungen von Mr. Rathbone, Miss Grenfell und dem Honourable Percy Grenfell sparen können.«

»Oh, wie schade«, flüsterte Catriona Dorothea zu. »Wo ich mich so darauf gefreut hatte, einmal vor Gericht vernommen zu werden.«

Ihr Bedauern über die Entscheidung des Richters wurde von der Mehrheit der Anwesenden geteilt und auch hörbar geäußert. Dorothea hingegen hätte vor Erleichterung in Tränen ausbrechen können. Trotz Richter Coopers Rücksicht war diese öffentliche Untersuchung alles andere als angenehm gewesen. Nur gut, dass sie nicht wusste, was alles an bösartigen Klatschgeschichten über sie kursierte! Die Geschichte von den Wetten hatte sie zutiefst abgestoßen. Konnte wirklich jemand annehmen, dass sie Robert getötet hatte? Wie perfide musste man sein, um ihr einen heimtückischen Giftmord zuzutrauen? Ihr Vater hatte immer gesagt, dass Vermutungen über Motive anderer Menschen mehr über einen selbst verrieten, als einem lieb sein konnte. Wie recht er gehabt hatte!

Sie brannte darauf, Adelaide endlich verlassen zu können. Und so schnell würde sie nicht in die Stadt zurückkehren!

»Ich verkünde jetzt das Ergebnis der öffentlichen Untersuchung über den Vorwurf versuchten Giftmords an Ian Rathbone, angezeigt durch Doktor Ambrose Macaulay.« Richter Cooper räusperte sich, als ließe er einiges, das ihm auf der Zunge lag, ungesagt. »Nach meiner Ansicht hat dieses äußerst gründlich durchgeführte Verfahren nicht den geringsten Hinweis auf irgendeine Grundlage eines solchen Verdachts ergeben. Das Gericht sieht sich außerstande, die Erkrankung von Mr. Ian Rathbone, die ja unbestritten ist, auf eine Vergiftung zurückzuführen. Vielmehr dürfte es sich um eine Verkettung unglücklicher Umstände handeln, die jedoch

268

nicht aufzuklären sind. Ich möchte mich bei Mrs. Rathbone für jegliche Unannehmlichkeit entschuldigen und bedanke mich bei allen Zeugen, die hier nach bestem Wissen und Gewissen ihrer Pflicht nachkamen. Im Namen der Königin!«

»Der gute Richter ist immer so pathetisch«, hörte Dorothea Charles Mann murmeln, bevor er sich an sie wandte und meinte: »Ich habe es noch nie erlebt, dass Stevenson sich für jemanden so ins Zeug legt. Sie müssen bei ihm einen Stein im Brett haben. Wenn er jetzt noch einen entsprechenden Artikel bringt, ist die Schlacht um die öffentliche Meinung gewonnen. Dann kann der kleine Doktor sich nur noch verkriechen. – Aber passen Sie auf Ihren Mann auf: Wenn ihm jetzt irgendetwas zustoßen sollte, ist alles wieder da.«

Dorothea stockte der Atem. Scherzte er oder meinte er das ernst? In dem Fall …

»Was sollte mir denn zustoßen?« Ian griff nach ihrem Ellenbogen und drückte ihn beruhigend. Er kannte sie gut genug, um zu ahnen, was sie empfand. »Wie heißt es so schön: Totgeglaubte leben länger. Aber ich werde mich in Zukunft beim Ale etwas mehr zurückhalten. Versprochen.«

Es dauerte ewig, bis sie mit allen, die sie umdrängten, ein paar Worte gewechselt und sich verabschiedet hatten. Auf einmal schien jeder schon immer gewusst zu haben, dass an der Geschichte kein Jota Wahrheit war, und musste das auch ausführlich zum Besten geben.

»Ich kann jetzt wirklich keinen von diesen Pharisäern mehr ertragen«, stöhnte Dorothea, als sie endlich auf dem Weg in ihr Hotel waren. »Könnten wir nicht sofort aufbrechen, Ian?«

»Wolltest du nicht wenigstens noch bei deiner Mutter vorbeischauen?«, erwiderte ihr Mann erstaunt. »Sie möchte sicher wissen, wie alles ausgegangen ist. Ich habe mich schon ein wenig gewundert, dass sie und Lischen sich nicht blicken ließen.«

»Ich habe sie darum gebeten«, log Dorothea und war zum wiederholten Mal froh über den Hutschleier, der ihr Gesicht verbarg. Nach Lischens kurzem Besuch hatte sie fast damit gerechnet, dass sie ihr bis nach der Untersuchung aus dem Weg gehen würde. Trotzdem: Es hatte geschmerzt, von der eigenen Familie im Stich gelassen zu werden. Auch wenn ihr klar war, dass es nur vernünftig war. Schließlich waren Lischen und ihre Mutter auf das Wohlwollen der Kundschaft angewiesen. Ihr selbst konnte es egal sein – draußen auf Eden House war sie vor dem Klatsch sicher. Die beiden hingegen mussten hier leben. Und Ian hatte ja wie ein Fels zu ihr gestanden.

»Hast du dich niemals gefragt, ob etwas an dem Verdacht dran ist?«, fragte sie ihn, sobald sie allein in ihrem Zimmer waren. Ihr Mann sah sie an, als hätte sie den Verstand verloren. »Niemals«, sagte er schlicht und zog sie eng an sich. »Ich würde mir eher die Hand abhacken, als dir auch nur ein Haar zu krümmen. Wieso sollte es bei dir anders sein?«

Gerührt erwiderte sie die Umarmung. »Ich liebe dich«, wisperte sie in seine Hemdbrust. »Ach, Ian, lass das.« Damit meinte sie seine Hände, die in ihrem Rücken nach den Häkchen tasteten, mit denen das Oberteil ihres Kleides geschlossen wurde. »Wer soll mich denn nachher wieder schnüren? Das Zimmermädchen denkt schon schlecht genug über mich.«

»Vielleicht könnte ich es versuchen?«, schlug ihr Mann vor, ohne von seinem Vorhaben abzulassen. »Wieso trägst du überhaupt dieses alberne Ding? Früher hast du dich immer über die Frauen lustig gemacht, die solche Schildkrötenpanzer anhatten.«

»Weil ich neben deinen englischen Verwandten nicht als Landpomeranze dastehen will«, gab sie etwas kurzatmig zurück. Ians Annäherungsversuche verfehlten ihre vertraute Wirkung auf sie keineswegs. Umso mehr bemühte sie sich, einen klaren Kopf zu behalten.

»Dann kann ich ja nur hoffen, dass sie endlich wieder abreisen, damit meine Frau nicht mehr meint, sich hinter Fischbein und gestärktem Leinen verschanzen zu müssen.« Ian seufzte. »Schon gut, Darling. Ich werde mich bis heute Abend gedulden. Soll ich dich zu deiner Mutter begleiten?«

»Nein danke. Aber würdest du alles in die Wege leiten, dass wir gleich nach dem Frühstück aufbrechen können? Ich kann es nicht erwarten, endlich nach Eden House zurückzukommen!«

Der Spruch des Richters schien sich in Windeseile verbreitet zu haben. Die Herren hoben bei ihrem Anblick alle den Zylinder, und die Damen nickten ihr freundlich zu. Keiner gab mehr vor, zu sehr ins Gespräch vertieft zu sein, um sie zu bemerken. Dorothea musste unwillkürlich an Wölfe denken, die einen freundlich anzulächeln schienen, um im nächsten Moment über einen herzufallen. In Zukunft würde sie sich wohl immer fragen, ob ihr Gegenüber sie etwa wieder schneiden würde, sobald Gerüchte über sie in Umlauf gesetzt wurden.

Sie hatte den Fuß gerade auf die unterste Stufe gesetzt, als ihre Mutter bereits mit wehender Schürze aus dem Atelier stürzte. »Dorothea, Kind, wie geht es dir?« Ohne eine Spur ihrer sonstigen Zurückhaltung schlang sie beide Arme um Dorothea und drückte sie fast schmerzhaft. »Ich bin beinahe verrückt geworden, hier sitzen und warten zu müssen und dir nicht wenigstens durch meine Anwesenheit beistehen zu dürfen.«

Dorothea stutzte kurz, ehe ihr ein Licht aufging. Offenbar hatte Lischen vorgegeben, dass sie ihre Familie nicht im Gerichtssaal sehen wollte. »Es war besser so, Mama«, sagte sie und erwiderte die Umarmung liebevoll. »Es hätte nur deinem Geschäft geschadet. Und ich hatte ja Ian.«

»Pah, das Geschäft.« Mutter Schumann schnaubte verächtlich durch die Nase. »Wer von meiner Tochter so etwas denkt, der kann mir gestohlen bleiben! Du und deinen Ian vergiften! Was für eine Schnapsidee.« Sie schüttelte ungläubig den Kopf. »Dieser kleine Doktor sollte besser wieder nach London zurückgehen. Ich verstehe nicht, wieso Richter Cooper ihn nicht in seine Schranken gewiesen hat.«

»Keine Sorge. Das hat er, Mama«, sagte Dorothea und folgte ihrer Mutter in die Küche. Lischen sah von den Kartoffeln auf, die sie gerade schälte, mied aber den Blick der Schwester. Ihre normalerweise rosigen Wangen waren blass, und die geröteten Augen verrieten, dass sie geweint hatte. Dorothea zögerte nur einen Moment. Dann ging sie auf sie zu und schloss auch sie in die Arme. »Ich bin dir nicht böse«, wisperte sie an ihrem Ohr. Laut und vernehmlich sagte sie dann: »Es ist schon erstaunlich, wie rasch der Wind sich wendet. Auf dem Weg hierher bin ich von niemandem mehr geschnitten worden. Alles ist wieder wie vorher. Als wäre es nur ein böser Traum gewesen.«

»Dann wollen wir hoffen, dass die Aufträge wieder sprudeln«, bemerkte Lischen leise und stellte den Topf mit den Kartoffeln auf den Herd. »Du bleibst doch zum Essen?«

»Nein danke. Wir fahren gleich morgen früh wieder zurück nach Hause. Ich wollte nur kurz vorbeischauen, um mich von euch zu verabschieden.«

Als die Klingel der Ladentür eine Kundin ankündigte und Mutter Schumann nach vorn ging, packte Dorothea die Gelegenheit beim Schopf: »Lischen, was ist mit dir? Warum hast du geweint?«

»Ich wüsste nicht, was dich das anginge«, gab diese pampig zurück.

»Natürlich geht es mich etwas an, wenn du unglücklich bist! Komm, sag mir schon, was dich bedrückt.« Lischen wandte nur störrisch den Kopf ab.

»Hast du dich mit deinem Heinrich gezankt?« Diese direkte Frage ließ ihre Schwester überraschend in Tränen ausbrechen. Das

Gesicht in der Schürze vergraben, sank sie auf einen der Küchenstühle und schluchzte: »Es ist alles vorbei. Wie kann ich jemandem noch vertrauen, der mit diesem Doktor gemeinsame Sache macht, der meine Schwester vor Gericht gezerrt hat? Ich habe ihm ein Billett geschrieben, dass ich nichts mehr mit ihm zu tun haben will.«

Dorothea zog einen Stuhl neben sie und legte ihr gerührt den Arm um die Schultern. »Ach, Lischen! Du kannst es einem Mann der Wissenschaft doch nicht übel nehmen, wenn er sich weigert zu betrügen. Ich hätte es eher bedenklich gefunden, wenn er sich dazu bereit erklärt hätte. Er konnte wirklich nichts dafür, dass die Probe nicht wie gewünscht ausfiel. Weißt du, dass er danach zu mir kam, um sich dafür zu entschuldigen?« Dass es ihm vor allem darum gegangen war, sie zu bitten, sich bei ihrer Schwester für ihn einzusetzen, verschwieg sie wohlweislich.

»Tatsächlich?« Lischen ließ die Schürze sinken und lächelte unter Tränen. »Das sieht Heinrich ähnlich!«

Dorothea erinnerte sich, dass sie dem jungen Apotheker geraten hatte, mit Lischen offen zu sprechen. »War er seitdem schon hier?«

Lischen nickte wieder. »Ich habe ihn aber nicht empfangen«, erklärte sie. »Und das Bukett habe ich auch nicht angenommen.«

»Wenn ich es ihm nicht übel nehme, kannst du es ihm doch auch verzeihen.«

Ihre Schwester schwieg und versteckte sich erneut hinter ihrer Schürze. Irgendetwas sagte Dorothea, dass Lischen nicht ganz ehrlich war. Es war ja alles gut ausgegangen. Der Zorn auf den jungen Apotheker schien ihr übertrieben.

»Wenn du ihn wirklich gern hast, dann mach kein Drama daraus«, riet sie ihr auf gut Glück. »Es wäre schade, wenn du dein Lebensglück nur wegen deines Dickkopfes aufs Spiel setzt. Du hast ihn doch wirklich gerne, oder?«

Die Geräusche hinter der Schürze klangen nach Bestätigung.

273

»Na dann … – Was meint Mama dazu?«

»Nichts. Sie sagt doch nie etwas.« Unvermittelt hob Lischen das verweinte Gesicht und funkelte Dorothea wütend an. »Sie hat nichts gesagt, als du damals direkt nach Papas Tod Robert geheiratet hast und verschwunden bist. Sie hat nichts gesagt, als die Jungen nach London gingen, und sie hat nichts gesagt, als August beschloss, sich als Goldsucher zu versuchen. Wieso sollte sie jetzt etwas sagen? Aber ich werde sie nicht im Stich lassen wie ihr alle.« Ein erneuter Tränenstrom schnitt ihr die Luft ab. Erschrocken über den Ausbruch saß Dorothea wie erstarrt. Das also war es!

Hier und da – wenn sie Zeit dazu gehabt hatte – hatten sie bei der Erinnerung an ihre Flucht aus dem Trauerhaus Gewissensbisse geplagt. Allerdings hatte sie nie allzu lange dabei verweilt. Schließlich war ihr damals gar keine andere Möglichkeit verblieben. Einen Moment spielte sie mit dem Gedanken, Lischen zu erklären, dass es Gründe für die überstürzte Hochzeit gegeben hatte. Aber wozu?

»Ich glaube nicht, dass Mama es auch so sieht«, sagte sie schließlich vorsichtig. »Es ist normal, dass Kinder aus dem Haus gehen, und sie ist doch glücklich mit ihrem Atelier und dem Ansehen, das es genießt. Außerdem: Ihr würdet doch in ihrer Nähe bleiben.«

Lischen schniefte und schnäuzte sich herzhaft in das feine Batisttaschentuch, das Dorothea ihr hinhielt. »Natürlich. Heinrich mag sie sehr gern. Sie erinnert ihn an seine Lieblingstante, sagte er einmal. – Aber ich habe ihn doch weggeschickt.«

»Würdest du es wieder tun, wenn er noch einmal käme?«

Lischen seufzte laut. »Was soll die blöde Frage? Heinrich ist ungeheuer stolz. Er wird bestimmt nicht noch einmal hier anklopfen.«

»Na, dann musst du eben wieder die Initiative ergreifen und zu ihm gehen – aber nicht heute!«

Dorothea hielt sich nicht mehr lange in der Carrington Street auf, sondern nahm einen kleinen Umweg, der sie an Merryweather's Drugstore vorbeiführte. Als sie die Ladentür öffnete, fand sie sich sofort Auge in Auge mit Heinrich Sartorius, der an einem Ende der hölzernen Ladentheke hantierte. Vor Schreck entglitt ihm um ein Haar der Glastrichter, mit dessen Hilfe er gerade aus einem voluminösen Behälter zierlich beschriftete Fläschchen abfüllte. »Wenn das ›Godfrey's Elixier‹ ist, hätte ich gerne eine Flasche davon«, sagte Dorothea. »Sofern Sie nicht alles fallen lassen.«

»Mrs. Rathbone«, stammelte der junge Mann. Eilig stellte er alles hin, wischte sich die Hände an seinem blütenweißen Kittel ab und verbeugte sich tief. »Was kann ich für Sie tun? Sie wollen doch nicht wirklich dieses Zeug da kaufen?«

»Warum nicht?«

Sartorius warf einen Blick über die Schulter, um sich zu vergewissern, dass sein Chef nicht in Hörweite war. Dann beugte er sich vor und flüsterte: »In Deutschland bereiten Apotheker Opium-Lösungen nur auf ärztliche Anweisung zu. Hier verkaufen sie es wie Limonade. Bitte, lassen Sie lieber die Finger davon.«

»Ist es wirklich so gefährlich?« Dorothea dachte an das Zimmermädchen, dessen jüngere Geschwister es regelmäßig bekamen. Und wenn man die Menge der Fläschchen betrachtete, die zum Befüllen bereitstanden, mangelte es nicht an Nachfrage.

»Man stirbt nicht daran«, sagte er sehr ernst. »Aber es ist auch nicht schön, wenn man nicht mehr ohne sein kann. Wir haben Kundinnen, die holen sich jede Woche eine Flasche. Und wenn wir Lieferprobleme haben, werden sie richtig krank.«

Dorothea erschrak. »Behalten Sie es. Eigentlich wollte ich mit Ihnen wegen meiner Schwester sprechen.«

Sartorius blickte düster zu Boden. »Ich habe alles getan, um sie umzustimmen. Ich habe versucht, es ihr zu erklären, obwohl sie nicht das Geringste vom Ehrenkodex der Wissenschaft versteht. Sie hat mir den Brief ungeöffnet zurückbringen lassen. Sogar Blumen habe ich geschickt, obwohl sie derzeit furchtbar teuer sind und ich deswegen auf meine neuen Glaskolben verzichten musste. Aber es war alles vergeblich.« Er schlug mit der Faust so heftig auf die Tischplatte, dass die Glasbehälter gefährlich klirrten.

»Das war wirklich ein großes Opfer.« Sie unterdrückte die aufsteigende Heiterkeit. Sicher fand ihr Gegenüber das überhaupt nicht komisch. »Meinen Sie, Sie könnten sich dazu überwinden, es noch einmal zu versuchen?«

Sartorius sah auf. So etwas wie ein Hoffnungsschimmer glomm in seinen Augen. »Sie haben mit ihr gesprochen?« Auf einmal wirkte er überraschend jung und schüchtern. »Was hat sie gesagt? Oh, bitte, spannen Sie mich nicht so auf die Folter! Ich täte alles für sie – außer ein wissenschaftliches Experiment zu verfälschen.«

»Ich denke, wenn Sie noch einmal in der Carrington Street vorsprechen, werden Sie Lischen zugänglicher finden. Obwohl Sie feststellen werden, dass meine Schwester ihren eigenen Kopf hat.«

Sartorius strahlte vor Freude. »Ich weiß. Das schätze ich ja gerade so an ihr. Dass sie nicht eines jener Frauenzimmer ist, die zu allem Ja und Amen sagen. Wir haben schon ganz schön hitzige Diskussionen geführt.« Er packte Dorotheas behandschuhte Rechte und schüttelte sie frenetisch: »Danke. Vielen Dank. Ich weiß gar nicht, wie ich das jemals wiedergutmachen kann, Mrs. Rathbone.«

»Ganz einfach: Indem Sie gut zu Lischen und meiner Mutter sind«, sagte Dorothea leise.

»Das ist doch selbstverständlich!« Er sah für einen Moment ein wenig traurig aus. »Hat Lischen Ihnen erzählt, dass ich aus Deutschland flüchten musste, um nicht als Revolutionär erschossen zu werden?« Dorothea nickte. »Ich vermisse meine Eltern und die Geborgenheit unserer weitläufigen Familie ganz schrecklich und würde mich glücklich schätzen, hier Menschen zu haben, zu denen ich gehören darf.«

»Dann holen Sie sich gleich morgen früh ein frisches Bukett und bitten meine Schwester um ihre Hand«, riet Dorothea praktisch. »Sie passen wunderbar zusammen: zwei Dickköpfe, wie sie im Buche stehen!«

10

Die Rückfahrt gestaltete sich weitaus angenehmer als die Hinfahrt. Die ersten herbstlichen Regenschauer waren über die ausgetrocknete Landschaft niedergegangen und hatten den Staub gebunden. Es war gerade ausreichend Feuchtigkeit, um die Luft klar und frisch zu halten, aber noch nicht genug, um den Erdboden aufzuweichen. Als sie durch Hahndorf fuhren, rochen sie den typischen Rauch der Kartoffelfeuer und sahen die riesigen Halden aus Rüben, die später mit Erde bedeckt würden, um als Wintervorrat zu dienen.

»Wie kommt ihr eigentlich damit zurecht, dass hier die natürlichen Jahreszeiten auf den Kopf gestellt sind?«, erkundigte sich Percy, während er befremdet dem Erntetreiben zusah. »Es ist Mai. Zu Hause blühen jetzt die Apfelbäume und Rosen. Die Saison in London ist beendet, alle ziehen sich auf ihre Ländereien zurück – und hier ist es genau umgekehrt.«

»Ach, nach ein paar Jahren gewöhnt man sich daran«, sagte Ian gleichmütig. »Selbst die Schafe lammen inzwischen zum großen Teil im Herbst, wenn genügend frisches Gras zur Verfügung steht.«

»Also, an Weihnachten im Hochsommer – daran werde ich mich wohl nie so ganz gewöhnen ...« Dorothea seufzte. »Und zu Ostern vermisse ich immer noch die Tulpen und Narzissen. Aber sonst geht es wirklich ganz gut. Erntedank wird eben dann gefeiert, wenn die Ernte eingefahren wird. Das funktioniert recht gut.«

Außer dass ihnen in den Wäldern am Südhang des Mount Barker um ein Haar ein dicker Ast auf den Kopf gefallen wäre, verlief die Rückreise ereignislos. Wie stets, wenn die vertraute Silhouette von Eden House am Horizont auftauchte, empfand Dorothea das freudige Gefühl, wieder zu Hause zu sein. Still bewunderte sie die Schönheit der weiten Landschaft, das silberne Band des Murray, der hier so breit und majestätisch durch die Ebene strömte. Jetzt im Herbst, wo das Grün überall verdorrt war, herrschten eher metallische Farben vor: warmes Kupferbraun, glitzerndes Silber und sanft schimmerndes Gold. Auf einigen Zweigen saßen dicht an dicht aufgereiht bunte Vögel wie großzügig verstreute Juwelen. Wenn sie sich mit der Kutsche näherten, stoben sie auf, und ihr empörtes Geschrei begleitete sie noch eine ganze Weile.

Auch auf Eden House war ihr Kommen nicht unbemerkt geblieben. Als Ian den erschöpften Braunen auf den Hof lenkte, wurden sie bereits von einem umfangreichen Begrüßungskomitee erwartet. Umfangreicher als sonst.

Zunächst glaubte Dorothea an eine Sinnestäuschung. Eine Halluzination? Auf den ersten Blick wirkte alles völlig normal: wenn nicht zwei Fremde dabei gestanden hätten, die Dorotheas Blick magisch anzogen. Hinter Mrs. Perkins und Mannara hielt sich eine weißhaarige Aborigine bescheiden im Hintergrund, und neben Robbie, als suche sie bei ihm Schutz, stand ein Mädchen, das seine Hand umklammerte. Sie erkannte es nicht sofort, vermutlich weil es völlig anders aussah als im Lager. War das nicht …?

Vermutlich war es Trixies Verdienst, dass die zotteligen Haare von ehemals undefinierbarer Farbe jetzt in sauber geflochtenen Zöpfen von hellem Nussbraun schimmerten. In einem alten Kleid von Heather störte nur die tief gebräunte Haut das Bild eines typisch englischen Mädchens. Die Haut und der gehetzte Blick … Das Kind umgab die Aura eines verängstigten Wildtieres.

Das fremde Kind sah sie an, und Dorothea wurde schwindlig vor Erleichterung. Wer auch immer die Kleine war – sie war kein Mischling. In ihren zarten Zügen fand sich nicht die leiseste Spur einheimischer Physiognomie. Es war ein einwandfrei europäisches Gesicht.

Mit einem leisen »Brrr« bedeutete Ian dem Pferd, dass es stehen bleiben durfte, band die Zügel fest und sprang vom Bock. Während er Dorothea vom hinteren Sitz hob, murmelte er gereizt: »Ich möchte nur wissen, was das schon wieder soll! Ich hatte mich so auf einen ruhigen, gemütlichen Abend zu Hause gefreut!«

Dorothea wurde einer Antwort enthoben, weil Mary es endlich geschafft hatte, sich von Trixies Hand loszureißen und vor lauter Hast beinahe die Treppenstufen hinuntergefallen wäre. »Was habt ihr uns mitgebracht?« Marys helle Stimme vertrieb den finsteren Ausdruck aus Ians Gesicht umgehend. »Kinderfragen, mit Zucker bestreut«, gab er scherzhaft zurück und bückte sich, um sie hochzuheben. »Na, mein kleiner Schatz? Wart ihr auch brav?«

»Willkommen daheim«, sagte Mrs. Perkins und trat vor. Ihre ernste Miene kündete von schlechten Nachrichten. »Ich darf sagen, wir haben Sie sehnsüchtig erwartet, Master Ian.«

»Das haben wir!«, bestätigte Lady Chatwick, die entschieden nickte. »Hier ist in den letzten Tagen so einiges los gewesen.« Sie sah vielsagend zu der alten Aborigine und dem Mädchen.

»Eine vollkommen verrückte Geschichte – aber das sollen sie euch selbst erzählen.« Ihre Augen funkelten vor Aufregung, als sie hinzufügte: »Man sagt es immer so leichthin, aber Gottes Wege sind manchmal wirklich wunderbar.«

»Sobald wir den Reisestaub abgewaschen haben«, sagte Ian, der nicht allzu begeistert schien. »In einer halben Stunde im Salon.«

Als Dorothea und er eintraten, wurden sie bereits von der alten Aborigine und ihrem Zögling erwartet. Beide hockten auf den Stuhlkanten, als trauten sie der Haltbarkeit europäischer Möbel nicht. Unter dem karierten Baumwollstoff von Heathers altem Kleid sahen nackte, braune Füße hervor. Dorothea lächelte unwillkürlich, weil es sie daran erinnerte, dass Jane festes Schuhwerk ebenfalls verabscheut hatte. Auch die Füße der Kleinen zeigten die dicken Hornhautschwielen, die vom ständigen Barfußgehen herrührten.

»Ich grüße euch«, sagte die Alte, kniete zum Zeichen des Respekts nieder und verbeugte sich mühsam fast bis zum Boden. Das Mädchen tat es ihr sofort nach.

»Bitte, steh auf.« Ian trat auf die alte Frau zu und reichte ihr die Hand, um ihr behilflich zu sein. »Erklär mir lieber, was ein weißes Kind bei dir zu suchen hat. Sie ist kein Mischling, das sieht man auf den ersten Blick. Ist sie ein Ausreißer?«

Dorothea fiel auf, dass das Mädchen plötzlich verärgert wirkte. Sie hatte jedes Wort verstanden. »Nein, das bin ich nicht«, platzte sie heraus. »Ich habe schon immer bei meiner Mutter gelebt.«

Ian schwieg angesichts dieser offensichtlich falschen Behauptung und sah die angebliche Mutter nur auffordernd an. Die zog ihren Opossumfellmantel fester um sich. »Sie war noch zu klein. Sie kann sich an ihre richtige Mutter nicht mehr erinnern«, sagte die alte Aborigine entschuldigend. »Es ist lange her, dass sie ein weißes Kind war.«

»Wie lange?«, fragte Ian scharf.

»Zu lange.« Die Alte ließ sich nicht aus der Ruhe bringen. Dorothea erinnerte sich an das Gerücht, dass sie bei den Aborigines als Hexe verschrien war. Kein Wunder, ein solches Selbstbewusstsein war bei einer Eingeborenenfrau extrem selten. Lebte sie nicht auch noch ohne Mann? Wenn dazu die Angst vor Zauberei kam, würde niemand wagen, eine Hand gegen sie zu erheben. »Jetzt muss sie zu ihrem eigenen Volk zurück.«

»Vielleicht fängst du besser ganz von vorn an«, schlug Ian vor, lehnte sich zurück und verschränkte die Hände vor dem Bauch.

»Es kommt mir ziemlich kompliziert vor. Wo hast du eigentlich so gut unsere Sprache zu sprechen gelernt?«

Die Alte nickte. »In der Missionsschule in Encounter Bay. Dort bekam ich auch meinen englischen Namen: Sara. Meine Familie starb, als ich noch klein war, und so blieb ich dort, bis ich alt genug war, für mich selbst zu sorgen. Einige Zeit war ich Dienstmädchen auf einem Anwesen bei Goolwa, aber sie schickten mich weg, als dem Besitzer dort eine andere *lubra* besser gefiel. Von da an lebte ich allein auf dem Coorong.«

Dorothea zuckte zusammen. Sara sprach das Wort ein wenig anders aus, gutturaler. Aber trotz der kehligen Aussprache erkannte sie den Namen jener Landbrücke, auf der vor vielen Jahren das berüchtigte Maria-Massaker stattgefunden hatte. Ein großer Teil der Vermissten war tot aufgefunden worden, ein anderer war verschwunden und würde es, außer für die wenigen Mitwisser jener grausigen Entdeckung, für alle anderen auch bleiben. Das Bild der aufgereihten Köpfe der Schiffsmannschaft in der Höhle des Skelettmannes würde sie nie in ihrem Leben vergessen!

Verschwunden war auch das jüngste Kind einer der Familien. Alle übrigen Mitglieder waren aufgefunden und christlich bestattet worden – bis auf die kleine Tochter.

»Wenn dich keine Gruppe deiner Leute aufnehmen wollte … Wieso bist du nicht zurück zur Missionsstation?« Ian schüttelte verständnislos den Kopf. »Sie hätten dich sicher nicht weggeschickt.«

»Nein, das hätten sie nicht«, gab Sara ihm recht. »Aber ich hatte genug vom Leben der Weißen. Meine Ahnen sagten mir, es sei an der Zeit, wieder die Erde unter meinen Fußsohlen zu spüren und den Wind auf meiner Haut. Ich hatte fast vergessen, wie *murnong* schmeckte. Dabei hatte ich als Kind nahezu täglich gedämpfte *murnong*-Wurzeln gegessen.«

»Aber ganz allein draußen in der Wildnis?« Dorothea versuchte vergeblich, es sich vorzustellen. »Wie hast du das nur ausgehalten?«

»Ich war endlich frei«, sagte Sara schlicht. »Es machte mich glücklich, tagsüber durch den Busch zu streifen und nachts die Sterne über mir zu sehen. Ich musste nicht mehr essen, wenn ich keinen Hunger hatte, und schlafen, wenn ich nicht müde war.«

»Hast du keinen Ärger mit den Jägern dort bekommen?« Die Ngarrindjeri vom Coorong und rund um den Lake Albert galten als äußerst gefährliche Nachbarn.

»Wenn man allein ist, ist es leicht, sich unsichtbar zu machen. Außerdem dauerte es nicht lange, und sie gingen mir aus dem Weg.« Sara lächelte verschmitzt.

Dorothea hätte gerne erfahren, wie sie das angestellt hatte, aber Ian schienen solche Details herzlich egal zu sein. »Schön, du hast es also geschafft, allein zu überleben«, sagte er und musterte sie wie ein Pferd, bei dem man noch überlegt, was man dafür zu zahlen bereit ist. »Ich bin kein Missionar, und deshalb ist es mir egal, ob du wieder nach dem Glauben deiner Leute lebst oder nicht. Was mich interessiert, ist, wie du zu diesem Kind gekommen bist.«

Saras Gesichtszüge verzogen sich, als litte sie Schmerzen. »Eines Morgens weckte mich lautes Kriegsgeschrei. Es war Regenzeit, und deshalb dachte ich zuerst an eine Vision.« Natürlich: In der Regenzeit verkrochen alle Aborigines sich in ihren Winterlagern. Gefährlich wurde es erst wieder, sobald die Stämme sich im Frühjahr erneut in die Sommerlager begaben und eine solche Wanderung gerne zu einem kleinen Kriegszug nutzten.

»Ich kletterte über die Düne und versuchte, etwas zu erkennen. Im dichten Nebel war es schwierig, so weit zu sehen. Zuerst dachte ich an eine Auseinandersetzung zwischen verfeindeten Jägergruppen. Dann jedoch kamen sie näher; so nah, dass ich schon fürchtete, sie würden mein Lager entdecken. Von meinem Versteck aus sah ich, dass es tatsächlich eine Gruppe Jäger war. Aber sie kämpften nicht gegeneinander, sondern sie verfolgten mehrere flüchtende Weiße. Es war ein furchtbares Durcheinander, die Frauen schrien und die Männer … und sie erschlugen sie alle mit ihren *waddies*.« Sara verstummte, überwältigt von der Erinnerung. Das Kind neben ihr schien von den Schilderungen ungerührt. Hatte sie sie schon zu oft gehört, oder fehlte ihr einfach noch die Vorstellungskraft für ein solches Verbrechen?

»In ihrem Blutrausch übersahen sie das Kind, das die Mutter mit letzter Kraft in ein Wombatloch geschoben hatte. Sobald sie ins Lager zurückgekehrt waren, um zu tanzen, hörte ich das Wimmern. Ich wollte nichts sehen.« Sara schauderte bei der Erinnerung. »Aber ich konnte nicht anders. Ich ging dem Geräusch nach und fand ein kleines Kind, unverletzt. Überall war Blut. Schrecklich viel Blut und Fleisch und Knochen und anderes.« Dorothea schluckte. Die Zeitungsberichte waren dezenter gewesen. Aber sie waren ja auch nicht von Augenzeugen geschrieben worden.

»Ich nahm das Kind und ging mit ihm weit fort, denn ich wollte nicht, dass die Mörder erfuhren, dass sie nicht alle Weißen getötet hatten.«

»Aber die Mörder wurden doch später von Major O'Halloran gehängt«, warf Dorothea ein. Sara warf ihr einen mitleidigen Blick zu. »Das waren nicht die Mörder. Ich habe sie gesehen. Sie lebten danach noch lange an dem See, den ihr Lake Albert nennt.«

Dann hatte Stevenson also recht gehabt! Und O'Halloran hatte tatsächlich die Falschen hängen lassen. Nur wieso hatten die Eingeborenen es geschehen lassen? Vermutlich würde das nach so langer Zeit nie mehr ans Licht kommen. Was für ein Jammer, dass man sich damals mit oberflächlichen Ermittlungen begnügt hatte!

»Nachdem ich das Kind, Vicky, zu mir genommen hatte, musste ich noch vorsichtiger werden. Ich mied alle Gegenden, in denen Weiße lebten, und suchte die Nähe von Stämmen, mit denen die Menraura verfeindet waren.«

»Wieso hast du sie Vicky genannt?« Ian betrachtete das Mädchen nachdenklich. »War das ihr Name?«

Sara zuckte mit den Achseln. »Es war das erste Wort, das sie sprach. Sie schien es gerne zu hören, wenn ich sie so rief.«

»Du weißt, dass du sie den Behörden hättest übergeben müssen?« Ian sah sie streng an.

Die Alte sah nicht schuldbewusst zu Boden, sondern erwiderte seinen Blick herausfordernd. »Es war der Wille der Geister, dass ich sie fand. Sie haben sie beschützt, um sie mir anzuvertrauen. Ich hätte ihr Geschenk nicht respektiert, wenn ich die Kleine zur Station nach Goolwa gebracht hätte. Bei mir hatte sie es besser. Ich habe sie geliebt, als hätte ich sie selber geboren.«

»Was ist geschehen, dass du dich jetzt doch dazu entschlossen hast?« Dorothea musterte das Mädchen, das steif aufgerichtet dasaß und angestrengt die gegenüberliegende Wand anstarrte.

Sara antwortete nicht gleich. Als sie endlich sprach, war ihre Stimme so leise, dass Dorothea sie kaum verstand. »In meinem Herzen wusste ich immer, dass sie eines Tages zu ihrem Volk zurückgehen würde. Nun ist die Zeit gekommen. Der Mann, den ihr King George nennt, ist letzte Woche zu seinen Ahnen gegangen. Er hat uns beschützt, weil sein Vater und mein Vater einmal Freunde waren. Jetzt ist niemand mehr da, der uns schützt. Ich bin alt. Ich werde wieder auf den Coorong gehen und dort sterben. Aber meine Tochter ist jung. Zu jung, um so zu leben wie ich. Unsere Pfade müssen sich trennen. Sie soll bei ihrem Volk nach den Sitten der Weißen leben, wie es ihr bestimmt ist.«

»Hast du sie deshalb die englische Sprache gelehrt?«

Sara nickte bedrückt. »Ich habe sie auch all die anderen Dinge gelehrt, die man mir in der Missionsstation beigebracht hat. Ich habe ihr von ihren Göttern erzählt und alle Geschichten aus dem heiligen Buch der Weißen vorgetragen. Auch die Anrufungen.«

Als sie Dorotheas und Ians verständnislose Mienen sah, stupste sie Vicky an, und diese begann mit monotoner Stimme »Vater unser, der du bist im Himmel …« aufzusagen. Es war ziemlich offensichtlich, dass sie wenig damit verband.

Dennoch warteten alle das »Amen« ab, ehe Dorothea ein wenig ratlos bemerkte: »Das kannst du sehr gut, Vicky, wirklich.« Obwohl in ihrem Elternhaus häufig gebetet worden war, hatte sie sich inzwischen daran gewöhnt, dass es auf Eden House deutlich profaner zuging. Natürlich sprach Dorothea mit den Kindern ein Nachtgebet, wenn sie zu Bett gingen. Aber sonst? Schon zu Roberts Zeit waren Tischgebete nicht üblich gewesen, und Ian war ja selbst ein halber Heide.

Sara schien zu spüren, dass die Demonstration nicht ganz den erhofften Erfolg gebracht hatte. »Vicky ist ein geschicktes Mädchen. Sie wird tun, was ihr ihr auftragt. Und sie wird heiraten, wen ihr für sie auswählt.«

Das Mädchen biss sich auf die Unterlippe, um die aufsteigenden Tränen zurückzuhalten.

Das arme Ding! Dorothea versuchte, sich vorzustellen, was es für ein Gefühl sein mochte, fremden Menschen ausgeliefert zu werden. Sich von der Frau, mit der man bisher ununterbrochen zusammengelebt hatte, zu trennen. Kein Wunder, dass sie sich vorhin so an Robbie geklammert hatte! Heftiges Mitleid wallte in ihr auf.

»Natürlich kann Vicky bei uns bleiben. Nicht, Ian?« Sie sah ihn fragend an.

Ihr Mann wiegte bedächtig den Kopf hin und her. »Versteh mich nicht falsch, aber – bist du da nicht etwas voreilig? Es könnte gut sein, dass es Verwandte gibt, die auf sie Anspruch erheben. Ich denke nicht, dass der Gouverneur etwas dagegen einwenden wird, wenn wir sie erst einmal bei uns aufnehmen. Aber wir müssen es natürlich melden, und er wird Nachforschungen anstellen. Das muss er in einem solchen Fall. Wir können also nicht versprechen, sie bei uns zu behalten.« Mit gerunzelter Stirn fixierte er die alte Aborigine. »Was mir nicht ganz klar ist: Wieso bringst du sie zu uns? Wieso nicht zur Missionsschule?«

»Weil sie hier bei euch sicher ist«, erklärte die mit einer solchen Selbstverständlichkeit, dass Dorothea verblüfft blinzelte.

»Vor wem?«

»Vor den Mördern ihrer Familie. Habt ihr nicht den letzten, großen Zauberer getötet und seine Höhle zerstört? Einen Hexer mit unglaublicher Macht? Niemand von meinem Volk würde es wagen, euch herauszufordern.«

»Wer sagt so etwas?«, fragte Ian scharf und fixierte sie finster.

»Es wird an den Feuern entlang des großen Murray gesungen«, gab Sara etwas unbestimmt zur Antwort. »Die meisten sind froh darüber, dass er tot ist, weil alle große Angst vor ihm hatten. Viele hätten ihn gerne tot gesehen, aber niemand hatte den Mut, es mit ihm aufzunehmen. Ihr habt es getan, und damit ist ein Teil seiner Macht auf euch übergegangen. Solange Vicky bei euch lebt, wird es niemand wagen, sie anzurühren.«

Dorothea und Ian wechselten einen bestürzten Blick. Niemand außer ihnen, Karl und Koar kannte die ganze Wahrheit über die Höhle. Wie war es möglich, dass die Eingeborenen darüber Bescheid wussten? »Später«, formten Ians Lippen, und Dorothea nickte.

»Du könntest ebenfalls bei uns bleiben«, bot er der Alten an. »In den Ställen ist Platz genug.« Das stimmte zwar nicht, denn eine der beiden Schlafkammern war die von John, die andere teilten sich Parnko und Mannara, dennoch erhob Dorothea keinen Einspruch.

»Das wäre nicht gut.« Sara schüttelte den Kopf. »Vicky muss jetzt lernen, eine Engländerin zu sein. Es wird ihr leichter fallen ohne mich.« Eine kluge Entscheidung. Dorothea musste ihr im Stillen recht geben. Aber es erforderte erstaunliche Größe für eine

Aborigine, deren Lebensinhalt dieses Kind gewesen war, zu einem solchen Schluss zu gelangen. Es war Ian anzusehen, dass auch er beeindruckt war.

»Ich will keine Engländerin werden. Ich will bei dir bleiben!« Der Ausbruch kam für jemanden, der Heather kannte, nicht ganz überraschend. Die beiden Mädchen hatten einige Ähnlichkeiten, dachte Dorothea. Allerdings duldete Sara keine Aufsässigkeit. Der strenge Ton, in dem sie das Mädchen zurechtwies, war unmissverständlich. Auch wenn weder Dorothea noch Ian den Ngarrindjeri-Dialekt kannten, den Sara benutzte, war ihnen klar, dass sie gerade Zeugen einer handfesten Standpauke wurden. Es erinnerte sie auch an Heather, wie Vickys Augen vor Zorn sprühten.

Unvermittelt stand Sara auf, warf das Ende ihres Opossummantels über die linke Schulter und sagte: »Ich gehe jetzt. Lasst nicht zu, dass sie mir nachfolgt.«

Und schon war sie, nahezu geräuschlos auf ihren nackten Sohlen, aus dem Zimmer geglitten. Vicky saß reglos wie eine Statue und stierte unglücklich auf einen Punkt zu ihren Füßen.

»Möchtest du vielleicht zu den anderen Kindern gehen?«, schlug Dorothea vor. »Ich glaube, Trixie hat schon den Tisch für das Abendessen gedeckt.«

»Ist Robert auch dort?« Seltsam, dass sie sich ausgerechnet dem eigenbrötlerischen Robert angeschlossen hatte. Aber vielleicht auch nicht. Beide waren sie ungewöhnliche Charaktere, die nicht gerade dem Ideal des braven, wohlerzogenen Kindes entsprachen. Bis ihr Sohn auf das St. Peter's College ging, würde es ihm guttun, sich um jemanden zu kümmern. Wenn er sich als Vickys Beschützer fühlte, würde er hoffentlich das Verantwortungsgefühl entwickeln, das seine jüngeren Geschwister nicht in ihm zu wecken imstande waren.

»Ja, und er wartet sicher schon auf dich«, sagte Dorothea. Vermutlich tat er das wirklich. Sie hatte noch nie erlebt, dass ihr Sohn es so geduldig ertragen hätte, dass eines seiner Geschwister sich an ihn klammerte. »Ich bringe dich hinauf«, sagte sie und streckte ihr eine Hand entgegen. Zögernd legte Vicky ihre hinein. Es war keine weiche Patschhand wie die von Mary. Im Gegenteil, die schmalen, sehnigen Finger fühlten sich rau an. Rau und schwielig wie die einer Tagelöhnerin. Sicher war Vicky genauso geschickt darin, Körbe zu flechten und Netze zu weben wie die Frauen von King Georges Stamm. Dorothea hatte sie immer dafür bewundert, mit welcher Kunstfertigkeit sie die Schilfblätter zerschlitzten, die Fasern auf den Oberschenkeln zu dünnen Fäden rollten und diese dann weiterverarbeiteten.

Es war erstaunlich, welch formschöne, ansprechende Gefäße sie auf diese Art herstellten. Immer öfter kamen inzwischen Händler den Murray hinauf, die in den Lagern »Eingeborenenzeug« aufkauften, um es mit satten Gewinnspannen nach England zu verschiffen.

»Ich hatte damals schon so ein Gefühl, als ob wir beobachtet würden«, sagte Ian nachdenklich, als sie den Salon wieder betrat. »Aber ich habe immer gedacht, ich hätte es mir nur eingebildet. Überreizte Nerven und so …«

»Meinst du, sie wissen es wirklich oder sie haben es sich nur zusammengereimt?« Dorothea holte tief Luft, ehe sie weitersprach. »Du hast doch den Eingang gesprengt. Niemand konnte danach mehr in die Höhle gelangen, oder?«

»Von unten aus sicher nicht.« Ian sprach nicht weiter, aber Dorothea wusste auch so, was er meinte: der Ausbruch in der Decke der hintersten Höhle!

»Wie auch immer: Solange dieses Gerücht die Runde macht, hat es immerhin den Nutzen, uns mögliche Angreifer vom Hals zu halten«, sagte Ian bemüht gelassen. »Ich hatte nur gehofft, wir könnten es endlich hinter uns lassen. Verflucht!« Unbeherrscht schlug er mit der Faust gegen einen der Fensterrahmen. »Wird es immer zwischen uns stehen?«

Völlig verwirrt, brauchte es eine Weile, bis sie verstand. »Du … du meinst doch nicht, dass ich deswegen …?«

»Was soll ich denn sonst denken? Seit Monaten habe ich das Gefühl, dass etwas in dir gärt, dass du mir insgeheim Vorwürfe machst. Immer wieder ziehst du dich plötzlich vor mir zurück. Verschanzt dich hinter Ausreden. – Vermutlich fragst du dich, ob ich nicht zu bereitwillig seinem Wunsch nachgekommen bin. Ob es mir nicht ganz gelegen kam. – Bereust du es inzwischen, mich geheiratet zu haben?«

Ihr fehlten die Worte. Mein Gott, was hatte sie angerichtet? Nicht im Traum wäre sie auf den Gedanken gekommen, dass er ihre Missstimmung so interpretieren könnte.

»Nein«, flüsterte sie. »Nein, es ist – es war etwas ganz anderes.«

»Was denn?« Er wirkte nicht gerade überzeugt. Befürchtete er eine Ausflucht? Eine jener Ausreden, zu denen sie so gerne griff, wenn sie keine Lust auf eine Auseinandersetzung hatte?

»Ian, hör zu!« Sie packte seine Hände und sah ihm direkt in die Augen. »Es ist nicht Robert. Ich hatte den Verdacht, du hättest eine Geliebte.«

Stumm vor Überraschung starrte er sie bloß an.

»Als ich dieses Kind im Lager sah, das sie alle unbedingt vor mir verstecken wollten, wurde ich argwöhnisch. Ich erinnerte mich daran, dass du nach Robbies Geburt ständig auf den entferntesten Weiden unterwegs warst. Es kommt oft vor, dass Ehemänner Trost in den Armen anderer Frauen suchen, wenn die eigene sie abweist. Es lag also nahe, dass du dir eine Geliebte gesucht hast. Und zu den *lubras* ist es ja nicht weit.«

»Was hast du dir da nur für einen Unsinn zusammengesponnen?« Ian hatte seine Stimme wiedergefunden. Ungläubigkeit klang darin mit, Entrüstung und eine gehörige Portion Ärger.

»Ich bin nicht stolz darauf«, gab Dorothea kleinlaut zu. »Aber es schien alles so gut zusammenzupassen. Selbst das Alter.«

»Du traust mir wirklich zu, mir quasi unter deiner Nase eine *lubra* zu halten? Und das Kind? Dachtest du, ich wollte meinen heimlichen Bastard in der Nähe behalten?«

Das kam ihrem Verdacht so nahe, dass sie spürte, wie ihre Wangen heiß wurden. Und wie so oft, wenn sie beschämt war, ging sie zum Gegenangriff über.

»Was hätte ich denn sonst denken sollen? Du hast ja nur abgewiegelt, als ich darauf zu sprechen kam. Was lag näher, als dass du etwas verbergen wolltest?«

Langsam schüttelte er den Kopf. »Das darf doch wohl nicht wahr sein!«, hörte sie ihn murmeln. »Allmählich entwickle ich Verständnis für Männer, die ihren Frauen das Lesen von Romanen verbieten!« Zu ihrer Überraschung warf er plötzlich den Kopf in den Nacken und brach in ein befreiendes Gelächter aus. »Was für eine Räuberpistole! Man sollte meinen, dass du genug zu tun hast, um nicht auf solch dumme Gedanken zu kommen.« Unvermittelt wurde er ernst. »Was hättest du eigentlich gemacht, wenn Sara nicht hier aufgetaucht wäre? Hättest du dann weiter heimlich nach Beweisen für meine angebliche Untreue Ausschau gehalten?«

Nur gut, dass ihre Wangen immer noch gerötet waren. Aber das konnte sie ihm einfach nicht gestehen. Was hatte sie sich nur dabei gedacht, auf Catrionas Vorschlag einzugehen? Wieso hatte sie ihr überhaupt davon erzählt? Im Nachhinein bereute sie ihre Redseligkeit. Aber jetzt war es zu spät. Gleich morgen musste sie ihr sagen, dass sie Hirngespinsten nachgespürt hatten und dass sie und Percy es nicht ernst nehmen sollten.

»Bitte, Ian, reite nicht weiter darauf herum. Es tut mir leid, in Ordnung?«, sagte sie in versöhnlichem Ton.

»Du hast gut reden. Ziemlich starker Tobak, von der eigenen Frau mit solchen Verdächtigungen konfrontiert zu werden.« Ian klang ernsthaft gekränkt. »Du solltest mich besser kennen. So etwas ist nicht meine Art.«

»Du weißt doch, wie es ist. Wenn ein Gedanke erst einmal Fuß gefasst hat, scheint alles ihn zu bestätigen«, versuchte Dorothea, ihm zu erklären. »Man dreht sich im Kreis und findet nicht hinaus.«

»Hättest du mich nicht einfach fragen können?«

Nicht, wenn man insgeheim Angst vor der Antwort hat, dachte Dorothea. Laut sagte sie: »Natürlich wäre es am klügsten gewesen. Aber es hat sich einfach nicht ergeben. Es kam immer etwas dazwischen. Wir hatten ja kaum Zeit für uns.«

»Das ist mir auch schon aufgefallen«, gab ihr Mann ihr mit einem leisen Seufzen recht. »Was hieltest du davon, wenn wir heute früh zu Bett gingen?«

Das warme Timbre in seiner Stimme ließ sie aufhorchen. Ein gewisses Glitzern in den Augen passte dazu. »Ein wunderbarer Vorschlag«, wisperte sie. »Ich fürchte, mich hat die Reise heute so angestrengt, dass ich mich sofort nach dem Dessert entschuldigen muss. Und du musst morgen früh raus.«

Leider erwies es sich als gar nicht so einfach, Lady Chatwicks Neugier zu entkommen. Sobald Catriona in einem unbedachten Nebensatz die öffentliche Anhörung erwähnt hatte, verlangte die alte Dame, alles darüber zu erfahren. Geradezu fasziniert war sie vom Marsh'schen Apparat und dem chemischen Experiment. »Genau das Gleiche ist in der letzten Folge der *Mysteries of London* beschrieben worden«, sagte sie eifrig. »Dort gerät eine unschuldige Dame in den Verdacht, ihren reichen Onkel vergiftet zu haben. Und nur dank Richard Markhams geschicktem Einsatz eines solchen Apparats gelingt es ihm, ihre Unschuld zu beweisen.«

»In diesem Fall hat der gute Mr. Sartorius da aber versagt«, bemerkte Percy spöttisch. »Vermutlich ist es nicht so einfach, diesen

Apparat richtig zu bedienen. Diese chemischen Experimente sind für Laien schwer durchschaubar. Ein guter Chemiker, habe ich gehört, kann jede beliebige Reaktion hervorrufen. Das ist schon irgendwie beunruhigend.«

»Ja, ich hatte auch den Eindruck, dass der würdige Richter mit so viel Wissenschaft überfordert war«, pflichtete Catriona ihm heiter bei. »Zeugen zu befragen ist eben etwas ganz anderes, als sich der Gefahr einer Explosion auszusetzen. Ich glaube nicht, dass er so schnell wieder eine solche Vorführung in seinem Gerichtssaal erlauben wird.«

Lady Chatwick schien enttäuscht. »In den Geschichten funktionieren solche Dinge immer ausgezeichnet.«

»Das ist eben der Unterschied zwischen Fiktion und Wirklichkeit«, sagte Ian und schmunzelte. »Tatsächlich sind die Helden nie so heldenhaft und die Bösewichte nie so böse. Zum Glück – denn der wackere Apotheker taugte weder zum einen noch zum anderen. Schon den Revolutionär nimmt man ihm nicht ganz ab.«

»Ach, das besagt gar nichts«, sagte Percy wegwerfend. »Zurzeit machen sie auf dem Kontinent überall Revolutionen. Man weiß schon gar nicht mehr, wofür oder wogegen. Es scheint geradezu Mode zu sein. Von Italien bis Preußen – einzig unser gutes England ist dagegen immun. Wenn es Aufstände gibt, dann nur irgendwo in den Kolonien.«

»Aber doch nicht hier?« Catriona hob fragend ihre schön geschwungenen Brauen. »Wobei ich sagen muss, dass die Sträflinge mich mehr beunruhigen würden als die Schwarzen. Auch wenn sie kein schöner Anblick sind – besondere Tapferkeit habe ich bei ihnen nicht feststellen können. Solange man eine ganze Handvoll Männer mit einer kleinen Pistole in die Flucht schlagen kann, ist mir nicht bange vor ihnen.«

»Nun ja, es wäre in meinen Augen eher dumm, sich lieber erschießen zu lassen, als zu flüchten«, sagte Ian trocken. »Sie wissen sehr genau um die Gefährlichkeit von Flinten und Pistolen. Unterschätze sie nicht, Cousine! Sie können recht gut beurteilen, ob ein Angriff Erfolg verspricht oder ob es besser ist, sich zurückzuziehen. Das heißt nur, dass sie auf eine günstigere Gelegenheit warten.«

»Du meinst, sie werden mir auflauern, um sich an mir zu rächen?« Catriona klang eher amüsiert als besorgt. »Sollte ich mir Sorgen machen?«

Ian lachte. »Nein, ich denke, das ist unnötig. Sie wissen recht gut, dass es unangenehme Folgen für sie hat, wenn Weiße zu Schaden kommen. Im Allgemeinen vermeiden sie offene Konfrontationen. Außerdem schätzen unsere Schwarzen ihre monatlichen Rationen zu sehr, um sie aufs Spiel zu setzen.«

»Apropos Rationen: Wie geht es jetzt eigentlich mit ihnen weiter?« Lady Chatwick wirkte leicht besorgt. »Unter King George hat es ja wunderbar funktioniert. Aber wird der neue Häuptling nicht versuchen, mehr für sich herauszuholen?«

»Auf zwei, drei Schafe im Monat soll es mir nicht ankommen«, sagte Ian leichthin. »Und dass sie keinen Branntwein von mir bekommen, wissen sie genau. Ich werde morgen ins Lager gehen und meinen Antrittsbesuch bei Worammo machen. Schade um King George. Irgendwie mochte ich den alten Knaben.«

»Ja, er war nicht übel für einen Schwarzen«, sagte Lady Chatwick etwas spitz. »Obwohl seine Manieren bis zuletzt zu wünschen übrig ließen. Was mich auf Vicky bringt: Dieses Kind mag als weißes geboren worden sein. Aber ich fürchte, das besagt nicht viel. Trixie hat sich beklagt, dass sie sich weigert, mit den anderen Kindern im Zimmer zu schlafen. Sobald sie ihr den Rücken zudreht, ist sie verschwunden und taucht erst am nächsten Morgen wieder auf. Gestern hat Robbie sich ihr angeschlossen. Das geht einfach nicht. Und beim Essen …«

»Könnten wir das morgen besprechen, Lady Arabella?«, bat Do-

rothea. »Es war ein anstrengender Tag. Ich bin schrecklich müde.«
Sie unterdrückte demonstrativ ein Gähnen. »Ich sehne mich nur
noch nach Schlaf.«

»Natürlich, Liebes. Wie unbedacht von mir«, entschuldigte
Lady Chatwick sich augenblicklich. »Morgen ist noch früh genug. Geht ruhig zu Bett. Ich lese nur noch ein bisschen und tue
es euch dann nach.«

»Soll ich morgen mitkommen?«, fragte Dorothea, als sie und Ian
allein in ihrem Schlafzimmer waren.

»Besser nicht. Ich werde Percy und die beiden Pistolen mitnehmen.« Ian zog die Schublade auf und betrachtete verärgert das fast
leere Innere. »Verdammt, wieso hast du nichts gesagt?«

»Wovon denn?«

»Na, dass unsere liebe Cousine und Robert den größten Teil
meiner Vorräte verschossen haben. Sonst hätte ich in Adelaide
Nachschub besorgt.«

»Ich wusste doch nicht, dass sie so viel davon nehmen würden«,
verteidigte Dorothea sich. »Es war immer nur von einer Handvoll die Rede.«

»Das waren jedenfalls jede Menge Hände voll«, meinte Ian
grimmig. »Was haben sie sich nur dabei gedacht?«

»Vermutlich gar nichts«, sagte Dorothea ohne wirkliches Interesse an den Motiven der beiden Übeltäter, schlang von hinten die
Arme um seine Taille und ließ sie wie zufällig weiter nach unten
wandern. »Ist das jetzt wirklich so wichtig?« Da sie ihre Frage mit
einer Liebkosung unterstrich, die ihren Zweck nie verfehlte, wunderte sie sich nicht darüber, keine Antwort zu erhalten. Das guttu-
rale Stöhnen, das aus Ians Kehle aufstieg, ermutigte sie, genüsslich
mit dem Spiel ihrer Finger fortzufahren, bis er ihre Hände packte, von sich wegzog und mit auffallend heiserer Stimme bemerkte:
»Wenn du jetzt nicht aufhörst, wirst du es bereuen. Dreh dich um.«

Während er die unzähligen Haken in ihrem Rücken löste, nutzte er die Zeit, um ihren Nacken und den Schulteransatz abwechselnd mit hauchzarten Küssen und kleinen Bissen zu überziehen. Zitternd vor Ungeduld und Lust konnte Dorothea es kaum abwarten, endlich nackt zu sein und sich in Ians Arme zu schmiegen. Seinen Körper zu spüren, seine Wärme und Härte an ihrem Bauch. Als er den Kopf senkte, um sie leidenschaftlich zu küssen, versank alles um sie herum in Bedeutungslosigkeit. Die Welt hätte untergehen können, und es wäre ihr egal gewesen. Alles, was zählte, war die glühende Lust, die sie teilten; die sie zu einem einzigen Wesen zusammenschmiedete. Mit niemandem außer Ian hatte sie das je empfunden. Es war, als seien sie füreinander geschaffen, dachte sie im letzten klaren Moment, ehe sie sich mit einem Aufschrei in das lustvolle Nichts fallen ließ.

Am nächsten Morgen fühlte sie sich so gut wie seit Langem nicht mehr. Ian neben ihr schnarchte noch leise. Zärtlich betrachtete sie sein vertrautes Gesicht, dem der nächtliche Bartwuchs eine Rauheit verlieh, die nicht zu dem kindlich gelösten Ausdruck passen wollte.

In den dunklen Bartschatten waren helle Stoppeln zu erkennen. Erstaunt stellte sie fest, dass sich auch in seine dichten Locken an den Schläfen bereits erste graue Haare gemischt hatten. Seltsam. Ihr Mann war für sie immer alterslos gewesen. Zum ersten Mal sah sie ihn an und überlegte, wie er wohl in einigen Jahren, wie er als Greis aussehen mochte.

Als hätte er bemerkt, dass er beobachtet wurde, schlug er plötzlich die Augen auf.

»Guten Morgen«, flüsterte sie. »Gut geschlafen?«

»Und wie!« Ian reckte sich. »Ich könnte Bäume ausreißen.«

»Das würde Worammo sicher sehr beeindrucken.«

Er drehte sich auf die Seite, streckte einen Arm aus und zog sie dicht an sich. »Aber vielleicht sollte ich meine Energie lieber für sinnvollere und angenehmere Betätigungen sparen.«

Mrs. Perkins murmelte etwas von »The early bird …«, enthielt sich aber weiterer Anspielungen auf ihr verspätetes Erscheinen. Catriona war weniger taktvoll. »Wenn man wissen will, wie ein verliebtes Paar aussieht, muss man nur euch beide anschauen«, bemerkte sie und schob ihren Stuhl zurück. »Ich würde euch ja noch Gesellschaft leisten, aber ich habe Percy versprochen, ihm bei der Auswahl seiner Weste zu helfen. In seiner Garderobe befindet sich leider kaum etwas Passendes für einen Besuch bei einem Eingeborenenhäuptling.«

»Willst du dich wirklich nur von diesem Beau begleiten lassen?« Lady Chatwick runzelte missbilligend die Stirn. »Nimm wenigstens John mit. Nur zur Sicherheit.«

»Nein, das wäre nicht klug.« Ian schüttelte den Kopf. »Ich will Worammo nicht spüren lassen, dass ich ihm misstraue. Schließlich müssen wir so oder so noch jahrelang mit ihm auskommen.«

»Vermutlich hast du recht. Aber es gefällt mir nicht.« Lady Chatwick presste die Lippen zusammen und rührte so energisch in ihrem Tee, dass der Löffel laut klirrte. »Hoffentlich stellt er sich nicht schrecklich ungeschickt an.«

Tatsächlich wirkte Percy so elegant, als sei er unterwegs zu einem Stadtbummel in den angesagten Straßen, als er in einem dunkelgrünen Tuchrock über einer kanariengelben Weste und sandfarbenen Hosen den Salon betrat. »Ich will nicht sagen, dass ich es kaum noch erwarten kann«, sagte er etwas nervös. »Aber ich bin bereit, dich in die Höhle des Löwen zu begleiten, Cousin.«

Dorothea sah dem ungleichen Paar von der Terrasse aus nach, wie sie zur Bootsanlegestelle gingen. Obwohl Ian ungleich schlichter in Dunkelgrau und Weiß gekleidet war, strahlte er dennoch eine gewisse natürliche Autorität aus, die niemanden im Zweifel ließ, wer hier das Sagen hatte. Sie hätte nicht zu sagen gewusst, woran es im Einzelnen lag. Aber hatte nicht selbst Robert, ihr erster Mann, bei ihrer Rettung damals ganz instinktiv Ian die Führung überlassen? Als ob er gespürt hätte, dass der Jüngere der Aufgabe eher gewachsen war.

»Es freut mich, dass ihr beiden euch wieder vertragt«, bemerkte Lady Chatwick leise, die von Dorothea unbemerkt neben sie getreten war. »Eine Zeit lang hat es fast so ausgesehen, als ob gewisse Leute euch auseinanderbrächten.«

»Niemand wird Ian und mich auseinanderbringen, wie Sie es nennen«, gab Dorothea lächelnd zurück. Die gute Lady Chatwick entwickelte sich allmählich zu einer rechten Nervensäge! Wenn sie heute Morgen nicht so ausnehmend guter Laune gewesen wäre, hätte sie vermutlich gereizter reagiert. So jedoch rückte sie der Älteren einen der leichten Rohrsessel zurecht und sagte versöhnlich: »Setzen Sie sich doch und erklären Sie mir: Was haben Sie eigentlich gegen Catriona und Percy? Ich nehme an, Sie meinen mit ›gewisse Leute‹ unsere englischen Verwandten?«

Lady Chatwick ließ sich zwar bereitwillig in den Sessel plumpsen, schien aber nicht so recht zu wissen, was sie antworten sollte. »Etwas an ihnen ist nicht in Ordnung«, flüsterte sie schließlich und sah sich vorsichtig um. »Ich bin zwar schon lange nicht mehr in Gesellschaft, aber ich rieche es immer noch, wenn jemand nicht *bon ton* ist, wie es zu meiner Zeit hieß. Ein Tick zu viel hier, ein Tick zu wenig da. Ich würde meine Perlenkette verwetten, dass zumindest er zu viel in schlechter Gesellschaft unterwegs ist.«

»Wirklich? Ich habe nicht den Eindruck, dass an Percys Umgangsformen auch nur das Geringste auszusetzen wäre. Er ist ungemein gewandt und zuvorkommend.« Anstatt ihr den Wind aus den Segeln zu nehmen, stachelte Dorotheas Widerspruch die alte Dame eher an.

»Und ob«, bekräftigte sie und nickte heftig. »Genau das ist es ja. Ein bisschen zu gewandt. Wenn ich eine Tochter hätte, würde ich nicht wollen, dass er in ihre Nähe kommt.«

»Und bei einem Sohn?«, konnte Dorothea nicht widerstehen, sie herauszufordern. Es war so albern, dass man es gar nicht ernst nehmen konnte: Eine alte Frau legte die Maßstäbe ihrer Jugend an. Natürlich hatten sich in den letzten Jahren die Sitten verändert. Sie war überzeugt, dass Catriona haargenau dem entsprach, was man heutzutage in England unter einer Lady verstand.

Lady Chatwicks Nasenspitze zuckte heftig. »Ich weiß nicht so recht«, sagte sie nachdenklich. »Manchmal scheint es ihr doch sehr an Weiblichkeit zu fehlen.«

Dorothea musste lachen. »Das ist jetzt nicht Ihr Ernst, oder? Ich kenne niemanden, der so viel Gedanken an seine Garderobe verschwendet wie unsere Cousine.«

»Ich meine nicht das Äußere …« Lady Arabella winkte ungehalten ab. »Ihr Stil ist nach heutigen Gesichtspunkten sicher perfekt. Nein, ich habe eher den Eindruck, dass es ihr an Herzensgüte und Mitgefühl mangelt.«

Verblüfft starrte Dorothea sie an. »Lassen Sie sich da nicht von einer gewissen Voreingenommenheit leiten?«

»Vielleicht. Sie erinnert mich frappierend an eine junge Dame aus meiner Jugend. Ihre Mutter war früh verstorben, und ihr Vater und ihre beiden älteren Brüder trugen sie auf Händen. Sie kannte keinen anderen Willen als ihren eigenen. Bei manchen Charakteren ist das gefährlich.«

Dorothea kam nicht mehr dazu nachzufragen, was Lady Chatwick damit meinte. Lautes Kindergeschrei aus dem Obergeschoss ließ sie aufspringen und die Treppe hinaufeilen. Schon im Flur kam ihr eine vor Empörung hochrot angelaufene Trixie entgegen, die mit ausgestreckten Armen eine hübsch geflochtene Eingeborenenschale vor sich hertrug.

»Ma'am, das geht einfach zu weit!«, sagte sie, keuchte und hielt

Dorothea die Schale unter die Nase. »So etwas Ekelhaftes möchte ich nicht noch einmal erleben müssen. Sie hat sie gegessen! Und sie hat Mary und Charles auch davon gegeben. Hoffentlich werden sie jetzt nicht krank!«

In der Schale wand sich eine Handvoll weißer Maden mit gelblichen Köpfen hin und her. Kein ansprechender Anblick. Es war verständlich, dass Trixie so außer sich war. Auch Dorothea schluckte hart bei der Vorstellung, dass ihre beiden Kleinen in diese Tiere gebissen hatten.

»Wirf die Würmer ins Küchenfeuer«, wies sie das Kindermädchen an. »Ich werde mit Vicky reden.«

Im Kinderzimmer herrschte das reinste Chaos: Mary schrie immer noch ihre Wut darüber hinaus, dass ihr etwas weggenommen worden war. Charles stand aufrecht an das Gitter seines Bettchens geklammert und brüllte aus schierer Solidarität mit. Vicky war nicht zu sehen.

Dorothea widerstand dem Impuls, sich die Ohren zuzuhalten, versetzte stattdessen Mary im Vorbeigehen einen herzhaften Klaps und ging schleunigst zum Bett, um ihren Jüngsten aufzunehmen. Gerade beugte sie sich darüber, als sie aus den Augenwinkeln eine flüchtige Bewegung wahrnahm.

Ehe sie sich, behindert durch den kleinen Charles, der sich an sie klammerte, umgedreht hatte, war Vicky schon durch die Tür entwischt. Offensichtlich zog sie es vor, sich erst einmal unsichtbar zu machen. »Mary«, sagte Dorothea streng, sobald Charles nur noch laut schniefte. »Mary, weswegen veranstaltest du solch einen Affenzirkus?«

»Trixie hat uns unsere Süßigkeiten weggenommen«, schluchzte ihre Tochter unter heftigem Schluckauf. »So etwas ist gemein. Vicky hatte sie uns geschenkt, nicht ihr.«

»Diese Süßigkeiten waren keine Süßigkeiten, sondern Insektenlarven. So etwas isst man nicht.«

»Vicky sagte, sie wären besonders lecker. Und sie schmeckten wirklich gut. Wie gekochte Mandeln.«

Dorothea grauste es. Es war eine Sache, wenn die Eingeborenen Larven und ähnliches Gewürm verzehrten. Dass ihre eigenen Kinder dazu ebenfalls imstande waren, erfüllte sie mit ungläubigem Schrecken. Sie waren doch Christenmenschen, keine Wilden! Charles rülpste, und Dorothea wurde beinahe schlecht vor Ekel, als sie sah, dass sich in dem Speichel, der ihm aus dem Mundwinkel rann, auch ein Stück dieser weißlichen Larvenhaut befand. Er hatte dieses Ungeziefer tatsächlich gegessen! Irgendwie hatte sie die Vorstellung beherrscht, sie hätten sie sofort wieder ausspucken müssen. Ohne allzu genau hinzusehen, wischte sie Charles das Gesicht mit einem weichen Tuch von dem Stapel neben dem Bett ab und fragte Mary, wie viel sie von den »Süßigkeiten« gegessen hätten. Zwar teilte sie nicht unbedingt Trixies Angst wegen einer Vergiftung. Die Eingeborenen wussten sehr gut, was bekömmlich war und was nicht. Aber ein Zuviel der ungewohnten Kost wäre vielleicht nicht gut für einen Kindermagen.

»So viel.« Mary formte aus einer Hand eine kleine Schüssel. Ein strahlendes Lächeln verzauberte ihre Züge. »Und sie haben gekitzelt, solange sie sich bewegt haben. Das war lustig. Vicky hat versprochen, uns zu zeigen, wo man sie findet.«

»Ich möchte nicht, dass ihr diese, diese … Würmer wieder esst. Hast du mich verstanden? Sonst müssen wir Vicky wieder wegschicken.«

»Das dürft ihr nicht. Ihr habt versprochen, sie bei uns zu behalten! Wenn sie gehen muss, gehe ich mit.« Irritiert betrachtete Dorothea Robert, der bockig in der offenen Tür stand und sie geradezu feindselig fixierte.

»Robert, sei bitte nicht so kindisch«, sagte sie. »Du siehst doch, dass ich gerade mit deiner Schwester spreche. Mach also bitte die Tür wieder zu und warte draußen, bis ich hier fertig bin.«

Die Tür wurde mit einem solchen Nachdruck geschlossen, dass Dorothea zusammenzuckte.

»Wenn Robert und Vicky weggehen, gehen sie dann zu Großmama?« Mary sah fragend zu ihr auf. »Darf ich dann mit?«

»Nein, das hast du falsch verstanden«, sagte Dorothea rasch. »Niemand will Vicky oder Robert wegschicken.«

»Das hast du aber gesagt.«

Verlegen suchte sie nach einer passenden Antwort. »Nur, wenn ihr wieder diese Würmer esst. Aber du versprichst mir doch, dass ihr das nicht mehr tun werdet, und dann ist alles in Ordnung. Versprichst du es?«

»Dann bleibt Vicky da?«

»Natürlich.«

»Na gut. Dann will ich jetzt aber Honigbrot. Honigbrot und Milch.« Mary sah ungeduldig zur Tür. »Wo bleibt Trixie nur so lange?«

»Sie wird sicher gleich kommen. Wir können ja inzwischen ein bisschen Ball spielen«, schlug Dorothea vor und griff nach dem kunterbunten Stoffball, den Mutter Schumann aus allen möglichen Resten genäht hatte. Charles juchzte so herzhaft, wenn es ihm einmal gelang, ihn festzuhalten, und Mary lachte so ansteckend fröhlich, dass Dorothea sich fest vornahm, in Zukunft mehr Zeit mit den Kleinen zu verbringen. Fast bedauerte sie, als Trixie endlich ins Zimmer gestürzt kam und sich atemlos damit entschuldigte, dass die Minuten geradezu verflogen waren. Aber Dorothea musste jetzt dringend mit Vicky reden.

Im Flur wartete ein mürrisch dreinblickender Robert. »Weißt du, wo sie ist?«

Er nickte bloß, machte auf dem Absatz kehrt und marschierte los. Vor der Tür zur Wäschekammer blieb er stehen. Er räusperte sich laut, ehe er sie vorsichtig öffnete. Das Mädchen hockte zusammengekauert im hintersten Winkel zwischen den Körben mit der Schmutzwäsche und starrte ihnen halb trotzig, halb ängstlich entgegen.

»Vicky, was machst du da?« Dorothea schüttelte verständnislos den Kopf. »Wieso versteckst du dich hier?«

Vicky stieß nur ein leises Wimmern aus.

Es war Robert, der ihr antwortete: »Sie hat Angst, dass du sie schlägst«, sagte er leise.

Dorothea fixierte ihn argwöhnisch. Nein, er scherzte nicht. »Warum sollte ich das tun?«

Robert und Vicky tauschten einen Blick. »Bei ihnen wird man mit einem *waddie* auf den Kopf geschlagen, wenn man schlimme Sachen macht«, erklärte ihr Sohn schließlich. »Bis es blutet.«

Dorothea erinnerte sich blitzartig, dass Jane etwas Ähnliches erzählt hatte. Ja, sie hatte ihr damals sogar die Narben in ihrem dichten Kraushaar gezeigt. In King Georges Lager war sie niemals Augenzeugin dieser grausamen Praxis geworden, aber das besagte wenig. Der gerissene Häuptling hatte es verstanden, die empfindsamen Engländer nur das sehen zu lassen, was sie sehen sollten. Eine Klage beim Protector über Misshandlungen konnte schließlich dazu führen, dass die Administration verfügte, dass die Kinder in Poonindie besser aufgehoben waren.

»Ich habe nicht die geringste Absicht, dich zu schlagen«, sagte sie ruhig. »Und schon gar nicht mit einem Holzknüppel. So etwas gibt es bei uns nicht. Hab keine Angst, Vicky. Ich will nur mit dir reden.« Um sie nicht noch mehr zu verschrecken, rührte sie sich nicht von der Stelle, sondern wartete, bis das Kind zögernd aus seinem Zufluchtsort gekrochen war und mit gesenktem Kopf in einiger Entfernung von ihr stehen blieb.

»Was habe ich falsch gemacht?«, fragte sie leise. »Dürfen die Kleinen hier keine *bogongs* essen? Sind sie für sie verboten?«

»Wir essen überhaupt keine *bogongs*. Die Kinder nicht und die Erwachsenen auch nicht«, sagte Dorothea freundlich, aber be-

303

stimmt. »Du hast es sicher gut gemeint, aber Weiße vertragen manche Speisen der Schwarzen nicht.«

Vicky betrachtete zweifelnd ihre mageren, gebräunten Handgelenke. »Meine Mutter hat mir immer *bogongs* gegeben, wenn sie welche fand. Ich bin nie krank davon geworden. Bin ich dann nicht richtig weiß?«

»Doch, das bist du. In einigen Wochen wird deine Haut wieder so weiß wie unsere sein.«

»Werde ich dann keine *bogongs* mehr essen können?«

Es fiel Dorothea schwer, das Bedauern in Vickys Ton nachzuempfinden. Wie konnte jemand freiwillig dieses eklige Gewürm essen wollen? Etwas hilflos suchte sie noch nach einer Antwort, als sich überraschend Robert einmischte.

»Doch, du könntest es natürlich noch. Aber meine Mutter meint, sie möchte nicht, dass du es tust.«

Vicky seufzte schwer. »Und wenn ich auf einmal Hunger habe? Dann auch nicht?«

»Dann gehst du in die Küche zu Mrs. Perkins und bittest sie um ein Honigbrot oder sonst etwas«, sagte Dorothea abschließend. »Und jetzt hinaus mit euch. Die Körbe sind voll, ich muss die Listen für die Wäscherin schreiben.«

Während sie Laken, Kissenbezüge, Leibchen, Nachtkleider, Taschentücher und all die anderen Dinge zählte und auflistete, die außer Haus gegeben wurden, war sie nicht ganz bei der Sache. Was war in diesen letzten Monaten nur aus ihrem beschaulichen, etwas eintönigen Leben auf Eden House geworden? Und sie hatte geglaubt, ohne Heathers Eskapaden würde wieder Ruhe und Frieden einkehren!

Was für eine Fehleinschätzung: Catriona und Percy schienen überhaupt nicht mehr abreisen zu wollen, obwohl ihre ständige Anwesenheit allmählich zu Gereiztheit bei einigen Hausbewohnern führte. Was bezweckten sie mit ihrem Dauerbesuch? Sollte

Lady Chatwicks vager Verdacht zutreffen und Percy hatte Schulden, die ihn aus England vertrieben hatten? Eden House war geräumig genug, um für seine ständigen Bewohner bequem zu sein. Zwei Dauergäste jedoch ließen seine Wände schrumpfen. Und jetzt noch Vicky.

Das Kind war völlig unzivilisiert. Eigentlich bräuchte es eine Gouvernante rund um die Uhr, die es anwies und korrigierte, um aus diesem Rohdiamanten eine echte englische Lady zu formen. Wo sollte sie die Zeit dafür hernehmen? Ob sie Catriona darum bitten konnte?

Mit Bestürzung erinnerte sie sich daran, dass sie immer noch nicht mit Mrs. Perkins darüber gesprochen hatte, wie es mit Mannara weitergehen sollte. Wenn sie nicht als Hilfe taugte, mussten sie nach einer anderen Ausschau halten.

Sie heftete die Zettel an die Körbe und machte sich auf den Weg in die Küche.

Die Idylle, die sie dort vorfand, beschwichtigte ihr schlechtes Gewissen sofort: Mrs. Perkins stand am Herd und rührte konzentriert in einer schaumigen Masse. Mannara hockte in der typischen Stellung der Aborigines neben der Türschwelle und schälte Kartoffeln. Dabei summte sie eine fremdartige, aber sehr ansprechende Melodie vor sich hin, in die Mrs. Perkins gerade mit einer Art Brummstimme einfiel.

Erstaunt bemerkte Dorothea, dass eine Art Kappe Mannaras Kraushaar völlig verdeckte. Es wirkte fast wie …

»Was soll dieses Ding auf ihrem Kopf?«

»Das ist eine Trauerkappe«, erklärte die Köchin, ohne von ihrer Tätigkeit aufzusehen. »Ich habe ihr auch schon gesagt, dass es albern ist, sich vor King Georges Geist zu fürchten, aber sie besteht darauf. Wenn ich sie richtig verstanden habe, soll es ein Zeichen für seinen Geist sein, sie in Frieden zu lassen.«

»Täte es nicht auch eine Haube?«, fragte Dorothea und betrachtete halb belustigt, halb besorgt die dicke Schicht Lehm, die die junge Aborigine auf dem Kopf trug. »Ist das nicht sehr schwer?«

»Schwer, aber gut«, erklärte Mannara in singendem Tonfall. »Bald wieder weg.« Sie machte mit beiden Händen eine Bewegung, um zu demonstrieren, wie die Stücke getrockneten Lehms in alle Richtungen absprangen.

»Hast du denn kein Vertrauen in das Schutzamulett, das ich dir gegeben habe?«, fragte Dorothea und wies auf den Knopf, der an einem geflochtenen Lederband um Mannaras Hals geknüpft war. »Du brauchst überhaupt keine Angst vor Geistern mehr zu haben.«

Die junge Frau sah verlegen auf die Kartoffel in ihrer Hand. »Besser beides. Er oft hier. Vielleicht englisches Amulett nicht wirken.«

Es war eine seltsame Logik, aber was sollte man darauf erwidern?

»Wenn es die Kleine beruhigt – mir ist es egal, Ma'am«, sagte Mrs. Perkins. »Solange sie ihre Arbeit anständig macht – und das tut sie –, soll sie ihren Firlefanz ruhig behalten.«

»Sie sind also zufrieden mit ihr?«

Ein Lächeln huschte über Mrs. Perkins' Züge. »Seit ich ihr abgewöhnt habe, selber zum Speisezettel beitragen zu wollen, ist alles bestens.« Mehr sagte sie nicht, aber Dorothea konnte sich nach dem morgendlichen Erlebnis vorstellen, was sie damit meinte. Wie oft mochte die Köchin sie angewiesen haben, diverse Insektenlarven, Ameiseneier oder andere Eingeborenenleckereien wieder nach draußen zu bringen? Im Stillen hoffte sie, dass es ihr auch wirklich gelungen war, sämtliche dieser Spezialitäten rechtzeitig zu entdecken, bevor sie ihren Weg auf die Teller und in den Magen der übrigen Bewohner gefunden hatten.

Bis zum Lunch waren Ian und Percy immer noch nicht zurück. »Es scheinen ja sehr komplizierte Verhandlungen zu sein«, bemerkte Catriona, während sie Pastete und Kartoffelbrei auf ihren Teller häufte. »Muss man sich das wie eines dieser indianischen Palaver vorstellen? So richtig mit Friedenspfeife und endlosen Reden?«

»Eine Friedenspfeife kennen sie nicht. Aber endlose Reden – das kommt mir bekannt vor«, sagte Dorothea trocken. »Es wird so schnell nicht gehen. Schließlich muss Worammo vor den anderen seine Stellung behaupten, und Ian muss aufpassen, nicht übervorteilt zu werden. Sonst verlieren sie den Respekt vor ihm.«

»Er muss also hart verhandeln, obwohl es ihm eigentlich egal ist?«

»So ist es«, bekräftigte Lady Chatwick und nahm einen kräftigen Schluck aus ihrem Glas. »Die Kerle haben ihren Stolz, das muss man ihnen lassen.«

»Ich verstehe nicht, wieso man überhaupt mit ihnen verhandelt. Eigentlich ist es doch die reine Erpressung: Wenn man ihnen keine Schafe gibt, holen sie sich selber welche. Das ist Viehdiebstahl und müsste auch als solcher bestraft werden. Stattdessen werden sie verhätschelt wie unmündige Kinder.«

»Ganz so einfach ist es nicht«, wandte Dorothea ein. »Vom Gesetz her war unser Land, bevor Robert es kaufte, zwar *Terra nullius,* also Niemandsland. Aber es ist unbestreitbar, dass die Eingeborenen, obwohl sie es nicht bebauten, doch hier lebten, bevor wir kamen. Deshalb hat das Government einen Anteil guten Ackerlands hier in Südaustralien für diejenigen Eingeborenen reserviert, die es bebauen möchten.« Wie für Jane. Ihr hatte es kein Glück gebracht. Nachträglich musste sie dem Protector recht geben, der schon immer befürchtet hatte, dass Janes Ehemann mehr an ihrem Recht auf Aborigine-Land als an ihr selbst interessiert gewesen war.

»Interessant. Und: Nehmen sie das Angebot an?«

»Nein. Ich habe von keinem Fall gehört, dass ein Aborigine sein

Recht auf Land geltend gemacht hätte. Dafür müssten sie zumindest den Sinn und Nutzen des Ackerbaus begreifen. Sie sind aber Jäger. Schon das Graben nach Wurzeln und Knollen ist Frauensache. Unvorstellbar, dass ein Mann sich dazu herabließe, die schweißtreibende Arbeit eines Bauern zu verrichten!«

»Dann sollte man das Gesetz schleunigst wieder zurücknehmen und das Land an Leute verkaufen, die damit etwas anzufangen wissen«, meinte Catriona und schüttelte den Kopf. »Wenn sie es also nicht nutzen, wieso entschädigt ihr sie?«

»Auf dieser Seite des Flusses war früher ihr Revier«, bemerkte Lady Chatwick. »Und es empfiehlt sich, die Schwarzen so weit bei Laune zu halten, dass sie den Fluss als Grenze respektieren. Einfach im Interesse guter Nachbarschaft.«

»Außerdem ist es billiger, ihnen aussortierte Schafe zu geben, als dass sie sich unter Umständen an wertvollen Mutterschafen vergreifen«, ergänzte Dorothea. »So können wir wenigstens steuern, welche Tiere in Ngarrindjeri-Mägen landen.«

»Funktioniert das denn?«

»Meistens. In den letzten Jahren haben wir nur zwei wertvolle Tiere verloren. Und das können auch Dingos gewesen sein. Jedenfalls haben das die Hirten behauptet.«

»Das würde ich auch, wenn ich einen so kostbaren Bock verlöre!«, warf Lady Chatwick verächtlich ein. »Vermutlich …«

Ihre Vermutung blieb ungeäußert. Ein gedämpfter Schuss vom Fluss her ließ Dorothea aufspringen und zur Tür hinausstürzen. Ohne auch nur eine Sekunde nachzudenken, raffte sie ihre Röcke und rannte, so schnell es in den Hauspantoffeln ging, den Weg hinunter zur Bootsanlegestelle. Dort war allerdings kein einziger Eingeborener zu sehen. Ihre erste Befürchtung, es wäre zu einer Auseinandersetzung gekommen, löste sich in Luft auf. Ian und Percy standen nebeneinander auf den Planken und schienen nicht im Mindesten beunruhigt.

»Weshalb hast du geschossen?«, rief sie, sobald sie in Hörweite war, und ging langsamer weiter, um wieder zu Atem zu kommen.

»Entschuldige vielmals, wenn wir dich beunruhigt haben sollten, Cousine«, sagte Percy zerknirscht. »Ich war der Übeltäter. Ein dummer Anfängerfehler, fürchte ich.«

»Eine Handbreit tiefer, und du wärst jetzt Witwe«, bestätigte Ian und schien nicht recht zu wissen, ob er verärgert oder amüsiert sein sollte. Er hielt seinen Hut hoch und betrachtete kopfschüttelnd das harmlos wirkende Loch im steifen Stoff.

»Es tut mir schrecklich leid«, erklärte Percy mit gerötetem Gesicht. »Sie schien mir aus der Jackentasche zu rutschen, da muss ich intuitiv danach gegriffen und irgendwie den Hahn berührt haben. Jedenfalls hat sich plötzlich ein Schuss gelöst.«

»Das ist bei Pistolen so üblich«, bemerkte Ian. »Ich dachte, du wüsstest, dass man den Lauf immer auf den Boden richtet.« Er sah Dorothea an und legte ihr besorgt einen Arm um die Schultern. »Schon gut, Darling. Reg dich nicht auf, es ist ja nichts passiert.«

»Nichts passiert?« Dorothea rang um Fassung. Immer noch war ihr schwindlig, und ihre Knie zitterten. Am liebsten hätte sie Percy geohrfeigt. Dieser dumme Mensch! Wie konnte man nur so ungeschickt sein? Sie holte tief Luft, um ihm zumindest die Meinung zu sagen, als Ian sie fest an sich zog und ihr ins Ohr wisperte: »Mach keinen Aufstand deswegen, Darling. Es ist ihm peinlich genug. So etwas kommt schon mal vor.«

Die Leichtigkeit, mit der er den Zwischenfall abtat, ärgerte sie fast noch mehr als Percys Ungeschick. Immerhin wäre er fast ums Leben gekommen! Aber Ian ließ ihr gar keine Zeit, ihrem Ärger Luft zu machen. Er zog ihren Arm durch seine Armbeuge, und während er sie zurück zum Haus führte, berichtete er ausführlich von dem Besuch bei Worammo.

Der neue Häuptling hatte, nachdem er sich zuerst wenig zugänglich gezeigt hatte, schließlich doch zugestimmt, die alten Abmachungen weiterzuführen. Als Kompensation dafür, dass ihm von den drei Frauen seines Vorgängers nur die beiden alten geblieben waren, hatte Ian ihm ein Buschmesser versprochen. Und genug Tauschwaren, um einen Ersatz für Mannara zu finden.

Dorothea war entsetzt. »Du willst es diesem Unhold tatsächlich ermöglichen, eine andere Unglückliche in seine Gewalt zu bekommen? Ian, wie konntest du! Außerdem haben wir sie doch schon King George abgekauft. Er hat überhaupt kein Recht mehr auf sie.«

»Was hätte ich denn sonst tun sollen?«, verteidigte Ian sich. »Worammo ist nun einmal der augenblickliche Häuptling. Er muss sich nicht an das halten, was King George ausgemacht hat. Ich wollte nicht wegen irgendeiner wildfremden Aborigine hier Unfrieden riskieren. Außerdem: Ob mit oder ohne meine Waren – er bekommt sowieso, was er will. Er ist jetzt ein mächtiger Häuptling.«

»Ausgerechnet dieser, dieser ... Mistkerl!« Dorothea knirschte mit den Zähnen. »Wenn es wenigstens jemand anderes wäre.«

»Ach, nimm es dir nicht so zu Herzen, Cousine«, versuchte Percy, sie zu trösten. »Ich fand ihn übrigens recht eindrucksvoll mit seinen Trophäen in der Nase und den Vogelfedern auf dem Kopf. In der Aufmachung könnte ich ihn mir gut als Varieténummer vorstellen. Sein Bariton war jedenfalls nicht übel.«

Ian schmunzelte. »Ja, Worammo hat uns mit einigen Gesängen geehrt. Ich habe leider nichts verstanden. Es muss eine ihrer Geistersprachen gewesen sein. Manchmal habe ich mich schon gefragt, ob sie selber verstehen, was sie so singen.«

Lady Chatwick und Catriona erwarteten sie schon gespannt auf der Terrasse.

»Was war los?«, fragte Lady Chatwick, kaum dass Ian den Fuß auf die unterste Stufe gesetzt hatte. »Wir haben uns Sorgen gemacht. – Was ist mit deinem Hut?«

»Nur ein dummer, kleiner Zwischenfall.« Ian winkte ab und wollte die beschädigte Kopfbedeckung schwungvoll auf die Hutablage werfen.

Lady Chatwick kam ihm zuvor, fing den Zylinder auf und inspizierte ihn genau. »Das war ein Schuss«, stellte sie fest und bohrte zur Untermalung einen Zeigefinger durch das Loch. »Wer hat auf dich geschossen?«

»Ich fürchte, ich muss mich schuldig bekennen«, sagte Percy und blickte betreten zu Boden. »Meine bekannte Ungeschicklichkeit mit Schusswaffen …«

Lady Chatwick betrachtete ihn skeptisch. »Wie haben Sie das denn fertiggebracht?«

»Ja, lieber Bruder. Das war nicht gerade eine Meisterleistung!«, spottete Catriona, und in ihrer Stimme schien so etwas wie leise Verachtung mitzuschwingen. »Jetzt schuldest du Ian zumindest einen neuen Hut.«

»Hört auf, auf dem armen Mann herumzuhacken«, schaltete Ian sich ein. »Komm, Percy, lass uns nachschauen, ob das Essen noch warm ist. Ich für meinen Teil habe einen Bärenhunger.« Er schlug ihm kameradschaftlich auf die Schulter und führte ihn ins Haus.

»Männer«, schnaubte Lady Chatwick.

11

Der Vorfall geriet schnell in Vergessenheit. Als wolle sie Versäumtes nachholen, krönte die Regenzeit ihren Höhepunkt mit einer Reihe von wahrhaften Sintfluten, die innerhalb kürzester Zeit sämtliche Wege unpassierbar machten. Die Ufer des Murray River verwandelten sich in eine Schlammwüste. Die Aborigines, die ein paar Tage später die versprochenen Schafe holten, sahen von Weitem aus, als trügen sie kniehohe Stiefel.

Im Haus wurde es klamm. Da halfen auch die Kohlebecken nichts, die zumindest in Kinderzimmer und Salon aufgestellt wurden.

»Tja, ihr hättet eben vorher abreisen müssen«, stellte Ian eine Spur schadenfroh fest, als Percy fröstelnd die Hände über das Kohlebecken hielt. »Jetzt ist es zu spät. Bei dem Wetter sitzt ihr fest. Vielleicht schafft es der Postdampfer vorbeizukommen, aber verlassen kann man sich nicht darauf.«

»Hört dieser Regen denn überhaupt nicht mehr auf? Ich fühle mich irgendwie eingesperrt.« Percy hatte seine gewohnten Ausritte aufgeben müssen, bei denen er manchmal auch für mehrere Tage weggeblieben war, um sich, wie er sagte, »in der Gegend umzusehen«. Wenn Dorothea zuweilen den leisen Verdacht hegte, dass seine Abwesenheit vielleicht etwas damit zu tun haben könnte, dass er die Gesellschaft zugänglicher Damen oder gar das eine oder andere Kartenspiel suchte, so hatte sie diese Vermutungen stets für sich behalten. Es war unnötig, Lady Chatwick neue Munition zu liefern. Sie schien sowieso immer nach etwas zu suchen, was sie an den Grenfells aussetzen konnte. Ihre unterschwellige Animosität den beiden gegenüber verlieh den Konversationen manchmal eine Explosivität, die Dorothea inzwischen ausgesprochen nervös machte.

»Im Juli ist es am schlimmsten«, sagte Dorothea beschwichtigend. »Dann meint man immer, man würde noch Schimmel ansetzen vor lauter Feuchtigkeit. Nimm noch eine Tasse Tee, das wärmt.«

»Worüber beklagen Sie sich? Zumindest haben wir wenigstens ein festes Dach über dem Kopf. Nicht wie die Schwarzen in ihren Laubhütten, wo es überall durchtropft.« Lady Chatwick sah ihn herausfordernd an. »Das bisschen Regen sollte einem echten Engländer nicht zu schaffen machen.«

»Ich habe doch nur gefragt, ob es noch lange anhielte«, sagte Percy in einem schwachen Versuch, sich zu verteidigen. »Diese nicht enden wollende Sintflut unterscheidet sich nämlich ganz deutlich von einem sanften, englischen Landregen.«

»Ja, das Klima ist schon sehr unterschiedlich«, gab Ian ihm recht. »Man hat den Eindruck, jetzt bräche all der Regen, der uns im Sommer vorenthalten wurde, mit Zins und Zinseszins über uns herein. Ist es nicht in Indien ähnlich? Ich habe so etwas gehört.«

»Ja, dort nennt man ihn Monsun. In London hat mir einmal ein Kaufmann erzählt, dass die Überflutungen manchmal so schlimm waren, dass er nur noch mit einem Boot von seinem Wohnhaus auf dem einen Hügel zum Warenlager auf dem gegenüberliegenden gelangen konnte.« Percy schien dankbar über die Ablenkung und plauderte eine Weile über die Erlebnisse dieses Kaufmanns. Indien! Eine Zeit lang hatte allein schon dieses Wort ihr einen Stich versetzt. Inzwischen schien die Affäre mit Miles Somerhill

313

in einem anderen Leben stattgefunden zu haben. Ohne die Folgen dieser Affäre hätte sie damals nicht Robert heiraten müssen. Vielleicht hätte sie Ian dann so getroffen, wie er sich das gewünscht hätte? Ach nein, sie wäre dann ja die Frau von Miles gewesen, rief sie sich in Erinnerung und wunderte sich, dass ihr so viel daran gelegen hatte, ihren damaligen Kollegen zu heiraten. Nach all den Jahren konnte sie sich kaum noch an sein Gesicht erinnern. Er war ziemlich überzeugt von sich gewesen. Das hatte sie als junges Mädchen beeindruckt. Aber im Grunde war er ein durch und durch feiger Charakter gewesen. Welch ein Unterschied zu Robert. Und erst zu Ian! Beide Männer hatten ihr in ihren dunkelsten Stunden, jeweils auf ihre Art, beigestanden.

Gottes wunderbare Wege waren tatsächlich nicht vorauszuahnen. Sie schrak auf, als ihr Name fiel. »... findest du nicht, Dorothy?«, trompetete Lady Chatwick triumphierend.

»Entschuldigung, ich war gerade in Gedanken«, sagte sie hastig und sah in die fragenden Gesichter rundum.

»Das war nicht zu übersehen«, bemerkte Lady Chatwick trocken. »Es ging darum, dass wir uns nicht ganz einig waren, ob ein hübsches Kaminfeuer oder ein gut bestücktes Kohlebecken die scheußliche Kälte hier drin besser vertreiben würde. Ich bin für das Kaminfeuer.«

»Ich auch.« Catriona starrte nachdenklich auf den leeren Feuerbock in der Feuerstelle. »Flammen wirken so lebendig. Als ob sie einen eigenen Willen hätten. Sie tanzen, als ob es ihnen Spaß machte, das Holz zu fressen. Nicht so langweilig wie Kohlen, die allenfalls mal die Farbe wechseln, wenn man in die Glut pustet.«

Ian sprang auf. »Schon gut, ich gehe Holz holen. Parnko sagte vorhin sowieso etwas von einem Haufen Riesenstämme, die er alleine nicht bewegen könne.« Er stapfte aus dem Raum, und man hörte ihn lautstark nach Parnko und John rufen. Parnkos Aufgabe war es, täglich das Schwemmholz einzusammeln, das am Bootssteg antrieb, und in einem Schuppen zum Trocknen aufzuschichten. Es war erstaunlich, welche Mengen an Ästen und sogar ganzen Baumstämmen der Fluss mit sich führte. Es reichte für die Aborigines und für sie. Am Oberlauf mussten komplette Wälder von den Fluten mitgerissen worden sein.

»Willst du ihm nicht helfen gehen«, zischte Catriona ihrem Bruder zu.

Percy sah überrascht auf, stammelte: »Ja, natürlich«, und eilte aus dem Zimmer.

»Sind Sie sicher, dass er ihm von Nutzen sein kann?«, fragte Lady Chatwick mit anzüglichem Lächeln und goss sich einen tüchtigen Schluck Portwein in ihren Tee. »Parnko und John dürften als Hilfe ausreichen. Er ist ja nicht gerade – wie soll ich sagen? – übermäßig geschickt.«

»Desto nötiger, dass er sich übt«, gab Catriona zurück, ohne von ihrer Näharbeit aufzusehen. »Ehe er hier herumsteht und über das Wetter jammert, kann er zumindest versuchen, sich nützlich zu machen.«

»Wollen wir hoffen, dass er das schafft«, murmelte Lady Chatwick mit deutlichem Zweifel in der Stimme. »Ach, übrigens: Trixie erzählte mir vorhin, dass unsere kleine Wilde endlich eingewilligt hat, Schuhe zu tragen. Anscheinend hat Robert sie dazu gebracht. Erstaunlich, wie der Junge sich ihrer annimmt.«

»Ja, ich habe meinen Kavalier an eine Jüngere verloren.« Catriona seufzte theatralisch. »Seit Vicky hier im Haus ist, haben wir nicht eine einzige Schießstunde abgehalten. Dabei fing er gerade an, so treffsicher zu werden, dass ich dachte, wir könnten zur Vogeljagd übergehen. Es wimmelt hier ja geradezu von Enten und Brachvögeln.«

Dorothea hätte ihr sagen können, dass Robert zwar Entenbraten über alles liebte, die Jagd und das Töten jedoch lieber anderen überließ. Eine verletzte Stockente, der es trotz eines gebrochenen Flügels gelungen war, ihren Häschern laut schreiend immer wieder zu entkommen, bevor John ihrer endlich habhaft geworden war und ihr den Hals umgedreht hatte, hatte ihn so verstört, dass er sich fortan geweigert hatte, Parnko und John zu begleiten.

Aber das hätte Catriona vermutlich lächerlich gefunden. Also meinte Dorothea nur: »Vielleicht ist es ganz gut, wenn ihr dieses Vergnügen in Zukunft einstellt. Ian war nicht gerade begeistert davon, dass ihr so viel Munition verbraucht habt.«

»Oh, ist das ein Problem?« Catriona riss erschreckt die Augen auf. »Ich muss gestehen, ich habe gar nicht darüber nachgedacht. Onkel Hugh hat immer so reichlich davon in der Gewehrkammer, dass ich natürlich davon ausging, ihr hättet auch noch Vorräte.«

»Nein, so viel Munition brauchen wir hier nicht. Für die Jagd fehlt immer die Zeit, und bisher haben wir uns Gott sei Dank auch nicht gegen Angreifer verteidigen müssen – außer denen, die du in die Flucht geschlagen hast, Cousine«, sagte Dorothea und schmunzelte. »Entschuldigt mich, Trixie hat mich gebeten, Heathers alte Garderobe durchzusehen.«

Rechts an der Wand der Kleiderkammer stand der stabile Schrank, in den sie Heathers Kleider gehängt hatten, nachdem Catriona ihr Zimmer bezogen hatte. Einen Teil hatten sie für Mary umgenäht. Aber es war noch reichlich Auswahl vorhanden. Dorothea versuchte im Geist abzuschätzen, welche davon für Vicky infrage kamen. Keine mit Rüschen übersäten und auch keine mit zu viel Schleifen in lieblichen Pastellfarben. Ein Ärmel aus dunkelblauem Samt zog ihre Aufmerksamkeit auf sich. Ein Reitkleid. Es war das Kleid, das Heather an dem Tag der Entführung getragen hatte. Blitzartig tauchte in ihrem Kopf das Bild von Heather auf, die sich an den Hals ihres Ponys Princess geschmiegt hatte. Das Letzte, woran sie sich erinnern konnte, bevor sie in der Gewalt des Skelettmanns wieder zu sich gekommen war. In ihren Ohren klang wieder die wilde Verzweiflung in Sams Stimme, der gebrüllt hatte: »Verdammt, bringen Sie endlich das Kind von hier weg.« Schaudernd schob sie den Stoff zurück zwischen all die anderen heiter karierten und geblümten Kattunkleider.

Ob Heather ebenfalls unter solchen Erinnerungen litt? Sollte sie ihr schreiben und sie das fragen? Oder wäre es unnötig grausam, sie an Dinge zu erinnern, die sie unter Umständen bereits vergessen hatte? Sie war noch so klein gewesen. Wie selbstverständlich hatten alle Erwachsenen sie, so gut es ging, gegen die grausamen Realitäten abgeschottet. Und Heather hatte nie nachgefragt. Hatte sie niemals wissen wollen, was genau vorgefallen war?

Jetzt war sie alt genug. Dorothea nahm sich fest vor, bei nächster Gelegenheit mit ihrer Stieftochter offen zu sprechen. Heather hatte ein Recht darauf zu erfahren, wie Robert gestorben war.

Nach einigem Nachdenken wählte sie ein rot-grün kariertes Kattunkleid, ein mit unzähligen bunten Blüten besticktes Samtkleid sowie eines aus schlichtem, dunkelblauem Barchent sowie zwei Schürzen, zwei warme Flanellnachthemden, Unterwäsche und passende Kragen und Manschetten aus. Gerade hatte sie noch ein Paar Ziegenlederslipper dazugelegt und wollte alles ins Kinderzimmer hinübertragen, als ein heftiger Disput sie aufhorchen ließ. Laute Männerstimmen näherten sich rasch der Treppe. Schwere Stiefel polterten die Treppe hinauf. Als sie ihnen überraschend in den Weg trat, stoppten sie. John und Parnko wirkten ziemlich nass und erbost. Zwischen ihnen, schwer auf sie gestützt, hinkte Ian, erschreckend blass im Gesicht und mit ebenfalls tropfend nassen Haaren und Kleidern. Dahinter folgte Percy mit gesenktem Blick und hängenden Schultern – das personifizierte Schuldbewusstsein.

»Was ist passiert?«

»Ertrunken ist der Master beinahe. Dank dem da.« Johns verächtliches Nicken in Richtung Percy war unnötig.

»Es war ein Unfall«, stammelte der. »Ein schreckliches Missgeschick. Ich bin ausgeglitten und habe versucht, mich an ihm festzuhalten. Dabei ist er ins Wasser gestürzt. Es tut mir ja so leid. Ich weiß gar nicht, wie das passieren konnte, Cousin.«

»Ich auch nicht«, knurrte Ian ungewohnt barsch. »Statt hier händeringend herumzustehen, geh lieber in den Salon und beruhige die Damen.«

Percy gehorchte umgehend.

»Helft mir auf mein Bett, und dann sagt Mrs. Perkins und Mannara Bescheid. – Es ist nicht so schlimm, wie es aussieht!« Letzteres galt Dorothea, die wie versteinert auf das Blutrinnsal gestarrt hatte, das aus einer Kopfwunde sickerte und Ians linke Gesichtshälfte rot färbte. »Nur eine oberflächliche Fleischwunde und ein gequetschtes Bein.«

»Schlimm genug«, lautete Johns grimmiger Kommentar. »Das hätte wirklich böse ausgehen können. Um ein Haar wären Sie jetzt tot, Master. – Trixie, lass die Tür zu!«

Zu spät, hinter dem Kindermädchen drängten sich schon Robert, Vicky und Mary und betrachteten mit großen Augen und erschreckten Gesichtern den Auflauf im Flur.

»Zurück in euer Zimmer!« Mehr noch von seinem Anblick als von seinem scharfen Befehl eingeschüchtert, gehorchten sie Ian augenblicklich. »Los jetzt, wie lange wollt ihr mich noch hier stehen lassen.« Er musste ziemliche Schmerzen haben. Normalerweise sprach er nie in einem solchen Ton zu den Kindern. Dorothea beeilte sich, die Tür zum Schlafzimmer zu öffnen und die Bettdecke zurückzuschlagen.

Mit einem erleichterten Aufseufzen ließ Ian sich zurückfallen. »Danke, ihr beiden. Kümmert ihr euch noch um den großen Eukalyptus? Nicht, dass er noch den Bootssteg zertrümmert. Aber lasst euch besser nicht von Mr. Grenfell helfen!« Dieser Witz ließ die beiden Männer erleichtert grinsen. John tippte an den Mützenschirm und schubste Parnko freundschaftlich vor sich her aus dem Zimmer. »Wird erledigt, Master. Gute Genesung.«

Kaum dass die Tür hinter ihnen ins Schloss gefallen war, begann Dorothea, ihrem Mann aus den nassen Sachen zu helfen. Inzwischen zitterte er so, dass seine Zähne aufeinanderschlugen. Sobald sie seinen Oberkörper entkleidet hatte, holte sie eines von Roberts Flanellnachthemden aus dem Schrank. Normalerweise weigerte Ian sich, Nachthemden zu tragen. Deswegen besaß er keine eigenen. Als sie ihm mit äußerster Vorsicht die Hose herunterzog, stieß er zischend den Atem aus. Sein linker Oberschenkel war beinahe zur Hälfte blutunterlaufen und bereits im Begriff, stark anzuschwellen.

»Erzählst du mir, wie das passiert ist?«, fragte Dorothea bemüht ruhig und deckte ihn behutsam zu. Dieser Tölpel Percy!

»Später«, vertröstete er sie, denn gerade flog nach einem kurzen Klopfen die Tür auf und Mrs. Perkins, gefolgt von Mannara, betrat das Zimmer. Die Köchin mochte autokratisch sein, aber Dorothea kannte niemanden, der mit so schlafwandlerischer Sicherheit immer genau wusste, was zu tun war. Erleichtert registrierte sie die gewärmten Ziegel, die Mannara schon in Tücher wickelte und unter die Bettdecke schob. Mit gewohnter Effizienz versorgte Mrs. Perkins die Kopfwunde, die sich tatsächlich als nicht allzu ernst herausstellte.

»Eine ordentliche Beule, ein paar Tage Kopfschmerzen, aber außer einer kleinen Narbe wird nichts zurückbleiben«, war die beruhigende Diagnose.

Der Bluterguss, auf den sie nur einen kurzen Blick werfen durfte – Ian war erstaunlich schamhaft bei anderen Frauen –, ließ sie allerdings besorgt die Stirn runzeln. »Das sieht hässlich aus. Wollen Sie nicht doch einen Arzt kommen lassen?«

»Jetzt?« Ians Stimme klang spöttisch.

Mrs. Perkins lebte schon lange genug auf Eden House. Sie wusste, dass der Einwand berechtigt war. Selbst wenn ein Bote sich nach Adelaide oder Encounter Bay durchgekämpft hatte, hieß das noch nicht, dass er dort einen Arzt antraf, der bereit wäre, sich bei diesem Wetter zu einem Patientenbesuch aufzumachen. Bei dieser Witterung war es nicht ungefährlich. Die Wege waren bodenlos, wenn das Pferd stolperte, konnte man selbst in einem der heimtückischen Siele versinken.

»Ich Blätter holen?«, schlug Mannara schüchtern vor. »Und vielleicht Vicky fragen. Ihre Mutter große Heilerin.«

»Tu das.« Mrs. Perkins nickte ihr wohlwollend zu. »Die Blätterumschläge, die mir so gut geholfen haben, könnten auch dem Master Linderung verschaffen.«

Mannara verschwand eilfertig.

»Ich vermute einmal, dass ihre Art von Medizin momentan das Beste ist, was wir kriegen können«, rechtfertigte Mrs. Perkins ihre Eigenmächtigkeit. »Neulich, als ich mich verbrannt habe, hat sie mir einen Blätterumschlag gemacht. Ich gebe zu, ich habe der Sache nicht so ganz getraut. Aber innerhalb weniger Stunden haben die Schmerzen nachgelassen, und am nächsten Morgen war nichts mehr zu sehen. Das hätte ich nicht erwartet!«

Dorothea fiel das Schlinggewächs wieder ein, das so gut gegen die schrecklichen Kopfschmerzanfälle von Mutter Schumann gewirkt hatte, und das Interesse Dr. Woodfordes an den einheimischen Heilpflanzen. Vielleicht war es wirklich das Vernünftigste, auf die Medizin der Aborigines zu setzen?

»Gut«, stimmte sie zu. Im Stillen hoffte sie, dass Mrs. Perkins' Vertrauen gerechtfertigt war. Die Quetschung hatte übel ausgesehen. »Wie ist es überhaupt passiert? Normalerweise gleitet man auf dem Steg doch nicht aus.«

»Percy schon.« Ian verzog schmerzlich das Gesicht, während er versuchte, die Position des verletzten Beins zu ändern. »Die Äste einer Baumkrone hatten sich unter dem Steg verfangen. Wir versuchten gerade mit vereinten Kräften, einen besonders sperrigen Ast zu lösen, als er Percy plötzlich aus der Hand rutschte. Er verlor das Gleichgewicht, fiel gegen mich, und ich stürzte ins Wasser. Dabei muss ich mir den Kopf angeschlagen haben. Ich kann mich an nichts weiter erinnern.« Er grinste. »Das Nächste, was ich wieder weiß, ist, dass ich Unmengen Flusswasser ausgespuckt habe. John und Parnko sagten, sie hätten mich kurz hinter dem Steg aus dem Fluss gezogen.«

Dorothea spürte, wie ihre Knie nachgaben. Mein Gott, es hätte wirklich nicht viel gefehlt, und Ian wäre ertrunken! In seinen dürren Worten klang es undramatisch, aber wie nah er dem Tod gewesen war, war ihr nur zu klar. Wenn die beiden jungen Männer nicht ihr eigenes Leben riskiert und sich in die gefährlichen Fluten gestürzt hätten, wäre Ians Körper mitgerissen und an der nächsten Engstelle, an der sich das Treibholz staute, zerschmettert worden.

Mrs. Perkins und sie wechselten einen Blick. In den Augen der Älteren las sie die gleichen Gedanken.

»Ich hole Master Ian von der Hühnerbrühe, die ich fürs Dinner vorbereitet habe«, sagte sie aber nur. »Die wird ihm guttun und ihn von innen ordentlich wärmen.«

Sie sammelte die Scharpie ein, nahm die Wasserschüssel auf und öffnete die Tür. »Was machst du denn da, Kind?«

»Wird Daddy sterben?«, hörte man Mary flüstern. »Trixie weint nur, und Vicky und Robert sind weggelaufen. Ich habe Angst.«

»Unsinn. Siehst du, er ist ganz lebendig.« Die Köchin trat einen Schritt zur Seite, um dem Mädchen freie Sicht auf das Bett zu ermöglichen. »Er hat sich wehgetan, aber das wird wieder gut.«

»Mir geht es jetzt schon viel besser«, sagte Ian und lächelte warm. »Komm her, Schätzchen, gib deinem Vater einen Kuss und dann geh wieder zu Trixie. Sie wird sonst noch mehr weinen, wenn sie denkt, dass du weggelaufen bist.«

»Was hast du da am Kopf? Ist das Blut?« Mary rührte sich nicht.

»Ja, aber es wird bald verheilt sein«, sagte Dorothea rasch. »Weißt du noch, wie Robbie sich so schlimm in den Finger geschnitten hat? Das hat auch sehr geblutet und war auch nach einer Woche schon fast wieder verheilt.«

»Tut es sehr weh?«

»Ziemlich. Pass also auf, wenn du mir einen Kuss gibst«, sagte Ian und streckte beide Arme nach ihr aus. Mehr Ermutigung brauchte es nicht.

Mary flog auf ihn zu und vergrub ihr Gesicht in seiner Halsbeuge, beide Ärmchen um seinen Nacken geschlungen. »Ich hab dich lieb, Daddy«, wisperte sie kaum hörbar. »Ich bete jeden Morgen und jeden Abend zum lieben Gott, dass er dich vor den Schlangen beschützt.«

»Das ist lieb von dir«, sagte ihr Vater gerührt und tätschelte liebevoll ihren Hinterkopf. »Aber mach dir keine unnötigen Sorgen, ich passe schon auf mich auf. Hier in der Gegend ist seit ewigen Zeiten niemand mehr von einer Schlange gebissen worden. Vermutlich vertreiben die Schafe sie.«

»Aber diese sind hier im Haus.« Marys glatte Stirn kräuselte sich nachdenklich. »Ich habe es genau gehört, wie Lady Arabella zu Mrs. Perkins sagte, sie hätte einen Plan, wie sie die Schlangen aus dem Haus vertreiben würde.«

»Schätzchen, du hast da sicher etwas falsch verstanden. Es gibt keine Schlangen im Haus – außer vielleicht welche, die Robbie gesammelt hat. Aber die tun nichts mehr. Die sind mausetot.«

Mary war nicht ganz überzeugt. »Und wenn es doch welche gibt?« Sie sah unschlüssig zu Dorothea hinüber, die gerade damit beschäftigt war, die nassen Kleidungsstücke über der Fußwanne auszuwringen. »Ich bitte Trixie immer, unter meinem Bett und im Schrank nachzusehen«, flüsterte sie schließlich kaum hörbar. »Aber ich wache trotzdem nachts auf und habe Angst.«

»Das musst du nicht.« Ian zog sie in eine beschützende Umarmung. »Sobald du nach mir rufst, komme ich angerannt. Versprochen. Und jetzt gehst du besser wieder zu Trixie. Bevor sie sich

Sorgen um dich macht. Hinaus mit dir, Fräulein.« Ein liebevoller Klaps unterstrich den Befehl. Mary gehorchte überraschend sanftmütig.

Ian hatte ein unglaubliches Geschick darin, sie um den Finger zu wickeln. Wie bei mir, dachte Dorothea und lächelte ihrer Tochter zu, die behutsam auf Zehenspitzen aus dem Zimmer trippelte. Er schien immer genau zu wissen, was er tun oder sagen musste, um ihr den Wind aus den Segeln zu nehmen.

»Warst du da nicht ein wenig voreilig?«, fragte sie leise, sobald Marys Schritte verklungen waren. »Du hörst es doch gar nicht, wenn sie nach dir ruft. Zudem bist du momentan wirklich nicht in der Verfassung, um den Ritter zu spielen. Und außerdem soll man solche kindischen Ängste nicht ernst nehmen. Wo hat sie diesen Unsinn nur wieder her?«

»Vielleicht sollte man Robbie fragen?«, schlug Ian vor. »Ältere Brüder jagen den jüngeren Geschwistern gerne Angst ein. Hat dein Bruder das nicht getan?«

»August? Nein, nie!« Dankbar erinnerte sie sich daran, dass August niemals auch nur daran gedacht zu haben schien, seine Überlegenheit irgendwie auszunutzen. Im Gegenteil: Sie hatte sich immer darauf verlassen können, dass er sie in Schutz nahm, und hatte das auch weidlich ausgenutzt. Wie es ihm wohl gehen mochte? Lange hatte sie nicht mehr an ihn gedacht. Aus den Augen, aus dem Sinn, wie die Witwe aus dem unteren Stockwerk immer geschimpft hatte, wenn man nach ihrem Sohn fragte.

Die Postverbindung zu den neuen Goldfeldern war noch nicht richtig eingespielt, aber sie vermutete, dass es eher an ihrem Bruder lag, der so lästige Dinge, wie Briefe zu schreiben, gerne vergaß. Karl, ihr jüngerer Bruder, schickte pflichtschuldig einmal im Monat einen Bericht, wie es ihm und Koar erging. Wenn der junge Aborigine als Arzt nach Südaustralien zurückkehrte, würde er sicher viel Gutes bewirken können. Das traditionelle Wissen, das er von seinem Großvater vermittelt bekommen hatte, zusammen mit der modernen, medizinischen Ausbildung, müsste ihn zu einem ganz besonderen Arzt machen.

Ein unterdrückter Schmerzenslaut vom Bett her erinnerte sie unsanft an die Gegenwart. Wo blieben Mannara und Vicky nur so lange? »Beweg dich nicht mehr als unbedingt nötig«, sagte sie hastig und eilte zum Bett. »Tut das Bein sehr weh?«

»Den Umständen entsprechend«, gab Ian mit zusammengebissenen Zähnen zurück und versuchte, sich aufzusetzen. »Ich hoffe nur, dass dieses Blätterzeug tatsächlich wirkt.«

»Das wird es«, sagte Dorothea mit aller Überzeugung, die sie aufbringen konnte, während sie ihm die Kissen zurechtzog. Ihre stille Angst, es könne sich ein Wundbrand entwickeln, wagte sie nicht auszusprechen. Hatte nicht auch Robert damals seine tiefe Fleischwunde gut überstanden? Und Mannaras von Blutergüssen bedeckter Körper hatte sich auch erstaunlich schnell erholt. Nur die fehlenden Vorderzähne erinnerten noch an Worammos Gewaltexzess. Dieser kleine Makel schien Parnko allerdings nicht zu stören.

Endlich näherten sich schwere Schritte. In Ermangelung einer freien Hand räusperte Mrs. Perkins sich lautstark, ehe sie mit dem Ellenbogen die Klinke herunterdrückte und eine mit grasgrünem Brei gefüllte Schüssel sowie einen Stapel Stoffbinden auf dem Waschtisch abstellte.

»Anstatt sie zu zerkauen, wie es die Eingeborenen tun, habe ich sie durch die Passiermühle gedreht«, verkündete sie. »Mannara meinte zwar, jetzt fehlten die Kräfte derer, die sie zerkaut haben, aber ich denke, darauf verzichten Sie ganz gerne, oder?«

Der kräftig, dabei durchaus angenehm würzig riechende grüne Brei erinnerte vom Aussehen her an Erbsenpüree. Mrs. Perkins stellte ihn neben dem Bett ab und griff nach der Bettdecke, um sie aufzuschlagen. Leicht belustigt sah Dorothea, wie Ians Hände sich in den Stoff krallten. Mrs. Perkins gab einen leisen Seufzer der

Ungeduld von sich. »Master Ian, Sie sind nicht der erste Mann, den ich sehe, wie Gott ihn schuf. Stellen Sie sich vor, ich wäre Ihre Mutter, und lassen Sie mich tun, was nötig ist.«

Stumm gab Ian nach und deckte sich selbst ab. Das Hämatom hatte sich in der kurzen Zeit weiter verfärbt und war gefährlich angeschwollen; die Haut darüber so gespannt, als ob sie jeden Augenblick aufplatzen wollte. Dorothea musste sich auf die Unterlippe beißen, um nicht vor Schreck aufzustöhnen. Was für ein grässlicher Anblick!

Mrs. Perkins ließ keine Anzeichen von Nervosität oder Entsetzen erkennen. Geschickt wie immer hob sie mit einer Hand das Bein an und schob ein festes Tuch darunter. »Ma'am, würden Sie mir die Schüssel reichen?« Dorothea riss sich aus ihrer Erstarrung. Langsam und sorgfältig verteilte die Köchin den grünen Brei auf dem blauschwarzen Bluterguss, bis nichts mehr davon zu sehen war. Dann schlug sie das Tuch zusammen, richtete sich auf und betrachtete ihr Werk mit gerunzelter Stirn. »Es kann gut sein, dass wir die Flecken nie wieder herauskriegen. Aber das müssen wir wohl riskieren.« Mit einer energischen Bewegung zog sie die Decke wieder über Ian und trat zurück.

Dorothea wäre um ein Haar in hysterisches Gelächter ausgebrochen. Dass Mrs. Perkins sich in einer solchen Situation um verfleckte Bettwäsche sorgte, hatte etwas Irreales. Als ob ihr Mann nicht gerade um ein Haar im Murray River gestorben wäre. Was zählten da ein paar verdorbene Leinenlaken?

»Wie fühlen Sie sich jetzt? Appetit auf eine nette, heiße Hühnerbrühe?« Ehe Ian ablehnen konnte, war sie schon aus dem Zimmer geeilt, und man hörte sie laut nach Mannara rufen.

»Hühnerbrühe und Bettwäsche – das ist nicht die schlechteste Art, um mit ungewöhnlichen Situationen fertigzuwerden«, bemerkte Ian mit einem Schmunzeln. »Mrs. Perkins ist wirklich eine bemerkenswerte Frau.«

Das dachte Dorothea die nächsten Tage noch manchmal. Die Köchin sorgte dafür, dass stets genug frischer Blätterbrei bereitstand, und tatsächlich entwickelte die Aborigine-Medizin eine erstaunliche Wirkung. Ians eiserne Konstitution hatte ihn vor einer Erkältung bewahrt, die Kopfwunde verheilte problemlos – nur die Quetschung gab Anlass zu Besorgnis.

»Es tut mir so entsetzlich leid, dass ich ein solcher Tollpatsch bin«, sagte Percy kleinlaut, als sie sich am nächsten Tag zum Lunch trafen. »Wenn ich denke, was alles hätte passieren können …«

»Da muss man gar nicht lange nachdenken: Ohne das mutige Eingreifen von John und Parnko wäre Ian jetzt tot«, bemerkte Lady Chatwick gehässig. »Ihre Rettungsversuche waren ja nicht gerade sehr intensiv, wie man so hört.«

Percy wurde leichenblass, im nächsten Moment schoss ihm die Zornesröte ins Gesicht. »Wer behauptet das? Ich habe getan, was ich als einzelner Mann tun konnte.«

»Ach ja? Einem Bewusstlosen einen dürren Ast hinzustrecken ist in meinen Augen nicht gerade überzeugend.«

»Woher hätte ich wissen sollen, dass er bewusstlos war? Es schien mir das Vernünftigste, ihn wieder ans Ufer zu ziehen«, verteidigte sich Percy, immer noch hochrot im Gesicht.

»Mein Bruder konnte ihm nicht hinterherspringen«, warf Catriona ein. »Er kann nämlich nicht schwimmen.«

»Wie praktisch.« Lady Chatwick hatte heute anscheinend einen besonders bösartigen Tag. Ob die Gicht sie wieder gequält hatte?

»Es war schrecklich.« Percy schloss schaudernd die Augen, als er sich die Szene vergegenwärtigte. »Ich wusste einfach nicht, was ich tun sollte. Als ich bemerkte, dass er den Ast nicht packte, wollte ich zum Haus laufen, um Hilfe zu holen. Aber ich war noch kaum vom Steg herunter, da kamen die beiden Burschen schon angerannt und haben ihn mit Gottes Hilfe aus diesem Hexenkessel gezogen.«

Er bewegte den Kopf hin und her, als versuche er, die Bilder abzuschütteln. »Es war so schrecklich, ihm nicht helfen zu können.«

»John meinte, wenn Ian sich nicht in den Ästen des großen Baums unter dem Steg verfangen hätte, wäre er sofort abgetrieben worden«, sagte Lady Chatwick nachdenklich. »Dann wäre er rettungslos verloren gewesen.« Sie kniff die Augen zusammen und legte den Kopf schief wie eine zwinkernde Eule. »In letzter Zeit wird Ian geradezu von Unglücksfällen verfolgt. Seine neue Verwandtschaft scheint ihm nicht besonders viel Glück zu bringen.«

»Sie halten uns für Unheilsbringer?« Catriona hob überrascht die zarten Brauen. »So habe ich uns noch nie gesehen. Lady Chatwick, lassen Sie sich da nicht vielleicht etwas zu sehr vom übersinnlichen Hintergrund Ihrer Lektüre beeinflussen? Ich versichere Ihnen: Wir sind keine Geister aus mysteriösen Grüften.«

»Papperlapapp, in den *Mysteries of London* geht es um handfeste Wissenschaft. Nicht um Gespenster.« Die alte Dame schüttelte unwillig den grauen Schopf. »Handfeste Wissenschaft wie chemische Nachweise, Spuren der Täter. Jeder Täter hinterlässt irgendwelche Spuren. Oder Deduktion, die Kunst, aus verschiedensten Beobachtungen Schlüsse zu ziehen.« Sie lächelte grimmig. »Beispielsweise kann ich mich erinnern, dass Sie es waren, die Ihrem Bruder geradezu befohlen haben, Ian zu helfen. Sie wussten, dass er nicht schwimmen kann. Was sagt uns das?«

»Dass ich vollstes Vertrauen in Ian hatte, ihn notfalls wieder aus dem Wasser zu ziehen«, gab Catriona leichthin zurück, aber der Blick, mit dem sie Lady Chatwick bedachte, war eisig. »Sie haben ja recht. Ich habe in dem Moment einfach nicht daran gedacht. Es war unverzeihlich leichtfertig von mir. Kannst du mir vergeben, Percy?«

»N… natürlich«, stotterte der und wurde abwechselnd blass und rot.

»Es ist ja Gott sei Dank alles gut ausgegangen«, versuchte Dorothea, die Wogen zu glätten. Sie hatte den Wortwechsel der beiden Damen nur mit halbem Ohr verfolgt, weil sie draußen vor den Stallungen John, Parnko und Mannara in eine hitzige Diskussion verstrickt sah. Was hatten die drei, das sie offensichtlich so erregte? Dann hatte sich auch noch Mrs. Perkins dazugesellt, was äußerst ungewöhnlich war. Die Köchin verließ ihr Reich nur ungern. Immer wieder schweiften die Blicke der vier zum Haus, und John gestikulierte wild in Richtung Fluss. »Entschuldigt mich, ich muss wieder zu Ian und vorher noch nach den Kindern sehen«, sagte Dorothea nun.

Die unterschwellige Spannung im Salon war so deutlich, dass sie geradezu knisterte. Die gegenseitige Abneigung zwischen Lady Chatwick und Catriona hatte einen Punkt erreicht, der kurz vor dem offenen Ausbruch von Feindseligkeiten stand. Das Wetter tat ein Übriges, die Situation zu verschärfen, weil man sich schlechter aus dem Weg gehen konnte und die erzwungene Untätigkeit eine gereizte Stimmung nach sich zog. Auf Eden House gab es wenig Möglichkeiten der Zerstreuung. Catriona musste sich ziemlich langweilen, sonst hätte sie sich wohl nicht erboten, Heathers alte Kleider für Vicky umzunähen. Gerade war sie damit beschäftigt, den Saum des mit Blüten bestickten Samtkleids zu kürzen. Vicky war etwas kleiner, als Heather es in dem Alter gewesen war; deswegen passten die Kleider zwar, waren aber allesamt eine halbe Handbreit zu lang.

Auf Ians Brief an den Gouverneur, den Percy auf einem seiner Ausflüge in Strathalbyn der Post nach Adelaide mitgegeben hatte, war noch keine Antwort eingetroffen. Höchstwahrscheinlich hatte er Dringlicheres zu erledigen, als sich um das Schicksal eines kleinen Waisenmädchens zu kümmern, das noch nicht einmal lesen und schreiben konnte. Plötzlich kam Dorothea eine Idee. Wieso war sie nicht schon längst darauf gekommen? Sie betrachtete

Percy, der mit gelangweilter Miene in eines von Roberts Büchern starrte und zu lesen vorgab.

»Percy, wäre es dir sehr lästig, wenn ich dich bäte, Vicky zu unterrichten?«, fragte sie. »Ich komme zurzeit nicht dazu.«

Sie hatte kaum ausgesprochen, als Percy schon begeistert aufsprang, das Buch achtlos beiseitelegte und ausrief: »Mit Vergnügen! Lass uns sofort hinaufgehen.«

Er musste sich wirklich sehr langweilen!, dachte Dorothea und lächelte zufrieden. Auf diese Art war er wenigstens nützlich beschäftigt.

Als sie sich der offen stehenden Tür des Schulzimmers näherten, drangen die Stimmen von Robert und Vicky klar und deutlich bis zu ihnen. Das Mädchen sagte gerade verächtlich: »Diese komischen Zeichen, die du mir beibringen willst und auf die ihr so großen Wert legt, sind doch völlig sinnlos. Damit kannst du keinen Tag überleben. Schau mal, kannst du so etwas lesen? Was ist das?« Kreide quietschte, und dann erwiderte Robert zögernd: »Ich weiß nicht. Es sieht aus wie die Spur eines Tieres. Vielleicht ein Vogel?«

Vickys helles Lachen sagte deutlich, dass er falsch geraten hatte. »Das ist die Spur eines …« Man verstand den Namen nicht.

Auch Robert sagte die Bezeichnung nichts, denn er fragte: »Was soll denn das sein?«

»Ich zeichne es dir.«

Vickys Zeichenkünste waren anscheinend gut, denn es dauerte keine Minute, bis Robert feststellte: »Ach, ein Bandicoot. Die sind hier ziemlich selten.«

»Was, zum Teufel, ist ein Bandicoot?«, flüsterte Percy Dorothea zu und grinste von einem Ohr zum anderen. »Hat Mrs. Perkins uns so etwas schon einmal zubereitet?«

»Sicher nicht.« Auch Dorothea grinste bei der Vorstellung von Mrs. Perkins' Reaktion auf eines dieser australischen Tiere, die auf den ersten Blick an Ratten erinnerten.

»Aus dem Abstand der Abdrücke kann man auf seine Größe schließen«, erklärte Vicky sachlich. »Dieser hier wäre ziemlich groß. Groß genug für eine ordentliche Suppe.«

»Hast du schon einmal eines getötet?« Roberts Stimme klang etwas gepresst.

Wieder das helle Lachen. »Natürlich. Aber sie sind gar nicht so leicht zu erwischen. Am besten kriegt man sie, indem man …«

Dorothea beschloss, die Unterhaltung an diesem Punkt zu unterbrechen. »Guten Morgen, ihr beiden. Was macht ihr denn hier?«

»Ich versuche, Vicky das Alphabet zu lehren«, erklärte Robert, nachdem er sich vor Percy verbeugt und seiner Mutter pflichtschuldig einen Kuss auf die Wange gedrückt hatte. »Und sie gibt mir Unterricht im Spurenlesen.«

»Ich wage zu prophezeien, dass die junge Dame keine großen Schwierigkeiten damit haben dürfte«, bemerkte Percy und betrachtete mit unverhohlener Bewunderung die Zeichnungen auf der Tafel. Mit wenigen Strichen war es ihr gelungen, ein stilisiertes und dabei dennoch unverkennbares Bandicoot abzubilden. »Wo hast du so zu zeichnen gelernt?«

Vicky sah zu Boden. »Meine Mutter – Sara – hat es mir beigebracht«, flüsterte sie kleinlaut, als erwarte sie, getadelt zu werden.

»Dagegen sind Buchstaben ein Kinderspiel. Wollen wir es einmal probieren?« Percy sah zweifelnd von der Kreideschachtel auf den Ärmel seines dunkelblauen Gehrocks und zurück. »Robert, bist du so freundlich und schreibst uns das Alphabet in Groß- und Kleinbuchstaben auf?«

Dorothea unterdrückte ein spöttisches Lächeln. Offensichtlich scheute er den Kreidestaub auf dem feinen Tuch. Wie würde er erst mit den Gefahren von Tintenflecken umgehen? Beim ersten Gebrauch von Feder und Tinte pflegte jeder Schüler als Erstes scheußliche Spritzer zu produzieren, wie die zahlreichen, teils schon verblassten Tintenspuren an den Wänden bezeugten. Nun, das würde sie ihm überlassen, entschied sie und zog sich unauffällig zurück.

Im Kinderzimmer war Trixie gerade dabei, mit Mary und Charles die Tiere der Arche Noah paarweise aufzustellen. Quer durch das Zimmer schlängelte sich die Reihe der bunt bemalten Holztiere. Es gab nicht nur Pferde, Rinder, Schafe, Schweine, Bären und Tiger, sondern auch Kängurus, Kakadus, Koalas und Emus. Als Dorothea die Tür öffnete, sah Charles auf, riss entzückt die Arme hoch und stolperte mit dem Ruf »Mama!« auf sie zu. Dabei warf er Löwen, Kamele und Zebras um, blieb an den Elefantenrüsseln hängen und fiel mitten in die Vertreter der australischen Fauna.

»Charles, du Trampel«, fauchte Mary erbost. »Jetzt hast du alles kaputt gemacht!«

»Schsch – Mary!«, mahnte Trixie und warf Dorothea einen besorgten Seitenblick zu. »Das ist doch nicht schlimm. Wir bauen es einfach wieder auf.«

»Machst du dir Sorgen um deinen Vater?«, fragte Dorothea freundlich und kniete sich hin, um ihren Jüngsten in die Arme zu schließen. Sie legte ihre Wange auf seinen Haarschopf und genoss für einen Augenblick einfach nur die körperliche Nähe. Charles roch nach warmer Milch, frisch gebügeltem Leinen und gesundem Kind. Zutraulich spielte er mit den Zierschleifen ihrer Morgenjacke, und sie ließ ihn gewähren, obwohl es bedeutete, dass sie wieder frisch gebügelt werden mussten. »Wenn du möchtest, darfst du ihn besuchen, während ich bei Mrs. Perkins in der Küche bin.«

Über Marys eben noch in einer Grimasse der Verärgerung verzogene Züge glitt ein strahlendes Lächeln. Ohne abzuwarten, rannte sie quer durch die zerstörte Parade und über den Flur in das elterliche Schlafzimmer. Trixie und Dorothea wechselten einen

Blick. »Die Kleine hängt sehr an ihrem Vater«, sagte Trixie. »Mrs. Perkins meinte, es wäre nicht ungewöhnlich, dass Töchter mehr am Vater hingen und Söhne mehr an der Mutter ...«

Dorothea musste ihr insgeheim recht geben. Auch sie hatte als kleines Mädchen ihren Vater vergöttert. Wie stolz war sie gewesen, wenn er ihre rasche Auffassungsgabe gelobt hatte! Sogar zu studieren hatte sie vorgehabt, um ihn noch stolzer auf sie zu machen. Dass das für ein Mädchen unmöglich war, hatte sie zuerst nicht einsehen wollen.

Mary schien ganz nach ihr zu geraten. Sie nahm sich vor, ihrer Tochter gegenüber mehr Geduld und Nachsicht zu üben. Vielleicht brannte in ihr ja der gleiche Hunger nach Anerkennung?

Charles hatte ihre Geistesabwesenheit genutzt, um unbemerkt einen der Knöpfe ihrer Bluse in den Mund zu nehmen und daran zu lutschen. Jetzt hatte sich ein großer Fleck auf dem Stoff ausgebreitet.

»Charles, bäh! Musst du immer sabbern?«, sagte Dorothea streng. »Nimm ihn mir bitte ab, Trixie. Ich schicke Mary dann wieder her, sobald ihr Vater Ruhe braucht.« Vorsichtig stieg sie über das tierische Chaos und drückte ihren Jüngsten dem Kindermädchen in den Arm.

Ians Genesung schritt langsam, aber sicher voran. Der schwarze Bluterguss färbte sich zuerst dunkellila, dann purpurn, ehe er allmählich von den Rändern her gelb wurde und schrumpfte. Trotz seiner Proteste wurde der Blätterbrei beibehalten.

»Dass sie überhaupt noch von dem Zeug hier finden?«, murrte er. »Allmählich dürfte jeder Busch in mehreren Kilometern Umkreis blattleer sein.«

Tatsächlich brauchten Mannara und Vicky immer länger für ihre Sammeltätigkeit. Als der monatliche Schafszoll fällig wurde, versuchte Dorothea, dem alten Krieger, der die Träger beaufsichtigte, einen Handel »Blätter gegen Mehl« vorzuschlagen. Vicky sollte dolmetschen, damit der Anblick von Parnko und Mannara die jungen Burschen nicht wieder provozierte. Beim Anblick von Vicky brachen alle in schallendes Gelächter aus. Jemanden, den sie als den Ngarrindjeri zugehörig betrachteten, in der Tracht der Engländer zu sehen, gekleidet und frisiert wie eine weiße Frau, erschien ihnen wohl als grandioser Witz.

Als sie sich endlich die Lachtränen aus den Augen gewischt und sich so weit beruhigt hatten, dass man wieder sein eigenes Wort verstehen konnte, war die Stimmung so gelöst, dass sie bereitwillig zustimmten, ein Kanu voller Zweige dieses Strauchs gegen einen Sack Mehl und einen Kasten Kautabak zu tauschen.

»Das hat ja wunderbar funktioniert«, stellte Dorothea erleichtert fest und sah den braunen Gestalten nach, die immer noch kichernd wie Kinder zum Murray River hinunterzogen. »Was haben sie zu dir gesagt, Vicky? Ich habe kaum etwas davon verstanden. Es waren lauter mir unbekannte Wörter.«

»Nichts Besonderes«, gab das Mädchen einsilbig zurück, drehte sich auf den Fersen um und verschwand im Haus.

Tatsächlich hielten die Männer Wort. Schon ein paar Stunden später brachten sie eines ihrer Rindenkanus, bis zum Rand gefüllt mit den duftenden Zweigen, und schütteten den Inhalt vor der Freitreppe aus.

»Das müsste reichen, bis Master Ian wieder ganz hergestellt ist«, meinte Mrs. Perkins und musterte zufrieden den grünen Haufen. »Kommt mit, ich gebe euch das Mehl und den Tabak.« Sie unterstrich ihre Worte mit den entsprechenden Gesten und wurde problemlos verstanden.

»Es wundert mich, dass sie nicht viel mehr Mehl verbrauchen«, bemerkte Percy. »Wovon leben sie eigentlich zurzeit? Fischen ist bei dem ganzen Treibholz doch viel zu gefährlich.«

»Unsere Ngarrindjeri leben hauptsächlich von dem, was der

Murray River ihnen liefert«, erklärte Dorothea. »Also vor allem von Fischen, Krebsen und Muscheln. Aber sie verschmähen auch Molche, Frösche, Vögel und ihre Gelege, Eidechsen und Schlangen nicht. Und die Frauen sind unglaublich geschickt darin, Wurzeln und Knollen zu finden. Dazu kommen Beeren, Früchte, Termiten, Insektenlarven und das, was die Männer erjagen. Ian sagte einmal, es gäbe eigentlich nichts, was sie nicht äßen – außer, es ist gerade tabu.«

»Weißt du mehr darüber?«

Dorothea überlegte. »Wenig. Tabus gibt es nicht für Kinder unter neun bis zehn und für die ganz Alten. Sobald sie alt und weißhaarig sind, dürfen sie wieder alles essen. Dazwischen ist es sehr kompliziert. Verheirateten Männern in einem bestimmten Alter sind das rote Känguru, sämtliche Jungen aus dem Beutel, ein bestimmter Fisch namens *kelapko,* der weiße Kranich, eine Schildkrötenart und noch so einiges mehr verboten.« Sie runzelte angestrengt die Stirn, während sie versuchte, sich an weitere Einzelheiten zu erinnern. »Mr. Eyre von der Station Moorundie hat einmal einen äußerst interessanten Vortrag darüber gehalten und gemeint, dass seiner Ansicht nach die Frauen deutlich mehr Tabus unterworfen wären. Allerdings variiert das dann wieder zwischen Müttern und Ehefrauen, die noch keine Kinder haben, und unverheirateten Mädchen.«

»Also eine Wissenschaft für sich, könnte man sagen«, stellte Percy fest. »Von Indianern heißt es, bei ihnen wären ebenfalls diverse Speiseverbote üblich. Interessant, dass es anscheinend überall auf der Welt verbreitet ist.«

»Wie kommt es, dass du so viel über Indianer weißt?«, erkundigte sich Dorothea. »Ich hatte dich schon länger danach fragen wollen.«

»Ich hatte vor, nach Amerika auszuwandern«, sagte Percy mit leicht verzerrtem Lächeln. »Aber Onkel Hugh war strikt dagegen und hat sich geweigert, mir das Geld für die Passage vorzustrecken. – Ich hätte es ihm natürlich zurückbezahlt, sobald ich zu Vermögen gekommen wäre«, fügte er eilig hinzu.

Dorothea verkniff sich die Frage, wie er das zu bewerkstelligen gedacht hätte. Amerika mochte das Land der unbegrenzten Möglichkeiten sein, aber es konnte sich nicht so grundlegend von Australien unterscheiden. Und hier kam man nicht einfach so über Nacht zu einem Vermögen. Selbst Mr. Osmond, der Betreiber der Mine, hatte zuerst einmal investieren müssen. Auch wusste sie von keinem einzigen Viehbaron oder Schafzüchter, dem sein Reichtum in den Schoß gefallen wäre.

»Ich vermute stark, ihm schwebte dabei etwas im Zusammenhang mit Glücksspiel vor«, bemerkte Lady Chatwick, als sie ihr gegenüber Percys ursprüngliche Pläne erwähnte. »Sagte ich es nicht schon? Der junge Mann hat einen unglückseligen Hang zum Laster.«

Dorothea schmunzelte über den altmodischen Ausdruck, aber Lady Chatwick blieb todernst. »Lächle ruhig über mich, Liebes. Ich bin alt genug, um zu wissen, dass schlechtes Blut die unangenehme Eigenschaft hat, immer wieder in den Nachkommen durchzuschlagen. Ich halte jedenfalls Augen und Ohren offen.«

Lady Chatwicks Drohung oder Versprechen – je nachdem, wie man es auffassen mochte – geriet bei Dorothea bald in Vergessenheit. Hatte sie anfangs noch erwogen, es Ian zu erzählen, wurde es rasch von anderen Dingen verdrängt. Es gab wirklich Wichtigeres als die schrulligen Einbildungen der alten Dame, die zu viele Romane las.

Ian konnte endlich das Bett verlassen. Wenn er sich auch noch schwer auf Roberts alten Stock stützte, den Dorothea nicht übers Herz gebracht hatte wegzuwerfen, hinkte er doch entschlossen durch Haus und Hof. Die Regenzeit ging allmählich ihrem Ende entgegen. In einigen Wochen würden die weiten Flächen an den

Ufern des Murray River wieder von zahllosen Blüten überzogen sein und frisches Gras für die Mütter der frisch geborenen Lämmer sprießen. Und Robert würde nach Adelaide ziehen, um dort das St. Peter's College zu besuchen.

»Wenigstens ist er nicht so weit weg wie Miss Heather«, bemerkte Mrs. Perkins ein wenig betrübt. »Und er ist nicht mutterseelenallein unter fremden Menschen wie die arme Kleine. Hat es denn wirklich gleich Sydney sein müssen?«

»In Adelaide gibt es nun einmal keine Institute für junge Damen«, sagte Dorothea kurz. »Außerdem hat Heather sich sehr gut dort eingewöhnt. Im letzten Brief schrieb sie sogar, dass sie sich auf die Tanzstunden freut. Sie haben es doch auch gelesen.« Heathers seltene Briefe wurden wie Kostbarkeiten herumgereicht.

Mrs. Perkins antwortete nicht direkt darauf, sondern fragte nur: »Wird sie Weihnachten zu Besuch kommen? Ich weiß schon gar nicht mehr, ob ich sie noch erkennen würde.«

»Ich denke ja. Aber das ist noch einige Zeit hin.« Dorothea erinnerte sich plötzlich an das ungewöhnliche Palaver vor den Stallungen, das sie beim Lunch so irritiert hatte. »Ach, sagen Sie, Mrs. Perkins, worum ging es eigentlich bei dem Gespräch vorhin, als John sich so ereifert hat?«

»Nichts Besonderes.« Schon der Tonfall machte klar, dass Mrs. Perkins diese Frage nicht beantworten würde. Dorothea versuchte also gar nicht erst, sie umzustimmen, sondern überließ sie ihrer offensichtlichen schlechten Laune.

12

Trixies schrille Schreie rissen die Hausbewohner aus dem morgendlichen Dämmerschlaf. Dorothea konnte Ian gerade noch davon abhalten, im Adamskostüm auf den Flur zu stürzen. Sie selbst warf sich nur ein Umschlagtuch über das Nachthemd und rannte auf bloßen Füßen los. Die Schreie kamen aus Lady Chatwicks Zimmer. Als sie es betrat, stand das Kindermädchen wie zur Salzsäule erstarrt vor deren Bett. Das Tablett mit dem *Early Morning Tea* lag zu ihren Füßen, die Scherben und die bräunliche Flüssigkeit in einem weiten Umkreis verteilt.

Als sie vorsichtig näher trat, sah sie auf den ersten Blick, was Trixie so entsetzt hatte: Lady Chatwick war tot. Sie lag rücklings gerade ausgestreckt in den Kissen, als schliefe sie. Aber der wie zu einem Schrei geöffnete Mund, die blinden Augen und die vollkommen schlaffe Körperhaltung sprachen eine deutliche Sprache.

»Schon gut, Trixie.« Sie zog das zitternde Mädchen vom Bett weg. »Lady Chatwick ist jetzt im Himmel. Ihr geht es gut. Kein Grund, sich so aufzuregen. Du weckst noch die Kinder.«

»Was ist mit ihr?« Ian hatte sich in einen unpassend bunten Morgenmantel aus indischer Seide gehüllt und sah mit seinem Gehstock aus wie eine der Witzfiguren aus Lady Chatwicks Londoner Zeitschriften.

»Sie ist tot«, sagte Dorothea tonlos und kniete nieder, um die

Porzellanscherben aufzusammeln. Irgendwie erschien ihr die Situation so fantastisch, als stünde sie auf einer Theaterbühne und sei Teil eines Schauspiels. Sie agierte, tat, was zu tun war. Doch sie handelte ohne jede innere Beteiligung. Dabei hatte sie Lady Chatwick ehrlich gern gehabt. Geliebt wäre zu viel gesagt. Aber es erschien unvorstellbar, dass sie nicht mehr war. Ihre spitzen Bemerkungen, ihre Marotten hatten ja nicht ihr ganzes Wesen ausgemacht. Wenn sie auch in letzter Zeit überhandgenommen hatten.

Dr. Woodforde hatte sie unter vier Augen gewarnt, dass die alte Dame nicht mehr allzu lange leben würde. »Wenn sie nicht ihren hohen Konsum an geistigen Getränken einstellt und weniger isst, übernehme ich keinerlei Verantwortung, dass sie nächste Weihnachten noch unter uns weilt«, hatte er bei seiner letzten Visite geseufzt. »Aber sie will ja nicht auf mich hören!«

Nun hatte er also recht behalten. Dorothea legte die gesammelten Scherben der Tasse und Untertasse, die allein von Lady Chatwick benutzt worden waren, beiseite. Die Stücke waren aus feinstem englischem Wedgwood-Porzellan. Angeblich von einem früheren Verehrer, erinnerte sie sich und lächelte über Lady Chatwicks damalige Hellsichtigkeit, als sie erfolglos versucht hatte, ihre Ungläubigkeit zu überspielen.

»Ich weiß genau, was du denkst, Kind: Aber ich alte Schachtel war auch einmal jung. Und man hielt mich für recht gut aussehend. Zumindest dieser vortreffliche junge Mann. Er fiel in Spanien.« Mehr war ihr nicht zu entlocken gewesen.

War es ein Omen, dass ausgerechnet diese Tasse jetzt zerbrochen war? Die Eingeborenen würden das sicher glauben und sie mit ihr begraben. Ob sie das auch tun sollten?

»Wie seltsam. Was sind das für rote Punkte in ihren Augen?« Ians Stimme ließ sie zum Bett blicken. Ihr Mann stand davor und musterte mit einem nachdenklichen Ausdruck das Gesicht der Toten. »Sie sind mir vorher nie an ihr aufgefallen.«

Dorothea trat neben ihn und versuchte zu erkennen, was ihn irritierte. Tatsächlich war das Weiße in Lady Chatwicks Augen von deutlich sichtbaren, roten Pünktchen durchsetzt. »Vielleicht ein Schlagfluss? Dr. Woodforde befürchtete schon seit einiger Zeit, dass es dazu kommen würde.«

Ian schüttelte den Kopf. »Ich habe schon Leute gesehen, die an einem Schlagfluss gestorben sind. Ihr Gesicht war ganz blau und angeschwollen. Sie lagen nicht still und friedlich in ihren Kissen, sondern verkrümmt und verbogen.«

»Dann war es eben etwas anderes.« Dorothea verstand nicht, wieso Ian so genau wissen musste, woran sie gestorben war. »Sie war schon ziemlich alt. Und wenn man alt genug ist, dann stirbt man eben.« Dorothea hatte sich noch nie zuvor Gedanken darüber gemacht. Alte Leute starben. So wie King George. Das war völlig normal. Niemand – außer Ian – wollte es genauer wissen.

»Es sieht fast so aus, als hätte sie noch nach jemandem klingeln wollen.« Ian wies auf die umgestürzte Messingglocke auf dem Nachttischchen neben dem Kopfende. Lady Chatwick hatte sie sonst nie benutzt, aber sie hatte einen so durchdringenden Klang, dass zumindest die Schläfer in den nahe liegenden Zimmern sie gehört hätten.

»Wie tragisch! Sie merkte, dass es ihr schlecht ging, aber sie schaffte es nicht mehr, jemanden zu Hilfe zu rufen.« Dorothea verspürte ehrliches Bedauern. Dass die alte Frau mutterseelenallein gestorben war, schmerzte sie. Sie hätte ihr gerne, so gut es ging, beigestanden. Ein letztes Gebet, einen Lieblingspsalm vorgelesen.

Die Bibel, die immer in Griffweite gelegen hatte. Wo war sie?

Verwundert sah sie sich um. Es war keine große Familienbibel gewesen, sondern ein eher handliches, in Leder gebundenes Buch. An einer Seite war der Einband lose, und dort hatte sie, wie sie im Scherz einmal bemerkt hatte, »alles Wichtige in meinem Leben« verborgen. Sie würde sicher damit begraben werden wollen.

339

War sie vielleicht heruntergefallen? Dorothea kniete sich nieder, um unter das Bett blicken zu können. Aber außer dem Nachttopf war dort nichts zu sehen als eine Spinne, die eilig in die andere Richtung krabbelte.

»Was suchst du? Etwas Bestimmtes?« Ian hatte sich ebenfalls niedergebeugt und folgte ihrem Blick.

»Ihre Bibel. Ich verstehe das nicht«, murmelte Dorothea. »Sie lag immer auf dem Nachttisch. Direkt neben der Glocke. Aber jetzt sehe ich sie nirgends.«

»Sie wird sich schon wieder einfinden.« Ian maß dem Verschwinden des Buches offensichtlich keine größere Bedeutung bei. »Sagst du Mrs. Perkins Bescheid? Ich gehe dann mit John das Grab ausheben. Nur gut, dass es nicht mehr so schüttet.«

Dorothea blieb allein mit der Toten. Sie schien sie vorwurfsvoll anzustarren. Mit zitternden Fingern versuchte Dorothea, ihr die Augen zu schließen. Kalt, unheimlich kalt und steif fühlten die Lider sich an. Sie zuckte zurück.

»Das ist die Leichenstarre«, sagte eine ruhige Stimme von der Tür her. »Ich werde heiße Kompressen auflegen, die machen sie wieder beweglich.«

Dorothea trat erleichtert zur Seite. Mrs. Perkins sah mit unleserlichem Gesichtsausdruck auf die Tote. Trotz ihrer äußerlichen Ungerührtheit kannte Dorothea sie gut genug, um zu spüren, wie erschüttert sie war. Natürlich hätte die Köchin sich das unter keinen Umständen anmerken lassen, aber ihre verkrampften Hände, an denen die Knöchel weiß hervortraten, die blassen Wangen und die zusammengepressten Lippen verrieten sie.

»Soll ich Ihnen helfen?« In dem Augenblick, in dem sie es aussprach, hätte Dorothea das Angebot gerne wieder zurückgenommen. Der kalte, steife Körper stieß sie ab. Es war nicht der direkte, unverfälschte Ekel, den man beim Anblick von Gewürm empfand. Die Scheu davor, ihn zu berühren, ging einher mit einer Art Ehrfurcht, wie man sie sonst nur sakralen Gegenständen entgegenbrachte. War die Seele wirklich schon zum Himmel aufgestiegen? Oder war doch noch ein Rest von ihr im Körper verblieben?

Dorothea konnte plötzlich die Angst der Eingeborenen vor den Toten nachempfinden. Die Form war die altvertraute. Aber die Form war leer. In ihr fehlte das, was den Menschen im Leben ausgemacht hatte. Und das war ausgesprochen unheimlich.

»Gehen Sie nur, Ma'am«, sagte die Köchin zu ihrer immensen Erleichterung. »Mir macht es nichts aus, und ich glaube, Lady Arabella wäre es lieber, wenn wir unter uns blieben. Zwei alte Frauen.« Die beiläufige Geste, mit der sie die Bettdecke glatt strich, hatte etwas Zärtliches. »Was soll sie im Grab tragen? Ihr Lieblingskleid?«

»Das wäre schön. Und wenn Sie die Bibel finden, die würde sie sicher gerne bei sich behalten.«

»Lag sie nicht auf dem Nachttisch?« Mrs. Perkins sah Dorothea erstaunt an.

»Nein, sie scheint verschwunden. Vielleicht hat sie sie irgendwo hingelegt und vergessen«, sagte Dorothea. Sicher hatte Ian recht, und die fehlende Bibel hatte nicht das Geringste zu besagen. Es war nur erstaunlich, dass die Köchin auf einmal irgendwie beunruhigt schien. Ihre Gesichtsmuskeln arbeiteten heftig, als ringe sie mit sich.

»Ist irgendetwas nicht in Ordnung, Mrs. Perkins?«

Die Köchin schüttelte den Kopf und wandte den Blick ab. »Nein, nein. Wenn Sie uns dann allein lassen würden, Ma'am …?«

Das tat Dorothea nur zu gerne. Sobald sie sich angekleidet hatte, ging sie ins Kinderzimmer. Trixies Augen waren zwar immer noch rot gerändert, aber sie machte einen gefassten Eindruck. »Ich habe es den Kindern noch nicht gesagt«, flüsterte sie Dorothea zu, während sie sie ans Fenster zog. »Sollen sie denn mit zu der Beerdigung?«

Dorothea zögerte.

»Ist Lady Arabella tot?« Robert hatte wirklich Ohren wie ein Luchs. Wie aus dem Boden gewachsen, stand er plötzlich neben ihr und packte ihren Arm mit überraschender Kraft. »Sag schon, Mama: Ist es Lady Arabella?«

Bestürzt wandte sie sich ihm zu. »Woher weißt du es?«

Sein Gesicht erstarrte. Unwillkürlich wanderten seine Augen zu Vicky, die totenblass geworden war.

»Hast du es geträumt, Kind?«, fragte Dorothea besorgt. Eigentlich glaubte sie nicht an solche Eingeborenengeschichten, aber hatte King George nicht auch seinen Tod vorausgeträumt? War vielleicht doch etwas daran?

Vicky verneinte schwach. »Nicht ich. Mannara hat geträumt, wie ein Dämon die alte Frau verschlang. Aber ich habe den Dämon gesehen, wie er aus ihrem Zimmer kam. Er war ganz schwarz und formlos und verschwand dort hinten im Flur.«

Dorothea stutzte und warf Trixie einen fragenden Blick zu. Die hob ratlos die Schultern. »Manchmal schreit sie im Schlaf. Es kann sein, dass sie einen Albtraum gehabt hat. Aber letzte Nacht kann ich mich nicht erinnern, dass etwas Besonderes gewesen wäre.«

»Versuch, es zu vergessen«, sagte Dorothea, hockte sich auf einen der kleinen Stühle und griff nach Vickys rauen Händen. »Manchmal träumt man schreckliche Dinge, die man dann für die Wirklichkeit hält«, erklärte sie freundlich, aber entschieden. »Aber es bleibt dennoch ein Traum. Das Klügste ist, nicht mehr daran zu denken. Dann wird der Traum verblassen, und eines Tages ist er ganz weg.«

Vicky wirkte nicht überzeugt, nickte aber höflich. Dorothea nahm sich vor, mit Mannara ein ernstes Wörtchen zu sprechen.

Es ging nicht an, dass sie die Kinder mit ihren Schauergeschichten verängstigte. Vicky schien über mehr Einbildungskraft zu verfügen, als gut für sie war. Ein Dämon, der Lady Chatwick verschlang! Was mochte als Nächstes kommen?

»Ich werde mit Mr. Grenfell sprechen, dass euer Unterricht heute ausfällt. Ich möchte, dass ihr Blumen sammelt. Ich glaube, Lady Chatwick mochte die australischen Veilchen besonders, aber wenn die noch nicht blühen, dann nehmt andere.«

»Darf ich mitkommen, Blumen suchen?« Mary sah bittend zu ihr auf.

»Nein, mein Kind. Du bleibst schön bei Charles und Trixie.«

»Ich bin doch kein Baby mehr!« Mary stampfte wütend auf. »Ich will mit.«

»Wenn du so groß bist, kannst du ja mit mir in die Küche kommen und mir ein wenig zur Hand gehen.« Dorothea unterdrückte die Versuchung, der Kleinen einfach einen Klaps zu geben. Dieser Trotz war ein Charakterfehler, der ihr dringend abgewöhnt werden musste, aber nicht jetzt. Tatsächlich wirkte die Ablenkung. Sanftmütig wie selten trippelte die Kleine neben ihr her.

In der Küche wartete Mannara mit ängstlich aufgerissenen Augen. »Alte Frau tot?« Aus ihrem Kraushaar rieselten einige letzte Bröckchen der sonst fast gänzlich abgefallenen Lehmkappe, die sie vor King Georges Geist hatte beschützen sollen. Ob sie gleich wieder eine neue anfertigen würde?

»Ja, Lady Chatwick ist heute Nacht verstorben«, bestätigte Dorothea. »Es dürfte dich ja nicht sehr überraschen, wenn du es bereits geträumt hast.« Sie vergewisserte sich, dass das Wasser für den Tee bald kochen würde, und griff nach dem Zuckerhut und dem Meißel, um Brocken abzuschlagen. »Ich möchte nicht, dass du in Zukunft die Kinder damit ängstigst, dass du ihnen von deinen Träumen erzählst. Hast du verstanden?«

»Ma'am böse?« Mannara sah ängstlich zu ihr auf.

343

»Nein. – Ja. Behalte deine Träume einfach für dich oder begnüge dich damit, sie Parnko und Mrs. Perkins zu erzählen.« Dorothea warf einen Blick auf Mary, die gerade die fertig vorbereitete Fressschüssel des Hofhunds an der Hintertür inspizierte. Mrs. Perkins' Fürsorge erstreckte sich auch auf Vierbeiner. Im Gegensatz zu seinen ausgemergelten, räudigen Kollegen, die kaum je von der Kette gelassen wurden und ein trauriges Leben fristeten, genoss dieser eine Behandlung, die ihn dick und faul hatte werden lassen. Ian hatte schon öfter insgeheim geschimpft, dass er für seine eigentliche Aufgabe nutzlos geworden wäre und nur noch als Mrs. Perkins' Schoßhund tauge – aber natürlich hatte auch er nicht gewagt, es ihr zu verbieten. »Wenigstens müssen wir keine Sorge haben, die Kinder in seine Nähe zu lassen«, hatte Ian sich getröstet.

Tatsächlich schien das behäbige Tier nichts dagegen einzuwenden zu haben, sein Frühstück mit Mary zu teilen.

»Was hast du eigentlich genau geträumt?« Dorothea fasste die junge Aborigine fest ins Auge. »Ich meine: Was hast du Vicky erzählt?«

»Ma'am eben sagen, nicht darüber sprechen.« Mannara hatte ihre eigene Methode, sich zu revanchieren.

»Ich meinte, du sollst sie nicht den Kindern erzählen. Vicky hat einen Albtraum gehabt. Ich möchte wissen, wieso.«

»Parnko meinte, Vickys Mutter Zauberin. Vielleicht Vicky wissen, was zu tun gegen bösen Zauber.«

»Welchen bösen Zauber?«

»Der vom Meer.«

Dorothea biss die Zähne zusammen, um Mannara nicht ungeduldig anzufahren. Konnte sie sich nicht verständlicher ausdrücken? Und wieso musste man ihr alles einzeln aus der Nase ziehen? Sie schob der jungen Frau einen großen Brocken Zucker zu und sagte, während sie begann, die restlichen in die Schüssel zu sammeln: »Erzähl mir davon. Keine Angst. Ich werde nicht schimpfen.«

Mannara kaute mit nachdenklicher Miene auf dem Zuckerbrocken herum. »Eine schwarze Wolke kam. Vom Meer her.« Das beeindruckte Dorothea wenig. In den meisten Fällen kam das Schlechte vom Meer her. Das war überhaupt nicht verwunderlich, denn von dort her waren immer die Überfälle der Walfänger erfolgt. Auf der Känguruinsel befanden sich ihre berüchtigten Camps, in die sie eingeborene Frauen und Kinder verschleppt und als Sklaven gehalten hatten. Der Fall einer solchen Unglücklichen, die bei einem Fluchtversuch samt ihrem Kind ertrunken war und sich vor Encounter Bay im Netz eines Fischerboots verfangen hatte, hatte zu einem Aufschrei der Empörung geführt und den Magistrat gezwungen, streng gegen die Gesetzlosen vorzugehen. Wie erfolgreich, darüber herrschte Uneinigkeit.

Die Insel war unwegsam und bot viele Schlupflöcher. Es war kein Wunder, dass sie immer noch als der Hort des Bösen galt.

»Ja und …?«

»Die schwarze Wolke kam immer näher und kroch hier ins Haus. Sie war überall. Wie Rauch. Und dann kam sie in das Zimmer der alten Frau und verschlang sie. Aber sie war immer noch hungrig und suchte andere. Und ich habe Angst, weil …« Mannara strich in einer beschützenden Geste über ihren Bauch. Dorothea verstand sofort. Die Eingeborenen glaubten, wenn eine Frau schwanger war, wären ihre Träume vom Kindsgeist gesandt und damit viel wichtiger als alles, was eine Frau sonst träumte. Der Kindsgeist aus dem großen Teich der Geisterwelt hatte, bis er als hilfloser Säugling sein neues Leben beginnen würde, die Fähigkeit, der von ihm als Mutter auserwählten Frau Botschaften zu senden.

Diese Botschaften galten als äußerst wichtig. Also hatte Mannara sich in ihrer Ratlosigkeit an die einzige Person in ihrer Umgebung gewandt, von der sie annahm, dass sie sie verstehen und ihr helfen konnte: Vicky.

»Kam die Wolke auch in den Stall?«, fragte Dorothea versuchsweise. Es hatte nicht den geringsten Zweck, die Aborigines davon überzeugen zu wollen, dass ihre Träume Zufallsprodukte und nicht ernst zu nehmen waren. Am einfachsten war es, auf sie einzugehen und dann umzudeuten.

Mannara dachte nach und schüttelte schließlich den Kopf.

»Siehst du? Im Stall und in eurer Kammer bist du in Sicherheit«, versicherte Dorothea ihr. »Dir und deinem Kind wird nichts geschehen.«

»Und hier?« Mannara sah sich zweifelnd um.

»Glaubst du, irgendein Dämon wäre so kühn, sich in Mrs. Perkins' Reich zu wagen?« Mannara verstand zwar die Ironie nicht ganz, war aber durchaus imstande, den Sinn des Gesagten zu erfassen, und atmete erleichtert auf. Nein, in Mrs. Perkins' blitzsauberer Küche gab es nichts, das sich nicht scheuern oder polieren ließ.

»Gut, und jetzt hilf mir mit den Eiern und dem Schinken. Wo ist die große Pfanne?«

Dorothea hatte seit Ewigkeiten nicht mehr in der Küche gestanden. Jetzt war sie selbst erstaunt, wie viel Befriedigung ihr solch einfache Tätigkeiten bereiteten, wie Brot zu rösten und Porridge zu kochen. Vielleicht sollte sie in Zukunft öfter Mrs. Perkins ihre Hilfe anbieten. Es tat ihrer Zufriedenheit keinen Abbruch, dass der Porridge ein bisschen angebrannt und das Brot ein wenig zu dunkel waren.

Catriona allerdings rümpfte die Nase, kaum dass sie mit dem Tablett das Speisezimmer betrat. »Es riecht etwas ungewohnt. Ist Mrs. Perkins krank, dass du dich selber bemühst, Cousine? Du hättest etwas sagen sollen, dann hätte ich dir selbstverständlich geholfen.«

»Das hat schon Mary getan«, erwiderte Dorothea und lächelte der Kleinen zu, die sich mit konzentrierter Miene bemühte, ihr kleineres Tablett mit dem Brot und den Zuckerbrocken gerade zu halten. »Stell es ruhig da auf dem Tischchen ab, Liebes. Und dann kannst du wieder zu Trixie gehen – sobald du Cousine Catriona einen guten Morgen gewünscht hast.«

Mary gehorchte so umgehend, dass Dorothea sich schon fragte, was mit ihr los war. Ihr schüchterner, kaum hörbarer Morgengruß und der Knicks zeugten von Respekt. Fast schon Angst. Dorothea erinnerte sich plötzlich, dass Mary Catriona als »böse Frau« bezeichnet hatte. Damals hatte sie es für kindische Eifersucht gehalten. Steckte mehr dahinter? Plötzlich kam ihr die Bemerkung Lady Chatwicks in den Sinn, die Catriona als kalt und berechnend bezeichnet hatte. Und Robert, der sie anfangs so verehrt hatte, war ebenfalls auffällig auf Distanz gegangen …

»Was hast du? Du ziehst ein Gesicht, als hätte die Katze den Schinken gefressen«, scherzte Catriona. »Es ist doch nichts Ernstes mit eurer vortrefflichen Perkins?«

»Nein, es ist Lady Chatwick. Sie ist heute Nacht gestorben«, antwortete Dorothea ohne Umschweife. »Die Männer sind schon los, um das Grab auszuheben. Heute Nachmittag werden wir sie beisetzen.«

»Aber wie kam das so plötzlich?«, fragte Catriona bestürzt. »Gestern Abend war sie doch noch putzmunter. Sie schien mir sogar ein wenig spitzzüngiger als sonst.«

»Keine Ahnung.« Dorothea hob die Schultern. »Ian hat sich auch gewundert. Aber Dr. Woodforde sagte letztens zu mir, es käme für ihn nicht überraschend, wenn sie nicht ihre Gewohnheiten änderte – und das hat sie ja nicht getan.«

»Wie alt war sie denn?«

Die Frage traf Dorothea unvorbereitet. Sie wusste es nicht. Niemand wusste, wie alt Lady Chatwick war. Sie wussten überhaupt nur sehr wenig von ihr. Lady Arabella Chatwick war für Dorothea so etwas wie ein Möbelstück auf Eden House gewesen. Etwas, das schon immer da gewesen war und dessen Anwesenheit man als so selbstverständlich betrachtete, dass man sein Fehlen zuerst gar nicht bemerkte.

Catriona nickte verständnisvoll. »Es ist ja nicht so wichtig. Das kann man sicher auch später auf den Grabstein meißeln lassen. Auf dem von diesem Sam Carpenter steht auch nur das Geburtsjahr.«

»Du warst auf dem Friedhof?« Dorothea sah sie überrascht an. Catriona Grenfell hatte auf sie nicht den Eindruck eines Menschen gemacht, den die Vergänglichkeit des Lebens in der morbiden Form von Grabsteinen interessierte.

Der gute Sam! Inzwischen konnte sie an ihn als den Mann denken, der er gewesen war. Nicht als dieses schreckliche Relikt, das der Skelettmann aus ihm gemacht hatte. Als Ian beim Steinmetz die Grabsteine für Robert Masters und Sam Carpenter in Auftrag gegeben hatte, war herausgekommen, dass niemand seinen Geburtstag gekannt hatte. Auch er nicht. Mrs. Perkins glaubte sich zu erinnern, dass er erzählt hatte, er wäre im schrecklichen Hungerwinter geboren. Dieses berüchtigte Ereignis hatte damals zahllosen Menschen das Leben gekostet. Nicht nur, dass der Winter 1783 ungewöhnlich früh eingesetzt hatte – er war auch bitterkalt gewesen. So kalt, dass es niemanden gab, der sich an Ähnliches erinnern konnte. Wenn es nicht schneite, hatte giftiger Nebel über dem ganzen Land gelegen und die Lungen verätzt. Menschen und Tiere starben wie die Fliegen. Eine miserable Ernte hatte das ihre getan, um die Not zu vergrößern. Es hieß, dass ein Vulkanausbruch bei Island dafür verantwortlich wäre, aber es gab auch zahlreiche Stimmen, die es als göttliche Strafe ansahen.

Man hatte also das Jahr 1783 auf Sams Grabstein gesetzt. Der Todestag war bekannt.

Jetzt würde eine weitere Grabstätte hinzukommen.

»Entschuldigung, ich fürchte, ich habe verschlafen.« Percy knöpfte noch beim Eintreten seinen Rock zu. »Nur eine Tasse Tee, bitte. Ich kann meine Schüler doch nicht warten lassen.«

»Heute fällt der Unterricht aus«, informierte ihn seine Schwester, bevor Dorothea etwas sagen konnte. »Lady Chatwick ist in der Nacht gestorben.«

»Was?« Dass Percy sichtbar erblasste und nach der nächsten Stuhllehne griff, wunderte Dorothea ein wenig. So nah hatte er der alten Dame nun auch wieder nicht gestanden. Gehörte er zu jenen Menschen, die übermäßig empfindlich auf unerwartete Todesfälle reagierten?

»Sie ist offenbar friedlich eingeschlafen«, sagte sie tröstend. »Sie hat sicher nicht gelitten. Ich muss sagen, dass mich das sehr erleichtert, auch wenn es natürlich ein Schock ist, dass es so plötzlich geschah.«

»Ja, ein Schock«, murmelte Percy und sank auf den nächsten Stuhl. »Das ist es.«

»Da du also nicht ins Schulzimmer musst, kannst du auch frühstücken«, schlug seine Schwester, praktisch wie immer, vor. »Wie läuft denn eine Beerdigung hier draußen überhaupt ab? Ein Geistlicher ist ja wohl so auf die Schnelle nicht aufzutreiben?«

»Mrs. Perkins wird Lady Chatwick in ihrem Zimmer aufbahren«, erklärte Dorothea. »Von dort tragen die Männer sie dann auf den Hügel und legen sie in ihr Grab. Dann liest Ian aus der Bibel, wir sprechen ein Gebet und schließen das Grab.«

»Sehr schlicht, das Ganze«, stellte Catriona fest. »Dabei könnte ich mir vorstellen, dass die alte Lady eine richtig prunkvolle Beerdigung zu schätzen gewusst hätte.«

»Sei nicht albern, Catriona«, warf Percy ein. »Wo sollten wir denn hier Straußenfedern und einen Katafalkwagen auftreiben? Außerdem: der ganze Aufwand, um ein paar Schwarze zu beeindrucken?«

»Sind Begräbnisse in England wirklich so prächtig?« Dorothea hatte sich immer gefragt, ob die Pferde tatsächlich mit schwarz gefärbten Straußenfedern und Decken mit Seidenfransen aufgeputzt wurden.

»O ja, das sind sie«, sagte Catriona mit einer kleinen Grimasse, die deutlich zeigte, wie wenig sie davon hielt. »Selbst der armseligste Bauer träumt davon, sich zumindest ein schwarz angemaltes Pferd mit Federkopfputz vor den Sarg spannen zu lassen.«

»Die armen Menschen sparen dafür sogar an Medizin«, bestätigte Percy. Er schien sich wieder erholt zu haben. »Wie viel einfacher haben es doch die Schwarzen hier! Wenn einer von ihnen stirbt und nicht gerade einem Zauber zum Opfer gefallen ist, wird er einfach so rasch wie möglich verscharrt und fertig. Was geschieht eigentlich, wenn das Verdikt nach dieser Eingeweideschau lautet: ›Tod durch Zauberei‹?«

»Dann muss der Mörder bestimmt werden. Dafür tragen sie den Toten auf einer Bahre aus Zweigen herum. Ein Mann darunter fragt ihn beständig: ›Wer hat dich ermordet? Wer tötete dich?‹ Sie glauben, dass der Todesdämon die Schritte der Träger leitet. Wenn einer der Zweige einen der Umstehenden berührt, gilt er als der Übeltäter und wird von der Familie des Verstorbenen getötet.«

»Mein Gott! Da muss nur einer stolpern, und schon ist das Unheil geschehen!« Percy schüttelte den Kopf. »Kommt das häufig vor?«

»Glücklicherweise nicht. Jedenfalls ist mir nichts dergleichen von unseren Ngarrindjeri zu Ohren gekommen.«

»Was nicht heißt, dass es nicht stattgefunden hätte«, warf Catriona ein.

»Ja, aber die Eingeborenen am Murray River haben inzwischen so viele Stammesangehörige durch Krankheiten wie Masern verloren, dass sie zuerst an eine solche Ursache denken. Vor einigen Jahren wanderte eine Epidemie vom Oberlauf des Murray River bis fast zu uns. Sie soll die Hälfte aller Kinder und jede Menge Erwachsene getötet haben.«

»Masern? So gefährlich sind die doch gar nicht.« Percy runzelte die Stirn. »War es vielleicht etwas anderes, das die Ärzte nicht erkannt haben?«

»Nein, nein, es waren zweifelsfrei die Masern. Die Eingeborenen sterben daran wie unsere Vorfahren am Schwarzen Tod. Offenbar sind unsere Krankheiten für sie ungleich gefährlicher. – Entschuldigt mich, ich will sehen, ob ich Mrs. Perkins noch irgendwie zur Hand gehen kann.«

Draußen auf dem Flur schloss Dorothea für einen Augenblick die Augen. Aus der Küche drangen Kinderstimmen. Also waren Robert und Vicky zurück. Tatsächlich hatten sie reiche Ausbeute mitgebracht: Zwei geflochtene Körbe voller Blüten, vor allem in Gelb und Veilchenblau, standen neben der Tür. Mannara hatte bereits begonnen, daraus Girlanden zu winden. Unter ihren geschickten Fingern entstanden Gebilde, die es durchaus mit der Kunst städtischer Floristen aufnehmen konnten.

»Vicky meinte, wir sollten das Grab mit Blättern auslegen«, sagte Robert und sah sie fragend an. »Sollen wir noch welche sammeln?«

Dorothea gab ihr Einverständnis, und die Kinder rannten eilfertig los. Sie sah ihnen nach und musste lächeln: Vicky sprang leichtfüßig wie eine Elfe durch das frische Gras. Sie hatte die ungeliebten Schuhe ausgezogen und lief barfuß, was angesichts der Nässe nur vernünftig war. Robert hatte es ihr nachgetan, und die beiden erinnerten sie an Füllen auf der Frühlingsweide, die zum ersten Mal aus dem Stall ins Freie gelassen werden.

Oben in Lady Chatwicks Zimmer räumte Mrs. Perkins gerade die Waschutensilien beiseite. Lady Arabella Chatwick lag in ihrem Bett aufgebahrt. Sorgfältig frisiert, eine Spitzenhaube über den grauen Haaren, das Schultertuch in perfekten Falten gelegt, wirkte sie irgendwie fremd. So ordentlich hatte sie zu Lebzeiten nur selten ausgesehen.

»Ich wollte ihr die Bibel in die Hände legen«, sagte Mrs. Perkins, kaum dass Dorothea den Raum betreten hatte. »Aber ich konnte sie nicht finden.«

»Seltsam, wohin mag sie sie gelegt haben? Haben Sie schon unter dem Kopfkissen nachgesehen?«

»Da war nur das.« Die Köchin öffnete eine Spanschachtel und präsentierte ihr darin einige lange, blonde Haare, die anscheinend ausgerissen worden waren.

Dorothea starrte verständnislos auf den Fund. Was hatten Catrionas Haare – und es konnten nur ihre sein – unter Lady Chatwicks Kissen zu suchen? Hatte Lady Chatwick etwa irgendeinen Eingeborenenzauber ausprobiert? Oder hatte jemand anderes die Haare dort deponiert? Zu welchem Zweck?

Mrs. Perkins schien eine Reaktion zu erwarten, also sagte sie: »Vermutlich irgendein dummer Scherz. Mannara soll ein kleines Bukett binden. Das können wir ihr dann in die Hände legen.« Sie sah auf die gefalteten, von Arthritis entstellten Finger, und heftiges Mitleid durchzuckte sie. Als sie noch am Leben gewesen war, hatte Lady Chatwick nie so hilflos gewirkt wie jetzt. Vermutlich hätte sie es vorgezogen, einen ihrer heiß geliebten Schauerromane mit ins Grab zu nehmen, aber Dorothea wagte nicht, sich auszumalen, was passieren würde, wenn das Reverend Howard zu Ohren käme.

Als sich die Bewohner von Eden House nach einem improvisierten Imbiss versammelten, um Lady Arabella Chatwick zu Grabe zu tragen, fehlten nur Trixie und die beiden Kleinen. Nachdem Mrs. Perkins das Leintuch sorgfältig über ihr zusammengeschlagen hatte, betteten John und Parnko den Leichnam auf die Bahre, wobei Parnko ängstlich darauf bedacht war, möglichst nicht in Berührung mit dem toten Körper zu kommen. Sicher glaubte auch er, dass ein Dämon die alte Frau getötet hatte. Die Ngarrindjeri hatten panische Angst vor solchen unsichtbaren Gefahren. Verletzungen ertrugen sie in stoischer Gelassenheit, aber simple Kopf- oder gar Bauchschmerzen ohne äußere Ursache waren für sie derart unheimlich, dass sie sofort finstere Mächte dafür verantwortlich machten. Dass er sich überhaupt bereit erklärt hatte, als Totenträger zu fungieren, war ein außerordentliches Zugeständnis. Als er sich bückte, um nach den Trageholmen zu greifen, rutschte ein runder Gegenstand an einem Lederband aus seinem Hemdausschnitt. Trotz des ernsten Anlasses musste Dorothea ein Lächeln unterdrücken, als sie den Knopf mit dem Januskopf erkannte, den sie Mannara als mächtigen Schutzzauber geschenkt hatte. Es musste ihr viel an ihm liegen, wenn sie sich – und sei es auch nur zeitweise – von ihrem kostbaren Besitz getrennt hatte.

Ian, immer noch schwer auf seinen Stock gestützt, und Dorothea führten den Trauerzug an. Nach einigem Überlegen hatte sie ein schwarzes Atlaskleid gewählt, dazu einen schwarzen Strohhut mit Schleier. Wenn schon kein Pferd mit Straußenfedern einen Katafalkwagen zum Grab zog, so hatte Lady Chatwick zumindest das Anrecht auf eine angemessen gekleidete Trauergemeinde.

Mrs. Perkins schien das Gleiche empfunden zu haben, und selbst John und Parnko hatten Trauerbinden angelegt. Leicht keuchend unter der schweren Last bemühten sie sich um einen würdevollen Gleichschritt. Lady Arabella hatte gut und gern ihre hundertachtzig Pfund gewogen.

Unmengen Schmetterlinge in allen Farben des Regenbogens stiegen rechts und links von ihnen aus dem frischen Frühlingsgrün auf, als hätten die Blüten sich von den Stängeln gelöst und plötzlich Flügel bekommen.

Mit jedem Schritt wurde Dorotheas Kehle enger. Inzwischen war sie oft genug bei den Gräbern gewesen, um frische Blumen hinzustellen. Aber diesmal war es anders. Vielleicht, weil sie erneut eine Bahre mit einem Leichnam begleiteten. Vielleicht, weil sie den Duft der aufgegrabenen Erde riechen konnte.

Lady Chatwick würde an Roberts Seite ruhen. John und Parnko hatten die Grube tief ausgehoben. Tief genug, dass kein Dingo ihre Totenruhe stören konnte. Beim Blick in die feuchte, dunkle Erde schoss ihr der Gedanke durch den Kopf, was von Robert noch übrig sein mochte. Ein paar helle Steinchen auf der Grubensohle ließen sie unwillkürlich erschauern. John und Parnko hatten bestimmt darauf geachtet, ausreichend Abstand zu Roberts Überresten zu halten. Es waren also wohl keine Fingerknochen. Dennoch mied sie den Anblick und konzentrierte sich lieber auf die Blumenkörbe, die Vicky und Robert bereithielten.

Um die Totenbahre abzulassen, mussten Ian und Percy mithelfen. Leicht schaukelnd versank die reglose, weiße Form in ihrem Grab. Der Boden des Grabes war mit duftenden Blättern bedeckt, und genau dieser Duft war es, der Dorothea Übelkeit verursachte. Mit den gleichen Eukalyptusblättern hatte damals Koar das Tragnetz ausgelegt, in dem sie Sams geräucherten Kopf nach Hause gebracht hatten.

Neben ihr raschelte Seide, eine Hand fasste stützend nach ihrem Arm, und Catriona flüsterte ihr ins Ohr: »Geht es dir gut? Du bist plötzlich so blass.«

Dorothea straffte sich. »Alles in Ordnung«, flüsterte sie zurück und trat einen Schritt beiseite, um Vicky und Robert Platz zu machen. Die Kinder streuten mit beiden Händen die Blüten aus ihren Körben ins Grab, bis das Leintuch vollkommen darunter verschwand. Eine fröhliche Decke aus Blumen.

Mrs. Perkins räusperte sich und reichte Ian das aufgeschlagene Psalmenbuch. Dachte auch sie an das letzte Mal, als sie alle hier oben gestanden hatten? Ihr Mann wirkte ungewohnt feierlich, als er den Blick auf die Seiten senkte und »Der Herr ist mein Hirte« las. Die vertrauten Worte versetzten Dorothea in eine Art Trance.

Sie kannte sie so gut, dass sie sie geistesabwesend mitsprach, während sie wieder wie an jenem glutheißen Nachmittag hier oben stand und sich immer noch wie in einem nicht enden wollenden Albtraum fühlte.

Ian klappte das Buch zu und sah in die Runde. »Wir alle kannten Lady Arabella Chatwick – und kannten sie doch nicht«, begann er. »Sie lebte bereits auf Eden House, lange bevor ich hierherkam. Über ihre Herkunftsfamilie oder Freunde in England wissen wir so gut wie nichts. Wir waren ihre Familie, und sie war uns allen so etwas wie eine Tante, die man immer um Rat fragen konnte – und die ihn manchmal auch ungebeten gab …« Er schmunzelte. »Jeder von uns hat seine ganz eigenen Erinnerungen an die alte Lady, und ich denke, wir alle werden sie vermissen. Jeder auf seine Art. Lady Arabella Chatwick, ich hatte die größte Hochachtung vor Ihnen!« Er verneigte sich tief vor dem offenen Grab, und John und Parnko taten es ihm nach. »Der Herr schenke Ihnen den ewigen Frieden und nehme Sie gnädig in sein Reich auf.« Ian faltete die Hände und begann: »Vater unser, der du bist im Himmel …« Alle, bis auf Parnko und Mannara, fielen ein. Nachdem das »Amen« verklungen war, blieben sie unschlüssig stehen. Es gab keine Regeln wie bei einem normalen Begräbnis mit einem Geistlichen.

Erleichtert sah Dorothea Parnko und Mannara Arme voller Zweige herbeitragen, die sie außer Sichtweite aufgeschichtet hatten. Wie bei den Eingeborenen üblich, würden sie den Leichnam damit bedecken, ehe sie die Erde wieder auffüllten. Mochte ein Toter auch nichts mehr empfinden, so hatte es Dorothea doch im Innersten widerstrebt, Lady Chatwick einfach zu verscharren. Aber ein Sarg war einfach ein zu großer Luxus. Die Blumen und darüber die belaubten Zweige mussten ausreichen.

Ein unterdrückter Schreckensschrei ließ sie aufblicken. Mannara war gestolpert, und ihre Last hatte beinahe Catriona den Hut vom Kopf gefegt. »Du Trampel, kannst du nicht aufpassen?«

Verärgert rückte sie ihn wieder zurecht. Offenbar hatte eine Hutnadel sie gekratzt, denn Dorothea sah aus den Augenwinkeln einen schmalen blutigen Strich genau am Haaransatz an der linken Schläfe. Gerade wollte sie ihrer Cousine ein Taschentuch anbieten, als ihr Blick zufällig auf Mannara fiel. Ihr dunkler Teint war aschgrau, ihre Augen unnatürlich weit aufgerissen, und vor Entsetzen brachte sie keinen Ton heraus. Im nächsten Augenblick ließ sie die Zweige fallen und rannte davon, als seien sämtliche Heerscharen der Hölle hinter ihr her.

»Ist sie verrückt geworden? So schlimm war das nun auch wieder nicht.« Catriona hatte ihre Kopfbedeckung wieder gerichtet und sah der Aborigine kopfschüttelnd nach. »Na los, Kind, heb das auf und wirf es dort hinein«, fuhr sie Vicky an, die sie ebenfalls starr vor Entsetzen anstarrte. Auch Parnko sah aus, als ob er am liebsten das Weite gesucht hätte.

Diese verflixten Zweige!

Und dieser verfluchte Aberglaube!

Dorothea suchte Ians Blick. Auch ihm war klar, was Mannaras Missgeschick in den Augen der Aborigines bedeutete: Der Todesdämon *Nokunna* hatte Catriona als Mörderin der alten Frau gebrandmarkt. Es würde nicht einfach werden, sie davon zu überzeugen, dass Lady Chatwick schlicht und einfach ihrem hohen Alter und ihrem Lebenswandel erlegen war.

Ihr Mann nickte ihr bloß unmerklich zu und sagte ruhig: »Wenn ihr jetzt zum Haus zurückgeht, machen John, Parnko und ich das hier fertig. Ein Tee wäre dann ganz nett, Mrs. Perkins.«

»Ist diese Eingeborene irgendwie zurückgeblieben?« Catriona klang halb amüsiert, halb verächtlich, als sie hinter Dorothea den Hügel hinabstieg. »Oder hatte sie so große Angst vor einer Strafe?«

»Erinnerst du dich, was ich euch vorhin über Schadzauber erzählt habe?«, erwiderte Dorothea. »Über die Suche nach der Todesursache?«

»Das ist doch nicht dein Ernst?« Catriona sah aus, als würde sie jeden Moment in schallendes Gelächter ausbrechen. »Nur, weil das Trampel gestolpert ist, verdächtigen sie jetzt mich, eine Zauberin zu sein?«

»Nicht nur eine Zauberin. Auch eine Mörderin.« Mrs. Perkins vergewisserte sich, dass Vicky und Robert außer Hörweite waren, ehe sie fortfuhr: »Ihrem Glauben nach hat *Nokunna* Mannaras Schritte gelenkt und ebenso die Zweige. In den Augen der Eingeborenen gelten Sie als überführt, Miss Grenfell.«

»Wie mittelalterlich! Muss ich jetzt fürchten, verbrannt zu werden?« Catriona schien das Ganze eher lächerlich zu finden. »Oder was machen sie mit ihren Hexen?«

Ehe Dorothea antworten konnte, meldete Percy sich zu Wort. »Und wenn sie nun absichtlich gestolpert ist?«, fragte er argwöhnisch. »Das wäre doch möglich, oder?«

»Warum hätte sie das denn tun sollen?«, fragte Mrs. Perkins nüchtern. »So raffiniert sind die Eingeborenen hier nicht. Und Mannara schon gar nicht. Für die lege ich meine Hand ins Feuer.« Der Blick, mit dem sie Percy bedachte, war nicht gerade freundlich.

»Natürlich war es ein unglücklicher Zufall.« Dorothea hatte nicht die geringste Lust darauf, diese unerfreuliche Diskussion weiterzuführen. »Aber Zufälle gibt es für sie nicht. Sie sehen in allem eine Botschaft von irgendeinem ihrer Geister. Sobald sie sich beruhigt haben, wird Ian mit ihnen sprechen.«

Als sie sich dem Haupthaus gerade auf zwanzig Schritte genähert hatten, ertönte das Horn des Postdampfers.

»Na endlich«, brummte Mrs. Perkins. »Ich hatte schon befürchtet, der gute Captain würde sich überhaupt nicht mehr den Murray hoch trauen. Ob er einen Brief von Miss Heather dabeihat?«

Das hatte er. Außerdem noch einen aus schwerem Büttenpapier mit dickem Siegel sowie einen für Lady Chatwick von deren Freundin aus Sydney. Der dicke Stapel der *Mysteries of London* stimmte Dorothea trübsinnig. Welche Freude hatte Lady Arabella immer an ihren blutrünstigen Geschichten gehabt!

»Lady Chatwick ist leider letzte Nacht verstorben«, sagte sie und hielt sie unschlüssig in den Händen. Was sollte sie jetzt damit anfangen?

»Nein, wirklich?« Der Kapitän riss schockiert die Augen auf. »Die alte Dame war doch noch prima in Schuss. Einfach so?«

»Sie ist im Schlaf gestorben«, bestätigte Dorothea. »Niemand hat etwas mitbekommen. Das Mädchen hat sie heute Morgen so gefunden, als sie ihr den Tee bringen wollte.«

»Schade um sie. Sie war ein richtiges Original.« Der Mann schüttelte betrübt den Kopf. »Na ja, irgendwann sind wir alle dran, nicht wahr?«

Nach einigen weiteren Bemerkungen dieser Art machte er sich auf den Rückweg. Weiter flussaufwärts war ihm die Lage zu gefährlich. »Schon bis hierher hat mein Maat ständig den Bootshaken einsetzen müssen, um uns einen Weg durch all das Mistzeugs da zu bahnen.« Verächtlich wies er auf die undurchsichtige Wasseroberfläche, aus der überall kahle Zweige und größere Äste der Eukalyptusbäume ragten. »Es wird Zeit, dass der Magistrat endlich Maßnahmen gegen das Schwemmholz trifft. Weiter unten haben sie schon damit begonnen, die Ufer zu roden. Dort kommt man prima durch.«

Dorothea hätte es jammerschade gefunden, die malerischen, knorrigen Baumriesen zu fällen, die an diesem Teil des Murray River noch die Ufer säumten. Sie gehörten einfach dazu. Auch wenn sie die Eigenheit hatten, ohne Vorwarnung große Äste fallen zu lassen. Wer hier lebte, hielt respektvollen Abstand und ging nicht leichtfertig unter ihnen spazieren. Aber das war doch kein Grund, sie alle abzuholzen!

»Was wirst du jetzt damit tun?«, fragte Catriona und wies auf die *Mysteries of London* sowie den Brief von Lady Chatwicks Freundin. »Ich hätte ihm gleich alles wieder mitgegeben.«

Catriona hatte recht. Dorothea ärgerte sich ein wenig über sich, dass sie nicht selbst daran gedacht hatte. Aber es würde auch nicht schaden, alles aufzuheben bis zum nächsten Mal.

Auf dem Weg ins Kontor, wo der Postkorb seinen Platz hatte, begegnete sie Ian. Er wirkte etwas erschöpft, als er ihr, schwer auf seinen Stock gestützt, entgegenhinkte. Sicher hatte er sich wieder überanstrengt. Wie sie ihn kannte, hatte er beim Ausheben des Grabes keine Rücksicht auf seine immer noch nicht ausgeheilte Verletzung genommen. »Setz dich«, befahl sie und schob ihm den Schemel hin, um sein Bein hochzulegen. »Seid ihr fertig?«

Ian nickte. »John hat erst einmal ein Holzkreuz geschnitzt. Was meinst du: Würde Lady Chatwick lieber Granit oder Marmor haben wollen?«

»Keine Ahnung«, erwiderte sie ehrlich. »Wir haben nie über solche Dinge gesprochen.« Wie über so vieles andere.

»Dann werde ich den gleichen Stein bestellen wie für Robert«, entschied Ian. »Hoffentlich taucht ihre Bibel wieder auf. Sonst wissen wir gar nicht, was der Steinmetz einmeißeln soll. – Irgendetwas Wichtiges?« Er wies mit dem Kinn in Richtung des Postkorbs, den sie achtlos abgestellt hatte, als sie ihm den Schemel zurechtgerückt hatte.

»Ich glaube, es ist ein Brief von deinem Vater dabei«, sagte sie und fischte ihn aus dem Stapel. »Soll ich dich damit allein lassen?«

»Nein, bitte bleib.« Ian wirkte nervös. Seine Hände zitterten leicht, als er das Siegel brach und die raschelnden Bögen entfaltete. Dorothea beobachtete sein Gesicht, während er die Zeilen geradezu verschlang. Die Emotionen, die es widerspiegelte, waren unterschiedlichster Natur. Rührung, Befremden, Entsetzen, Wut. Wieso Entsetzen und Wut?

Es kostete Dorothea all ihre Selbstbeherrschung, um nicht nachzufragen. Dann begann Ian, die Blätter noch einmal zu lesen. Langsamer diesmal, während ein grimmiges Lächeln seine Mundwinkel umspielte. Schließlich ließ er die Bögen sinken und schob sie ihr über den Tisch. Mehr brauchte Dorothea nicht als Aufforderung. Sie riss sie an sich.

»*Mein lieber Sohn*«, begann der Brief in einer gestochen klaren Handschrift.

»Du würdest nicht glauben, welches Glück mir alleine diese Anrede schon verschafft. In meinen Träumen habe ich Dich bereits so oft in die Arme geschlossen, dass ich es kaum erwarten kann, dies tatsächlich zu tun. Mein lieber Gregory, wenn ich Dich so nennen darf. Wenn du Ian vorziehst, werde ich mir Mühe geben, mich daran zu gewöhnen. Der Name ist Nebensache. Nur bist Du für mich immer Gregory gewesen, wenn ich mit Dir sprach, ohne zu wissen, wo Du bist – ob Du überhaupt noch unter den Lebenden weilst. Oder schon längst wieder mit Deiner Mutter vereint bist. Ihr beide habt mir unaussprechlich gefehlt. Ich fühlte mich verkrüppelt wie eine griechische Statue ohne Glieder. Es ist lange her, dass ich so glücklich war wie an dem Tag, an dem mich die Nachricht des guten Billingsworth ereichte. Er schrieb, er sei sicher, dass Du tatsächlich mein Sohn seist! Du fragst Dich sicher, wieso ich so lange gebraucht habe, um nach Dir suchen zu lassen. Verzeih mir, mein Kind. In meinem Innersten wusste ich immer, dass Du noch lebst, aber ich hatte keine Ahnung, wo ich anfangen sollte.
Erst ein anonymer Brief gab mir den ersten Hinweis. Angeblich hatte ein alter Mann vor seinem Tod sein Gewissen erleichtern wollen. Ich habe nie herausbekommen, wer – obwohl ich den besten Detektiv darauf ansetzte, den Scotland Yard mir empfohlen hatte. Dennoch bin ich ihm dankbar, dass er wenigstens

am Ende seines Lebens versucht hat, seine Untaten wiedergutzumachen. Er schrieb, dass ihm vor fast dreißig Jahren ein Mann mit einer Maske und verstellter Stimme einen Beutel Sovereigns geboten hätte, wenn er in einer bestimmten Nacht ein Kind entführen und verschwinden lassen würde. Das Fenster zum Kinderzimmer stand offen wie versprochen. Er betäubte den Kleinen mit Chloroform und wollte gerade mit ihm aus dem Fenster steigen, als das Kindermädchen aufwachte und er gezwungen war, sie ebenfalls zu betäuben.

Er schleppte beide zu einer Jagdhütte, wo er sie einsperrte und zum nächsten Pub ging, um sich Mut anzutrinken. Entgegen seinen großspurigen Behauptungen hatte er nämlich noch nie zuvor ein Kind getötet. Als er zurückkehrte, hatte das Kindermädchen es fertiggebracht, die Tür aufzubrechen und mit ihrem Schützling zu fliehen. Er wollte schon sein Bündel packen und verschwinden, ehe sie die Schlossbewohner alarmierte, als er Kinderweinen aus der entgegengesetzten Richtung hörte. Offenbar hatte sie, noch halb betäubt, die Orientierung verloren und war in Richtung Flussufer geflüchtet. Er folgte ihnen, und als sie ihn bemerkte, warf sie sich mit dem Kind in den Avon, um auf die andere Seite zu schwimmen. Der Halunke konnte nicht schwimmen, also wären sie dort in Sicherheit gewesen. Aber die Strömung war zu stark und riss die beiden mit sich.

Der Mann erklärte seinem Auftraggeber, die beiden im Fluss ertränkt zu haben, verlangte und erhielt seinen Beutel Sovereigns und machte sich aus dem Staub. Angeblich hat er in diesen Teil Englands nie wieder einen Fuß gesetzt.

Es dauerte seine Zeit, bis der Detektiv sämtliche infrage kommende Pfarrspiele aufgesucht und nach unbekannten Toten in jener Zeit befragt hatte, aber schließlich war er erfolgreich. Seitdem habe ich mir den Kopf zermartert, wer einen so unbändigen Hass gegen uns empfunden haben könnte, dass er uns das antat.

*Mein geliebter Sohn, Billingsworth hat mir berichtet, dass Du
in Australien ein angesehener Mann bist. Ich bin unsäglich stolz
auf Dich. Mein größter Wunsch ist es, Dich und Deine Familie in meine Arme schließen zu dürfen. Wirst Du einem alten
Mann diesen Wunsch erfüllen? Es würde mich unendlich glücklich machen.*
Dein Vater«

Dorothea blinzelte. »Er klingt sehr nett«, sagte sie mit belegter
Stimme. »Meinst du, du kannst es möglich machen?«

»Eine Reise nach England?« Ian wirkte unschlüssig. »Ich weiß
nicht. Ich müsste jemanden finden, der sich in unserer Abwesenheit um alles kümmert. John ist ein guter Mann, aber ich bezweifle, dass er schon so weit ist.«

»Und Percy? Er hat dich so oft begleitet, da muss er doch etwas
aufgeschnappt haben.«

Ian sah sie an, als sei sie nicht ganz bei Verstand. »Percy?« Die
Verachtung war unüberhörbar. »Da würde ich ja noch eher Parnko
bitten! – Schon gut, schau mich nicht so böse an. Ich werde mir
etwas einfallen lassen.«

Beim Dinner war die Stimmung ausgesprochen gedrückt. Mrs.
Perkins hatte an Lady Chatwicks Platz an der Tafel eine Schleife
aus schwarzem Seidentaft gelegt, und das Gebilde ließ einen keinen Augenblick vergessen, dass jemand in der Runde fehlte. Dorothea hätte die Erinnerung nicht gebraucht. Sie vermisste die alte
Dame schmerzlicher, als sie es für möglich gehalten hatte.

Selbst Catriona schien zu spüren, dass heiteres Geplauder nicht
angemessen war, und schwieg meist in Gedanken verloren. Percy bemühte sich redlich, Konversation zu führen. Seine hilflosen
Versuche, ein Gespräch über die Gefährdung englischer Mono-
pole durch konkurrierende Kolonialmächte zu führen, wurden

362

jäh unterbrochen, als Catriona sagte: »Soll ich es übernehmen, die Sachen von Lady Chatwick durchzusehen? Oder willst du alles weggeben?«

Dorothea hätte sich fast an ihrem Wein verschluckt. Lady Arabella war noch keine vierundzwanzig Stunden tot!

»Weißt du, ich dachte, ich könnte ja dann in ihr Zimmer umziehen«, erklärte Catriona, ohne zu bemerken, welche Reaktion ihr Vorschlag ausgelöst hatte. »Auf die Dauer ist es in dem Mädchenzimmer doch ein wenig beengt.«

»Ob sich das noch lohnt, Cousine?«, sagte Ian, bevor Dorothea sich so weit gefasst hatte, um ihr antworten zu können. »Wisst ihr, wir planen einen Besuch bei meinem Vater. Es wäre doch nett, wenn die ganze Familie zusammen nach England reisen würde. Findet ihr nicht?«

»Du wolltest doch nie nach England!« Catriona war blass geworden.

»Ich habe meine Meinung geändert.« Ian schien die Situation auszukosten.

»Wieso?«

»Mein Vater hat mir geschrieben«, erklärte Ian. »Darin hat er mir alles erklärt und mich gebeten, ihn zu besuchen.«

»Aber du hast doch immer gesagt, du könntest hier nicht weg?«, erinnerte Percy ihn.

»Nun, wo ein Wille ist, ist auch ein Weg.«

13

»Wie es wohl sein wird, einen richtigen Vater zu haben?« Dorothea und Ian lagen eng aneinandergeschmiegt unter der Bettdecke. Ian hatte sie ruhig, zärtlich geliebt. Mit seinem todsicheren Gespür für ihre Stimmungen hatte er gewusst, dass heiße Leidenschaft heute Nacht nicht das war, was sie brauchte. Dorothea stützte sich auf einen Ellenbogen, legte eine Hand an seine Wange und drehte sein Gesicht so zu sich, dass sie ihm in die Augen sehen konnte. Ihr Mann wirkte nachdenklich, fast besorgt. Die neue Situation schien ihn zu beunruhigen. »Und wenn ich ihn nun enttäusche? Wenn er sich einen anderen Sohn gewünscht hat?«

Dorothea strich ihm sanft über die Wange. Die Bartstoppeln unter ihren Fingerkuppen knisterten leise.

»Er wird von dir genauso begeistert sein, wie ich es war«, versicherte sie ihm und küsste ihn auf die Lippen. »Ein Vater könnte keinen besseren Sohn bekommen als dich. Hat er nicht schon geschrieben, dass er stolz auf dich wäre? Was willst du mehr?«

»Ich weiß nicht.« Tatsächlich klang ihr Mann ausgesprochen unsicher. »Man macht sich doch ein Bild von jemandem. Wenn ich dem nun nicht entspreche? Er ist ein Earl. Und ich bin ein Viehhändler. Bei den feinen Leuten in England dürfte ich nicht einmal den Vordereingang benutzen.«

»Als Viscount Embersleigh wirst du ganz sicher nicht an den Dienstboteneingang verwiesen werden«, meinte Dorothea trocken. »Im Gegenteil: Ich bin sicher, dass alle von dir fasziniert sein werden. Der jahrelang verschollene und nach langen Mühen wiedergefundene Sohn eines Earls – alle werden deine Geschichte hören wollen.«

»In dem Fall bleibe ich lieber hier.«

»Das wirst du nicht!« Dorothea stieß ihn scherzhaft in die Seite. »Gleich morgen werde ich mit Trixie eine Liste zusammenstellen, was wir für englisches Wetter nähen lassen müssen.«

Das Kindermädchen zeigte sich ganz und gar nicht begeistert von der Ankündigung der Reise.

»Kann ich nicht hierbleiben, Ma'am?«, murmelte sie mit gesenktem Kopf und musterte angestrengt ihre Schuhspitzen. »Ich hasse Schiffe, und in England soll es immerzu regnen.«

»Und noch mehr würdest du es hassen, dich von John trennen zu müssen, nicht wahr?«, fragte Dorothea und unterdrückte einen Seufzer. Ian hatte ja schon länger damit gerechnet, dass die beiden eine Familie gründen wollten. »Gut, wir werden uns dann in Adelaide nach jemand Geeignetem umsehen. Wann wollt ihr denn heiraten?«

Trixie strahlte auf einmal über das ganze Gesicht. »Weihnachten«, platzte sie heraus. »Wir hatten es schon länger sagen wollen, aber es ist immer etwas dazwischengekommen, und John meinte, wir sollten warten, bis es passt.«

»Ihr bleibt aber auf Eden House, oder?«

Trixie nickte entschieden. »Natürlich. Der Master hat uns doch ein eigenes Haus versprochen. Hinter den Stallungen, zum Weideland hin.«

Soso. Dorothea war ein wenig pikiert. Wieso hatte Ian das nicht zuerst mit ihr besprochen? Hatte er befürchtet, sie würde Schwierigkeiten machen?

Aber das ging Trixie nichts an. »Ach ja, stimmt. Es war mir nur gerade entfallen«, sagte sie daher würdevoll und ging in die Küche, um Mrs. Perkins von den neuesten Wendungen in Kenntnis zu setzen.

Die war jedoch gerade vollkommen davon in Anspruch genommen, darüber zu grübeln, wer wohl die Bibel von Lady Chatwick genau unter ihrem Fenster deponiert haben könnte.

»Es ist irgendwie verhext, Ma'am«, sagte sie und drehte das harmlos wirkende Buch voller Erdspuren in ihren abgearbeiteten Händen. »Ich könnte schwören, gestern lag es noch nicht da, weil ich dort vorbeiging, um das Bohnenkraut zu holen. Und heute Morgen lag es mitten auf dem Weg. Ich hätte es doch nicht übersehen, wenn es gestern schon dort gelegen hätte.«

»Es ist mir auch schon passiert, dass ich etwas übersehen habe, weil ich vollkommen in Gedanken versunken war.« Dorothea fand diesen Umstand nicht so bemerkenswert. Vermutlich hatte die Köchin gestern überhaupt nicht auf ihre Umgebung geachtet, sondern war einfach daran vorübergegangen. »Aber gut, dass es wieder aufgetaucht ist. Ich verstehe nur nicht, warum Lady Arabella es aus dem Fenster geworfen hat.«

»Ich bezweifle, dass sie das getan hat.«

Die Köchin sprach in einem so seltsamen Ton, dass Dorothea sie scharf ins Auge fasste. »Bitte erklären Sie sich, Mrs. Perkins. Ich bin keine Wahrsagerin, dass ich aus Ihren Andeutungen schlau werde«, fuhr sie sie an.

»Lady Arabella hat gesagt, wenn ihr etwas zustieße, sollte ich in ihrer Bibel nachschauen.«

Sprachlos vor Verblüffung starrte Dorothea die massige Frau an. Zur Bestätigung nickte die noch einmal und hob mit dem Daumennagel das aufgerissene Leder des Einbands an. »Nichts. Sehen Sie?«

»Was haben Sie denn da erwartet?«

Die Köchin hob die Achseln. »Sie hatte da so einen Verdacht.«

Dorothea biss sich auf die Zunge, um sie nicht vor Ungeduld anzuschreien. »Was für einen? Heraus damit.«

»Na ja. – Es ging um diese Anfälle von Master Ian.« Mrs. Perkins hatte sichtbare Schwierigkeiten, es in Worte zu fassen. Ihr Blick hing wie gebannt an der alten Bibel, während ihre Finger unschlüssig an einem Fädchen, das aus dem Buchrücken hing, herumzupften. »Lady Arabella glaubte, dass er von Miss Grenfell vergiftet wurde«, flüsterte sie schließlich so leise, dass Dorothea sie kaum verstand. »Sie wollte in ihrem Zimmer nach Beweisen suchen. Ich habe ihr noch gesagt, dass es kein gutes Ende nehmen würde. Aber sie wollte ja nicht hören.«

»Moment!« Dorothea rang um Fassung. »Soll das heißen, Lady Chatwick schnüffelte in den Sachen unserer Cousine herum, weil sie sie für eine Giftmischerin hielt?«

Mrs. Perkins nickte. »Und ich glaube, sie hatte auch etwas gefunden. Aber sie wollte mir nichts sagen. Sie sei noch nicht ganz sicher und müsse erst noch eine letzte Probe machen, sagte sie. Und jetzt ist sie tot.«

»Mrs. Perkins, ich verlasse mich auf Sie: Kein Wort darüber zu niemandem!« Dorothea fühlte sich schwindlig wie nach zu viel Punsch. Es klang eigentlich nur verrückt. Aber Lady Chatwicks überraschender Tod hatte dem Verdacht ein Gewicht gegeben, den er sonst nicht besessen hätte. Wenn sie es recht bedachte, kam noch einiges hinzu: die verschwundene Bibel, die blonden Haare unter dem Kopfkissen ...

Sie musste nachdenken. In Ruhe nachdenken. Zielstrebig steuerte sie auf Ians Kontor zu. Dort war die Gefahr, gestört zu werden, am geringsten. Am liebsten hätte sie die Verdächtigungen der Köchin als Hirngespinste abgetan. Aber wenn jemand ganz bestimmt nicht zu etwaigen Hirngespinsten neigte, dann Mrs. Perkins. Wenn sie recht hatte, mussten sie etwas unternehmen. Nur was? Wenn sie wenigstens irgendeinen Beweis hätte. Irgendetwas Handfesteres als die Fantasien einer alten Frau und die Träume einer Aborigine! Damit würde sie sich nur lächerlich machen.

Ihr Blick fiel auf den Postkorb. Im nächsten Moment hatte sie den Brief von Lady Chatwicks Freundin hervorgezogen und griff nach dem Brieföffner. Ungewöhnliche Umstände erforderten ungewöhnliche Maßnahmen, beschwichtigte sie ihr Gewissen. Die Dame ließ sich erst einmal ausführlich über die Probleme mit ihrem Dienstmädchen aus, ehe sie auf der zweiten Seite endlich zur Sache kam. Offenbar hatte Lady Chatwick sie um Nachforschungen gebeten.

»Was die Personen betrifft, über die Du Informationen wünschtest, beste Freundin, muss ich Dir leider mitteilen, dass ich nicht sehr erfolgreich war. Immerhin erinnerte sich jemand, dass es einige hässliche Gerüchte um das Ableben der Mutter der Grenfells gab. Ihre alte Zofe behauptete steif und fest, sie wäre vergiftet worden, aber die Frau verschwand spurlos, und natürlich wurde der Sache nicht nachgegangen. Schließlich betraf der Fall ja enge Verwandte des Earl of Embersleigh. Es wurde jedoch gemunkelt, dass weder die Tochter noch der Ehemann sie betrauerten.

Über den jungen Mann ist nichts Schlimmeres bekannt, als was man über die Hälfte der Burschen, die London unsicher machen, sagen könnte. Es heißt allerdings, ohne seinen Onkel wäre er keinen Shilling wert. Also kein Fang auf dem Heiratsmarkt für ehrgeizige Mütter. Er wird sich wohl mit einer Kaufmannstochter begnügen müssen.

Gleiches gilt für diese Miss Catriona. Ein hübsches Gesicht kann zwar manchmal Erstaunliches bewirken, aber derzeit ist der Angelteich für Glücksjägerinnen gerade ziemlich leer gefischt. Wenn ihr Onkel nicht eine hübsche Mitgift für sie lockermacht, sind ihre Aussichten nicht rosig.

Da aber derzeit jeder über den wiedergefundenen Sohn und Er-
ben spricht, ist das nicht sehr wahrscheinlich. Was mich daran
erinnert, liebste Bella: Was gibt es Neues? Hat Ian sich daran ge-
wöhnt, der Sohn eines Earls zu sein? Werden sie nun nach Eng-
land reisen? Ich warte sehnsüchtig auf Deinen Bericht.«

Enttäuscht ließ Dorothea den Brief sinken. Im Grunde wusste sie
jetzt auch nicht mehr als vorher. Hinkende Schritte näherten sich,
und Ian erschien im Türrahmen. Als er sie mit dem Brief sitzen
sah, hob er nur die Augenbrauen.

»Es war absolut notwendig, mich zu informieren«, erklärte Dorothea, wobei sie nicht verhindern konnte, dass ihre Wangen sich
röteten.

»Worüber?« Ians Ton war neutral. Doch es war klar, dass er
eine umfassende Aufklärung erwartete. Immer wieder stockend
erläuterte sie ihm Lady Chatwicks Verdacht, Mrs. Perkins' Überzeugung, dass etwas daran wäre, und ihre eigenen Zweifel. Als sie
geendet hatte, schwieg er so lange, dass sie sich schon zu fragen
begann, ob er sie etwa auch für zumindest überspannt hielte und
jetzt überlegte, wie er es ihr schonend beibringen sollte.

»Das wird schwierig«, sagte er schließlich. »Soweit ich es beurteilen kann, gibt es keinen einzigen Beweis, sondern nur Schluss-
folgerungen. Alles kann jedoch genauso gut auf unglückliche Umstände zurückgeführt werden. Mir war schon seit Wochen nicht
mehr unwohl. Wie würdest du reagieren, wenn du von deiner Familie mit solchen Beschuldigungen konfrontiert würdest?«

Dorothea schüttelte hilflos den Kopf. »Das könnte ich mir gar
nicht vorstellen.«

»Und wenn doch?«, insistierte Ian.

»Ich wäre vermutlich über alle Maßen wütend und gekränkt,
dass man mir so etwas zutraut.«

Ian nickte. »Genau. Das wäre wohl auch die Reaktion der beiden. Ich an ihrer Stelle würde sofort abreisen. Wenn ich meinem Vater das erste Mal unter die Augen trete, würde ich das gerne tun, ohne meine nächsten Verwandten tödlich beleidigt zu haben.«

Ian hatte völlig recht. Sie waren in einer scheußlichen Situation: Wenn sie versuchten, sie aufzuklären, würde es in einem Desaster enden. Es blieb ihnen nichts anderes übrig, als wachsam zu sein und sich zu geben wie immer.

Das jedoch war gar nicht so einfach. Vor allem, nachdem Dorothea Vicky gebeten hatte, ihr ihren Traum genau zu beschreiben.

»Es war kein Traum.« Vicky sah sie ernst an. »Ich weiß, wann ich träume und wann ich wach bin. Und ich war wach, als ich den Dämon gesehen habe.«

»Wo hast du ihn genau gesehen? Kannst du ihn beschreiben?« Dorothea fixierte sie scharf.

»Es war sehr dunkel.« Vicky dachte angestrengt nach. »Ich habe die Tür einen Spaltbreit geöffnet, weil ich etwas gehört hatte. Ein seltsames Geräusch, wie ein Stöhnen. Er war kaum zu bemerken, weil er ganz schwarz war. Er kam aus dem Zimmer der alten Frau und verschwand einfach im Gang.« Das Mädchen erschauerte. »Er hatte keinen Kopf und keine Glieder«, setzte sie leise hinzu. »Er sah wirklich aus wie eine Wolke, die über dem Boden schwebt.«

»Hast du sehen können, wohin er schwebte? Schwebte er vielleicht in ein anderes Zimmer?«

Vicky schüttelte stumm vor Entsetzen den Kopf. »Er war doch satt«, flüsterte sie. »Deshalb hat er das auch wieder ausgespuckt.« Zu Dorotheas Erstaunen holte sie etwas aus ihrer Schürzentasche und präsentierte ihr auf dem Handteller einen zusammengefalteten Zettel von der Größe einer halben Spielkarte.

»Bist du sicher, dass das der Dämon verloren hat?«, fragte Dorothea und griff danach.

»Als ich am Morgen zum Abort ging, hat es genau dort gelegen, wo er geflogen ist«, erklärte Vicky.

Dorothea entfaltete es und las die kurze Botschaft. »Wenn ihr dies lest und ich bin nicht mehr, dann hat C. G. einen Weg gefunden, mich zu beseitigen. Ich habe sie um einen Besuch gebeten, um sie mit gewissen Dingen zu konfrontieren.«

»Hast du ihn irgendjemandem gezeigt?«, fragte Dorothea hastig, und als Vicky verneint hatte, fügte sie hinzu: »Gut. Tu es auch weiterhin nicht. Das ist unser Geheimnis.«

Das kleine Stück Papier schien ein Loch in ihre Tasche zu brennen, während sie sich auf die Suche nach Ian machte. War das nicht der Beweis, dass Lady Chatwick auf unnatürliche Weise gestorben war? Es war ihr ein Rätsel, wie. Am Körper hatte Mrs. Perkins keinerlei Spuren gefunden, und auch die Weinkaraffe hatte noch unberührt auf dem Vertiko gestanden. Man hörte hier und da, jemand sei vor Schreck gestorben, aber sie konnte sich nicht vorstellen, dass das bei der resoluten Lady Arabella der Fall gewesen sein könnte.

»Du wirkst erregt, Cousine«, ertönte eine sanfte Stimme, und Catriona glitt neben sie.

Dorothea zuckte zusammen. In Gedanken verloren, hatte sie überhaupt nicht auf ihre Umgebung geachtet.

»Kann Percy oder ich dir irgendwie behilflich sein?«

Percys schlaksige Gestalt auf ihrer anderen Seite deutete eine elegante Verbeugung an. Dorothea spürte Panik in sich aufsteigen. Was hatten die beiden im Sinn?

»Ach, ich habe mich nur gerade über Trixie geärgert«, log sie und bemühte sich, ihre Nervosität zu unterdrücken. »Habt ihr Ian irgendwo gesehen?«

»Hm, ich glaube mich zu erinnern, dass er etwas von der Nordwestweide sagte. Er wollte dort – wie nannte er es doch noch? Ja, er wollte dort nachschauen, wie weit es mit dem Ablammen ist.«

371

Natürlich: Die ersten Mutterschafe begannen zu werfen. Aber musste er gerade heute so weit wegreiten? Dorothea unterdrückte den Impuls, Parnko darum zu bitten, ihr Molly zu satteln, ihre alte Stute. Seit Roberts Tod hatte sie sich nicht mehr auf ein Pferd gesetzt. Es war ihr nicht sehr schwergefallen, weil sie dem Reiten ohnehin nichts hatte abgewinnen können. Und Heather hatte ihr stämmiges Pony nur zu gerne gegen die zierliche Araberstute eingetauscht. Jetzt jedoch wünschte sie sich, diese Art der Fortbewegung nicht ganz so entschieden abgelehnt zu haben. Jeder wusste, dass sie nicht freiwillig auf ein Pferd stieg. Täte sie es jetzt, würde es ziemliches Befremden hervorrufen.

Sie zwang sich, lässig zu sagen: »Ach, es ist nicht so wichtig. Vielleicht ist es ganz gut, wenn ich mich erst ein wenig beruhige.«

»Was hat die unglückselige Trixie denn angestellt, dass es dich so mitnimmt?«, erkundigte Catriona sich mitfühlend. »Ich hatte immer den Eindruck, euer Verhältnis wäre ausgezeichnet.«

»Ist es auch.« Verzweifelt zermarterte Dorothea sich das Hirn nach einer glaubwürdigen Erklärung. Und blieb dann nah bei der Wahrheit. »Sie weigert sich, uns nach England zu begleiten. Dabei habe ich mich fest darauf verlassen.«

»Das ist doch nicht so schlimm. Wir werden uns eben alle zusammen um die Kleinen kümmern«, sagte Catriona und hakte Dorothea unter. »Weißt du schon Genaueres, welche Passage ihr buchen wollt? Ian sollte zusehen, eine komplette Kabinenreihe zu nehmen, dann wären wir während der Reise für uns. Das wäre doch nett.«

Dorothea zwang sich zu einem Lächeln, obwohl ihr insgeheim grauste. Wochen-, nein, monatelang zusammengepfercht mit den beiden auf engstem Raum. Wie sollte sie das aushalten? Unauffällig entzog sie Catriona ihren Arm und erklärte, in der Küche nach dem Rechten sehen zu müssen.

»Einen Moment, Ma'am.« Geschickt fischte Mrs. Perkins drei

Hühner aus dem kochenden Wasser und ließ sie in den Korb fallen, den Mannara bereithielt. »Am besten rupfst du sie draußen am Fluss«, sagte sie. »Wir haben hier etwas zu besprechen.«

Die Aborigine nickte und verschwand wortlos. »Was haben Sie auf dem Herzen?«, fragte die Köchin und griff beim ersten Blick in Dorotheas Gesicht nach ihrem Geheimvorrat Brandy auf dem obersten Bord. »Hier, trinken Sie erst mal«, sagte sie, goss eine großzügige Portion in einen Steingutbecher und drückte ihn Dorothea in die Hand. »Was ist denn passiert?«

»Hier, lesen Sie selbst.« Dorothea reichte ihr den Zettel, den Vicky gefunden hatte.

Mrs. Perkins' Gesicht verzog sich grimmig. »Dieses Miststück«, zischte sie und ballte die Hände zu Fäusten. »Die arme Lady Arabella!«

»Wissen Sie irgendetwas darüber, womit sie sie konfrontieren wollte?«

Mrs. Perkins schüttelte bedauernd den Kopf. »Leider nicht. Sie tat da sehr geheimnisvoll. Fühlte sich als Detektiv. Wollte alles genauso machen wie in ihren Geschichten.« Sie schluckte. »Aber es sind eben Geschichten. Nicht die Wirklichkeit.« Die Köchin sah Dorothea fragend an. »Was haben Sie jetzt vor? Die Polizei einschalten?«

Dorothea faltete den kleinen Zettel wieder zusammen und ließ ihn in ihrer Tasche verschwinden. »Ich glaube nicht, dass so etwas als Beweis anerkannt wird. Hirngespinste einer alten Dame würden sie es nennen. Außerdem möchte Ian es nicht publik machen. Er hat Angst, dass sein Vater dann schlecht von ihm denkt. Den wollen wir nämlich besuchen. Sobald Ian einen vertrauenswürdigen Verwalter für Eden House gefunden hat, wollen wir nach England.«

»Das wurde auch Zeit.« Mrs. Perkins nickte. »Machen Sie sich mal keine Sorgen, Ma'am. Ich werde auf alles achten.« Ihre Züge

373

verfinsterten sich. »Aber ich find's nicht richtig, dass sie einfach so damit davonkommen! Die arme Lady Arabella!«

»Wir können nicht das Geringste beweisen.« Dorothea legte eine Hand auf die rauen der Köchin. »Wir wissen ja nicht einmal, wie sie gestorben ist! Aber ich verspreche Ihnen, Mrs. Perkins, dass ich einen Weg finden werde, Lady Arabella Gerechtigkeit widerfahren zu lassen. Ich habe nämlich noch andere Dinge in Erfahrung gebracht.« Sie fasste kurz zusammen, was Lady Chatwicks Freundin über die Grenfells geschrieben hatte. »Ich werde den Gerüchten nachgehen«, kündigte sie an. »Ich werde diese Zofe suchen lassen und sie befragen. Und ich werde meinem Schwiegervater alles erzählen, was …«

Mrs. Perkins hob die Hand, um sie zum Schweigen zu bringen, und nickte warnend in Richtung der Tür, die zum Flur führte. »Was kann ich für Sie tun, Miss Grenfell?«, fragte sie, stand auf und wischte sich die Hände an der Schürze ab.

»Oh, ich wollte nicht stören.« Catriona lächelte strahlend. »Ich wollte nur fragen, ob das Kohlebecken im Salon frisch bestückt werden könnte. Es ist ziemlich kühl dort.«

»Mannara wird es erledigen, sobald sie zurück ist«, sagte Mrs. Perkins gleichmütig. »Verbleiben wir dann bei Grießpudding zum Nachtisch, Ma'am?«

Es war kein sehr guter Versuch, falls Catriona schon länger gelauscht hatte. Aber dann war es auch egal. Dorothea zwang sich, das Lächeln zu erwidern und heiter zu sagen: »Ja, das wäre schön. – Ich muss mich jetzt um die Sachen für Roberts Schule kümmern. Entschuldige mich, Cousine.«

Es kostete sie all ihre Selbstbeherrschung, nicht davonzulaufen. Es war schon seltsam, wie sich quasi über Nacht alles ändern konnte. Vorgestern noch war sie mit Catriona ein Herz und eine Seele gewesen, und heute verdächtigte sie sie als Mörderin! Konnte sich ein Mensch überhaupt so verstellen? Sie sah so harmlos und freundlich aus, dass Dorothea wieder unsicher wurde. Und wenn sie ihr unrecht tat? Wenn alles ein schrecklicher Irrtum wäre? Entstanden aus der überbordenden Fantasie einer alten Frau und eines Kindes, das praktisch inmitten einer Geisterwelt aufgewachsen war? Auch die Frau im Brief sprach nur von Gerüchten.

Dorothea fühlte sich hin- und hergerissen. Egal, wie sorgfältig sie die Argumente abwog, eine endgültige Entscheidung blieb unmöglich. Ihr Gefühl sagte ihr, dass Lady Chatwick richtig gelegen hatte. Aber was war schon Gefühl?

Durfte sie etwas so Flatterhaftes über andere Menschen richten lassen?

Auch ihre Freundschaft zu Catriona hatte sich echt angefühlt. Und sie hätte geschworen, dass die andere sie ebenfalls mochte. Empfand eine Mörderin wie ein normaler Mensch?

Wie gerne hätte sie diese Fragen ihrem Vater vorgelegt. Trotz seiner Güte hatte er doch auch einen recht klaren Blick für die Schwächen und Fehler seiner Mitmenschen gehabt. Sein Urteil hätte alle ihre Zweifel ausgeräumt.

»Ach, Papa«, seufzte sie leise, während sie die Tür zu Roberts Zimmer öffnete. »Wenn du jetzt doch hier bei mir sein könntest.«

»Du vermisst deinen Vater auch?« Robert hockte zusammengekauert auf seinem Bett und sah erstaunt zu ihr auf.

»Wieso bist du nicht im Schulzimmer?«

»Onkel Percy ist nicht gekommen. Und Vicky wollte mit den Geistern reden. Alleine war es mir zu langweilig«, erklärte ihr Sohn und blickte aufmerksam in die Schachtel, die er vor sich abgestellt hatte.

»Was hast du da?« Dorothea warf einen Blick hinein, um augenblicklich entsetzt zurückzuweichen. »Bist du von allen guten Geistern verlassen? Wenn sie dich stechen! Du könntest sterben!«

»Ich pass schon auf«, gab er ungerührt zurück, ohne den Blick von dem Skorpionpaar zu wenden, das sich auf dem Boden der

375

Schachtel umkreise, den Schwanz mit dem gefährlichen Stachel hoch erhoben wie ein Schwert oder Degen. »Vicky hat sie gefangen und mir gezeigt, wie es geht. Das ist ein Spiel. Wessen Skorpion den anderen tötet, der hat gewonnen.«

Dorothea wunderte sich über die Nachlässigkeit der Aborigines ihren Kindern gegenüber. Sie hatte immer den Eindruck gehabt, sie liebten sie. Solche lebensgefährlichen Spiele durfte man ihnen doch dann nicht erlauben!

»Bring sie in die Küche und wirf sie ins Feuer«, befahl sie. »Diese Tiere sind viel zu gefährlich, um mit ihnen zu spielen. – Keine Widerrede!«, fügte sie streng hinzu, als ihr Sohn Anstalten machte zu widersprechen. »Dann kommst du gleich wieder. Wir müssen deine Sachen für die Schule durchsehen.«

Robert verzog die Mundwinkel, sagte jedoch nichts, sondern verschwand mitsamt der Schachtel in Richtung Küche. Dorothea öffnete die Schranktüren und begann, die benötigten Kleidungsstücke in den von Trixie bereitgestellten Reisekorb zu packen. Das College hatte genaue Listen, was die Schüler der einzelnen Jahrgangsstufen benötigten. Später würde auch noch eine Art Talar und eine spezielle Kopfbedeckung als Schuluniform dazukommen. Die jüngsten waren davon allerdings noch ausgenommen. Dorothea war froh, dass ihre Mutter sich bereit erklärt hatte, den Jungen bei sich aufzunehmen. Zwar gab es inzwischen ein Wohnhaus für die auswärtigen Schüler, aber Robert würde sich weniger abgeschoben fühlen, wenn er von Mutter Schumann und Lischen verwöhnt würde.

»Wie war mein Vater eigentlich?« Dorothea sah auf. Ihr Sohn stand breitbeinig, die Arme hinter dem Rücken, in der Tür und gab sich alle Mühe, abgeklärt zu wirken.

»Wie soll ich ihn dir beschreiben?« Dorothea ließ das Leinenhemd sinken, das sie gerade inspiziert hatte. »Er war ein wundervoller Mensch, gütig und großzügig. Alle liebten ihn.«

»Du auch?«

»Natürlich. Ganz besonders.« Dorothea versuchte, nicht an die Zeit zu denken, in der Ian ihn aus ihrem Herzen verdrängt hatte. Sie hatte ihn doch trotzdem geliebt. Nur nicht als Ehemann.

»Warum hast du dann Ian geheiratet?«

Es war keine passende Unterhaltung. Dorothea überlegte kurz, Robert für seine Impertinenz zurechtzuweisen. Aber die Gelegenheit war gut, zumindest einen Versuch zu unternehmen, das Verhältnis der beiden zu verbessern.

»Weil dein Vater es so gewollt hat«, sagte sie kurz entschlossen. »Ich war von einem Eingeborenen entführt worden. Als er bei meiner Befreiung tödlich verletzt wurde, hat er uns beide Ian anvertraut. Dein Vater und Ian waren enge Freunde.«

In Roberts Gesicht arbeitete es. »Warum ist er dann immer so unfreundlich zu mir? Mag er mich nicht?«

»Nein, Robbie, das ist es bestimmt nicht. Damals versprach er, immer für dich da zu sein. Ich denke eher, da er selber bei Fremden aufwuchs, dass er nicht genau weiß, was einen guten Vater ausmacht. Er möchte, dass du so wirst wie dein Vater. Und dabei ist er vielleicht manchmal zu streng mit dir.«

Zu ihrer Überraschung nickte der Junge. »Vicky hat mir erzählt, dass ihre Mutter Sara immer besonders mit ihr schimpfte, wenn sie sich weigerte, Englisch zu lernen. Sie brauchte es, sagte sie dann immer, um ihren Platz im Leben einzunehmen. Ist es das, was Ian mir beibringen möchte?«

»So ist es. Er möchte, dass aus dir ein angesehener Gentleman wie dein Vater wird.« Dorothea lächelte versonnen. »Eden House wird einmal dir gehören, weißt du.«

»Dann sollte ich besser bleiben und hier lernen, was nötig ist.« Robert runzelte die Stirn. »Wozu soll ich auf diese alberne Schule?«

»Weil es unendlich viele Dinge gibt, die ich dir nicht beibringen kann«, sagte Dorothea ehrlich. »Auf dieser Schule wirst du

Dinge lernen, von denen ich noch nie gehört habe und Ian auch nicht. Außerdem wirst du jede Menge neue Freunde finden. Später, wenn du groß bist, wirst du verstehen, wie wichtig das ist.«

»Habt ihr deshalb auch Heather weggeschickt?«

Dorothea nickte.

»Und werdet ihr Mary und Charles auch auf Schulen schicken?«

Dorothea nickte abermals.

»Dann ist es gut.« Robert stieß erleichtert den Atem aus. »Onkel August hat früher immer so lustige Geschichten über seine Lehrer erzählt. Ich bin gespannt, ob es dort auch so wird.«

Das glaubte Dorothea nicht, hütete sich jedoch, ihrem Sohn seine Illusionen zu rauben. Wie sie ihren Bruder August kannte, hatte der bei seinen Schilderungen sicher mächtig übertrieben. Aber das würde Robert noch früh genug herausfinden. Fürs Erste war sie vor allem froh über seine neue Zugänglichkeit.

Catriona und Percy traf sie erst zum Dinner wieder. Die beiden standen, die Köpfe zusammengesteckt, vor einem der großen Weinkühler, aus dem es kräftig dampfte. »Da seid ihr ja endlich!« Percy sah auf, ohne vom Rühren abzulassen. »Ich habe uns zur Feier unserer baldigen Heimkehr ins gute, alte England einen anständigen Punsch gemacht.« Zur Demonstration hob er den immer noch leise zischenden Feuerhaken, mit dem er die duftende Flüssigkeit erhitzt hatte. »Onkel Hughs Lieblingspunsch. Hier, probiert einmal.«

Catriona tauchte einen Schöpflöffel hinein, füllte vorsichtig einen der bereitstehenden Steingutbecher und reichte ihn Ian. Der kostete zurückhaltend, aufmerksam beobachtet von den beiden und Dorothea. Gleich darauf lächelte er angenehm überrascht.

»Es schmeckt wirklich gut. Fast wie der damals auf dem Maskenball beim Gouverneur.« Er zwinkerte Dorothea übermütig zu. »Weißt du noch?«

Wie hätte sie das vergessen sollen? Eine Zeit lang war das zwar ihr sehnlichster Wunsch gewesen, aber inzwischen waren die schlechten Erinnerungen von den schönen überdeckt worden. Es war ein unglaublich aufregender Abend gewesen. Sie konnte sich nicht erinnern, je vorher oder je danach so viel Spaß gehabt zu haben. Der Punsch schmeckte süß und fruchtig und ließ sie fast die Walzerklänge hören, nach denen sie sich damals gedreht hatten.

»Ein Maskenball? In Adelaide?« Catriona klang verblüfft.

»Und was für einer!« Ian grinste anzüglich. »Da hättest du die spießigsten Matronen als Haremsdamen sehen können. Es war ein absolut denkwürdiges Ereignis in Adelaide.«

Und für sie! Der süßsaure Geschmack ließ die Bilder jenes Abends wieder lebendig werden: die glitzernde Welt der Fantasiekostüme, die verschwenderische Fülle der Kerzen, den überfüllten Tanzsaal, in dem Ian sie über das Parkett gewirbelt hatte. Wenn sie nicht mit Robert verheiratet gewesen wäre, wäre es ein vollkommener Abend gewesen.

Dorothea zwang sich, die aufsteigenden Erinnerungen wieder zu verdrängen. Catriona beobachtete sie scharf, und sie wollte ihr keinen Anlass zu bohrenden Fragen geben.

Es war leichter gewesen als gedacht, ihr tagsüber aus dem Weg zu gehen. Catriona hatte keine weiteren Anstalten gemacht, ihre Gesellschaft zu suchen, und sie war ihr geradezu dankbar dafür. Vielleicht würde es doch nicht so schlimm werden wie befürchtet. Die Unterhaltung hatte sich inzwischen Embersleigh und seinen Bewohnern zugewandt. Offenbar hatte die Aussicht auf eine baldige Rückkehr nach England in den beiden Erinnerungen an die dort verbrachte Kindheit geweckt.

»Weißt du noch, wie du unbedingt lernen wolltest, Fische mit der Hand zu fangen, Percy? Aber da er ja nicht schwimmen konnte, hat er an Onkels Goldfischen geübt. – Kannst du Fische mit der Hand fangen, Ian?« Catriona lächelte.

»Natürlich.« Ian sah von seinem Roastbeef auf. »Das gehörte zeitweise zu meinen Aufgaben. Und wenn es nicht genug waren, bekam ich Prügel. So etwas spornt an!«

Alle schwiegen betroffen. Ians Kindheit und die der Grenfells hätten unterschiedlicher nicht sein können.

»Ich bin schon sehr gespannt auf Embersleigh«, sagte Ian in dem Versuch, das Gespräch wieder in Gang zu bringen. »Wie gut, dass ihr so nah wohnt. Da können wir uns so häufig sehen, wie wir wollen. Ihr bewohnt den alten Witwensitz, nicht wahr?«

Catriona und Percy sahen sich an. Es war ein Blick, den Dorothea nicht deuten konnte.

»So ist es, Cousin. Ich hoffe, du wirst uns nicht hinaussetzen?« Percy lachte, aber es war ein Lachen ohne echte Heiterkeit.

»Um Himmels willen, nein«, wehrte Ian entsetzt ab. »Ich werde euch doch nicht aus eurem Zuhause vertreiben. Und natürlich wird euch auch immer das Herrenhaus offen stehen.«

»Danke. Du bist sehr großzügig.« Catriona hob ihr Glas und trank ihm zu. »Auf den zukünftigen Herrn von Embersleigh!«

Dorothea fiel auf, dass sie deutlich mehr trank als gewöhnlich. Auch Percy ließ keine Gelegenheit aus, einen Toast auszubringen. War es die Erleichterung über Ians Zusage? Oder hatten sie mehr erwartet? Etwa, dass er ihnen anbieten würde, ins Haupthaus zu ziehen? Das hatten sie ja fast schon als ihr Eigentum betrachtet. Es musste hart sein, schon wieder von der Gnade eines Verwandten abhängig zu sein. Besonders, wenn man sich schon selbst als zukünftigen Herrn von Embersleigh gesehen hatte.

Tranken sie deshalb so viel? Weil es ihnen in ihrem Innersten schwerfiel, Ian zu schmeicheln? Denn das taten sie ausgiebig.

Dorothea empfand plötzlich einen überwältigenden Widerwillen gegen das Paar. »Ich bin auf einmal so schrecklich müde«, sagte sie und unterdrückte ostentativ ein Gähnen. »Ich werde wohl besser zu Bett gehen. Gute Nacht.«

»Geht es dir gut?« Catriona erhob sich halb und sah sie fragend an. »Soll ich dich auf dein Zimmer begleiten?«

»Nein, nein, bleib du nur sitzen. Ich habe mich den ganzen Tag schon nicht so gut gefühlt«, log Dorothea. »Vermutlich die Aufregung um Lady Chatwick. Morgen geht es mir sicher besser.«

»Aber du bleibst doch noch, Ian?« Percy hob auffordernd die Kelle. »Komm, sag ja, Mann. Ich wollte dir doch noch die Geschichte erzählen, wie Cat und ich fast die Speisekammer in Schutt und Asche gelegt haben.« Seine Aussprache war leicht unscharf, sonst wies nichts darauf hin, dass er zu viel getrunken hatte. Zu ihrer Verwunderung fühlte Dorothea sich mindestens so schwindlig wie damals beim Maskenball. Dabei hatte sie doch höchstens zwei Glas von dem Punsch getrunken! Offensichtlich hatten die Leute recht, die vor diesem Getränk warnten. August hatte immer behauptet, nichts würde einen solchen Brummschädel nach sich ziehen wie ein indischer Punsch. Und damals war es ihr auch am nächsten Tag richtig schlecht gegangen.

Die Treppenstufen schienen zu schwanken wie Schiffsplanken bei stürmischer See. Dorothea packte in letzter Sekunde den Handlauf. Nur gut, dass sie vergessen hatte, eine der am Fuß der Treppe bereitstehenden Petroleumlampen zu entzünden. Sie unterdrückte ein Kichern. Mrs. Perkins würde schön schimpfen, wenn sie sie so sähe! Unter leisem Kichern tastete sie sich den Flur entlang zur Schlafzimmertür und schaffte es nach einigen Versuchen, die Klinke herunterzudrücken. Die Nacht war hell genug, um sich im Raum zu orientieren. In dem blassen Mondlicht schien auch das große Bett nicht ruhig zu stehen wie sonst. Nein, es schwankte wie ein Boot auf dem Murray River und schien vor- und zurückzuweichen. Dorothea entschied, dass es zu mühsam wäre, sich jetzt auszukleiden. Auch im wackelnden Zustand übte das Bett eine unwiderstehliche Anziehungskraft auf sie aus. Sie konzentrierte sich, visierte es an, nahm kurz Anlauf und stürzte

381

sich mitten darauf. Mit wohligem Stöhnen registrierte sie die glatte, kühle Bettwäsche unter sich, die weiche Matratze. Es war das Letzte, was sie registrierte.

Ein stechender, äußerst unangenehmer Geruch bohrte sich in ihr Bewusstsein und verdrängte allmählich die Wolken, in denen sie geschwebt hatte. »Bitte keine verbrannten Hühnerfedern«, murmelte sie und wälzte sich auf die andere Seite, wo sie die Nase im verschwitzten Kopfkissen vergrub. Ging es ihr so schlecht, dass Mrs. Perkins an ihr Bett gerufen worden war? Und wieso meinte die, sie mit dem ebenso probaten wie abscheulichen Mittel ins Leben zurückrufen zu müssen?

Gut ging es ihr nicht. Ihr Mund fühlte sich an, als sei er mit Sand gefüllt, und in ihren Schläfen pochte es schmerzhaft. Neben ihr schnarchte Ian in einer Lautstärke, dass es sogar durch das Federkissen drang, das sie sich gegen die Ohren presste. Atemnot zwang sie, trotz des widerlichen Gestanks um sie herum, den Kopf wieder ein wenig anzuheben. »Bringen Sie mir lieber einen Tee«, krächzte sie mit schwacher Stimme.

Keine Antwort.

»Mrs. Perkins?« Stand sie etwa nicht neben dem Bett? Unter Aufbietung all ihrer Willenskraft zwang Dorothea sich, die Augen zu öffnen. Weder stand Mrs. Perkins neben ihrem Bett noch sonst jemand. Es war mitten in der Nacht. Der Mond war fast untergegangen, aber dennoch war es nicht stockfinster.

Irgendetwas stimmte nicht. Was hatte sie überhaupt geweckt? Ian schlummerte tief und fest neben ihr. Er konnte es nicht gewesen sein.

Woher kam nur dieser impertinente Gestank? Ein Blick zu den Fenstern überzeugte sie, dass diese geschlossen und die schweren, gewebten Vorhänge vorgezogen waren. Plötzlich hörte sie etwas: eine Art Knistern, kaum mehr als ein Wispern draußen auf dem Flur, als ob jemand unter einem Eukalyptusbaum hin und her schritt.

Irritiert drehte sie das Gesicht zur Tür. Durch den Spalt an der Seite drang ein heller Lichtschein. Wieso war der Flur mitten in der Nacht hell beleuchtet? Und es war ein ungewohntes Licht: Es brannte nicht ruhig und stetig, sondern flackerte wie eine Kerze im Zug.

Ihr immer noch halb betäubter Verstand benötigte länger als normal, um zu begreifen, was dort vor sich ging: Es brannte!

Das orangefarbene Licht kam von Flammen, die dort im Flur vor der Tür loderten. Fast genau gegenüber von ihr lag das Kinderzimmer. Sie sprang auf, sackte jedoch augenblicklich halb bewusstlos wieder auf die Matratze.

»Ian!« Die Kraft ihrer Stimme reichte nicht aus, ihn aus seinem Tiefschlaf zu reißen. Auf allen vieren kroch sie auf ihn zu, rüttelte ihn an der Schulter, schlug ihn ins Gesicht. »Ian, wach auf. Es brennt!« Verzweifelt schluchzte sie auf. Was sollte sie tun, wenn er nicht aufwachte? Wenn er einfach weiterschnarchte?

»Verdammt, was soll das?« Ian hatte zumindest aufgehört zu schnarchen und versuchte, sie abzuwehren. »Hör auf.« Seine Aussprache war so verwaschen, dass er kaum zu verstehen war.

»Ian, bitte, wach auf. Es brennt. Wir müssen die anderen warnen. – Die Kinder!«

»Wo brennt es? Im Stall?« Ian stemmte sich hoch und sank sofort wieder zurück.

»Nicht im Stall. Hier im Haus. Im Flur.« In ihrer Frustration über seine Hilflosigkeit schlug sie weiter auf ihn ein.

»Hilf mir lieber.« Ian biss die Zähne zusammen, packte einen der Bettpfosten und zog sich an ihm hoch. »Dieser verfluchte Punsch.« Wie ein Betrunkener taumelte er zum Waschtisch und tauchte das Gesicht in die Waschschüssel.

»Ian, waschen kannst du dich später. Tu etwas!«

»Dazu muss ich halbwegs klar im Kopf sein«, kam es kaum verständlich durch das Plätschern zurück. Tatsächlich wirkte das kalte Wasser anscheinend ernüchternd. Als er sich aufrichtete und zur Tür wankte, schien er nicht mehr ganz so unsicher auf den Beinen. Er griff nach der Klinke, um die Tür zu öffnen. Nichts geschah. Verwundert riss er energischer daran.

»Was ist los?«

»Die Türklinke. Sie lässt sich nicht bewegen.« Ohne ein weiteres Wort griff er nach einem Stuhl und begann, mit aller Kraft gegen das Türblatt zu schlagen.

Dorothea versuchte zu begreifen, was geschah. Es war so irrsinnig, dass sie die Möglichkeit erwog, sich in einem Traum zu befinden.

Ians Stimme brachte sie zur Besinnung. »Geh ans Fenster und ruf um Hilfe! Mach schon!«

Ihr wurde mehrfach schwarz vor Augen, aber es gelang ihr, den Vorhang zur Seite zu ziehen und einen der Fensterflügel zu öffnen. Das Feuer war nicht unbemerkt geblieben. Mrs. Perkins in Nachthemd und Haube, Catriona und Percy standen mit zum Oberstock gewandten, schreckensbleichen Gesichtern unten im Hof. »Die Kinder!«, schrie sie. »Wir sind eingeschlossen!«

Ehe jemand etwas erwidern konnte, wurde plötzlich die Zimmertür aufgerissen. John, triefend nass und mit einem Stapel Pferdedecken unter dem Arm, stand im Türrahmen. »Rasch, ich habe das Feuer nur kurz dämpfen können. Es lässt sich nicht löschen.«

Ian nickte, schüttete sich den Wasserkrug vom Waschtisch über den Kopf und griff nach einer der Filzdecken, um Dorothea damit zu umhüllen. »Lauf, so schnell du kannst. Bleib auf keinen Fall stehen. Ich liebe dich.« Ein Kuss, dann stieß er sie hinaus in den Flur, in dem sich das Feuer mit hungrigen Zungen die Wände hinauf fraß. John hatte mit Pferdedecken einen Weg gelegt, aber auch der würde nicht lange halten. Schon breiteten sich Glut-

384

nester darin aus und schmolzen Löcher in den dunklen Wollfilz. Rechts und links davon brannte es lichterloh.

Dorothea zögerte kurz, als die lodernden Flammen nach ihr zu greifen schienen. Dann holte sie tief Luft und begann zu rennen. Bloß nicht fallen, bloß nicht fallen, hämmerte es in ihrem Kopf. Die ersten Meter gingen. Aber in der Nähe der Treppe wurde der Rauch dichter, erstickte sie fast. Unter Hustenanfällen kämpfte sie sich Schritt für Schritt weiter. Ihre Augen tränten so stark, dass sie nicht mehr klar sehen konnte. Als sie nach dem Geländer tastete, weil sie Angst hatte zu stürzen, zog sie ihre Hand mit einem Aufschrei wieder zurück. Es war glühend heiß. Der scharfe Schmerz vertrieb den letzten Rest der Nebel in ihrem Kopf, verstärkte ihren Überlebenswillen. Sie würde es schaffen. Nur noch ein paar Meter, dann war sie in Sicherheit.

Etwas, vermutlich eine Flamme, biss sie in die rechte Wade. Sie achtete nicht darauf, sondern konzentrierte sich verbissen darauf, Stufe um Stufe zu bewältigen.

Später wusste sie nicht mehr, wie sie es geschafft hatte. Alles um sie herum war Rauch, Hitze und Glut gewesen. Sie hatte keine Luft mehr bekommen. Halb blind, halb erstickt taumelte sie schließlich aus der Haustür.

Mrs. Perkins fing sie in ihren Armen auf und erstickte als Erstes mit einem nassen Lappen die brennenden Stellen an ihrem Nachthemd, ehe sie Dorothea sanft auf einen Sitz niederdrückte und ihr einen Becher Wasser an die Lippen hielt.

Trotz des Hustens gelang es ihr, ein paar Schlucke davon zu nehmen, während sie den Rauch, der in immer dichteren Schwaden aus dem Haus quoll, keinen Moment aus den Augen ließ. Wo blieben sie nur? Sie mussten sich beeilen!

»Da sind sie.«

Zwei schwarze Silhouetten erschienen vor dem leuchtenden Hintergrund. Nur zwei?

Dorotheas markerschütternder Schrei ließ alle zusammenfahren. »Die Kinder! Wo sind die Kinder?«

John und Ian husteten so stark, dass sie sich nicht sofort verständlich machen konnten. Es waren schreckliche Minuten. »Nicht da«, brachte Ian keuchend heraus.

Nicht da? Was sollte das bedeuten?

»Keine Menschenseele dort«, bestätigte John mit kaum verständlicher, rauer Stimme. Wo waren die Kinder?

»John, wo ist Trixie? Hat sie Charles bei sich?«

John schüttelte den Kopf. »Nein. Als sie sah, dass es im Haus brannte, ist sie ohnmächtig geworden.« Ein Hustenanfall unterbrach ihn. »Hab sie aufs Bett gelegt und bin losgerannt.«

»Und Parnko und Mannara? Könnten die Kinder bei ihnen sein?«

John hob in einer Geste der Hilflosigkeit die Schultern. »Keine Ahnung.«

»Hauptsache, sie sind in Sicherheit«, krächzte Ian. »Und nicht im Haus.« Er leerte einen Becher Wasser in einem Zug, ehe ihm ein weiterer Hustenanfall das Wort abschnitt. Wenn sie nun aber doch noch im Haus waren? Wenn sie sich irgendwo hin geflüchtet hatten und dort bewusstlos zusammengebrochen waren?

Dorothea spürte, wie die Panik sie zu überwältigen drohte. Gerade als sie vollends die Beherrschung zu verlieren drohte, rief jemand: »Da sind sie! Gott sei Dank, sie sind heil und gesund.«

Alles wandte sich wie ein Mann der Stimme zu. Um die Hausecke des Flügels, der noch nicht in Flammen stand, bog eine seltsame kleine Schar. Voran Parnko, dann Mannara, die eine laut schluchzende Mary auf dem Arm trug, hinter ihnen mit gesenkten Köpfen Robert und Vicky.

Doch wo war Charlie, das Nesthäkchen?

»Charlie!« Dorothea stürzte auf sie zu. »Wo ist Charlie?« Wie

eine Irrsinnige schüttelte sie die beiden abwechselnd. »Was habt
ihr mit Charlie gemacht?«

»Gar nichts.« Robert riss sich los und trat ein paar Schritte zurück. »Er hat fest geschlafen, als wir gegangen sind.«

»O mein Gott, der arme Kleine!« Trixies Flüstern schnitt wie
ein Messer in Dorotheas Herz.

»Hoffentlich hat er wenigstens nicht gelitten.« Das Kindermädchen stand schreckensbleich neben Mrs. Perkins und starrte entsetzt auf das brennende Haus.

»In seinem Bett war er nicht.« Ian und John wechselten einen
besorgten Blick. »Wo kann der Junge geblieben sein?«

Sie hatten nichts bemerkt. Alle Türen waren geschlossen gewesen. Charles war noch viel zu klein, um selbst Türen öffnen zu
können. Er konnte sich nirgends versteckt haben. Oder doch?
»Ich gehe noch mal rein und schaue in die Schränke und unter
die Betten«, sagte Ian. Schon griff er nach dem Eimer, um seine
Pferdedecke wieder zu durchnässen, als Percy ihn am Ärmel zu-
rückhielt.

»Warte noch einen Augenblick, Cousin. Vielleicht sollte meine
Schwester uns diese Frage beantworten?«

Percys Stimme klang so fremd, dass Dorothea im ersten Moment überhaupt nicht erkannte, wer diese Worte sprach. Wieso
sah er so seltsam aus? Er wirkte wie ein Mensch, der gerade eine
schreckliche Entdeckung gemacht hatte. Ihr Blick wanderte zu
Catriona, die mit zurückgeworfenem Kopf unverwandt auf das
brennende Haus sah. Ein kaum wahrnehmbares Lächeln umspielte ihre Lippen.

»Catriona …?«

»Sieht es nicht großartig aus? Ein großes Feuer – ich meine,
ein wirklich großes Feuer – hat so etwas Majestätisches, geradezu
Göttliches. Findet ihr nicht?«

»Master, die Türklinke zu eurem Zimmer war mit einer Stuhl-

387

lehne blockiert«, flüsterte John und betrachtete die junge Frau mit einer Mischung aus Grausen und Faszination. »Und es hat teuflisch nach Petroleum gestunken.«

Dorothea erstarrte vor Entsetzen, als sie plötzlich begriff: Es war kein Unglücksfall gewesen! Catriona hatte sie mit voller Absicht betäubt und zusätzlich die Tür blockiert, um sicherzugehen, dass sie auch bestimmt umkamen. Wenn sie nicht gerade noch rechtzeitig wieder zu sich gekommen wäre und ohne Johns beherztes Eingreifen … Sie wagte nicht weiterzudenken.

Wieso war ihr vorher nie die Grausamkeit in den ebenmäßigen Zügen aufgefallen? In den Pupillen spiegelte sich der Feuerschein, während Catriona das Bild in sich aufzusaugen schien.

»Was hast du mit ihm gemacht?« Dorothea packte Catriona an den Armen und schüttelte sie, so heftig sie konnte. Heiße Wut durchströmte sie, eine alles verzehrende Wut. »Was hast du mit meinem kleinen Jungen gemacht? Sag es! Oder ich schwöre, ich zerkratze dein Gesicht so, dass du dich nirgends mehr blicken lassen kannst!«

»Gar nichts habe ich mit ihm gemacht, Cousine«, gab Catriona zurück, aber in ihren Augen leuchtete es so triumphierend, dass allen klar war, dass sie log. »Aber ich fürchte, Onkel Hugh wird keine Gelegenheit mehr haben, seinen Enkel kennenzulernen.«

»Du hast ihn umgebracht.« Dorothea riss sich von Ian los, der ihren Arm gepackt hatte, um sie von Catriona wegzuziehen. »Du Hexe, du!«

»Lass es lieber Percy versuchen. So erreichst du nichts«, wisperte er ihr ins Ohr und presste sie erneut an seine Brust.

Wie konnte er nur so ruhig bleiben angesichts der Situation? Dorothea zitterte am ganzen Körper wie Espenlaub. »Mein Baby«, rief sie verzweifelt. »So helft ihm doch endlich!«

»Er versucht es.« Ians Flüstern war kaum zu verstehen. Auch er bebte, aber es gelang ihm, äußerlich ruhig zu erscheinen.

»Cat«, Percy hatte das Gesicht seiner Schwester zwischen beide Hände genommen und zwang sie, ihn anzusehen. »Cat, Liebes, er ist fast noch ein Baby. Du kannst doch kein Baby töten. Nicht einmal du könntest so grausam sein. Wo ist er? Sag es mir! Bitte!«

Catriona presste eigensinnig die Lippen aufeinander und schüttelte den Kopf.

Percy ließ jedoch nicht locker. »Willst du wirklich schuld am Tod eines Kindes sein? Du bist doch nicht wie Vater. So schlecht bist du nicht. Das will ich einfach nicht von dir glauben.«

»Vater war nicht schlecht. Er liebte uns. Er hat alles dafür getan, dass du den Titel erbst. Und ich habe ihm auf dem Totenbett versprochen, dass du ihn tragen wirst.«

»O Gott!« Percy schloss die Augen, als könnte er ihren Anblick nicht mehr ertragen. Als er sie wieder öffnete und weitersprach, war seine Stimme so leise, dass nur Dorothea, die ihnen am nächsten stand, hörte, was er sagte. »Vater hat uns nie geliebt. Er konnte gar nicht lieben. Niemanden. Er hat uns bloß benutzt. Dich und mich. Aber ich liebe dich. Ich habe dich immer geliebt, Cat, mein Herz! Und ich habe immer alles getan, was du von mir wolltest. Aber verlange nicht von mir, mit der Schuld am Tod eines Kindes auf dem Gewissen leben zu müssen. Das kann ich nicht. Wenn du es mir nicht verrätst, werde ich verschwinden und du wirst mich nie wiedersehen.«

Unvermittelt gab sie nach. »In der Wäschekammer«, flüsterte sie kaum hörbar. »Hier ist der Schlüssel.«

Ians Hand schoss vor, aber Percy wich zurück. »Nein, Cousin, das ist jetzt meine Aufgabe. Ich habe einiges gutzumachen. Stell du dich unter das Fenster und fang ihn auf.« Im nächsten Augenblick war er die Verandastufen hinaufgelaufen und verschwand ohne Zögern im Haus, an dessen Türsturz die Flammen züngelten, als sei es das Eintrittstor zur Hölle.

»Percy, nein!« Der gellende Schrei erreichte ihn nicht mehr.

Ian hinkte, so rasch es sein Bein erlaubte, zur Hinterseite des Gebäudes, während er John und Parnko zurief, die Leiter aus der Scheune zu holen.

»Wasser!« Mrs. Perkins hatte zu ihrer üblichen Geistesgegenwart zurückgefunden. »Mannara, Robert, Vicky – sucht alle Eimer zusammen, die ihr in der Scheune und im Stall finden könnt, und kommt damit an die Pumpe hinter der Küche. Trixie, du bleibst hier und passt auf Mary auf. Verstanden?« Sie sah das tränenüberströmte Mädchen scharf an. »Heulen kannst du später. Sieh zu, dass die Kleine uns nicht zwischen den Füßen herumläuft. – Ma'am, bleiben Sie lieber bei uns. Sie sind dort nur im Wege.«

Dorothea achtete nicht auf sie. Sie rannte Ian hinterher, der bereits hinter dem Haus verschwunden war. In den Rauchschwaden war eine einzelne Person kaum noch auszumachen. Aus dem Inneren waren immer lauteres Knistern und Krachen zu vernehmen: Anzeichen dafür, dass der Brand an Kraft zunahm. Eines der Fenster im oberen Stockwerk barst mit einem erschreckend lauten Knall. Gleich darauf schlugen Flammen aus der Öffnung, gierig auf neue Nahrung. Angefeuert durch den frischen Luftzug fauchte das Feuer auf wie ein Raubtier, leckte an den hölzernen Fensterläden, kletterte höher hinauf zu den Spanten des Dachstuhls.

Das Fenster zur Wäschekammer war dunkel. Offenbar hatte die Tür bisher dem Inferno noch standgehalten. In Dorothea keimte Hoffnung auf. Hoffnung, dass ihr Jüngster tatsächlich gerettet werden könnte. Unwillkürlich stöhnte sie auf, als auch hinter diesem Fenster der rötliche Schein aufschimmerte. Nur kurz, dann wurde das Fenster aufgerissen, und Percy, ein zappelndes Bündel in Händen, hielt Ausschau nach Ian.

»Hier bin ich.« Ian hinkte unmittelbar unter das Fenster, ohne auf die Hitze zu achten, die die Mauern ausstrahlten.

Im nächsten Moment ließ Percy den Kleinen fallen, genau in

Ians Arme. Unter lautem Weinen schlug er so kräftig um sich, dass er ihn sofort an Dorothea weiterreichte. »Er scheint völlig in Ordnung zu sein.«

Er sah hoch zum Fenster, in dem Percy nur noch schemenhaft zu erkennen war: Sein Gesicht war von Ruß geschwärzt, seine Kleidung hing in immer noch glühenden Fetzen an seinem Körper. Von Hustenanfällen geschüttelt konnte er sich kaum aufrecht halten.

»Percy, spring! Mach schon, Mann!«

Auch Dorothea verstand nicht, wieso er noch zögerte. Selbst wenn er sich etwas brach, die Höhe war nicht so gefährlich wie das Feuer hinter ihm.

»Master, Achtung: die Leiter«, rief John. Er und Parnko stellten die Stallleiter an.

»Du musst nur noch hinausklettern, Percy.«

Zur Bestürzung aller schüttelte Percy entschieden den Kopf. War er verrückt geworden?

Ian machte Anstalten, selbst die Leiter zu ihm hochzuklettern, aber Percy stürzte in einer letzten gewaltigen Anstrengung die Leiter um.

»Was soll das?« Die drei Männer und Dorothea, die Charles fest an sich presste, sahen fassungslos zu ihm auf.

»Es tut mir leid«, krächzte Percy mit kaum noch verständlicher Stimme. Dann hob er wie zum Abschied die Hand und bewegte sich rückwärts aus ihrer Sicht. Im nächsten Augenblick explodierte ein Feuerball.

Stumm vor Entsetzen starrten die Beobachter auf das Fenster, aus dem sich schwarzer Qualm wälzte.

»Er hat es absichtlich getan. – Warum?«, flüsterte John.

14

Zwei Wochen später saß Dorothea im Besucherzimmer des Spitals für Geisteskranke in Adelaide und wartete auf Catriona.

Eden House war nicht zu retten gewesen. Sobald das trockene Holz der Decken und Böden erst einmal Feuer gefangen hatte, hatte es lichterloh gebrannt. Jeder Löschversuch war vergeblich gewesen. Wie auch? Mit ein paar Eimern Wasser war einem Großbrand nicht beizukommen. Sie hatten aus dem Erdgeschoss gerettet, was zu retten gewesen war, aber im Morgengrauen, als ein Trupp *country troopers,* wie die berittenen Polizisten genannt wurden, eintrafen, hatten sie alle völlig erschöpft vor den rauchenden Trümmern gesessen.

Eden House gab es nicht mehr.

Das einstürzende Gebälk des Dachstuhls hatte alles mitgerissen und zerstört, was bis dahin noch nicht den Flammen zum Opfer gefallen war. Zwischen den geschwärzten Außenmauern mit den leeren Fensterhöhlen lag der Schutt mannshoch. Immer noch glühend heiß, und immer noch flackerten hier und da Flammen aus dem Konglomerat aus Holz, Stoffen und den übrigen Bestandteilen des Hausrats. Percys Überreste lagen irgendwo darunter. Niemand hatte die Kraft dazu, sie zu suchen. Bei dem Höllenfeuer, das seinen Körper verzehrt hatte, war mit mehr als ein paar Knochenstücken nicht zu rechnen.

Catriona war bei der Nachricht vom Tod ihres Bruders zusammengebrochen. »Nein«, hatte sie geschrien. Immer wieder. »Warum habt ihr ihn verbrennen lassen? Ihr Mörder.«

Da war Ian der Geduldsfaden gerissen, und er hatte sie angeschnauzt: »Sprich du nicht von Mord! Wer hat hier ein unschuldiges Kind ermorden wollen? – Percy hat sich mit voller Absicht in die Flammen gestürzt. Wir hatten die Leiter schon angelegt. Er war es, der sie umstürzte und ins Feuer zurückging, um zu sterben. Vielleicht solltest du dich fragen, warum?«

»Du lügst.«

»Der Master lügt nicht. Genau so war es«, bestätigte John.

Parnko nickte, und Dorothea fügte hinzu: »Seine letzten Worte, die er an uns richtete, waren: ›Es tut mir leid.‹ Weißt du, was ihm leidtat?«

Als wolle das Schicksal ihr eine Antwort ersparen, stürzte in dem Moment der Dachstuhl des rechten Flügels ein. Ein Funkenregen sprühte auf. Obwohl Stall und Scheune in eigentlich ausreichend sicherem Abstand lagen, beeilten Parnko und John sich, auf die gefährdeten Dachhälften zu klettern und die Holzschindeln anzufeuchten. Ian pumpte wie ein Verrückter Wasser, während Vicky, Robert, Mannara und Dorothea bis zur Erschöpfung Eimer schleppten.

Die gigantische Fackel war bis Wellington und Goolwa zu sehen gewesen. Dort hatte man an einen Überfall durch Aborigines geglaubt, und der Trupp, der eigentlich die Viehtriebroute am Coorong kontrollieren sollte, war zu einem scharfen Nachtritt aufgebrochen. Ihre Erleichterung, es nicht mit einem Aufstand der einheimischen Stämme zu tun zu haben, war unübersehbar gewesen.

Ihre Verblüffung, nachdem Ian dem Leutnant alles berichtet hatte, ebenfalls. »Was soll ich denn jetzt tun?«, fragte der junge Mann unsicher. »Ich kann eine Lady doch nicht verhaften?«

»Aber vielleicht einen Mann abstellen, der uns hilft, sie nach Adelaide zu schaffen und dort den Behörden zu übergeben?«, schlug Ian vor.

»Das ließe sich sicher einrichten.« Erleichtert, dass er so einfach davonkam, bot er sogar eines der Packpferde an.

Schon am nächsten Tag wollte Ian aufbrechen. Hier hielt sie nichts mehr.

Trotz ihrer Erschöpfung konnte Dorothea nicht schlafen. Es ging beengt zu in den beiden Kammern, die John und Parnko ihnen überlassen hatten. Aber das war es nicht. Auch nicht Mrs. Perkins' röchelndes Schnarchen.

Leise, um niemanden zu wecken, schob Dorothea die raue Pferdedecke beiseite und schlich hinaus. Wie von selbst fanden ihre Füße den Weg hinunter zum Murray River. Der Mond stand schon tief, und sein kaltes Licht ließ die Wasseroberfläche schimmern wie flüssiges Zinn. In der Ferne leuchteten die Lagerfeuer der Eingeborenen. Seltsam, dass keiner von ihnen sich hatte blicken lassen. Normalerweise waren sie viel zu neugierig, um etwas so Sonderbares wie den Brand von Eden House nicht näher zu betrachten. Vielleicht hatten die Uniformierten sie abgeschreckt.

Sie kauerte sich in eine Sandkuhle, umschlang die Knie mit den Armen und versuchte, sich das Bild vor ihren Augen einzuprägen. Ob sie es je so wiedersehen würde? Obwohl – ohne Eden House war auch dieses Paradies nicht vollständig. Seltsam, eigentlich hatte sie nie einen Gedanken mehr als nötig an das Haus verschwendet. Nun, da es nicht mehr war, war sie fast überrascht, wie groß die Lücke war, die es hinterlassen hatte. Wie Lady Chatwick. Auch die war einfach da gewesen.

»Nimmst du Abschied?« Sie hatte Ian gar nicht gehört. Auf dem weichen Untergrund des Uferstreifens war er ihr gefolgt. Er setzte sich dicht neben sie und legte einen Arm um ihre Schultern.

Dorothea warf den Kopf in den Nacken. »Ob die Sterne in England die gleichen wie in Deutschland sind? August hat mir einmal erklärt, dass der Sternenhimmel nördlich des Äquators ein ganz anderer ist als der südlich davon.«

Ian antwortete nicht darauf. Er schien in Gedanken versunken. Als er schließlich sprach, ging es um etwas gänzlich anderes. »Was hältst du davon, wenn ich doch John als Verwalter anstellen würde?«

»Fandest du nicht, er wäre noch nicht so weit?«

»Er hat mich eines Besseren belehrt«, sagte Ian schlicht. »John hat die ganze Zeit einen klaren Kopf behalten. Es gibt nichts, was ich anders gemacht hätte. Seine Loyalität ist außerordentlich. Ich finde, er und Trixie haben einen anständigen Posten verdient.«

»Wird es ihr hier draußen nicht zu einsam sein?« Manchmal war es schon mit Lady Chatwick und Mrs. Perkins einsam gewesen. Deshalb hatte sie ja die Ankunft der Grenfells so begrüßt.

»Parnko und Mannara wollen auch bleiben.«

»Und Mrs. Perkins?« Offenbar hatte Ian schon mit allen über ihre Zukunftspläne gesprochen.

»Die nicht. Sie meint, sie wäre zu alt, um noch einmal von vorn anzufangen. Sie wird sich in Adelaide ein Häuschen kaufen und Zimmer vermieten.« Dorothea konnte ein Schmunzeln nicht unterdrücken. Eine Frau ihrer Art konnte nicht ohne Arbeit leben. Das Legat, das Robert, Dorotheas erster Mann, ihr hinterlassen hatte, war groß genug, um ihr ein sorgenfreies Alter im Lehnstuhl zu ermöglichen. Aber ein Lehnstuhl war nichts für Eliza Perkins.

»Und Robert kommt aufs College. Und Vicky?«

»Da muss ich noch einmal mit dem Gouverneur sprechen. Aber ich werde auf keinen Fall zulassen, dass er sie in ein Waisenhaus steckt«, versprach Ian. »Wenn sich keine Verwandten melden, würde ich sie gerne adoptieren.«

»Das ist eine wunderbare Idee!«, sagte Dorothea erfreut. Sie hatte das Mädchen ehrlich ins Herz geschlossen, und vielleicht war es ganz praktisch, auf der Überfahrt jemanden dabeizuhaben, der sich um die Kleinen kümmern konnte.

»Dann ist ja alles geregelt.« Bis auf das Haus. Es war Ian, der es aussprach. »Ich wollte warten, bis Robert alt genug ist, um die Entscheidung selbst zu treffen. Wenn er nicht mehr hier draußen am Murray River wohnen will, hat es keinen Sinn, Eden House wiederaufzubauen.«

Und sie würden sowieso nicht da sein, hing unausgesprochen in der Luft.

»Bist du sehr traurig, von hier weggehen zu müssen?« Ihr Schweigen hatte ihn anscheinend beunruhigt.

»Ich weiß nicht«, erwiderte Dorothea ehrlich. »Ich bin traurig und gleichzeitig erleichtert. Eden House war nie wirklich mein Haus. Es war schön und luxuriös, und man wohnte gut darin – aber gleichzeitig hatte ich immer in einem Winkel meines Herzens das Gefühl, nur ein Gast darin zu sein.«

»Deshalb hast du nie die Möbel austauschen lassen?«

Dorothea nickte. »Ich hatte immer das Gefühl, ich hätte nicht das Recht dazu.«

»Verstehe.« Ian nickte nachdenklich. »Und deswegen hast du auch diesen abschreckend hässlichen Aufsatz auf der Anrichte nie verbrennen lassen.«

»Den hat Lady Chatwick einmal Robert zu Weihnachten geschenkt. Sie wäre tödlich beleidigt gewesen«, erklärte Dorothea. »Außerdem hatte ich anderes zu tun, als mir ständig Gedanken über das Mobiliar zu machen.«

»Robert hätte nicht erwartet, dass wir ein Mausoleum bewohnen.«

»Eden House wäre immer sein Haus geblieben. Auch wenn ich alle Zimmer neu eingerichtet hätte. Das ist mir erst bewusst geworden, als ich zusah, wie alles verbrannte, und erkannte, dass ich nichts davon wirklich vermissen würde.«

»Nicht einmal deine Garderobe?«

Ians Versuch zu scherzen wischte sie mit einer Handbewegung zur Seite. »Nicht einmal meinen Schmuck. Wirklich wichtig ist nur, dass wir am Leben sind.« Sie erschauerte. »Diese Frau ...« Sie brachte es nicht fertig, ihren Namen auszusprechen. »Wie kann man nur so abgrundtief schlecht sein?«

Ian schwieg eine Weile, wie es seine Art war, wenn er eine Antwort gründlich überdachte. Dann sagte er: »Ich weiß nicht, ob es wirklich Schlechtigkeit war, die sie antrieb. Denk an den wahnsinnigen Zauberer – er beging seine scheußlichen Verbrechen ja aus einem nachvollziehbaren Wunsch heraus: Er wollte die alte Ordnung wiederherstellen. Für die Grenfells muss es sich ähnlich angefühlt haben. Ihr ganzes Leben lang sind sie davon ausgegangen, einmal Herren auf Embersleigh zu sein. Und dann tauche ich plötzlich auf ...«

»Ian, du entschuldigst sie doch nicht etwa?« Fassungslos sah Dorothea zu ihm auf. Im Mondlicht strafften sich seine Züge, bis die Wangenknochen scharf hervortraten.

»Nein, das tue ich nicht. Etwas zu erklären versuchen, heißt nicht, es zu entschuldigen. Wenn mein Sohn gestorben wäre, hätte ich sie getötet.«

»Ian, nein!«

»Es war ja nicht nötig.«

Dorothea schauderte es bei der kalten Entschlossenheit in seiner Stimme. Ja, Ian hätte es tatsächlich getan.

»Wir hätten alle sterben können«, sagte sie leise. »Ich bin so froh, dass den Kindern nichts passiert ist, dass ich nicht einmal mit ihnen geschimpft habe.«

»Ja, wir hatten riesengroßes Glück, dass das Petroleum nicht so wirkte, wie sie wohl gehofft hatte«, stimmte Ian zu. »Hat Robert dir eigentlich verraten, wieso sie sich nachts aus dem Haus geschlichen haben?«

»Ich wollte es zuerst gar nicht glauben«, sagte Dorothea und schüttelte den Kopf. »Stell dir vor: Sie wollten den Geist von Lady Chatwick befragen! Offenbar ließ es Vicky keine Ruhe, dass niemand ihr diese Geschichte mit dem Dämon glaubte, den sie vor Lady Chatwicks Zimmer gesehen haben will. Mary ist zufällig aufgewacht und hat gedroht, alle zu wecken, wenn sie sie nicht mitnehmen würden. Da haben sie sie eben mitgenommen.«

»Und sie war wirklich ausgesprochen lästig«, hatte Robert verärgert erzählt. »Sie behauptet zwar immer, kein Baby mehr zu sein, aber sie benimmt sich wie eines. Ununterbrochen hat sie gejammert. Es war zu kalt, es war zu dunkel, und sie hatte Angst.«

»Und so blieb Charles allein zurück.«

Eine Zeit lang schwiegen sie. Eng aneinandergeschmiegt saßen sie einfach nur da und sogen die nächtliche Schönheit des Panoramas vor ihnen auf.

Es war eine traurige Reise. Nicht nur, weil sie alle kaum mehr als das, was sie am Leibe trugen, gerettet hatten. Sie hatten ihr Zuhause verloren. Ihren Mittelpunkt. Selbst Mrs. Perkins, die kaum etwas erschüttern konnte, machte einen ungewöhnlich niedergeschlagenen Eindruck. Mit erstaunlichem Gleichmut ertrug sie, dass Vicky stillschweigend die Verpflegung übernommen hatte, und lobte sogar die in der Kochgrube gebackenen Fische als äußerst wohlschmeckend.

Catriona hatte sich nach dem ersten Verzweiflungsausbruch völlig in sich selbst zurückgezogen. Sie sprach nicht, saß nur reglos da und starrte mit leeren Augen vor sich hin. Der Constable, der zu ihrer Bewachung bestimmt worden war, hatte nicht viel zu tun. Sie wirkte eher mitleiderregend als gefährlich, und so war es kein Wunder, dass Richter Cooper sie nicht etwa ins

Gefängnis, sondern in das neue Spital für Geisteskranke einweisen ließ.

»Das ist vielleicht wirklich die beste Lösung«, meinte Mutter Schumann. »Ein Prozess hätte grässliches Aufsehen erregt. Außerdem hättet ihr dann eure Abreise auf unbestimmte Zeit verschieben müssen.«

»Dann wären sie wenigstens bei meiner Hochzeit noch gewesen.« Lischen verzog bedauernd das Gesicht. »Wo sie doch so großen Anteil daran haben, dass sie endlich zustande kommt.« Dorothea hatte zufällig mitbekommen, dass Heinrich Sartorius sich um ein Darlehen bemühte, um die Apotheke übernehmen zu können. Auf ihre Bitte hin hatte Ian sich beim Direktor ihrer Bank für den jungen Deutschen verbürgt, der daraufhin sogar äußerst günstige Konditionen erhalten hatte.

»Natürlich ist das schade, aber es wird ihnen guttun, von all dem Abstand zu bekommen.« Mutter Schumann lächelte Dorothea und Ian mitfühlend zu. »Ihr beide hattet in den letzten Monaten doch mehr als genug an Aufregungen.«

Ihre Mutter war es auch gewesen, die ihr geraten hatte, ein letztes Mal mit Catriona zu sprechen. »Versuch es«, hatte sie gesagt. »Vielleicht bekommst du Erklärungen. Zumindest einen Teil.«

Jetzt, hier im kahlen, ungemütlichen Besucherzimmer wäre sie am liebsten wieder nach draußen gerannt. Ihr Herz begann heftig zu klopfen, als sich Schritte näherten. Eine der Krankenschwestern öffnete die Tür und schob eine in grobes Leinen gekleidete Gestalt vor sich her. Im ersten Moment erkannte Dorothea sie nicht und glaubte schon an einen Irrtum. Die vierschrötige Frau grüßte kurz, ehe sie ihre Patientin zu dem Stuhl an der Wand führte und dort ihre Knöchel mit Lederfesseln an den Stuhlbeinen fixierte. »Man weiß bei denen nie«, erklärte sie, als sie Dorotheas Entsetzen bemerkte. »Ehe man sich's versieht, sind sie einem schon an die Kehle gegangen.«

»Das dürfte mir schwerfallen, Schwester.« Ein Aufblitzen der alten Catriona. Dorothea sah sie genauer an. Sie hatte nicht etwa die Arme verschränkt, sondern sie steckten in Ärmeln, die hinter ihrem Rücken zusammengebunden waren.

»Vorsicht ist die Mutter der Porzellankiste. – Klopfen Sie laut an die Tür, wenn Sie rauswollen, Ma'am.« Nach diesen Worten stapfte die Frau hinaus, wobei ihr Schlüsselbund laut rasselte.

»Ich fühle mich geehrt, dass du dir die Zeit nimmst, mich zu besuchen«, sagte Catriona schließlich. »Was willst du? Dich an meinem Anblick weiden? Das muss wahrlich ein Triumph für dich sein.« Sie zog eine höhnische Grimasse. Mit den kurz geschorenen Haaren wirkte sie merkwürdig jung. Jung und sehr verletzlich.

Dorothea schüttelte den Kopf. »Nein, deswegen nicht. Ich wollte ein paar Antworten, die nur du mir geben kannst.«

»Antworten?« Catriona lächelte verhalten. »Dann frag.«

»Wie hast du Lady Chatwick getötet? Und warum?«, platzte Dorothea heraus. Im selben Atemzug hätte sie die Frage gerne wieder zurückgenommen. Wollte sie es wirklich wissen?

»Mit ihrem Kissen. Es war ganz einfach. Warum? Hm, die alte Hexe hat versucht, mich zu erpressen.«

»Womit denn?« Dorothea konnte sich die alte Dame beim besten Willen nicht als Erpresserin vorstellen.

»Mit meinem Giftring. Sie hatte bei mir herumgeschnüffelt und sofort erkannt, worum es sich dabei handelte.« Catriona nickte. »Ja, sie war echt schlau. Aber nicht schlau genug. Sich allein mit mir zu treffen, war dumm. Und es war auch nicht besonders fantasievoll, alles aufzuschreiben und in ihrer Bibel zu verstecken, wo jeder wusste, dass dort zuerst nachgesehen würde.«

Lady Chatwick hatte eben leider keine Erfahrung mit echten kriminellen Elementen, dachte Dorothea bedauernd. Aber immerhin war sie schlau genug gewesen, um einen Zettel zu schreiben und ihn in ihrer Bibel zu verstecken. »Was wollte sie von dir?«

»Dass wir sofort abreisten.«

»Das erscheint mir ziemlich billig. Warum habt ihr das nicht getan?«

Catrionas Auflachen klang bitter. »Wovon denn? Wir haben keinen Penny eigenes Geld. Das Geld, das Onkel Hugh uns für die Rückfahrt mitgegeben hatte, hat Percy verspielt. So viel zu seinen Künsten am Kartentisch.«

»Ihr hättet Ian bitten können. Er hätte es euch sicher gegeben.«

»Ja, sicher. Und dann? Alles wäre umsonst gewesen.«

»Du meinst, eure Versuche, Ian zu ermorden?«

»Das wollten wir eigentlich gar nicht.« Catriona sah Dorothea direkt ins Gesicht. »Wir hatten ursprünglich bloß vor, einen Keil zwischen euch zu treiben. Wenn Ian sich von dir hätte scheiden lassen und mich geheiratet hätte, wäre alles in Ordnung gewesen. Niemand hätte sterben müssen. Aber es hat nicht funktioniert.«

Nein, obwohl sie sich alle Mühe gegeben hatten. Nur zu gut erinnerte Dorothea sich an Catrionas falsches Mitgefühl, als sie ihr ihre Ängste anvertraut hatte, dass Ian sie betrog.

»Ich bin nicht dumm«, fuhr Catriona fort. »Ich habe schnell begriffen, dass dieser Plan nichts taugte.«

»Also habt ihr begonnen, Ian zu vergiften?«

Catriona nickte. »Für alle Fälle hatte ich einen Vorrat Arsenik eingepackt. Ein äußerst nützliches Gift.«

»Hast du wirklich deine eigene Mutter …?« Dorotheas Zunge weigerte sich, die Worte auszusprechen.

»Nein, das war mir zu unsicher. Das Kissen war schneller und sauberer.«

Sprachlos vor Entsetzen spürte Dorothea, wie sich die feinen Härchen in ihrem Nacken aufrichteten. Was für einem Monster saß sie gegenüber?

»Schau nicht so entgeistert«, sagte Catriona spöttisch. »Sie war ständig kränkelnd. Ich habe ihr Leiden bloß verkürzt. Sie sprach sowieso den ganzen Tag vom Paradies. Also habe ich ihr eigentlich einen Gefallen getan, indem ich sie etwas schneller dorthin befördert habe.«

Dorothea kämpfte den Drang nieder, aufzuspringen und an die Tür zu hämmern, um die Schwester zu rufen, damit sie sie hinausließe. Sie war hier, um die Wahrheit zu erfahren.

»Du hast also versucht, Ian zu vergiften?«

»Hmm. Allerdings musste ich aufpassen, nicht zu rasch vorzugehen. Mehrere Morde in London sind nur deshalb entdeckt worden, weil die Frauen zu ungeduldig waren. Man muss hübsch langsam steigern, damit alle die Beschwerden gewöhnt sind. Dann wundert sich beim letzten Mal niemand.«

»Warum in Adelaide?«

Catriona zuckte mit den Achseln. »Mir war danach. Dieses Dinner der Viehbarone schrie förmlich nach einem dramatischen Zwischenspiel. Also stieß ich sein Glas um und gab ihm meines, in dem ich vorher meinen ganzen Rest von dem Arsenik aufgelöst hatte. Aber ich fürchte, dieser miese, kleine Gauner in Bristol hat mich betrogen und mir gestrecktes Arsenik angedreht. – Wenn ich denke, dass ich dafür meine Amethystohrhänger versetzt habe!«

»Für jeden anderen wäre es vermutlich tödlich gewesen«, stieß Dorothea zwischen zusammengebissenen Zähnen hervor. Es war fast nicht zu ertragen, wie leichtfertig diese Person über ihre Mordversuche sprach. »Ian ist, dem Himmel sei Dank, nur von einer besonders kräftigen Konstitution.«

»Das kann man wohl sagen. – Es tut mir übrigens leid, dass du so hineingezogen wurdest. Ich wäre nicht im Traum auf den Gedanken gekommen, dass dieser lächerliche kleine Doktor dich verdächtigen könnte!« Catriona schmunzelte. »Aber du musst zugeben, es war ein tolles Schauspiel. Dieser Apparat. Wie die beiden darum herumzappelten. Und wie dieser schmucke Anwalt den Doktor zurechtstutzte. Köstlich! Ich habe mich selten so gut unterhalten.«

Dorothea betrachtete sie befremdet. Es war ihr Ernst. Was für eine sonderbare Art von Humor.

»Wenn Ian tatsächlich … gestorben wäre, wäre ich als Gattenmörderin gehängt worden!«

»Ist er aber nicht.«

»Und wenn doch? Was hättest du getan?«, beharrte Dorothea.

»Irgendwas wäre mir schon eingefallen.« Catriona lächelte, als sie Dorotheas skeptischen Blick sah. »Du glaubst mir nicht? Dabei habe ich mir immer so große Mühe gegeben, den Verdacht nicht auf dich fallen zu lassen. Ich mag dich nämlich wirklich, weißt du?«

Das verschlug Dorothea die Sprache. Nur mühsam besann sie sich auf ihr eigentliches Anliegen.

»Dann war der Unfall mit der Pistole auch kein Unfall?«

»In gewisser Weise schon. Der gute Percy. Er ist ein solcher Tollpatsch. Ich werde ihn damit aufziehen, wenn er das nächste Mal kommt.«

Dorothea öffnete schon den Mund, um ihr zu sagen, dass Percy tot sei, als sie sich gerade noch rechtzeitig daran erinnerte, dass ihr Gegenüber ja nicht umsonst im Spital für Geisteskranke untergebracht war. Sicher war es besser, sie in dem Glauben zu lassen, dass Percy gesund und munter war. Nur zu gut erinnerte sie sich an Catrionas überbordende Verzweiflung. Wenn eine solche wieder von ihr Besitz ergriff, würde sie keine weiteren Antworten erwarten können.

»Hattest du ihm aufgetragen, Ian zu erschießen?«

»Es war eine wunderbare Gelegenheit. Eigentlich sollte er es im Eingeborenenlager tun. Dann hätte er sagen können, die Lage wäre eskaliert und Ian versehentlich in die Schusslinie geraten.

Dummerweise hatte er zu viel Angst, es vor den Schwarzen zu tun. Und im Boot – ich hätte ihm sagen können, dass ein schwankender Kahn bei einem so miserablen Schützen wie ihm nicht die richtige Wahl war.«

»Vielleicht hat er es auch einfach nicht gewollt?«

»Natürlich nicht.« Catriona seufzte. Ein Seufzer der Resignation. »Percy war immer schon zu weich.«

»Unterschätzt du ihn nicht?« Dorothea dachte an den Mut, mit dem er sich in das brennende Haus gestürzt hatte.

»Nein, ich kenne meinen Bruder. Wenn es darum geht, entschieden zu handeln, versagt er. Hätte er sich ein bisschen geschickter angestellt, wäre Ian im Murray River längst so weit abgetrieben gewesen, dass sie ihn nicht mehr hätten retten können.«

Wie kaltblütig sie über Ians möglichen Tod sprach! Dorothea bohrte die Fingernägel in die Handflächen.

Am liebsten hätte sie ihr ins Gesicht geschleudert, dass ihr geliebter Percy nur noch Asche war. Später. Noch nicht.

»Wusste Percy von Lady Chatwick?«

»Natürlich nicht.« Catriona lächelte hämisch. »Eine Frau zu töten, kommt für ihn nicht infrage. Als ob Frauen etwas anderes wären als Männer! – Nein, glücklicherweise hat sie nur mich zu sich zitiert. Ziemlich dumm. Percy hätte mir vermutlich Schwierigkeiten gemacht. Er war ziemlich schockiert, als ihm klar wurde, dass ich da nachgeholfen hatte.«

Dorothea erinnerte sich an sein aschgraues Gesicht und seine übertriebene Betroffenheit, die sie damals nicht hatte nachvollziehen können. Jetzt konnte sie es: Wenn er erkannt hatte, dass seine Schwester gerade einen Mord begangen hatte, war seine Reaktion absolut angemessen gewesen.

»Warum die Brandstiftung? Und wieso Charles?« Es fiel Dorothea schwer, danach zu fragen.

»Das war unüberlegt«, gab Catriona gelassen zu. »Ich geriet in

Panik, als die Abreise plötzlich näher und näher rückte. Dumm von mir, denn auf dem Schiff hätten sich ganz andere Möglichkeiten ergeben. Aber wir haben alle unsere schwachen Momente, nicht? Wenn es geklappt hätte, wäre ich alle auf einmal losgeworden. Die Verlockung war einfach zu groß.«

»Du hast uns etwas in diesen Punsch gemischt, um uns zu betäuben.«

»Natürlich. Aber nicht in den Punsch. Den haben wir ja auch getrunken. Es war in den Bechern, die Percy euch in aller Harmlosigkeit gefüllt hat.« Catriona lachte leise. »Und auch hier hat der Drogist mich unverschämt belogen: Angeblich hätten die Tropfen sogar einen Ochsen in einen zwölfstündigen Tiefschlaf versetzen sollen. Dann wäre der Plan aufgegangen.«

»Und die Kinder?«

»Kinder sterben sowieso an allem Möglichen. Aber ich muss zugeben, ich war ganz froh, als ich entdeckte, dass Robert nicht da war. Mary ist eine miese, kleine Kröte und diese Vicky eine Wilde. Aber Robert mag ich.«

Dorothea brachte es nicht fertig, sie wegen Charles zu fragen.

Catriona war es, die das brütende Schweigen brach. Sie schien zu spüren, dass noch nicht alles gesagt war. »Ich weckte Charles und sagte ihm, dass die anderen von einem Dämon gefressen worden wären und ich ihn verstecken würde. Aber er dürfte keinen Mucks von sich geben. Egal, was er hörte. – Diese Dämonen sind wirklich etwas überaus Praktisches.«

Deswegen war der Kleine immer noch so verstört! Sie hatten es auf das schreckliche Erlebnis des Brandes zurückgeführt, dass er sich weigerte, allein in Lischens altem Bett zu schlafen.

Wie perfide musste man sein, um ein hilfloses Kleinkind so in Angst zu versetzen, dass es selbst in Lebensgefahr nicht wagte, sich bemerkbar zu machen!

»Mein Gott, du wolltest tatsächlich uns alle ermorden. Selbst die Kinder.« Dorothea schloss die Augen, um sie nicht mehr sehen zu müssen.

»Euer Sohn Charles ist der rechtmäßige Erbe und Nachfolger von Ian. Hätte ich ihn verschont, wäre euer Tod umsonst gewesen. Ich hätte nur einen anderen an den Platz gesetzt, der Percy zusteht.«

Es klang so logisch, so abartig normal, wie sie argumentierte, dass Dorothea plötzlich das unwiderstehliche Bedürfnis verspürte, die Realität wiederherzustellen.

»Nun, Percy wird auf keinen Fall Earl of Embersleigh werden«, sagte Dorothea leise. »Percy ist tot. Erinnerst du dich nicht?«

»Du lügst!« Zum ersten Mal zeigte Catriona Anzeichen von innerer Erregung. Bisher hatte sie das Gespräch mit einer Art von amüsierter Überheblichkeit geführt. Jetzt riss sie unbeherrscht an ihren Ärmeln, und auf ihren Wangenknochen und an ihrem Hals erschienen rote Flecken.

»Keineswegs.« Dorothea zögerte kurz. Dann sagte sie: »Percy hat sich ins Feuer gestürzt, nachdem er Charles gerettet hatte. Mit voller Absicht. Er wollte nicht mehr leben. Warum wohl?«

»Das hast du eben erfunden! Percy hat mich erst gestern besucht. Wir haben Tee getrunken, und er hat mir versprochen, mich bald nach Embersleigh zu bringen.«

Dorothea wurde es allmählich unheimlich. Catriona sprach so überzeugend, dass sie einen Augenblick der völlig verrückte Gedanke streifte, ob Percy ihr vielleicht als Geist erschienen war? Nein, das war Unsinn und Blasphemie.

»Das musst du geträumt haben«, sagte Dorothea entschieden. »Wir waren alle dabei, als er in den Flammen umkam. Erinnerst du dich nicht mehr daran?«

»Nein, nein. Das stimmt nicht. – Percy! Percy! – Ich will, dass Percy kommt!«

Noch bevor Dorothea die Tür erreicht hatte, um die Schwester zu alarmieren, flog diese auf. Die Hände in die Hüften gestemmt musterte die kräftige Frau von vorhin Dorothea missbilligend. »Was haben Sie bloß zu ihr gesagt, Ma'am, das sie so aufregt? Jetzt wird sie wieder für Stunden toben, und wir müssen sie festbinden, damit sie sich nicht selbst verletzt.« Kopfschüttelnd betrachtete sie Catriona, die lauthals nach ihrem Bruder rief. »Was für ein Jammer! So ein hübsches Ding, aber total durch den Wind. — Wer ist eigentlich dieser Percy, nach dem sie ständig schreit? Ihr toter Geliebter?«

»Nein.« Dorothea senkte die Stimme zu einem Flüstern, um Catriona nicht erneut aufzuregen. »Ihr Bruder. Er ist bei einem Brand umgekommen. Sie hingen sehr aneinander.«

»Ach so, die arme Lady. Wie schrecklich für sie.«

Dorothea ließ sie in dem Glauben, dass Catriona aus Kummer über den Verlust den Verstand verloren hätte.

»Es war wirklich seltsam«, sagte sie später zu Ian. »In einem Moment wirkte sie so normal wie du und ich und im nächsten absolut von Sinnen. Ich dachte anfangs, sie wäre nur abgrundtief schlecht. Aber es klang so vollkommen aufrichtig, als sie sagte, es hätte ihr leidgetan, dass ich in Verdacht geriet, dich vergiftet zu haben, dass ich es ihr einfach glauben musste.«

»Wahrscheinlich war sie schon seit Längerem nicht mehr ganz normal«, meinte ihr Mann. »Rückblickend erklärt es manches, was an ihr seltsam erschien.«

»Ob Percy es wusste?«

»Dass sie nicht richtig im Kopf war? Schwer zu sagen. Er ist schließlich mit ihr zusammen aufgewachsen. Da nimmt man vieles als gegeben hin.«

»Ich verstehe nicht, wieso Percy das getan hat.« Dorothea schauderte bei der Erinnerung an die schreckliche Hitze in dem Glutofen des brennenden Hauses. »Er hätte einfach verschwinden können. Wir hätten ihn doch niemals angezeigt, nachdem er Charles das Leben gerettet hatte.«

»Du wirst wohl damit leben müssen, es nicht zu verstehen«, bemerkte Ian trocken. »Ich hätte es auch nicht getan. Aber andererseits gilt das auch für vieles, wozu Percy sich von ihr hat drängen lassen. Er selber war wohl zu schwach, sich ihr gegenüber zu behaupten.«

»So etwas hat sie auch gesagt. Er wäre immer viel zu weich gewesen«, bestätigte Dorothea.

»Siehst du: Vielleicht hat er keinen anderen Weg mehr gesehen, sich ihr zu entziehen. Im Grunde war er ein anständiger Kerl.«

»Du sagst das, obwohl er doch mindestens zweimal versucht hat, dich umzubringen?« Dorothea runzelte missbilligend die Stirn.

»Wenn er es ernsthaft versucht hätte, wäre es ihm gelungen. Ich glaube wirklich, dass er versucht hat, mich wieder aus dem Wasser zu ziehen.« Ian lächelte leicht. »Er war nicht halb so tollpatschig, wie seine Schwester ihm immer vorwarf. Ich war oft genug mit ihm zusammen, um das beurteilen zu können.«

»Du klingst, als hättest du ihn gemocht«, stellte Dorothea erstaunt fest.

»Das habe ich. Unter anderen Umständen hätten wir gute Freunde werden können.«

Merkwürdig: Dasselbe hatte sie über Catriona gedacht! Nicht umsonst hatte sie sich so lange gesträubt, ihre dunklen Seiten zur Kenntnis zu nehmen.

»Ich bin völlig verwirrt«, gestand sie. »Wie hat sie es fertiggebracht, sich so zu verstellen? Wenn sie es mir nicht ins Gesicht gesagt hätte, würde ich immer noch zweifeln. Ich weiß gar nicht mehr, wem ich überhaupt noch trauen kann. Ich sehe die Menschen auf der Straße an, ganz normale Menschen, und frage mich, welche Geheimnisse hinter ihren höflichen Gesichtern versteckt

sind.« Sie schluckte, ehe sie fortfuhr: »Manchmal fürchte ich sogar schon, dass du schlimme Dinge verheimlichst. Ian, machst du
das?« Sie sah ängstlich zu ihm auf.

»Mehr, als du denkst.« Ihr Mann lächelte liebevoll und küsste sie auf die Stirn. »Darling, es ließ sich nicht vermeiden, dass
ich Dinge sah, die man besser nicht gesehen hätte. Was hätte es
für einen Sinn, wenn ich dich ebenfalls mit all den hässlichen
Erinnerungen belasten würde. Aber ich schwöre bei meiner Liebe zu dir, dass ich niemals jemanden hinterrücks ermordet habe.
Glaubst du mir?«

»Natürlich.« Dorothea schlang ihre Arme um seine Taille und
schmiegte sich eng an ihn. »Entschuldige, ich weiß gar nicht, was
mit mir los ist. In letzter Zeit kommen mir lauter seltsame Gedanken.«

»Das ist nicht verwunderlich. Schwangere haben das häufiger.«

»Das müsste ich ja wohl wissen, wenn ich es wirklich wäre«, gab
Dorothea pikiert zurück.

»Wann warst du denn zuletzt unpässlich?«

Ians Frage ließ sie in nachdenkliches Schweigen verfallen.
Wann? Irgendwann vor Ians Unfall im Juli. Sie hatte tatsächlich
nicht darauf geachtet. Bei all den Aufregungen kein Wunder. Aber
typisch für Ian, dass es ihm nicht entgangen war.

»Wie lange weißt du es schon?«

»Ein paar Tage.« Ihr Mann lächelte und berührte zärtlich ihre
Brüste. »Gewisse Teile deiner Anatomie haben es mir verraten.«

»Dann wird unser nächstes Kind auf Embersleigh zur Welt
kommen.« Dorothea strich in einer unbewusst schützenden Geste über ihren noch völlig flachen Bauch.

»Soll ich die Reise absagen? Wenn es dir lieber ist, können wir
die Geburt hier abwarten.«

»Und dann mit einem Säugling die Reise machen? Nein, besser so.« Dorothea seufzte leicht. »Es wird ja wohl englische Kin-

dermädchen geben. Wenn sie auch kaum so gut wie Trixie sein können.«

»Das dürfte ihnen schwerfallen. – Bist du sicher?«

»Vollkommen. Ich freue mich schon auf England.«

Die zwei Wochen bis zur Abreise vergingen viel zu schnell. Schließlich musste Roberts gesamte Ausstattung für das St. Peter's College neu angefertigt werden. Es war ja alles verbrannt. In Anbetracht der Umstände war Dorothea dem Schulleiter ausgesprochen dankbar, dass er ihnen einen Schneider empfahl, der nicht nur Robert, sondern auch Ian mit der benötigten Kleidung versorgen konnte. Ein Gentleman von ungefähr seiner Größe hatte mehrere Anzüge sowie die entsprechenden Garnituren bestellt, dann jedoch nicht bezahlen können.

»Es ist zwar nicht ganz mein Stil«, meinte Ian zu den extravaganten Anzügen aus gestreiften und karierten Stoffen, »aber in unserer Situation kann man nicht wählerisch sein.«

Um in der kurzen Frist Dorothea und die Kinder mit dem Nötigsten auszustatten, stellte Mutter Schumann drei Frauen an. Lischen und Dorothea waren derweil mit den restlichen Einkäufen beschäftigt. »Nur gut, dass man Strümpfe inzwischen fertig kaufen kann«, stellte Lischen erschöpft fest. »Und Unterröcke und so weiter. Sonst würden wir das nie schaffen! Warum konnte Ian nicht einfach ein späteres Schiff buchen?«

»Weil er unbedingt mit diesem neuen Dampfschiff fahren will. Weißt du noch: August war doch auch ganz hingerissen von dem, das wir damals im Londoner Hafen gesehen haben. Hat uns endlos davon vorgeschwärmt, wie schnell man damit vorwärts käme. Wenn es stimmt, dass man nur noch zweieinhalb Monate auf See ist statt über vier, soll es mir recht sein.«

»Von August haben wir auch lange nichts mehr gehört. Wie es ihm wohl gehen mag?« Lischen klang niedergeschlagen. »Karl und Koar lassen nur selten von sich hören. Und nun bist du auch weg.«

»Du hast doch dann deinen Heinrich! Glaub mir, ein Ehemann entschädigt für vieles.«

»Du musst es ja wissen …« Lischen kicherte und stieß sie übermütig in die Seite. Gleich darauf wurde sie wieder ernst. Fast schüchtern fragte sie: »Wie ist es eigentlich, das Verheiratetsein? Mama zu fragen, habe ich mich nicht getraut.«

Spontan entfuhr Dorothea: »Großartig!« Um gleich darauf einzuschränken: »Es kommt natürlich auf den Ehemann an.« Obwohl – sie hatte auch großes Vergnügen in den Armen von Miles Somerhill empfunden. Fast mehr als mit Robert.

»Du guckst auf einmal so komisch«, sagte ihre Schwester, und es war nicht zu überhören, dass sie beunruhigt war. »Gibt es da etwas, was ich wissen sollte?«

Sollte sie ihr das Anatomiebuch empfehlen, das sie selber damals zurate gezogen hatte? Sie wusste nicht einmal, ob es noch existierte oder längst verkauft war. Nein, entschied sie: Lischen und Heinrich mussten selbst herausfinden, was ihnen zusagte. Wenn sie ihr jetzt den Himmel auf Erden versprach und der sich dann nicht einstellen sollte, würde die Enttäuschung umso größer sein.

»Wenn du deinem Heinrich ehrlich sagst, was dir gefällt und was nicht, wird er einen Weg finden, dich glücklich zu machen«, sagte sie und hoffte, dass sie ihn richtig eingeschätzt hatte.

»Habt ihr das auch so gehalten?«, erkundigte Lischen sich neugierig.

»Hmm …« Dorothea musste ein Lächeln unterdrücken, denn Ian hatte immer besser als sie selbst gewusst, wie er ihr größte Lust bereiten konnte.

Das stellte er in der Nacht vor der Abreise wieder einmal unter Beweis. Sie hatten sich bereits am Abend eingeschifft, weil der Kapitän die Morgenbrise ausnutzen wollte, um in den Golf hinauszusegeln. Nach einem üppigen Dinner hatte das neue Kindermädchen Vicky, Mary und Charles in der Nachbarkabine zu Bett gebracht. Die junge Witwe war froh gewesen, auf diese Art zurück zu ihrer Familie nach Devon zu kommen, und hatte keine Einwände gehabt, bei ihren Schützlingen zu schlafen. Vicky, hatte Gouverneur Young entschieden, durfte bis zu einer endgültigen Entscheidung als Pflegetochter bei ihnen bleiben. Nachdem sich kein Verwandter gemeldet hatte, wäre sie sonst ein Fall für die Waisenfürsorge gewesen. Diese Erwägung hatte dem sparsamen Staatsdiener die Entscheidung leicht gemacht.

»So, Mrs. Rathbone – auf unseren letzten Abend in Australien.« Er hatte eine Flasche Burgunder entkorkt und mit ihr angestoßen, ehe er sie so leidenschaftlich liebte, wie es in der Beengtheit der Koje nur möglich war. In der Morgendämmerung weckte sie der Lotse, der unter lautem Rufen an Bord kam. Fast unmerklich nahm das Schiff Fahrt auf. Vorsichtig, um Ian nicht zu wecken, schlüpfte Dorothea aus der Koje und stellte sich an die Luke, um einen letzten Blick auf Australien zu werfen.

Gerade stieg die Sonne über den Horizont. Alles schien zu glühen: die Mangroven, der Nebel über dem Brackwasser, selbst die weißen Kakadus, die aufflatterten, wenn das Schiff ihnen zu nahe kam, schienen nicht weiß, sondern blutrot. Ian war hinter sie getreten, umschlang sie mit den Armen.

»Werden wir zurückkommen?«, flüsterte Dorothea. »Bitte, Ian, versprich mir, dass wir eines Tages hierher zurückkommen werden.«

»Ich verspreche es«, sagte er schlicht. »Die Jahre auf Eden House waren die schönsten meines Lebens. Das Haus mag zerstört sein, aber die Bilder in unseren Herzen sind unauslöschlich. – Schau, das habe ich letzte Woche einem alten Aborigine abgekauft.« Er hielt ihr eine kunstvoll aus Grashalmen geflochtene Schachtel hin.

Dorothea öffnete sie und sah befremdet auf den Inhalt: ein Potpourri aus feuerroten Blüten und diversen anderen Pflanzenteilen, von denen ein zarter Duft aufstieg.

»Es ist ein Zauber«, erklärte Ian und lächelte. »Wenn wir ihn immer bei uns tragen, wird er uns nach Australien zurückführen. – Natürlich erst, sobald die Geister es für angebracht halten«, fügte er hinzu und grinste breit. »Um die Bedingungen zu erfüllen, habe ich dir ein Medaillon anfertigen lassen und mir einen Uhrenanhänger.« Mit einem Finger berührte er vorsichtig die getrockneten, raschelnden Blumen. »Wir müssen ja niemandem erzählen, dass wir an solchen Hokuspokus glauben.«

»Ian, du bist wunderbar.« Dorothea wischte sich über die Augenwinkel. »Es gibt sicher keinen anderen Mann, der auf solche Ideen kommt. Ich liebe dich!«

Geschichtlicher Hintergrund für
»Die roten Blüten der Sehnsucht«

Als im Jahr 1836 die S. A. C. – South Australian Company – das Gebiet in Besitz nahm, das heute der Bundesstaat South Australia umfasst, war es keineswegs *Terra nullius* – Niemandsland –, wie es juristisch definiert wurde, um es »rechtmäßig« vermessen, parzellieren und verkaufen zu können.

Im Gegenteil: Die damalige indigene Bevölkerung wird auf mindestens zehntausend Individuen geschätzt, die sich in dreiundvierzig Stämme unterteilten.

Der untere Murray River sowie der Coorong zählten wegen der guten Nahrungsressourcen in voreuropäischer Zeit zu den am dichtesten besiedelten Gebieten Australiens. Die Ngarrindjeri, die hier lebten, galten als wild und gefährlich. Einer der frühen Entdecker, Captain Collett Barker, ist bei einer Expedition am Murray Mouth von ihnen getötet worden. Auch das »Maria-Massaker« wurde von einem Ngarrindjeri-Stamm aus dem Gebiet des Lake Albert verübt. Dabei kamen zwei Dutzend Weiße, deren Schiff havariert war und die sich auf dem Fußweg nach Adelaide durchschlagen wollten, ums Leben. Obwohl die damaligen diversen Such- und Strafexpeditionen bestens dokumentiert und archiviert sind, bleibt rätselhaft, was die Aborigines zu einem derartigen Gewaltausbruch motivierte.

Ab der Mitte des 19. Jahrhunderts wurden die Ebenen von

Schafzüchtern okkupiert, die Viehtriebe erfolgten zunehmend an der Küste entlang, und auch die Postroute sowie die Eisenbahnlinie verliefen dann durch Ngarrindjeri-Gebiet. Infektionskrankheiten führten auch hier zu einer starken Dezimierung der indigenen Bevölkerung.

1842 wurde die Zahl der Schafe in Südaustralien auf zweihundertfünfzigtausend geschätzt. 1843 schon auf über dreihundertdreißigtausend. Zählungen in den folgenden Jahren belegen einen rapiden Anstieg der Herden und einen entsprechenden Landverbrauch: 1845 – 480 669 Schafe, 1847 – 784 811, 1850 – 984 190.

Für die Ureinwohner und ihren Lebensstil blieb da immer weniger Platz!

Der Murray River bot damals einen anderen Anblick als heute: Nördlich von Wellington betrug seine Breite auf einer Länge von circa achtzig Kilometern sage und schreibe dreihundertzwanzig Meter! Erst die Fährverbindung bei Wellington von 1848 erschloss die bisher nur schwer erreichbaren Gebiete im Süden des großen Stroms.

Beim Raddampfer war ich der Zeit ein wenig voraus: Erst 1853 fuhr der erste den Murray River hinauf.

Sämtliche Amtsträger und mehr oder weniger offizielle Figuren und Vorkommnisse sind historisch belegt. Wer mehr über sie erfahren möchte, kann sich unter http://adbonline.anu.edu.au/biogs näher informieren. Die Protagonisten sind frei erfunden – auch der Earl of Embersleigh. Ich habe mich sicherheitshalber in den englischen Adelslisten vergewissert, dass es keinen Titelträger dieses Namens gibt.

Für die Schilderung der Aborigines und ihrer Sitten habe ich mich vor allem auf die im Internet frei zugängliche Monografie von Edward John Eyre, London, 1845, gestützt. http://ebooks.adelaide.edu.au/e/eyre/edward_john/e98m/complete.html

Um ein Gefühl dafür zu bekommen, wie es damals dort ausgesehen hat, kann man sich mit viel Geduld durch die Datenbank http://www.pictureaustralia.org klicken. Unter Begriffen wie »sketches« oder »picture« findet man mit etwas Glück Aquarelle oder Zeichnungen aus dieser Zeit. – Die Suchfunktion ist nicht besonders.

Sämtliche Quellen anzugeben, würde angesichts der Archivlage jetzt zu weit führen. Es existiert sogar noch eine Liste der Schanklizenzen für Adelaide von 1842.

Wer also tiefer schürfen möchte, der findet ganz sicher reiche Beute!